남아 있는
모든 것

all
that
remains

A LIFE
IN DEATH

ALL THAT REMAINS

Copyright ⓒ Professor Dame Sue Black 2018
All rights reserved.

Korean translation copyright ⓒ 2021 by Pungwoldang
Korean translation rights arranged with Johnson & Alcock Ltd
through EYA (Eric Yang Agency).

이 책의 한국어판 저작권은 EYA(Eric Yang Agency)를 통한
Johnson & Alcock Ltd사와의 독점 계약으로 ㈜풍월당이 소유합니다.
저작권법에 의하여 한국 내에서 보호를 받는 저작물이므로 무단전재 및 복제를 금합니다.

남아 있는 모든 것

죽음이 삶에게 남긴 이야기들

수 블랙 지음
김소정 옮김

밤의책

내 인생의 모든 순간을 가치 있게 만들어준
영원한 나의 사랑, 나의 생명인 톰,
내가 가장 사랑하는 딸들, 베스, 그레이스, 애나,
모두, 고마워!

일러두기

1 인명, 지명 등 외국어 표기는 국립국어원의 외래어표기법을 따랐으나 일부는 원어 발음에 가깝게 표기했다.
2 책, 신문, 잡지 등의 제호는 『 』, 영화 및 TV 프로그램, 시 제목은 「 」, 곡명은 〈 〉로 묶었다.
3 본문의 주석은 모두 옮긴이 주다.

차례

들어가는 말 — 9

1장. 침묵의 스승들 — 25
2장. 세포와 우리 자신 — 51
3장. 가족의 죽음 — 95
4장. 가깝고도 사적인 죽음 — 121
5장. 흙에서 흙으로 — 151
6장. 뼈 — 185
7장. 잊히지 않기 — 221
8장. Invenerunt corpus - 몸을 찾다! — 261
9장. 훼손된 몸 — 309
10장. 코소보 — 351
11장. 재난이 발생하면 — 393
12장. 운명과 두려움, 그리고 공포증 — 429
13장. 이상적인 해결 방법 — 475

나오는 말 — 505

감사의 말 — 525
옮긴이의 말 — 528
사진 출처 — 533

들어가는 말

"삶의 가장 큰 상실은 죽음이 아니다.
가장 큰 상실은 살아 있는 동안 우리 내부에서 죽어가는 것이다."

노먼 커즌스
정치 기자·1915~1990

두 살 무렵의 나

죽음과 죽음을 둘러싼 정신없는 소란이야말로 사람이라는 존재가 가진 그 어떤 측면보다도 진부한 이야기로 가득 차 있는지도 모른다. 죽음은 고통과 불행을 가져오는 사악한 존재로 표현되고 어둠 속에서 튀어나와 사냥을 하는 포식자로, 밤에 활동하는 위험한 도둑으로 묘사된다. 우리는 죽음에 죽음의 신, 저승사자, 어둠의 천사, 창백한 기수 같은 불길하고도 잔혹한 별명을 붙여주었고, 죽음을 모자 달린 시커먼 망토를 입고 무시무시한 낫을 단칼에 휘둘러 우리의 영혼을 분리해내는 무시무시한 해골로 그린다. 잔뜩 몸을 웅크리고 있는 희생자 위를 살벌하게 맴도는 검은색 깃털 달린 유령으로 묘사할 때도 있다. 라틴어, 프랑스어, 스페인어, 이탈리아어, 폴란드어, 리투아니아어, 노르웨이어 같은 많은 언어에서 죽음을 여성으로 묘사하지만 남성으로 표현할 때도 많다.

죽음은 현대인에게 적대적인 이방인이 되었기에 불친절한 대접을 받을 때가 많다. 인류는 수많은 진보를 이루어냈지만 현대인이 죽음과 삶이 맺고 있는 복잡한 유대 관계에 관해서 알게 된 내용은 수백 년 전 사람들이 알던 바와 거의 다르지 않다. 어떤 점에서는 과거보다 지금이 훨씬 더 죽음을 이해하지 못한다고 볼 수도 있다. 현대인은 죽음과 죽음의 목적이 무엇인지를, 그리고 우리 조상들이 죽음을 친구로 여기기까지 했다는 사실을 잊어버린 채 죽음을 피해야 하는, 아예 대면하지 않을 수는 없다고 해도 가능한 한 오랫동안 만나지 말아야 할 반갑지 않은 사악한 적으로 대하기로 결정한 것 같다.

죽음에 대한 우리의 초기 설정 값은 죽음을 비난하거나 신처럼 여기는 것이지만, 때로는 그 사이의 어디쯤에 위치하기도 한다. 초기 설정 값에 상관없이 우리는 죽음이 너무 가까이 오는 걸 부추길까 봐 아예 죽음을 언급하지 않으려고도 한다. 삶은 밝고 좋고 행복하지만 죽음은 어둡고 나쁘고 슬프다. 선과 악, 상과 벌, 천국과 지옥, 흑과 백. 삶과 죽음을 철저하게 편 가르려는 린네[1]식 분류 성향이 이 세상에는 옳음과 그름이라는 기준이 있다는 편리한 망상에 우리를 빠뜨려 불공평하게도 죽음을 어두운 쪽으로 밀어 넣고 있는지도 모른다.

[1] 칼 폰 린네(1707~1778). 오늘날 사용하는 생물 분류법인 이명법의 기초를 마련한 스웨덴의 생물학자.

그 때문에 죽음이 전염병이라도 되는 것처럼 그 존재만으로도 무서워하고, 혹시라도 그것의 주의를 끌어 우리가 조금도 준비되어 있지 않을 때 죽음이 찾아올까 봐 두려워한다. 그래서 죽음의 침에 면역되려고 죽음을 놀리거나 허세를 부리며 두려움을 감추려고 한다. 하지만 죽음이 그것의 목록 가장 위에 우리를 올려놓고 마침내 우리 이름을 부르는 순간이 오면 절대로 웃지 못하리라는 사실을 알고 있다. 그렇기 때문에 우리는 아주 어렸을 때부터 한쪽 얼굴로는 죽음을 조롱하고 다른 쪽 얼굴로는 그것을 아주 깊이 숭배하는 위선을 배운다. 죽음의 날카로운 칼날을 무디게 만들고 고통을 완화할 새로운 언어를 배운다. 우리는 누군가를 '잃은' 이야기를 하고, 그들의 '죽음'에 관해 속삭이며, 아주 침울하고도 경건한 목소리로 사랑하는 이를 '멀리 보낸' 사람을 위로해야 한다.

    나는 내 아버지를 '잃지' 않았다. 아버지가 어디에 있는지 분명히 알고 있다. 아버지는 우리 가족의 장의사인 빌 프레이저가 제공한 사랑스러운 나무 관 안에 누워 인버네스의 톰나후리크 묘지 위쪽 언덕에 묻혀 있다. 아버지가 자신이 누운 관을 보았다면 분명히 너무 비싸다고 생각했겠지만, 어쨌든 그 관을 사용하라고 허락해주셨을 것이다. 우리 가족은 아버지의 관을 이제는 완전히 붕괴해버린 할아버지의 관과 할머니의 관 위에 올렸다. 지금 할아버지와 할머니의 관은 뼈와 그분들이 돌아가실 때 지니고 있었던 치아만을 간직하고 있을 것이다. 나의 아버지는 떠나지도, 멀리 가지도 않았고 나는 아버지를 잃어버리지도 않았다. 아버지는 죽었다. 사실 아버지로서는 다른 곳으로 가지 않는 것이 좋을 것이다. 어딘가로 간다는 것은 아버지에게는 골치가 아픈 일이고 사려 깊지 못한 일이다. 아버지의 인생은 끝났고, 이 세상에 존재하는 어떤 수사법을 동원한다고 해도 아버지를 이 세상으로 불러오는 일은, 아버지의 삶을 되돌리는 일은 불가능하다.

    내가 실용주의자, 비난이나 비판에 쉽게 흔들리지 않는 사람, 저항하는 자, 현실주의자가 된 이유는 삽을 spade가 아니라 shovel이라고 부르고 공감과 감성을 약함으로 치부할 때가 많은, 엄격하고 허튼 짓을 하지 않는 스코틀랜드 장로회 가정에서 자랐기 때문일 것이다. 삶과 죽음에 관해서라면 나는 어떠한 오해도 없으며 언제나 솔직하고 진실하게 말하려고 애쓰지만, 그렇다고 내가 삶과 죽음을 신경 쓰지 않는다거나 다른 사람의 삶과 죽음에 고통이나 슬픔을 느끼지 않거나 공감하지 못한다는 뜻은 아니다. 나에게 없는 것은 죽음과 죽은 사람에 대한 신파적인 감상이다. 던디대학교의 영성 깊은 사제 피오나의 유창한 말처럼 안전한 거리에 떨어져서 건네는 위로는 그 누구도 평온하게 만들 수 없다.

21세기의 교양으로도 우리는 왜 죽음이 우리가 두려워해야 할 악마가 아니라는 생각을 하지 못하고 순응과 부정이라는 익숙하고도 안전한 벽 뒤에 숨는 쪽을 택하는 걸까? 죽음은 끔찍할 이유도, 잔혹하거나 저속할 필요도 없다. 죽음도 조용하고 평온하며 자비로울 수 있다. 우리가 죽음을 어둡게만 보는 이유는 어쩌면 그것을 알려는 노력을 하지 않고, 죽음을 이해하려고 노력할 때면 겪어야 하는 곤란을 피하려고만 하기 때문에 죽음에 대한 신뢰를 쌓을 기회가 없어서일 수도 있다. 정말로 그렇다면 우리는 죽음을 인생의 필수불가결한 요소로 받아들이는 법을 배워야 할지도 모르겠다.

우리는 출생은 삶의 시작이고 죽음은 삶의 자연스러운

끝이라고 생각한다. 하지만 죽음이 단지 존재의 다른 단계가 시작되는 순간이라면 어떨까? 물론 종교는 대부분 죽음을 다른 세상의 시작이라고 전제하고, 현세보다 더 나은 세상으로 가는 관문일 뿐이니 전혀 두려워할 이유가 없다고 가르친다. 그런 믿음은 여러 세대에 걸쳐 수많은 사람에게 위안을 주었지만 우리 사회가 점점 세속화하면서 그런 믿음이 사라진 자리를 죽음과 그것의 과시적인 요소들을 근거 없이 혐오하는 고대의 직관적인 생각들이 차지했는지도 모른다.

어떤 믿음을 가지고 있건 간에 삶과 죽음은 동일한 연속체를 이루고 있으며 서로 분리할 수 없음을 받아들여야 한다. 삶과 죽음은 어느 한쪽이 없으면 다른 쪽도 존재할 수 없으며, 현대의학이 아무리 개입하려고 노력해도 결국 죽음이 승리한다. 어떻게 해도 죽음을 이길 방법이 없다고 한다면, 우리는 자신에게 주어진 시간을 출생과 죽음 사이의 기간에, 다시 말해서 우리의 인생을 개선하고 음미하는 데에 집중적으로 사용하는 것이 더 나을 수도 있다.

바로 여기에 법의병리학 forensic pathology과 법의인류학 forensic anthropology의 본질적인 차이가 있다. 법의병리학이 -여정의 끝인- 죽음의 원인과 방식을 밝히는 증거를 찾는다면 법의인류학은 여정 그 자체인 인생 전체를 재구성한다. 우리 법의인류학자는 살면서 형성된 정체성과 죽음 속에 남은 육체의 형태를 다시 결합하는 작업을 한다. 따라서 법의병리학자와 법의인류학자는 죽음에서는 물론이고 범죄 수사에서도 파트너로 함께한다.

영국에서 법의인류학자는 법의병리학자와 달리 의사가 아니라 과학자이기 때문에 의학적으로 사망 진단을 내리거나 사망 원인을 입증할 자격은 없다. 점점 더 확장해 가는 과학 지식의 시대에 법의병리학자가 모든 내용을 아는 전문가가 될 수는 없으며 법의인류학자도 죽음이 관여된 심각한 범죄를 수사할 때는 중요한 역할을 한다. 법의인류학자는 피해자의 신원을 밝혀줄 단서를 찾아내 법의병리학자가 피해자가 죽게 된 이유와 죽음의 방식을 정확하게 밝힐 수 있도록 돕는다. 법의병리학과 법의인류학은 부검대 위에 서로 상보적이면서도 독특한 기술을 내어놓는다.

그런 부검대 앞에서 나는 한 법의병리학자와 함께 상당히 부패한 사람의 사체 앞에 선 적이 있다. 그 사람의 머리뼈는 완전히 깨져 마흔 개가 넘는 조각으로 부서져 있었다. 전문 의료인인 그 법의병리학자의 역할은 죽음의 원인을 밝히는 것이었고, 그녀는 그 사람이 총에 맞아 죽었다고 확신하고 있었다. 하지만 그 확신을 입증해줄 증거가 필요했다. 그녀는 스테인리스 탁자 위에 놓인 수많은 흰색 뼛조각에 당혹해하면서 "나에게는 이 뼈들을 모두 맞추는 것은 물론이고, 이 조각을 모두 식별할 능력도 없어요. 그건 당신이 할 일이에요"라고 했다.

법의인류학자의 역할은 무엇보다도 그 사람이 어떤 인생

을 살았는지를 규명할 수 있게 돕는 것이다. 그 사람은 남자인가, 여자인가? 키가 큰가, 작은가? 늙었는가, 젊은가? 피부색은 어떠한가? 뼈에 남아 있는 흔적이 진료 기록이나 치과 기록과 연결할 수 있는 부상이나 질병과 관계가 있는가? 뼈나 머리카락, 손발톱을 이루는 성분들로 그 사람이 살았던 지역이나 먹은 음식 같은 정보를 알아낼 수 있는가? 지금 앞에 있는 사체의 경우는, 부서진 조각들을 맞춰 실제로 머리뼈를 부순 총상 같은 죽음의 원인뿐 아니라 죽음의 방식까지 알아낼 수 있을까? 이런 정보들을 바탕으로 직소 퍼즐을 완성한 우리는 그 사체가 젊은 남자이며 총알이 머리 뒤로 들어가 눈과 눈 사이의 살짝 윗부분인 이마 근처에서 나왔다는 사실을 확인할 수 있었다. 이 같은 법의학 정보는 실제 증인의 증언과도 일치했다. 총알은 피해자의 근거리에서 발사됐다. 그 말은 무릎을 꿇고 있는 피해자의 뒤통수에 총을 대고 쏘았다는 뜻이다. 피해자는 고작 열다섯 살이었고 그의 죄는 그의 종교였다.

      집 앞 거리에서 차를 망가뜨리려는 젊은이들과 마주친 뒤에 맞아 죽은 젊은 남자도 법의인류학자와 법의병리학자의 관계를 상징적으로 보여주는 또 다른 예다. 발로 차이고 주먹질을 당하면서 끔찍하게 구타당한 남자의 머리에는 죽음의 원인이 된 끔찍한 외상이 있었고, 머리뼈는 여러 조각으로 깨져 있었다. 우리는 이 피해자의 신원을 이미 알고 있었고 법의병리학자는 피해자의 사인이 둔력 외상에 의한 심각한 내부 출혈이라고 결론 내릴 수 있었다. 하지만 그녀는 피해자가 어떤 방식으로 죽었으며, 어떤 흉기에 맞아 죽음에 이르렀는지를 알고 싶어 했다. 우리는 머리뼈 조각을 모두 식별해 다시 조립했고, 법의병리학자는 치명적인 두개내출혈을 일으킨 중심 함몰 골절 한 곳과 방사성 골절이 여러 곳 있는 것으로 보아 피해자가 망치 같은 강한 흉기로 단 한 차례 머리를 맞아 사망했다는 결론을 내릴 수 있었다.

인생의 시작과 끝에 놓인 거리가 한 세기가 넘을 정도로 긴 사람도 있지만, 이런 범죄 피해자 중에는 인생의 시작과 끝이 아주 가까운 사람도 있다. 가끔은 그 두 사건이 덧없지만 아주 소중한 몇 초 차이로 나뉠 수도 있다. 법의인류학자라는 관점에서 보면 살아온 시간이 길수록 한 사람의 몸에는 경험이라는 흉터가 더 많이 새겨지고 저장되며, 언젠가는 반드시 죽을 수밖에 없는 우리의 몸에 그것이 더 선명하게 각인되기 때문에 긴 삶은 좋은 소식이다. 법의인류학자들에게 이런 정보를 밝히는 일은 책에서 해당 정보를 읽거나 USB에서 해당 정보를 다운로드하는 일에 비유할 수 있다.

대부분의 사람들 눈에는 이 세상에서의 모험을 갑자기 끝내는 것이야말로 삶이 가져올 수 있는 가장 끔찍한 결과일 것이다. 하지만 우리가 누구이기에 한 사람의 삶이 짧았다는 판단을 내릴 수 있을까? 한 가지 의심할 수 없는 사실은 태어난 뒤 더 많은 시간을 살아남을수록, 우리의 인생이 나중이 아니라 곧 끝날 가능성이 높아진다는 것이다. 우리는 누구나 20대보다는 90대에 죽음에 훨씬 가까워진다. 논리적으로 생각했을 때 지금 이 순간 우리와 죽음 사이의 거리가 다른 사람의 그것보다 훨씬 멀다고 장담할 수 있는 사람은 아무도 없다.

　　그런데도 누군가가 죽으면 사람들은 무엇 때문에 놀라는 것일까? 전 세계적으로 해마다 5500만 명이 넘는 사람이 죽어가고 있으며 -1초에 두 명꼴로 죽는 것이다- 죽음은 우리 모두에게 언젠가 한 번은 반드시 일어날 사건임을 잘 알고 있다. 물론 그 같은 사실을 안다고 해서 우리와 가까운 사람이 죽었을 때 느끼는 슬픔과 비통함이 줄어들지는 않는다. 하지만 누구나 죽을 수밖에 없다는 사실은 죽음에 조금 더 실용적이고도 현실적으로 다가갈 필요가 있음을 말해준다. 우리는 우리의 인생이 시작하는 데 영향을 미칠 수 없고 인생이 끝난다는 사실 역시 피할 수 없으니, 우리가 조절할 수 있는 부분에 집중하는 것이 옳을지도 모르겠다. 출생과 죽음 사이에 존재하는 거리에 거는 우리의 기대에 집중하는 것 말이다. 삶을 지속하는 시간을 늘리려고 노력하는 것보다는 삶의 가치를 측정하고 인정하고 축하함으로써 훨씬 효율적으로 살아가도록 노력하는 것이 더 나은 삶의 방법일 수도 있다.

　　죽음을 늦추는 것이 훨씬 어려웠던 과거에는 훨씬 능숙하게 죽음을 받아들일 수 있었다. 예를 들어 갓난아기 사망률이 높았던 빅토리아 시대에는 아기가 첫 번째 생일을 맞지 못하고 죽어도 놀라는 사람이 없었다. 아이가 설사 살아남지 못한다고 해도, 그 아이의 생존을 보장하고 기원하려는 마음에서 한 가족 내의 여러 아이에게 같은 이름을 지어주는 경우도 드물지 않았다. 21세기는 유아 사망이 훨씬 충격적으로 받아들여지는 시대가 되었지만, 아흔아홉 살 노인이 죽었을 때마저 망연자실하는 이유는 논리적으로 설명할 방법이 없다.

　　죽음을 퇴각시키려고 노력하는 모든 의료인에게 사회가 거는 기대는 흡사 전장과도 같다고 할 수 있다. 그런 전쟁을 치르는 의료인들이 바랄 수 있는 가장 큰 희망은 좀 더 시간을 벌고, 사람이라면 반드시 겪어야 하는 두 사건 사이의 간격을 최대한 늘리는 것이다. 결국에는 죽음과 벌이는 싸움에서 진다고 해서 의료진의 고군분투가 멈춰서는 안 되며, 멈추지도 않을 것이다. 이 세상 모든 병원을 포함한 의료 시설에서는 매일 생명이 연장된다. 하지만 솔직히 말해서 이런 의료 시설에서 이루어지는 업적 중에는 그저 집행 유예라는 말 외에는 달리 표현할 방법이 없는 업적들도 있다. 죽음은 다가오고 있고, 오늘이 아니라고 해도 내일이 바로 그때일 수도 있다.

　　수세기 동안 사회는 사회 구성원들의 기대 수명을 표로 만들고 측정해 왔다. 기대 수명이란 사회통계학적으로 우리가 죽을 가능성이 있는, 좀 더 긍정적으로 표현하자면 우리가 인생을 누릴 수 있는 시간의 한계를 의미한다. 생명표는 흥미롭고 유용한 도구이지만, 어떤 사람은 기대 수명에 도달하지 못할 수도 있고 어떤 사람은 기대 수명을 뛰어넘어 살아가기도 한다는 점을 생각해보면 위험할 수도 있는 도구다. 우리로서는 자신이 기대 수명 종형 곡선에서 가장 많은 사람이 도달하는 나이까지 살다가 죽을 것인지, 아니면 양극단에 있는 소수의 사람들이 살다 간 시간만큼만 살다가 죽을 것인지를 알아낼 수 있는 방법이 전혀 없다.

    종형 곡선의 양 끝에 속한 사람들은 상처를 받거나 감정적이 된다. 기대 수명을 훌쩍 뛰어넘어 살아가는 사람들은 왠지 힘든 일을 해낸 것 같은 뿌듯함과 자부심을 느낀다. 우리가 스스로 기대한 수명에 도달하지 못하면 뒤에 남겨진 사람들은 사랑하는 사람의 생명을 빼앗긴 것 같은 기분이 들고 분노와 비통함, 좌절을 느낀다. 하지만 그것은 그저 수명이 그리는 종형 곡선의 본질일 뿐이다. 기대 수명은 기대 수명일 뿐 우리는 대부분 기대 수명과는 다른 수명을 살다 간다. 우리의 생명이 기대 수명의 범위 안에서 언제라도 멈출 수 있음을 정직하게 보여주었다는 이유로 죽음을 비난하고 그것을 잔혹한 도둑이라고 비난하는 것은 부당하다.

    공식적으로 이 세상에서 가장 오래 살았던 사람은 122년 164일을 살다가 1997년에 죽은 프랑스의 잔 칼망이다. 우리 어머니가 태어난 1930년에 여성의 기대 수명은 63세였다. 어머니는

77세에 돌아가셨으니 어머니는 어머니 세대의 기대 수명보다 14년을 더 살다 가신 셈이다. 우리 할머니는 훨씬 더 괜찮은 기록을 세우셨다. 할머니가 태어난 1898년에 여자들의 기대 수명은 고작 52세였다. 할머니는 78세에 돌아가셨으니 태어났을 때의 기대 수명보다 26년을 더 살다 가신 것이다. 물론 할머니가 살아 계시는 동안 의료 기술이 비약적으로 발달했다는 것도 할머니가 오래 살 수 있었던 이유이기는 할 것이다(결국 담배가 할머니에게 도움이 되지는 않았지만 말이다). 나는 어떨까? 내가 태어난 1961년에 여성의 기대 수명은 74세였다. 그 말은 나에게는 이제 17년이 남았다는 뜻이다. 세상에, 시간이 왜 이렇게 빠르게 가버렸을까? 하지만 현재 나이와 생활 습관으로 예상해보건대 나는 85세에도 살아 있을 가능성이 크다. 그러니까 어쩌면 나에게는 아직 29년이 넘는 시간이 남았는지도 모른다. 휴, 다행이다.

그러니까 살아오면서 나는 17년이라는 시간을 추가로 획득한 것이다. 정말 굉장하지 않은가? 사실 그렇게까지 굉장한 일은 아니다. 당연히 나는 이 17년이라는 시간을 스무 살 때나 마흔 살 때 얻지 못했다. 이것은 내가 74세가 되어야만 얻을 수 있는 시간이다. 어째서 우리는 인생의 전성기에, 그러니까 젊음을 낭비하는 젊은 시절에 더 많은 시간을 얻을 수 없는 것일까?

태어나는 순간에 추정되는 기대 수명은 느리지만 점점 더 정확해지고 있고, 현재 우리는 앞으로 두 세대 안에(우리의 아이들이나 손주들 시대에) 지구에서 인류 역사상 그 어느 때보다 더 많은 100세 노인들이 살아가게 될 것임을 알고 있다. 하지만 인류라는 우리 종이 최대로 살아갈 수 있는 최고 수명은 증가하지 않을 것이다. 인류의 수명에서 극적인 변화를 보이는 것은 평균 수명이다. 종형 곡선의 오른쪽 부분이 크게 증가하는 것이다. 다시 말해서 인구통계학적 분포도가 바뀌는 것이다. 노인 인구가 늘어나면서 빠르게 증가하는 건강, 사회 문제들은 앞으로 사회가 겪게 될 일들을 조금은 들여다볼 수 있게 해준다.

　물론 더 길어진 삶을 사는 사람들은 대부분 축하를 받는 것이 맞겠지만 가끔은 어떤 대가를 치르고서라도 더 오래 살아 있기를 바라는 갈망이 사실은 우리의 죽음을 늘리고 있는 것은 아닌가 하는 의구심이 든다. 기대 수명은 다양할 수 있지만 기대 죽음은 변하지 않고 있다. 우리가 실제로 죽음을 정복한다면 인류는 물론이고 지구 행성도 정말로 곤란해질 것이다.

　긴밀한 관계를 맺는 동지로서 매일 함께하면서 나는 죽음을 존중하게 되었다. 죽음 앞에서도, 죽음이 하는 일에 대해서도 두려워해야 할 이유가 없음을 알게 되었다. 나는 죽음을 상당히 잘 이해하고 있다고 생각한다. 나와 죽음은 직접적이면서도 단순하고 분명한 언어로 소통하기로 결정했기 때문이다. 죽음이 자신의 일을 할 때 나도 내 일을 할 수 있으며, 죽음 덕분에 나는 오랫동안 생산적이고도 흥미로운 작업을 해올 수 있었다.

이 책은 죽음을 다루는 전통적인 논문과는 다르다. 고귀한 학문을 논하거나 변덕스러운 문화 변화를 검토한다거나 따뜻하지만 진부한 이야기를 제시하는 흔한 방식은 따르지 않을 것이다. 그보다는 내가 알게 된 죽음의 여러 모습과 지금까지 죽음이 나에게 보여주었고, 그것이 나에게 시간이라는 여유를 줄 마음이 있다면 앞으로 30년 안에 언젠가는 궁극적으로 보여줄 관점들을 탐구해나가려고 한다. 죽음을 통해 살아 있었을 때의 이야기를 재현하고자 하는 법의인류학이 그렇듯이 나는 이 책을 통해 연속체를 구성하는, 분리할 수 없는 두 구성 성분(죽음과 삶)의 이야기를 풍성하게 들려줄 생각이다.

그에 대한 대가로 당신이 나에게 해주어야 하는 일은 단 한 가지뿐이다. 잠시 동안 죽음에 관한 당신의 선입견은 옆으로 치워두자. 죽음을 향해 느끼는 불신과 두려움, 혐오는 잠시 치워두자. 당신도 곧 나와 같은 시선으로 죽음을 볼 수 있게 될 것이다. 죽음이 함께한다는 사실에 마음이 평온해지고 죽음을 조금은 더 잘 알게 되면서 두려움이 사라질 것이다. 내가 경험한 대로라면 죽음과 함께하는 일은 강렬하면서도 매혹적이다. 결코 지루해지는 법이 없다. 하지만 죽음은 복잡하며, 정말로 예측하기 힘들 때도 있다. 당신은 잃을 것이 하나도 없다. 더구나 당신은 언젠가 한 번은 죽음과 마주쳐야 한다. 이왕 악마를 상대해야 한다면 그래도 알고 있는 악마를 상대하는 게 더 낫지 않을까?

1장
침묵의 스승들

"Mortui vivos docent."
(죽은 자는 산 자를 가르친다.)

작자 미상

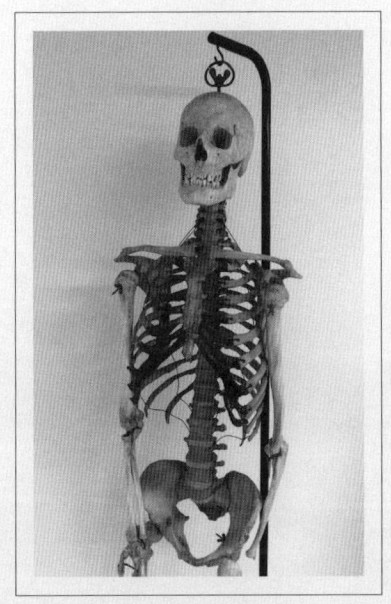

내 연구실에 걸려 있는 해골

열두 살 때부터 5년 동안, 나는 토요일과 학교 방학 때면 언제나 정신없이 근육과 뼈, 혈액과 내장을 탐구하면서 보냈다. 나의 부모님은 장로회 교인의 무시무시한 직업윤리를 가지고 계셨기 때문에 내가 충분히 일할 수 있는 나이가 됐다고 판단하셨을 때 아르바이트를 하면서 돈을 벌어야 한다고 생각하셨다. 그래서 나는 인버네스 교외에 있는 발나페탁 농장 정육점에서 일하기로 했다. 그 아르바이트가 학창 시절의 내 첫 번째 직장이자 유일한 직업이었고, 나는 그곳에서의 모든 순간을 사랑했다. 약국이나 슈퍼마켓, 옷 가게에서의 아르바이트를 선호하는 내 친구들 대부분이 정육점 아르바이트를 불쾌하게까지는 아니더라도 상당히 묘한 선택이라고 생각했다는 사실도 전혀 인지하지 못했다. 그때는 내 앞에 법의학의 세계가 기다리고 있으리라는 생각을 전혀 하지 못했지만, 지금 생각해보면 정육점에서 일한다는 나의 선택은 그 당시의 나와 친구들에게는 드러나지 않고 숨어 있던 내 인생의 정해진 여정의 일부였다.

정육점은 미래의 해부학자이자 법의인류학자의 훈련 장소로 매우 유용한 곳이었고, 정말로 즐겁게 일할 수 있는 매혹적인 장소였다. 나는 정육점 주인이 보여주는 정밀한 임상 기술을 사랑했다. 정육점 주인에게서 나는 많은 기술을 배웠다. 고기를 가는 기술, 소시지 소를 채우는 기술을 배웠고 무엇보다도 정육점 직원들을 위해 제 시간에 맞춰 차를 준비하는 법을 배웠다. 울

툽불퉁한 뼈 사이를 누비며 재빨리 기술적으로 뼈를 발라 진한 붉은색 근육을 하얀 뼈와 분리해내는 정육 기술자들의 솜씨를 보면서 날카롭게 다듬은 칼날이 얼마나 중요한지도 배웠다. 정육업자들은 어디를 잘라야 차돌박이용 고기를 얻고 또 어디를 잘라야 국거리용 고기를 얻을 수 있는지를 정확하게 알았다. 정육점에서 접해야 하는 해부학은 언제나 같으리라는 확실함이 있었기에 어느 정도는 안심되는 부분도 있었다. 아니, 완벽하게 언제나는 아니었다. 가끔은 작업을 하던 정육업자가 무언가 "아주 잘못됐다"며 낮은 소리로 욕을 할 때도 있었으니까. 사람처럼 소와 양도 개체마다 몸의 구조가 다른 것 같았다.

      나는 정육점에서 힘줄에 관해 배웠고 왜 힘줄을 잘라내야 하는지도 배웠다. 근육 사이에는 잘라내야 하는 혈관이 있다는 사실도 배웠고, 콩팥의 문[2]에는 질겨서 먹을 수 없는 부분이 있다는 사실도 배웠으며, 두 뼈 사이에 있는 관절을 벌려 활막 관절에 있는 유리질 점액 물질을 밖으로 드러내는 방법도 배웠다. 손이 얼었을 때는 -정육점에서는 늘 손이 어는 것 같았다- 도살장에 실려와 아직도 온기를 유지하고 있는 간을 옮기는 사람이 자신이기를 바라게 된다는 사실도 배웠다. 아주 잠깐 동안이지만 간이 들어 있는 상자에 손을 집어넣으면 손이 따뜻해진다. 따뜻한 소의 피가 얼어 있는 손을 녹여주는 것이다.

[2] hilum. 혈관과 신경이 기관과 접해 있는 부분.

정육점에서는 손톱을 물어뜯지 말아야 한다는 것과 칼날을 위로 향한 채 칼을 바닥에 두면 안 된다는 사실도 배웠다. 실수를 저질렀을 때는 날카로운 칼날이 훨씬 극적인 결과를 불러오지만, 일반적으로 무딘 칼이 날카로운 칼보다 훨씬 많은 사고를 유발한다는 사실 역시 배웠다. 정육점에서 언제나 정확하게 펼쳐지고 잘린 뒤에 제대로 준비되어 정갈하게 배열된 동물의 신체 부위를 보고 정육점 내부에 퍼져 있는 희미한 철 냄새를 맡는 일은 늘 엄청나게 만족스러웠다.

정육점을 그만두어야 했을 때는 정말 슬펐다. 그때 내 우상은 나의 생물 선생님인 아치 프레이저 박사님이었다. 나는 박사님이 나에게 해주는 모든 조언을 그대로 믿고 따랐다. 그래서 프레이저 박사님이 나에게 대학교에 가야 한다고 말했을 때 나는 대학교에 입학했다. 나로서는 어떤 공부를 해야 할지 알 수가 없었기에 박사님의 뒤를 따르기로 했고, 생물학은 좋은 선택처럼 느껴졌다. 애버딘대학교에 입학하고 2년 동안 나는 심리학, 화학, 토양학, 동물학(첫 수강 때는 F를 받았다), 일반생물학, 조직학, 식물학 수업을 들어야 했는데, 나에게는 모두 상당히 지루한 과목이었다. 결국 생물학을 하면서 살아가려면 식물학이나 조직학을 택해야 한다는 사실이 분명해졌지만, 남은 일생 동안 식물만 연구하다가는 내 눈에서 피가 나게 될 것이 분명했다. 그렇다면 남은 선택지는 사람의 세포를 연구하는 조직학뿐이었다. 조직학의 모든 과목을 끝마쳤을 때, 나는 모든 것이 정해진 형태가 없는 분홍색과 자주색 덩어리로 이루어져 있는 것 같은 세상을 보여주는 현미경은 다시는 들여다보고 싶지 않다는 사실을 깨달았다. 하지만 그때 배웠던 과목들은 사람의 시신을 해부할 수 있는 해부학으로 가는 경로가 되어주었다. 나는 고작 열아홉 살이었고 그때까지 죽은 사람의 몸은 한 번도 본 적이 없었지만 5년 동안이나 정육점에서 동물의 사체를 잘라본 경험이 있는 여자아이에게 사람의 시신을 해부하는 일이 아주 힘들 리는 없었다.

    토요일 아르바이트가 어쩌면 앞으로 내가 걸어야 할 길을 아주 조금쯤은 준비할 수 있게 도와주었는지도 모른다. 하지만 어떤 준비를 해도 해부실에서의 첫 경험을 감당하는 일은 누구에게나 쉽지 않다. 해부실에서의 첫날을 잊을 수 있는 사람은 없다. 사람이 지닌 모든 감각이 완벽하게 자극받는 경험을 하게 되기 때문이다. 그날 해부실에는 네 명이 있었고, 나는 지금도 온실 같은 다른 곳이었다면 완전히 다른 분위기를 연출했을 불투명한 높은 창문과 정교한 빅토리아풍 쪽모이 세공 바닥이 있는 거대하고 웅장한 방 안에서 울려 퍼지던 소리를 기억한다. 너무나도 진해서 맛도 느껴졌던 지독한 포르말린 냄새도 맡을 수 있고 녹색 페인트가 벗겨져 단단한 유리와 금속 뼈대를 드러냈던 해부대도 눈에 선하다. 각을 맞추듯 일렬로 늘어서 있던 마흔여 개 해부대 위에는 하얀 천이 덮여 있었다. 해부대 가운데 두 개의 천

밑에는 우리를 기다리는 두 몸이 있었다. 학생 두 명에게 하나의 몸이 배정되어 있었다.

해부실에서의 첫 경험은 자기 자신과 다른 사람에게 품었던 시각에 그 즉시 의문을 가지게 되는 경험이기도 하다. 살아생전에 자신의 주검을 다른 사람에게 앎의 기회로 기꺼이 제공하겠다고 결정하는 사람이 있음을 알게 되는 순간, 나 자신이 얼마나 작고 보잘것없는 존재인지를 깨닫는 것이다. 그때 나는 단 한 번도 나에게서는 빛을 잃지 않을 고귀한 행동을 접했다. 내가 이 선물이 전해준 기적을 더는 느끼지 못하게 된다면 그때는 메스를 집어던지고 다른 일을 찾아야 할 것이다.

나와 내 해부 파트너 그레이엄은 시체 보관소 기술자가 우리 두 사람을 위해 능숙하게 준비해두었고 1년 동안 우리가 탐구하게 될 이타적인 기증자 가운데 한 명을 무작위로 배정받았다. 기증자의 본명을 알지 못했던 우리는 내 인생을 지배하게 될 해부학 책인 『그레이 해부학Gray's Anatomy』의 저자 헨리 그레이의 이름을 따 그 기증자에게 헨리라는 이름을 붙여주었다. 맞다. 독창성이라고는 전혀 찾아볼 수 없는 작명이다. 애버딘에서 나고 자랐고 70대 후반에 세상을 떠난 헨리는 자기 몸을 애버딘대학교 해부학과에서 교육과 연구 목적으로 사용해달라는 유언을 남겼다. 그리고 나와 그레이엄은 헨리 덕분에 교육을 받을 수 있었다.

헨리가 몸을 기증하기로 결정한 순간에 그의 미래의 학

생이 될 나는 내 인생을 완전히 결정할 그토록 놀랍고도 관대한 행위를 조금도 알고 있지 못했다는 생각을 하면 정신이 번쩍 든다. 아마도 그 무렵에 나는 너무나도 혐오하는 동물학 실험실에서 쥐를 해부하고 있어야 한다는 사실에 극도로 비통해하고 있었을 것이다.

    헨리가 죽었을 때 나는 그의 죽음을 조금도 의식하지 못한 채 애버딘대학교에서 나에게 세포 구조를 공부하라며 끝없이 공급하는 것처럼 보이는 식물의 줄기를 잘라내고 있었을지도 모른다. 해마다 3학년이면 해부실로 가야 하는 1~2학년 학생들에게 나는 늘 말해준다. 앞으로 너희가 공부하게 되고 그 몸을 통해서 많은 것을 배우게 될 사람이 지금은 살아서 움직이고 있을 거라는 사실을 말이다. 내가 그 말을 하고 있는 바로 그 순간에 누군가가 자신의 몸을 내 학생들의 교육을 위해 써달라는 유언장을 작성하고 있을 수도 있다. 그런 어마어마한 생각이 들 때면 거칠게 여러 번 심호흡을 해야만 간신히 마음을 진정할 수 있다. 누군가는 분명히 해부대에 누워 있는 사람이 그날 아침에는 거리를 걸었을지도 모른다는 생각을 선명하게 떠올릴 것이며, 당연히 그런 사람이 있어야 한다. 낯선 타인의 커다란 선의를 절대로 당연하게 받아들이면 안 되는 법이다.

    헨리의 사망 신고서에 적힌 사인은 심근경색증(심장 마비)이었다. 병원에서 사망한 헨리의 몸은 장의사의 인도로 애버딘대학교 해부학과로 옮겨왔다. 그에게 가족이 있는지, 가족들이 그의 결정에 동의했는지, 일반적인 장례식을 치르지 못한 가족들의 심정이 어땠는지를 나는 절대로 알지 못할 것이다.

  헨리가 사망하고 몇 시간이 지난 뒤에 매리셜칼리지 해부학과 건물 지하에 있는, 임상학적으로는 영혼이 없는 타일 덮인 어두운 방에서 시체 보관소 기술자 알렉은 헨리의 몸에서 옷과 소지품을 제거하고 머리카락을 모두 민 뒤에 헨리의 양쪽 새끼손가락과 새끼발가락에 기증 순서대로 식별 번호를 새겨놓은 끈 달린 동그란 황동 인식표를 붙였다. 헨리가 대학교에 있는 동안 이 인식표는 그의 몸에서 떨어지지 않을 것이다. 그다음에 알렉은 헨리의 사타구니 피부를 6센티미터 길이로 가른 뒤에 넙다리삼각이라고 알려진 넙적다리 부분에서 넙다리동맥과 넙다리정맥에 닿을 때까지 근육과 지방을 제거해나간다. 넙다리정맥과 넙다리동맥을 세로로 조금 절개하고 더 많은 끈을 넣을 수 있도록 캐뉼라[3]를 삽입한다. 완전히 밀봉하면 캐뉼라의 밸브를 열어 헨리 위에 있는 중력 급유 탱크에서 나온 포르말린 용액이 나뭇가지처럼 뻗어 있는 동맥계를 따라 천천히 퍼져 나가게 한다.

[3] 체내에 약물을 주입하거나 체액을 뽑아내려고 삽입하는 관.

  헨리의 몸 안으로 들어간 방부액은 혈관을 지나 헨리에게 중요했던 모든 일을 생각하는 데 사용됐던 뇌의 뉴런으로, 소중한 사람의 손을 잡았던 손가락으로, 바로 몇 시간 전에 마지막으로 말을 했을지도 모를 그의 목으로, 그 밖에 헨리의 모든 세포 안으로 들어간다. 포르말린 용액이 천천히 혈액 속으로 뒤로 밀리지 않는 파동을 만들며 밀고 들어가는 동안 혈액은 몸 밖으로 빠져나가고, 결국에는 혈액의 상당량이 몸 밖으로 밀려 나간다. 두 시간 내지 세 시간 정도 진행되는 이 조용하고도 평화로운 방부 과정이 끝나면 헨리의 몸은 비닐 시트에 싸여 며칠이나 몇 달 뒤에 헨리가 필요해질 때까지 기다려야 한다.

정말 짧은 시간 안에 헨리는 자신의 의지로, 가족의 사랑을 받았던 특정한 신분의 남자에서 오직 숫자로만 식별할 수 있는 익명의 시신이 되었다. 이런 익명성은 중요하다. 익명성은 학생들을 보호한다. 학생들이 하고 있는 일에서 한 사람의 슬픈 죽음을 분리해 그들이 정신적으로 힘들지 않게 해준다. 생애 처음으로 시신을 해부할 때 과도한 동정심을 느끼지 않아야 학생들이 존중하는 마음을 유지하고, 한 사람의 존엄함을 명심하면서 사람의 몸을 인격이 떠나간 거죽으로 볼 수 있는 냉정함을 기를 수 있다.

우리의 첫 번째 해부학 시간에 헨리의 몸이 중요한 역할을 해주어야 할 시간이 되면, 헨리는 카트에 실려 금방이라도 무너질 것 같은 시끄러운 낡은 승강기를 타고 해부실까지 올라와 유리가 덮인 해부대 가운데 하나 위에 눕혀진다. 그곳에서 하얀 천을 덮은 헨리는 그의 학생들이 도착할 때까지 조용히 인내하며 기다린다.

　　　현재 우리는 우리 학생들이 처음 경험하는 해부 시간을 가능한 한 그들이 충격받지 않고 기억에 남을 시간으로 만들어주기 위해 최선을 다한다. 학생들은 대부분 내가 그랬던 것처럼 첫 해부학 시간이 되기 전까지는 죽은 사람의 몸을 단 한 번도 본 적이 없다. 내가 해부학 실습을 처음으로 했던 1980년에는 개론 수업도 없었고 앞으로 몇 달 동안 우리에게 침묵의 스승이 되어줄 시신에 관해 천천히 알아갈 수 있는 과정조차 밟을 수 없었다. 잔뜩 겁을 먹은 우리 3학년 학부생 네 명은 월요일 아침에 『의대생을 위한 스넬 임상 해부학Snell's Clinical Anatomy for Medical Students』과 G. J. 로마네스의 『커닝엄의 실전 해부학 실습Cunningham's Manual of Practical Anatomy』, 카키색 천으로 만든 해부 도구 통을 들고 해부실로 들어갔다. 해부학 실습서 1쪽부터 시작해야 했던 우리에게는 가야 할 길이 멀었다. 그때 우리는 장갑도 끼지 않았고 눈 보호대도 착용하지 않았으며 실험복을 건물 밖으로 가지고 나가 빨면 안 된다는 규정 때문에 복장마저도 아주 빠른 속도로 끔찍하게 더러워졌다. 그때를 생각하면 격세지감이 느껴질 정도다.

　　　해부대 위에는 스펀지가 많았다. 그레이엄과 나는 해부할 때 흘러나오는 액체를 닦으려면 그 스펀지가 반드시 필요하다는 사실을 곧 깨달았다. 스펀지는 정말 빠른 속도로 흥건하게 젖었다. 해부대 밑에는 해부 실습이 끝나면 신체 조직을 모아 담을 수 있는 스테인리스스틸 양동이가 있었다. 실습을 모두 끝낸 뒤에 가능한 한 완전한 몸으로 시신을 화장하거나 매장하려면 설사 그것이 피부 한 조각, 근육 한 조각이라고 해도 모두 모아 인체의 모든 부분을 보존하는 일이 중요하다. 우리 옆에는 또 다른 중요한 스승이 보초를 선 채 우리가 하는 일을 지켜보면서 기다려준다. 헨리의 피부와 근육 아래에서 우리가 보고 느끼게 될 많은 것을 이해할 수 있게 도와줄 해골 말이다.

해부학 실습에 참가하는 학부생들이 제일 먼저 익혀야 하는 기술은 자기 손가락을 자르지 않고 메스를 사용하는 법이다. 메스 손잡이를 잡고 좁은 메스 날을 일자로 세워 정확하게 움직일 수 있게 될 때까지는 핀셋의 도움을 받아 기술을 완벽히 익힐 수 있도록 연습해야 한다. 메스를 빼는 연습도 해야 한다. 메스를 쓸 때마다 분명히 그것을 조금은 더 나은 형태로 디자인해줄 사람이 어딘가에는 있을 텐데 라는 생각을 하게 된다.

시신을 자르다가 밝은 붉은색 동맥피가 흐르는 모습을 본다면 한 가지 명심해야 할 것이 있다. 시신은 피를 흘리지 않는다는 사실 말이다. 동맥피가 흐른다는 것은 당신의 손가락이 잘렸다는 뜻이다. 메스 날은 아주 날카롭고 해부실은 아주 춥기 때문에 피부가 잘려도 느낌이 없다. 당신이 자기 피부를 잘랐다는 사실을 처음으로 알려주는 신호는 방부 처리한 시신의 창백한 갈색 피부와는 선명하게 대조되는 선홍색 혈액이 보이는 것이다.

하지만 감염된다는 걱정은 그다지 하지 않아도 된다. 방부 처리를 제대로 한 시신이라면 살균되어 있기 때문이다. 손가락은 얼어 있고 체지방 때문에 미끄러울 때, 작고 성가신 칼날을 다루는 일은 쉽지 않다. 요즘에는 해부실에 반창고와 수술용 장갑을 충분히 준비해둔다.

일단 메스를 제대로 쓸 수 있고 더는 자기 손가락에서 피를 내지 않게 되면 그때는 해부대 위로 몸을 숙일 수 있는데, 바로 그 순간 포르말린 증기 때문에 눈물을 줄줄 흘리게 될 것이다. 해부학 실습서는 어디에 칼을 대고 그어야 하는지는 알려주지만, 얼마나 깊게 칼날을 집어넣어야 하는지, 시신에 메스를 그으면 어떤 느낌이 드는지는 알려주지 않는다. 칼을 대고 그을 때 헨리의 몸을 어떤 식으로 '느껴야' 하는지를 정확하게 설명해주는 사람은 아무도 없으며, 그 어떤 곳도 정확한 절개 위치는 아닌 것처럼 느껴진다. 그 모든 순간이 학생들에게는 조금 무섭고 어느 정도는 당혹스럽게 느껴진다. 학생들은 잠시 동작을 멈추고 목 아랫부분에 있는 움푹 파인 곳부터 가슴 아래쪽까지인 몸통 한가운데를 쭉 절개해야 하는 것은 아닌지 고민한다. 과연 두 사람 가운데 누가 지켜볼 것이며 누가 시신에 칼을 댈 것인가? 학생들의 손은 바르르 떨린다. 난생처음 사람의 몸을 절개할 때는 누구나 아주 긴장하지만 모두들 아닌 척한다. 나는 지금도 눈을 감으면 그 순간이 선명하게 떠오르고, 미숙했던 젊은이들을 완벽하게 참아준 헨리가 생각난다.

스승이 미동도 없이 누워 학생이 시작하기를 기다리며 느긋하게 휴식을 취하고 있는 동안, 학생들은 속으로 지금 하려는 일에 대해 스승에게 미안한 마음을 전하며 자신이 수업을 망치지 않기를 간절히 바란다. 오른손에는 메스를 들고 왼손에는 핀셋을 든 채…… 도대체 얼마나 깊이 메스를 찔러 넣어야 하는 건지 고민한다. 학생들이 대부분 가슴을 가장 먼저 절개하는 데에는 이유가 있다. 가슴뼈는 피부와 아주 가까이 있어 제아무리 애써도 실수를 할 가능성이 거의 없기 때문이다. 애초에 가슴뼈는 너무 깊게 메스를 찔러 넣을 방법이 없다. 학생들은 희미한 선을 남기며 피부 표면을 따라 조심스럽게 가슴벽까지 칼을 쭉 긋는다.

피부는 놀라울 정도로 쉽게 갈라진다. 촉감은 촉촉하게 젖은 차가운 가죽 같지만 일단 조직과 분리되면 피부와는 선명하게 대조되는 옅은 노란색 피부밑 지방을 메스 밑으로 얼핏 볼 수 있다. 좀 더 자신감이 생긴 학생들은 양쪽 빗장뼈 한가운데 있는 복장뼈에서 시작해 양쪽 어깨 방향으로 메스를 그어 생애 처음으로 T자형 절개를 마무리한다. 불안과 기대가 가득했던 순간은 이제 끝이 났다. 그리고 세상은 아직 끝나지 않았다. 엄청난 안도감이 몰려오고, 그제야 학생들은 절개를 하는 동안 자신이 숨을 쉬지 않고 있었음을 깨닫는다. 심장은 마구 뛰고 아드레날린은 분출하지만 놀랍게도 더는 두렵지 않고 오히려 흥미를 느끼게 된다.

　　이제 피부 밑에 있는 조직을 밖으로 드러내야 한다. 학생들은 조심스럽게 T자형 절개에서 두 직선이 만나는 부분에 있는 피부 절개선 세 줄 가운데 한 줄의 끝부분을 잡고 뒤로 젖힌다. 한 손으로 핀셋을 잡고 피부가 조직에서 분리될 정도로만 메스에 힘을 준다. 피부를 떼어낼 때는 굳이 칼을 쓸 필요가 없다. 피부 밑에는 노란 지방층이 있는데, 이 지방층은 학생들의 따뜻한 손에 닿으면 녹아서 액체가 된다. 그때부터는 메스와 핀셋을 잡고 있는 일이 갑자기 엄청난 과제가 되어버린다. 핀셋으로 잡고 있던 피부를 놓치고 지방과 액체가 얼굴로 튀는 동안, 잠시 가졌던 확신은 어느새 완전히 증발해버린다. 이런 문제가 생길 거라고 경고해준 사람은 없었다. 포르말린은 냄새는 지독하지만 맛은 더 고약하다. 그런 실수는 오직 한 번이면 족하다.

　　다시 피부를 벗겨나가다가 아주 작은 빨간 점들이 보이기 시작하면 학생들은 자신이 어쩔 수 없이 작은 피부 혈관을 잘라냈음을 알게 된다. 그때가 되면 학생들은 사람을 이루고 있는 형태가 매우 다양하며, 그 안에 엄청난 정보가 숨어 있음을 깨닫고 충격을 받는다. 그 전날까지만 해도 1년 내내 한 사람의 몸을 해부해야 하는 이유와 해부학 지식을 얻으려고 교재를 세 권이나 공부해야 하는 이유를 제대로 이해하지 못했던 학생들이었다. 하지만 작은 혈관들을 보는 순간, 학생들은 1년을 공부해도 사람 해부학에 관해 표면적인 것만을 배울 뿐 많은 것을 알지는 못하리라는 사실을 자각하게 된다. 그제야 학생들은 자신들이 정말로 초심자임을 깨닫는다. 완벽하게 이해하기는커녕 배운 내용을 모두 기억하지 못할 수도 있다는 생각에 절망하게 된다.

핀셋과 날카로운 메스에 조금만 힘을 가하면 당혹스러울 정도로 쉽게 결합 조직을 자를 수 있다. 메스가 결합 조직에 닿은 것 같지도 않은데 말이다. 결합 조직 밑에 있는 근육이 드러나면 금속으로 만든 토스트 꽂이처럼 생긴 가로로 놓인 하얀 가슴뼈가 근육과 선명한 대조를 이루고 있는 모습이 보인다. 손가락으로 헨리의 근육과 뼈를 느끼는 동안 시선은 옆에 있는 해골의 가슴뼈를 향한다. 학생들은 인체를 지탱하는 비계飛階 역할을 하는 뼈와 뼈를 구성하는 부분들을 구별하고 이름을 확인하며, 자신도 모르는 사이에 전 세계 모든 해부학자가 분명하게 이해하고 있는 고대의 언어로 말하게 된다. 이 고대 언어는 14세기에 현대 해부학의 연구 방법을 창시했고, 나에게는 분명한 역할 모델이 되어준 안드레아스 베살리우스에게도 익숙한 언어였을 것이다.

처음에는 방부한 근육이 균일한 밝은 갈색 덩어리처럼 보인다(어찌 보면 통조림에 담긴 참치처럼 보이기도 한다). 하지만 가까이에서 들여다보고 눈에 익숙해지면 근육의 결이 보이고 근섬유가 뻗어 있는 방향과 근육에 분포한 가느다란 신경을 구분할 수 있게 된다. 근육이 시작되는 곳과 근육이 삽입해 들어가는 곳을 알게 되고 교차되는 지점에서 근육의 움직임을 유추하면서 지금 살펴보고 있는 근육의 놀라울 정도로 논리적인 작용 방식에 감탄하게 된다. 살아 있는 사람으로서 학생들은 죽음과는 멀리 떨어져 있지만 사람의 해부학이 간직한 아름다움에 빠져드는 순간, 죽음의 세상으로 건너가는 다리가 만들어진다. 건너가는 사람은 거의 없지만 한번 건너가면 절대로 잊지 못하는 다리가 생기는 것이다. 그 다리를 생애 처음으로 건널 때 느끼는 감정은 다시는 느낄 수 없다. 그 감정은 정말로 특별하다.

해부학은 학생들에게 완전히 극단적인 감정을 느끼게 한다. 학생들은 해부학을 사랑하거나 미워하게 된다. 해부학에 매혹되는 학생들은 해부학의 논리 정연함과 질서에 감탄한다. 해부학을 미워하는 학생들은 배워야 하는 방대한 지식과 포르말린 냄새를 끔찍해한다. 매혹된 마음이 끔찍한 마음을 이기면 해부학은 학생들의 영혼에 각인되고, 그들은 자기 자신이 특권을 누리는 엘리트라고 인식하게 된다. 자신의 몸을 들여다볼 수 있도록 허락해준 사람들 덕분에 사람의 몸을 이루는 비밀을 들여다보고 익히는 선택받은 소수가 됐다고 느끼는 것이다. 우리는 히포크라테스, 갈레노스, 그들의 계승자인 레오나르도 다빈치와 베살리우스 같은 위대한 학자들의 어깨 위에 서 있는지도 모른다. 하지만 진정한 영웅은 다른 사람이 의학을 배울 수 있도록 자신의 몸을 세상에 남기기로 결정한 놀라운 사람들, 즉 자기 몸을 기증해준 사람들이다.

◇

해부학은 신체가 작동하는 방식 외에도 삶과 죽음, 인간성과 이타주의, 존엄과 존중은 물론이고, 협동하고 세부 사항에 집중하고 인내하고 침착해지는 법을 알려주며, 손을 사용하는 기술을 익히게 해주는 등 많은 것을 가르쳐준다. 사람의 몸과 상호작용할 때는 촉각을 이용하는데, 그 경험은 정말로 개인적이다. 책이나 모형, 컴퓨터 그래픽을 이용한 과정으로는 해부학을 제대로 배울 수가 없다. 자격을 갖춘 정식 해부학자가 되려면 반드시 사람의 몸을 직접 접해봐야 한다.

과거에 해부학은 비방과 존경을 동시에 받던 학문이었다. 갈레노스부터 그레이까지, 영광스러웠던 고대 해부학자들의 시대부터 현재에 이르기까지 해부학계는 이득을 취하려고 범죄를 저지르는 악당들 때문에 오점을 남겨 왔다. 19세기 에든버러에서는 해부학과에 시신을 공급하려고 살인까지 저지른 버크와 헤어 때문에 1832년 의회에서 해부법이 통과될 정도였다. 1998년에는 조각가 앤서니노엘 켈리가 왕립외과대학에서 신체 부위를 훔친 혐의로 감옥에 갇히면서 예술 윤리와, 의료과학 분야에 기증된 사람의 인체가 갖는 법적 지위를 고민해야 했다. 2005년에는 사장이 신체 부위를 불법으로 모아 의료 기관에 판매한 혐의로 한 미국 의학 조직 회사가 문을 닫아야 했다. 해부학은 경제의 수요 공급 원리나 체면, 고귀함, 품위 등은 조금도 신경 쓰지 않는 협잡꾼들의 범죄 행위에는 전혀 면역이 되어 있지 않은 것만 같다. 우리는 기증자들을 방어해야 하며 그들을 분명하게 보호해줄 법을 제정해야 한다.

죽음은 돈을 만들고, 돈이 있는 곳에는 언제나 윤리가 정해둔 경계를 넘을 준비가 되어 있는 사람이 있게 마련이다. 많은 나라에서 사람의 유해를 합법적으로 사고팔 수 있고, 전 세계 수많은 기관에서 관절이 보존된 사람의 뼈를 아주 비싼 가격에 사들인다는 사실을 생각해보면 무덤 도굴이라는 고대 범죄가 현대에도 존재한다는 사실에 조금도 놀랄 이유가 없을지도 모른다. 내가 학생이었던 1980년대에 해부실에서 다루었던 사람 뼈는 대부분 인도에서 수입해 왔다. 인도는 아주 오래전부터 의료계에 뼈를 제공하던 주요 공급처였다. 1985년 인도 정부는 사람의 유해를 수출할 수 없다는 법을 제정했지만 지금도 인도에서는 암시장이 활기를 띠고 있다. 영국은 당연히 뼈를 비롯해 어떤 신체 부위도 거래할 수 없다.

사람의 유해를 어떻게 대할 것인가 하는 문제는 모든 사회적 태도가 그렇듯이 유동적인데, 어떤 경우에는 한 사람의 일생 동안 극적인 변화를 겪기도 한다. 현재 영국에서는 플라스틱 골격으로 학생들을 가르치는 경우가 많으며 과학실, 지역 보건소 진료실, 응급 처치 교육원 같은 곳에 있는 먼지 쌓인 선반에는 사람의 뼈가 놓여 있기도 하지만 합법적으로 그것을 입수했다고 하더라도 이제는 많은 조직에서 사람의 뼈를 가지고 있다는 사실을 불편하게 여긴다. 그 때문에 가까운 대학교 해부학과에 그것을 기증하고 대학 수업 시간에 사용됐던 인공 뼈를 대신 받는 기관도 있다.

수세기 동안 인체가 부패하지 않고 보존될 수 있도록 연구한 덕분에 현재 해부학자들은 전임자들과 달리 오랫동안 여유 있게 인체를 살펴볼 수 있고 사람의 구조를 이루는 아주 세세한 부분까지도 연구함으로써 훨씬 귀중한 정보를 얻을 수 있게 되었다. 교수대에서 가져온 시체를 해부했던 초기 시절부터 해부학자들은 가능한 한 오랫동안 사체를 보존하려고 노력하면서 식품업계에서 사용하는 알코올이나 소금물에 사체를 담그거나 건조하거나 얼리는 방식을 배워 해부학에 적용해 왔다.

1805년 트라팔가르 해전에서 넬슨 제독이 전사하자, 군인들은 제독의 몸을 브랜디와 에탄올을 섞은 '영혼의 와인spirit of wine'에 담가 장례식이 열리는 제독의 고향으로 보냈다. 19세기가 되어 포름알데히드라고 불리는 고약한 화학 물질이 나타나 해부학 분야를 변화시키기 전까지 알코올은 해부학에서 널리 쓰이던 방부제였다. 포름알데히드는 살균제, 살생물제, 조직 고정제이기 때문에 그것을 물에 녹인 포르말린은 지금도 전 세계에서 가장 많이 사용되는 방부제다.

  하지만 다량의 포름알데히드는 산 사람의 건강도 해칠 수 있기 때문에 근래 수십 년간 해부학계는 포름알데히드를 대체할 방법들을 고민해 왔다. 사망한 직후에 몸을 여러 부분으로 절단해 얼렸다가 해부할 때 녹이는 신선 냉동법이나 인체 조직을 살아 있는 사람에 조금 더 가까운 상태로 보존하는 소프트 고정법 등이 그런 대체 방법들이다. 1970년대에 해부학자 군터 폰 하겐스는 진공 상태에서 수분과 지방을 중합체polymer로 교체하는 방법을 개발했다. 중합체로 교체한 조직은 영원히 보존된다. 절대로 썩지 않는다는 점에서 우리는 새로운 환경 오염 물질을 만들어냈다고도 할 수 있다.

  시신을 보존하는 기술과 의료 영상 기술이 크게 도약한다고 해도 당연히 해부학 자체는 변하지 않을 것이다. 1540년에 베살리우스나 1830년에 로버트 녹스가 시신을 해부하면서 정확히 무엇을 보았는지는 알 수 없지만, 본질적으로는 그레이엄과 내가 헨리와 함께했던 1년 동안 보았던 모습과 크게 다르지 않을 것이다. 하지만 베살리우스와 녹스는 사망 직후의 시신을 빠른 속도로 해부해야 했기 때문에 그 짧은 시간 동안 내가 헨리와 함께 쌓을 수 있었던 해부하는 자와 해부되는 자 사이의 신뢰와 상호 존중의 감정은 느낄 수 없었을 것이다. 물론 내가 헨리에게 그런 감정을 느낀 것은 그들의 시대와 나의 시대 사이에 바뀌게 된 사회 문화적 태도 때문일 수도 있지만 말이다.

헨리와 함께한 뒤로 나에게는 또 다른 헨리는 있을 수 없었다. 모든 해부학자에게는 자신만의 특별한 헨리가 있을 것이다. 헨리를 만난 해에 나는 사람의 형태뿐 아니라 나 자신에 대해서도 많은 것을 배웠다. 충분히 많은 시간을 산 뒤에 가장 행복하고 충만했던 시기를 돌아볼 때가 되면 나는 분명히 헨리를 떠올릴 것이다. 내 인생에는 확실히 그 1년과 맞바꿀 수 있는 시간들도 존재하겠지만, 나는 분명히 그런 시간은 없다는 듯이 거짓말을 할 것이다. 헨리의 손톱과 발톱 밑을 잘라야 할 때면, 당연히 그럴 리가 없는데도 나는 그가 아플 것이라고 생각했다. 솔직히 말해서 다른 사람의 소화관을 밖으로 꺼내는 일을 좋아할 사람은 아무도 없을 것이다.

하지만 나에게는 죽은 사람을 공부하면서 얻는 보상이 그런 유쾌하지 않은 경험을 해야 한다는 사실과 실제로 익혀야 하는 방대한 지식을 분명하게 깨달았을 때 느끼는 위장이 뒤틀릴 것 같은 두려움보다 훨씬 컸다. 해부학자가 되려면 650개가 넘는 근육이 어디에서 시작해 어디로 들어가며, 어떤 식으로 신경이 분포되어 있고 어떤 작용을 하는지를 기억해야 한다. 220개가 넘는 신경의 이름을 알아야 하고 신경이 어떤 식으로 뻗어나가는지도 알아야 하며, 각 신경이 자율 신경인지 뇌 신경인지 척수 신경인지 감각 신경인지 운동 신경인지도 구별할 수 있어야 한다. 심장에서 나뭇가지처럼 뻗어나갔다가 다시 심장으로 들어오는 동맥과 정맥의 이름도 알아야 하고, 각 혈관이 어디에서 시작해 어디로 뻗어나가며 어떤 연조직과 관계가 있는지도 알아야 한다. 관절은 360개가 넘는다. 발달하는 소화관과 관계가 있는 삼차원 구조라든가 조직 발생학과 신경 해부학에 관한 이야기는 하지 말고 넘어가도록 하자.

그저 해부 구조를 이해하려고 할 때면 샤워할 때 자꾸만 손에서 빠져나가는 비누처럼 계속해서 놓치고 다시 시작해야 한다는 말만 하고 싶다. 그건 정말 짜증나는 일이다. 하지만 복잡한 삼차원 구조로 되어 있는 사람의 몸을 익히고 이해할 수 있는 방법은 산처럼 쌓여 있는 지식과 관련 지식을 계속 반복해서 익히는 것 외에는 달리 방법이 없다. 해부학자가 되고 싶은 사람은 특별히 영리할 필요는 없다. 그저 좋은 기억력, 논리적인 학습 계획, 공간 인식 능력만 있으면 된다.

헨리는 내가 그의 몸이 작동하는 방식을 세밀하게 탐구할 수 있게 허락해주었고, 특별한 특징들을 탐사할 수 있게 해주었으며(헨리의 얕은배벽동맥[4]은 아주 특이했다. 정말로 절대로 잊을 수 없는 혈관이었다!), 내가 좀 더 잘 알아야 했던 무언가를 잘라냈을 때는 좌절하게 만들었으며, 거의 보이지도 않는 부교감 신경계와 씨름할 때는

[4] 아랫배의 피부와 피부밑 조직에 분포하는 동맥.

나를 도와주기까지 했다. 그는 불굴의 용기로 자기 몸을 가르는 칼을 참아냈으며 나를 꾸짖거나 내가 나 자신을 바보처럼 느끼게 만들지도 않았다. 헨리의 인내심 덕분에 결국 우리는 헨리가 자신에 관해 알고 있는 것보다 내가 그에 대해 더 많은 것을 알게 되는 지점을 통과할 수 있었다.

헨리는 담배를 피우지 않았고(그의 폐는 깨끗했다), 과도하게 술을 마시지 않았으며(간도 상당히 좋은 상태였다), 영양 상태는 좋았지만 과식을 하는 사람은 아니었고(키가 크고 날씬했으며 체지방도 적었지만 깡마른 편은 아니었다), 콩팥도 건강해 보였으며 뇌에는 종양이 없었고 동맥류가 있었다거나 허혈증이 있었던 흔적도 없었다. 사인은 심근경색증이었지만 내가 보기에는 심장도 튼튼한 것 같았다. 하지만 내가 뭘 알았겠는가? 고작 학부 3학년생이었을 뿐인데.

어쩌면 헨리는 이제는 죽을 때가 되었기에 죽었고, 의료진은 그의 사망 진단서에 적어넣을 이유가 필요해 심근경색증이라는 문구를 적어넣었는지도 몰랐다. 사망 원인이라고 알고 있던 신체 기관을 들여다보았을 때 질병의 흔적이나 이상한 점이 없다면 시신의 사인은 학생들의 걱정거리가 될 때가 많다. 학생들은 한 사람이 노화로 사망했고 자기 몸을 유산으로 남겼다는 사실을 잘 알지만, 그들에게 공식적으로 기록된 사망 원인은 분명히 논리적으로 원인을 찾고 교육적으로 추정을 해야 하는 과제가 된다. 사망 원인을 정확하게 알 수 있는 방법은 오직 부검밖에 없는데, 부검을 하면 해부학 수업에 사용할 수 없는 몸이 되어 기증자의 바람을 거스르게 된다. 따라서 죽음에 미심쩍은 부분이 없고 노화에 의한 사망으로 볼 수 있다면, 기증자의 사인은 대부분 나이 든 사람들의 친구라고 부르기도 하는 심장 마비, 뇌졸중, 폐렴이라고 기록된다.

머리끝부터 작은 발가락 끝까지, 헨리 몸의 모든 부분을 기록하자 더는 우리가 살펴봐야 할 곳이 남아 있지 않았다. 우리가 세세하게 살펴보지 않은 책의 지면은 한 장도 없었고 토론하고 검토하고 확실하게 결론을 내리지 않은 부분은 단 한 곳도 없었다. 나는 헨리가 매우 자랑스러웠다. 살아서 숨 쉬고 말하고 활동할 때는 알지 못했던 사람이지만, 그 누구도 내가 헨리를 아는 것처럼은 알지 못하게 된 뒤로, 헨리는 나에게 아주 친숙하고 친근한 사람이 되었다. 헨리가 나에게 가르쳐준 내용은 지금까지 나와 함께 있고 앞으로도 영원히 내 곁에 남아 있을 것이다.

그로부터 몇 달이 지나고 우리는 작별 인사를 해야 했다. 나는 헨리에게 그가 가르쳐준 지식을 이용해 분명히 좋은 일을 하겠다고 약속했다. 나는 애버딘대학교 킹스칼리지 교회당에서 열린 장례식에도 참석했다. 가족과 친구들, 대학교 직원들과 학생들이 참석한 기증자들을 위한 감사 예배는 매우 감동적이었다. 물론 사제가 부르는 이름 가운데 어떤 이름이 헨리의 본명인지는 알 수 없었다. 나는 딱딱한 나무로 만든 신자석에 앉아 헨리를 위해 어떤 가족들이 참석해 눈물을 흘리고 있는지 궁금해하며 사람들을 둘러보았다. 상당히 낡은 교회 의자에 앉아 있는 사람 가운데 그의 죽음을 지킨 친구가 있을까? 나는 헨리가 혼자 죽지 않았기를 바랐다. 헨리를 사랑하는 사람이 그의 옆에 앉아 손을 잡고 사랑한다고 말해주었을 거라는 생각이 내 마음을 위로해주었다.

스코틀랜드에 있는 모든 대학교 해부학과는 고인에게 우리의 존경심을 표하고, 고인의 가족들에게는 그가 준 선물이 얼마나 소중하고 가치가 있는지를 알려주며, 그의 결정이 미래 세대를 위한 교육에 얼마나 도움이 되는지를 분명하게 전해주려고 해마다 기증자를 위한 이런 기념식을 연다.

2장
세포와 우리 자신

"죽음을 체계적으로 관찰하지 않으면
생명 과학을 완성할 수 없다."

일리야 메치니코프
미생물학자·1845~1916

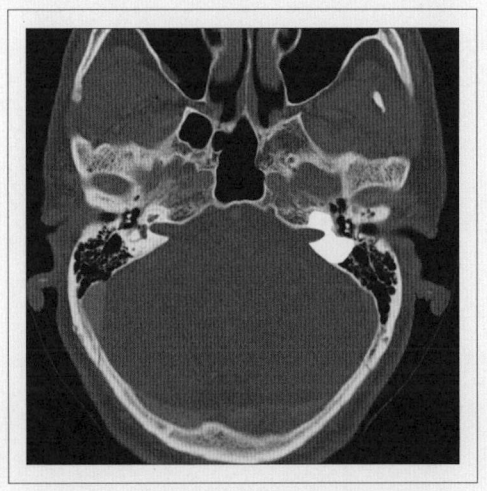

머리뼈 CT 사진
아래쪽에 자리한 미로골낭이 보인다.

무엇이 우리를 사람으로 만들까? 내가 좋아하는 답변 가운데 하나는 이것이다. "사람은 탄소로 만들어져 있고 태양계에 의존하며 지식이 미천해 쉽게 잘못을 저지르고 언젠가는 반드시 죽고 마는 의식 있는 무리에 속한 존재이다."

단지 사람이기 때문에 실수를 한다는 사실에 암묵적으로 동의할 때 우리는 이상하게도 위로를 받는다. 우리에게는 단번에 모든 일을 제대로 해낼 수 있는 능력도 없고 끊임없이 연습해 완벽하게 과제를 수행할 수 있는 무한한 시간도 없기에 우리 인생은 어느 정도는 혼합되어 있다는 사실을 받아들여야 한다. 우리가 하는 일 가운데는 아주 잘해내 우리의 인생과 다른 사람의 인생을 풍요롭게 하는 일도 있고, 아무리 노력해도 절대로 해내지 못하고 귀중한 시간만 낭비하게 되는 일도 있다.

영화「페기 수 결혼하다 When Peggy Sue Got Married」에는 미래를 들여다보고 지금 하는 일이 궁극적으로 가치가 있는 일인지 그렇지 않은 일인지를 제대로 살펴 가치가 있는 일에 집중하고자 하는 사람의 욕망을 제대로 보여주는 아름다운 장면이 나온다. 수학 시험을 본 뒤에 페기 수는 수학 선생님에게 말한다. "제 미래가 어떤지 알게 됐어요. 나는 대수는 조금도 쓰지 않을 거예요. 난 경험으로 말할 거예요." 우리 앞에 놓인 일을 전혀 모를 때 미래 계획을 세우는 일은 실로 난감하며, 어렸을 때는 중요해 보이지 않던 일들도 70년 가까이 살다 보면, 생은 갑자기 속도를 높이는 것처럼 보이고 우리는 여전히 해내야 할 일이 아주 많이 남아 있음을 깨닫기 시작한다.

사람을 정의할 때 가장 결정적으로 거론할 수 있는 특징은 '의식'이 있는 존재일 거라는 것이다. 의식은 '자아^{self}'에 관한 인식에 초점을 맞춘다. 자아란 자신을 성찰하고 자신과 다른 사람을 분리해 생각할 수 있는, 거의 전적으로 사람만이 가진 독특한 능력이라고 할 수 있다. '자아' 인식과 정체성에 관한 심리학은 엄청나게 복잡하다. 1950년대에 발달심리학자 에릭 에릭슨(1902~1994)은 정체성이란 "① 구성원의 규칙과 (보유했다고 일컬어지는) 독자적인 속성, 기대되는 행동 양식으로 정의되는 사회적 범주, 혹은 ② 사회적으로 구별되는 한 사람에게 특별한 자부심을 갖게 하며, 변하지 않는 관점이지만 사회적으로는 중요한 특성 가운데 하나로 정의한다(또는 그 두 가지 모두로 정의한다)"라고 했다.

과학자들은 정체성이라는 감정은 자아라는 개념이 발현하고 성숙하고 확장한 것으로, 정체성 덕분에 친밀하고도 긴밀한 사회를 만들어갈 수 있다고 했다. 정체성은 우리 자신에 대해, 우리가 되고 싶은 사람에 대해, 우리가 우리의 모습을 드러내려고 선택한 방법에 대해 보여주고 알릴 수 있도록 해 어느 정도는 개성을 표현하고 다른 사람이 우리의 정체성을 받아들일 수 있게 해준다. 정체성 덕분에 우리는 생각이 비슷한 사람은 적극적으로 끌어당기고 알지 못하는, 혹은 알고 싶지 않은 사람은 밀어낼 수 있다. 이런 개성의 자유와 억제 덕분에 사람은 정체성을 활용할 수 있는 독특한 능력과 기회를 얻게 되었으며, '자아'를 개념화하고 묘사하고 인식하는 방법을 조작하고 더 나아가 바꿀 수도 있게 되었다. 내가 에릭슨이 가장 중요하고도 흥미로운 세 번째 정체성인 육체적 정체성physical identity을 누락했다고 생각하는 것은 그 때문이다.

한 생물종으로서 사람은 자신과 다른 사람 사이에 존재하는 신체 차이를 인지할 수 있으며, 이 능력을 활용해 두 개체 간에 존재하는 차이를 알아낼 수 있다. 우리 사회에서는 정체성이 중요하며 그것을 충분히 조작할 수 있다는 사실이 내가 몸담고 있는 법의인류학을 비롯한 수사 과학의 핵심이다. 의학적이고 법적인 목적을 위해 사람의 몸을, 혹은 사람의 남은 신체 부위를 식별하는 작업 말이다.

태어나면서부터 존재하는 사람의 생물학과 화학을 이용해 우리가 우리 자신에 대해 말해 왔던 바로 그 사람이며, 우리가 우리라고 말하는 사람이 언제나 우리 자신이었다는 사실을 어떻게 증명할 수 있을까? 법의학은 신원을 알 수 없는 시신이 이전에 살았던 정체성과 조화를 이룰 수 있게 해주는 기술 도구 상자로 사용될 수 있다. 법의인류학자들은 시신의 생물학적이고 화학적인 몸 상태를 들여다보면서 그 사람의 살아생전 역사를 추적하고 읽어내 자신들이 찾은 증거가 과거에 그 사람이 남긴 흔적과 일치하는지 알아본다. 다시 말해서 태어나서 죽을 때까지 사람의 몸에 적히는 선천적 이야기와 후천적 이야기들 속에서 단서를 찾아내는 것이다.

상당히 재미없는 생물학적 관점에서 보면 사람은 자기 규제가 가능한 세포들의 커다란 덩어리라는 아주 조악한 정의를 내릴 수 있다. 세포의 현미경적 구조와 식물과 동물의 조직, 세포 주기를 연구하는 조직학은 나를 한 번도 아주 즐겁게 해주지는 못했지만 -생화학은 내 단순하고 작은 뇌가 처리하거나 골머리를 앓기에는 너무 복잡했다- 그래도 우리는 세포가 이 세상에 알려진 모든 살아 있는 유기체의 기본 단위임을 반드시 알아야 한다. 죽음이 한 유기체의 존재를 끝내려고 할 때는 당연히 유기체를 구성하는 모든 세포도 죽이려고 할 것이다. 해부학자들은 궁극적으로 유기체의 죽음은 세포에서 시작해 조직, 기관, 기관계 순으로 추적해나갈 수 있음을 알고 있다. 따라서 우리 마음에 들건 들지 않건 간에 모든 일은 세포로 시작해 세포로 끝난다. 죽음은 한 개체에게는 단일 사건이지만 몸을 이루는 세포들에게는 일련의 과정이다. 따라서 세포 단계에서 죽음이 어떤 식으로 일어나는지 알려면 먼저 유기체의 기본 단위가 어떤 식으로 살고 죽는지를 반드시 알아야 한다. 아니, 책을 덮지는 말자. 분명히 그렇게 지루하지는 않을 것이다. 음, 약속한다!

사람은 누구나 별개로 존재하던 두 세포가 결합해 수많은 세포로 분열하면서 이 세상에 존재하게 된다. 아주 보잘것없는 단백질 주머니가 우리 인간의 소박한 시작인 것이다. 자궁 속에서 40주를 보내면서 두 세포는 극적인 변화를 겪어 26억 개가 넘는 고도로 조직화된 세포 덩어리가 된다. 태아의 크기가 엄청나게 커지고 태아를 이루는 개별 구성 요소가 모두 전문적으로 분화되려면 엄청난 양의 계획이 정확하게 세워지고 모든 일이 순조롭게 진행되어야 하는데, 다행히도 대부분의 경우 태아는 정상적으로 자란다. 갓난아기가 어른이 되면 그 몸을 이루는 세포의 수는 50조 개가 넘으며, 250개 종류에 달하는 세포가 네 가지 기본 조직(상피 조직, 결합 조직, 근육 조직, 신경 조직)과 여러 하부 조직을 형성한다. 여러 조직들은 다시 결합해 일흔여덟 개 정도 되는 기관을 형성하는데, 이 기관들은 주요 기관계 열세 개와 국소 기관계 일곱 개로 나뉜다. 놀랍게도 그 많은 기관 가운데 생명을 유지하는 데 꼭 필요한 기관은 다섯 개(심장, 뇌, 폐, 콩팥, 간)뿐이다.

사람의 세포는 매일 3억 개 정도 죽는다. 1초에 500만 개 정도가 죽는 셈인데, 그 가운데 많은 수는 그저 다른 세포로 대체된다. 우리 몸은 어떤 세포를 언제 어떻게 대체해야 하는지를 알도록 계획되어 있으며 대체적으로는 그 일을 잘해낸다. 인체를 구성하는 모든 세포와 조직, 기관은 자체 수명이 있어 슈퍼마켓에서 '유통 기한'을 기준으로 물건을 바꾸듯이 수명이 다한 부분은 새로 바뀐다. 처음 시작을 만든 존재들이 가장 수명이 짧다는 사실이 조금은 얄궂게 느껴진다. 정자는 생성된 뒤에 고작 3~4일만 살 수 있다. 피부 세포는 2~3주 정도만 살 수 있고 적혈구는 서너 달밖에 살지 못한다. 당연히 아주 오랫동안 살아가는 조직과 기관도 있다. 간세포肝細胞가 모두 교체되는 데는 1년이 꼬박 걸리며 뼈세포는 거의 15년이 지나야 모두 바뀐다.

    우리를 구성하는 많은 세포가 정기적으로 교체되기 때문에 10년마다 우리는 육체적으로 완전히 다른 사람이 된다는, 매력적이지만 슬프게도 틀린 이야기가 있다. 이런 신화 같은 이야기는 분명히 어느 시점에 한 물체의 구성 성분을 모두 바꾸면 그 물체는 처음 물체와 본질적으로 같은가를 묻는 '테세우스의 역설'에 그 뿌리를 두고 있을 것이다. 법정에서 이런 환상적인 개념을 어떤 식으로 이용할 수 있는지 생각해보자. 살인 재판에서 피고를 변호하는 늙고 교활한 변호사가 이런 말을 한다고 생각해보는 것이다. "하지만 존경하는 판사님, 피고인의 아내는 15년 전에 죽었습니다. 한때 피고였던 사람이 한 사람을 죽였을 수도 있지만 이미 그 사람의 세포는 모두 죽었고 이제는 다른 세포로 완전히 교체되었습니다. 그러니 육체적으로 더는 같은 사람이라고 할 수 없습니다. 그때는 존재하지도 않았기 때문에 지금 판사님 앞에 서 있는 사람은 살인 현장에 있지도 않았던 겁니다."

물론 법정에서 그런 주장이 나오지는 않으리라 믿지만, 만약 나온다면 나는 기꺼이 검사 측 증인으로 법정에 나갈 의향이 있다. 피고 측 변호사와 함께 나누는 형이상학적 담론은 분명히 재미있을 것이다. 하지만 한 가지 의문이 생긴다. 세포가 어느 정도까지 교체되어야만 같은 사람으로 인정할 수 있고 같은 사람임을 인지할 수 있는 정체성을 유지할 수 있을까? 여러 해 동안 마이클 잭슨에게서 볼 수 있었던 신체 변화를 생각해보자. 잭슨 파이브의 어린 스타였던 마이클 잭슨의 모습을 성인이 된 그에게서는 거의 찾을 수가 없지만, 그의 일생 동안 지속되어 육체적 정체성을 형성한 다른 요소들이 있었을 것이다. 그런 구성 성분을 찾는 일이 우리가 할 일이다.

우리 몸에서 절대로 교체되지 않고 우리 나이와 똑같은 수명대로 살아가는(정확히 말하면 우리가 태어나기도 전에 생성되었기에 우리보다 더 오래 살아가는) 세포는 적어도 네 종류가 있다. 이 세포들은 육체에는 변하지 않는 부분이 있다는 사실을 보여줘 교활한 변호사의 주장이 틀렸음을 입증할 증거로 제시할 수도 있을 것이다. 한 사람이 살아 있는 한 절대로 죽지 않는 세포는 신경계를 이루는 신경 세포(뉴런), 머리뼈 기저에 있는 작은 골격인 미로골낭, 치아의 법랑질, 눈의 수정체다. 하지만 이제는 사람에게 해를 끼치지 않고도 치아와 수정체는 시술과 수술이라는 방법으로 새로 교체할 수 있기 때문에 반영구 세포로 분류해야 할 것이다. 신경 세포와 미로골낭은 절대로 떼어내지 못하는 진짜 영구 세포다. 따라서 두 세포는 태어나기 전부터 세상을 떠난 뒤까지 생물학적 정체성을 보여주는 반박할 수 없는 증거로 우리 몸에 머문다.

신경 세포는 배아의 발생 초기 몇 달 동안에 형성되며 태어날 무렵이 되면 나머지 인생 동안 계속 가지고 갈 정도로 많은 뉴런이 만들어진다. 뉴런에서 뻗어 나오는 축삭돌기는 북쪽에서 남쪽으로, 남쪽에서 북쪽으로 자동차가 이동할 수 있게 해주는 간선 도로망처럼 가지 같은 팔을 길게 뻗고 있다. 축삭돌기는 움직이라는 뇌의 명령을 근육에 전달하고 피부를 비롯한 여러 수용체에서 받은 감각 자극을 뇌로 전달한다. 축삭돌기 가운데 가장 긴 돌기는 몸의 길이만큼 길어서 새끼발가락 끝부분에서 느끼는 고통(과 여러 감각)을 발, 다리, 허벅지, 등, 뇌줄기를 거쳐 머리 끝에 있는 뇌의 감각 피질로 전해준다. 이는 키가 182센티미터인 사람이라면 거의 210센티미터에 달하는 단일 뉴런이 존재한다는 뜻이다. 옷장에 새끼발가락을 찧으면 곧바로 아프지 않고 잠시 동안은 아무 느낌이 없다가 갑자기 아파지는 이유는 뉴런의 길이가 아주 길기 때문이다.

뇌 속에 전 생애 동안 존재하는 세포가 있다는 사실은 우리 정체성의 한 측면을 뇌에서 찾을 수 있는가, 라는 흥미로운 질문을 낳는다. 이런 세포들이 소통하는 패턴을 연구하면 우리가 생각하는 방식과 추론과 기억이라는 더 높은 정신 기능이 유래하는 곳을 알아낼 수도 있다. 최근에는 형광 표지를 단 단백질을 이용해 단일 시냅스 단계에서 형성되는 기억을 관찰할 수 있게 되었다. 이런 연구 결과를 실제로 적용한다는 것은 공상 과학 소설에나 나올 법한 이야기이지만, 내 생각에는 정체성을 형성하는 데 기여하는 뉴런의 주요 역할은 머지않아 밝혀지지 않을까 싶다.

　　전 생애에 걸쳐 존재하는 세포가 살아가는 두 번째 보금자리는 미로골낭이다. 미로골낭은 내이內耳를 감싸고 있는 머리뼈 깊숙한 곳에 자리 잡고 있다. 관자뼈 추체부의 일부인 미로골낭에는 청각을 담당하는 달팽이관과 균형을 담당하는 반고리관이 들어 있다. 내이는 배아기와 태아기에 성체의 형태로 형성되며 완전히 성장한 뒤에는 뼈가 파괴되지 않도록 억제하는 당단백질 가운데 가장 기본 물질인 오스테오프로테게린OPG이 높은 농도로 분비되어 다시 성장하지도 않고 모습이 변하지도 않는 일정한 상태를 유지한다. 내이가 바뀌면 청각과 균형 감각이라는 섬세한 감각에 문제가 생길 수 있기에 정상적인 상태라면 내이는 구조가 조금도 바뀌지 않아야 한다. 갓난아기의 내이도 이미 어른의 내이와 크기가 비슷하지만 본질적으로 그 부피는 200마이크로리터에 불과할 정도로 아주 작다(빗방울 네 개를 합친 크기라고 생각하면 된다). 뉴런과 달리 미로골낭에 머무는 세포들은 개인의 정체성에 관한 정보를 발견할 수 있는 기회를 이미 제공해주고 있다.

사람의 신원을 확인하는 과정에서 각 세포들이 지닌 가치를 이해하려면 그 세포들이 어떻게 형성되었는지를 알아야 한다. 어떤 과정을 거쳐 뼈세포가 되고 근육 세포, 장 내벽 세포가 되는지를 알아야 한다. 가장 기본적인 단계에서 보았을 때 우리 몸을 이루는 세포는 모두 화학 물질로 구성되어 있다. 세포를 만들고 살아 있게 하고 복제하려면, 이들을 한데 묶어 생존하게 하고 세포 노폐물인 부산물을 밖으로 내보내는 에너지원이 될 기본 물질을 공급해야 한다. 우리 몸에서 미래에 존재할 세포를 건설하는 건축 자재를 받아들이는 입구는 입이며, 입은 음식을 처리하는 공장인 위와 장으로 이어진다. 우리를 이루는 모든 세포와 조직, 기관의 주요 구성 성분은 우리가 섭취하는 음식에서 얻어진다. 우리는 문자 그대로 우리가 먹는 것이라고 할 수 있다. 우리는 연료를 얻어야지만 살아갈 수 있다. 공기가 없으면 3분 이상 살아갈 수 없고 물이 없으면 3일 이상, 음식이 없으면 3주 이상 살아갈 수 없다는 말은 아주 정확하지는 않더라도 상당히 진실에 가깝다.

독립적으로 음식을 섭취할 수 없는 자궁 속 태아는 태반과 탯줄을 통해 들어온 엄마의 영양소를 연료 삼아 자신의 세포를 조직하고 개발하는 사업을 진행해나갈 수 있다. 임산부는 2인분을 먹어야 한다는 것은 잘못된 생각이지만 자기 자신뿐 아니라 요구가 많은 승객도 먹일 수 있을 만큼은 충분히 먹어야 한다.

우리의 미로골낭을 만드는 건축 자재는 어머니가 임신 16주쯤에 먹는 음식에서 얻는다. 따라서 우리 머릿속에 있는 빗방울 네 개 정도 크기의 작은 뼛조각 안에는 어머니가 임신 4개월 때 점심으로 먹었던 음식물 원자들이 평생 남아 있을 수도 있다. 그 같은 사실은 우리의 어머니들이 우리가 필요하다면 절대로 우리 곁을 떠나지 않으리라는 증거인 동시에 우리의 머릿속에서 일어나는 일을 그토록 잘 알고 있는 이유에 대한 새로운 해답을 제시해주고 있는지도 모른다.

현대인들의 식습관에는 범세계적인 공통점이 있다고 믿겠지만 사실 우리가 마시는 물과 먹는 음식은 상당 부분 우리가 살고 있는 지역에 한정되어 있다. 우리가 마시는 물은 주변 지형을 통과해 오기 때문에 각 지역마다 물을 형성하는 동위원소의 비율이 독특해진다. 이런 동위원소의 비율은 우리 몸 안으로 들어가 우리 조직 속에서 독특한 화학 조성비를 형성한다.

치아 법랑질을 이루는 화학 물질의 조성비는 평생 거의 바뀌지 않는다. 충치가 생긴 이를 고칠 수 없는 이유는 그 때문이다. 유치의 치관은 모두 우리가 태어나기 전에 형성되므로 그것을 이루는 화학 물질의 조성비는 어머니가 먹는 음식과 관계가 있다. 영구치 가운데 어금니의 치관도 마찬가지다. 그 외에 나머지 영구치는 모두 우리가 만들며, 어린 시절에 먹은 음식과 관계가 있다.

'영구' 조직과 마찬가지로 일정한 방향과 속도로 동일한 구조를 형성하면서 자라는 머리카락과 손발톱에도 우리가 먹은 음식에 관한 정보가 많이 들어 있다. 머리카락과 손발톱 모두 우리 몸에서 흡수하고 소화시킨 영양소가 퇴적물처럼 쌓여 바코드처럼 읽을 수 있는 잠재적인 화학 시간표를 제공한다.

그렇다면 법의인류학자들은 우리 세포가 제공하는 이 놀라운 정보를 어떤 식으로 이용해 한 개인이 살아온 이야기를 풀고 그 사람의 신원을 확인할 수 있을까? 안정동위원소[5] 분석은 법의인류학자들이 활용할 수 있는 기술 가운데 하나다. 우리 조직 속에 들어 있는 탄소 안정동위원소와 질소 안정동위원소의 비율을 분석하면 그 사람이 육식을 주로 하는 사람인지 해산물을 주로 먹는 사람인지 채식을 하는 사람인지와 같은 한 사람이 먹은 음식 정보를 얻을 수 있다. 산소 안정동위원소의 비율은 이 사람이 주로 어떤 물을 마셨는지를 알게 해 주어 결국 그 사람이 살았던 지역까지 알아낼 수 있게 한다.

5 방사능을 갖지 않은 동위원소.

그 사람이 살던 지역에서 다른 곳으로 이주를 했다면 마시는 물과 먹는 음식의 화학 조성이 바뀌기 때문에 신체 조직에 남는 흔적도 바뀐다. 이때는 머리카락과 손발톱을 분석하면 이 사람이 어떤 지역에서 살았는지를 순차적으로 알 수 있다. 이 기술은 신원을 알 수 없는 사망자의 신원을 밝히거나 범죄자의 이동 경로를 확인하는 데 상당히 유용하게 쓰인다. 자신은 한 번도 영국 밖으로 나간 적이 없다고 주장하는 테러리스트 용의자의 머리카락 화학 조성이 갑자기 아프가니스탄에서나 찾을 수 있는 화학 조성으로 바뀌었다면 우리는 그가 거짓말을 하고 있음을 알 수 있다. 머리카락의 성분을 분석하면 헤로인, 코카인, 필로폰 같은 마약을 장기 복용했는지도 알 수 있다. 머리카락 성분 분석은 빅토리아 시대 추리 소설에서도 살인에 비소를 사용했다는 사실을 밝히는 가장 인기 있는 방법이기도 했다.

따라서 이론적으로는 시신을 살펴보고 시신의 미로골낭과 1번 어금니의 동위원소를 살펴보면 그 사람의 어머니가 임신을 했을 때 어디에서 살았고 어떤 음식을 먹었는지 알 수 있다. 또한 영구치를 분석하면 그 사람이 어디에서 성장했는지 알 수 있고 뼈를 분석하면 마지막 15년 동안 어디에서 살았는지를 알 수 있다. 마지막으로 머리카락과 손발톱을 분석하면 생애 마지막 몇 년, 혹은 몇 달 동안 살았던 장소를 찾아낼 수 있다.

인체가 모든 세포를 관리하는 방법은 믿기 어려울 정도로 복잡하다. 세포 공장이라고 할 수 있는 인체는 몸 상태가 가장 좋을 때는 거의 대부분 아주 능숙하고도 효율적으로 매일 우리 몸에서 사라지는 3억 개 세포를 대부분 다시 만들어낸다. 하지만 나이가 들고 노화가 일어나면 새로 만들 수 있는 세포 수는 줄어든다. 그 때문에 노화의 징후가 나타나기 시작한다. 머리카락은 얇아지고 퇴색하며 시력은 약해지고 피부는 주름지고 늘어진다. 근육량과 근육 긴장도가 줄어들며 기억력이 감퇴하고 생식력이 떨어진다.

이 모든 증상이 정상적인 노화 과정이 진행되고 있다는 증거이자 이제는 인생의 시작보다는 인생의 끝에 더 가까이 있음을 알리는 분명한 징후다. 의사들에게서 이런 징후가 그 나이가 되면 누구에게나 나타나는 정상적인 증상이라는 말을 들어도 그다지 위로가 되지는 않을 것이다. 그 나이 때는 죽음도 정상이라는 사실이 떠오를 테니까 말이다. 노화라는 문제뿐 아니라 나이가 들면 '제멋대로 굴기' 시작해 마음대로 성장하고 복제하는 세포들 때문에도 문제가 생긴다. 환경 독소나 건강하지 않았던 생활 습관 때문에 손상을 입은 조직이 더는 기능하지 않고 스트레스를 받은 기관이 제대로 작동하지 않을 수도 있다. 시술과 수술로, 또 약을 먹으며 몸의 많은 기능이 조금 더 오래 작동하게 할 수는 있지만 끝없이 도움을 받을 수는 없으며 결국 유기체인 우리는 죽을 수밖에 없다.

의학적·법적으로 유기체의 죽음을 묘사하는 한 가지 정의는 "그 개체의 순환계와 호흡계의 기능이 되돌릴 수 없는 상태로 중단되거나 뇌줄기를 비롯한 모든 뇌의 기능이 되돌릴 수 없는 상태로 중단되는 상태가 지속되는 것"이다. 이 정의에서 중요한 것은 "되돌릴 수 없는"이라는 표현이다. 이 되돌릴 수 없음을 되돌리는 일이야말로 의학계가 죽음과의 싸움에서 찾고자 하는 성배다.

생명을 유지하기 위해 반드시 필요한 다섯 기관의 활동이 사람의 생명을 정의하고, 궁극적으로는 죽음을 정의하는 것이 아닌가 싶다. 현대 의학이 이룩한 경이로움은 그 가운데 네 기관(심장, 폐, 간, 콩팥)을 이식할 수 있게 되었다는 점이다. 하지만 가장 큰 '기관'인 뇌(인체의 모든 기관과 조직, 세포를 통제하고 관리하는 사령탑)는 결코 완벽하게는 바꿀 수 없을 것이다. 탄생과 죽음이 맺은 조약은 뇌 속에 들어 있는 뉴런 안에 머무는지도 모른다(내가 뉴런은 아주 특별하다고 했던 말을 기억하기를!).

◇

우리 몸은 살아 있는 동안에도 변하지만 죽을 때도 변한다. 유기체와 세포를 해체하는 과정이 시작되면서 무엇보다도 우리를 구성하고 있던 화학 조성이 바뀌기 시작한다. 더는 면역계가 활동하지 못하는 사람의 몸 안에는 100조 개체에 달하는 박테리아를 비롯해 그런 해체 과정을 기꺼이 도울 자원 봉사자가 넘쳐난다. 한 유기체가 다시 살아나거나 회복할 수 없을 정도로 유기체 내부 환경이 극적으로 바뀌면 박테리아가 유기체를 차지한다. 그러면 생명이 다시는 돌아올 수 없음은 사실이 되고 죽음은 확정된다.

가족이 지켜보는 동안 집이나 병원에서, 혹은 긴급 출동한 의료 대원들 앞에서 죽는다면 사망 시간은 상당히 정확하게 알 수 있다. 하지만 홀로 죽었거나 범죄가 의심되는 상황에서 발견된 시체라면 법적인 이유나 의학적인 이유로 사망 시간과 날짜를 추정해내야 할 필요가 있다. 몸에서 방출하는 정보를 읽으면 사망한 뒤에 어느 정도 시간이 흘렀는지 알 수 있다. 따라서 법의인류학자들은 몸이 형성되는 방법뿐 아니라 해체되는 방법까지도 알아야 한다.

사망한 사람의 몸에서는 일곱 번에 걸쳐 뚜렷한 변화가 나타난다. 첫 번째 변화는 창백해짐pallor mortis으로 사후 몇 분 안에 나타나기 시작해 한 시간 정도 지속된다. 몸이 아픈 사람에게 "꼭 죽은 사람처럼 보인다"라고 말할 때 사람들이 떠올리는 모습이 바로 이 첫 번째 단계의 변화다. 심장은 멈추고 모세 혈관은 작동하지 않으며 중력 때문에 혈액이 피부에서 빠져나와 몸의 내부로 모이기에 나타나는 현상이다. 창백해짐은 사망 초기 단계에 나타나기 때문에 사망 시간을 추정하는 단서로서는 가치가 크지 않다. 더구나 창백함을 판단하는 근거도 주관적이기 때문에 어느 정도 확실한 단서인지도 추정하기 쉽지 않다.

사망자에게 나타나는 두 번째 변화는 체온이 낮아지면서 시작되는 사후 냉각algor mortis이다(주변 온도에 따라 오히려 체온이 높아지는 경우도 있다). 피부의 온도는 내부 조직보다 빠른 속도로 올라가거나 내려가기 때문에 체온을 재는 가장 정확한 방법은 직장直腸의 온도를 재는 것이다. 직장의 온도는 상당히 일정한 속도로 꾸준히 내려가지만 사망 시 정상 체온이 몇 도였는지는 알아낼 방법이 없다. 사람의 중심 체온에는 나이와 체중, 질병과 약물 복용 여부 같은 많은 요인이 영향을 미친다. 특정한 감염이나 약물에 반응해 체온이 올라갈 수도 있고 사망 직전에 운동을 했거나 과도하게 활동을 한 경우에도 체온이 올라갈 수 있다. 그와는 반대로 깊은 잠처럼 체온을 내리는 활동도 있다. 따라서 사후 냉각도 정확한 사망 시간을 밝힐 수 있는 적절한 단서는 아니다.

사람이 죽으면 주변 환경도 시신이 식는 속도에 영향을 미친다. 예를 들어 기온이 섭씨 37도 이상인 지역에서 죽은 몸은 차가워지지 않기 때문에 체온을 근거로 사망 시간을 추정할 수는 없다. 한동안 죽은 상태였다면 주변 온도에 맞춰 체온도 바뀌었을 테니 사후 냉각으로도 사망 시간을 추정할 수 없다.

사후 몇 시간 안에 근육이 수축하기 시작하면서 세 번째이자 일시적인 사후 변화가 일어난다. 사후 경직rigor mortis이 시작되는 것이다. 사후 경직은 작은 근육부터 시작되며 보통 다섯 시간 동안 진행되고 그 뒤로 큰 근육이 경직되는데, 보통 사후 열두 시간부터 스물네 시간 사이에 절정에 달한다. 우리가 죽으면 근육 세포 밖으로 계속해서 칼슘 이온을 내보내는 이온 펌프가 멈추기 때문에 칼슘이 세포 안으로 쏟아져 들어온다. 그 때문에 근육을 구성하는 액틴과 미오신 섬유가 수축해 근육이 짧아진다. 관절 부위에서는 근육이 교차해 있기 때문에 관절도 수축하고 사후 몇 시간 안에 딱딱하게 굳는다. 시간이 흐르면 시신이 부패하고 화학 조성이 변하면서 단단하게 굳었던 근육이 풀어지기 시작하고, 관절도 움직일 수 있게 된다. 드물지만 시체가 경련을 일으켰다거나 움직였다는 이야기가 들리는 이유는 바로 그 때문이다. 하지만 장담하건대 시신은 일어나 앉지 않으며 신음 소리도 내지 않는다. 그런 일은 정말로 공포 영화에서만 일어난다.

    이완과 경직, 또다시 이완이 되는 과정을 이용해 사망 시간을 유추해볼 수도 있지만 수많은 변수가 실제로 시신이 경직될 것인지, 경직된다면 지속 시간이 얼마나 될 것인지에 영향을 미친다. 예를 들어 신생아나 노인의 경우는 경직되지 않는 경우가 많다. 기온이 높을 때는 사후 경직이 빠르게 일어나고 기온이 낮을 때는 늦춰진다. 여러 독성 물질을 비롯해 사후 경직에 영향을 미치는 요인은 또 있다(스트리크닌은 사후 경직이 빠르게 일어나게 하고 일산화탄소는 사후 경직 속도를 늦춘다). 죽기 전에 격렬한 육체 활동을 했다면 사후 경직은 아주 빨리 시작되며 차가운 물에서 익사한 경우에는 절대로 사후 경직이 일어나지 않는다. 그렇기 때문에 텔레비전 범죄 수사 드라마에서는 사후 경직을 기준으로 사망 시간을 밝히는 경우가 많지만 그것이 완벽하게 믿을 수 있는 단서는 아니다.

  심장이 더는 뛰지 않기 때문에 사망한 몸에서는 네 번째 변화가 나타난다. 옅은 자주색이나 짙은 붉은색 점인 시반 livor mortis이 나타나는 것이다. 혈액은 사망 직후인 창백해짐 단계부터 중력에 이끌려 몸의 낮은 부위로 이동하지만 시반은 몇 시간이 지나야 나타나기 시작한다.

  무거운 적혈구는 혈청 밑으로 가라앉아 가장 낮은 곳에 쌓인다. 그 때문에 피부에는 적혈구가 쌓이는데 그 수가 많을 경우 창백한 피부와 놀라울 정도로 대조를 이루는 자주색이나 붉은색 점이 나타난다. 똑바로 누웠을 때 바닥과 맞닿는 등의 피부처럼 다른 물체의 표면과 접촉하는 피부의 경우 압력을 받지 않는 인근 조직으로 피가 밀려 나간다. 따라서 접촉 부위는 주변의 짙은 시반과는 대조적으로 창백해 보일 수 있다.

  사후 열두 시간 안에 시반은 최대가 되고, 한번 나타난 시반의 색은 변하지 않기 때문에 죽음의 원인을 조사할 때 유용한 단서로 활용할 수 있다. 시반은 사망 직후부터 몇 시간 동안 시신이 어떤 자세를 취하고 있었는지를 알려주기 때문에 사망 후 시신이 옮겨진 적이 있는지를 판단할 수 있다. 시반이 등에 생겼는데 엎드려 있는 상태로 발견되었다면 죽은 뒤 누군가가 몸을 뒤

집은 것이다. 목을 매어 죽은 사람은 피가 사지의 가장 아래쪽에 몰린 뒤에 시반을 형성하기 때문에 완전히 사망한 뒤에도 팔과 다리의 끝부분에는 시반이 그대로 남는다.

작년쯤인가 과학자들이 죽은 사람의 몸에서 번성하는 박테리아 집락(사후 미생물군유전체)을 연구하는 상당히 새로운 연구 분야를 개척했다는 소식을 들었다. 시신의 귀와 콧구멍에 서식하는 박테리아의 표본을 채취해 차세대 메타게놈 DNA 염기서열법으로 분석한 과학자들은 사후에 몸에서 번식하는 미생물을 연구하면 수일 혹은 수주 전에 사망한 시신의 사망 시간도 불과 몇 시간 차이로 정확하게 예측할 수 있음을 알아냈다. 차세대 메타게놈 DNA 염기서열법은 아직 철저하게 검토해야 할 단계가 남아 있고 진행 비용이 비싸다는 문제도 있다. 하지만 제대로 검증을 받는다면 창백해짐, 사후 냉각, 사후 경직, 시반이라는 기존의 네 형들은 새로 등장한 박테리아 분석법이라는 아우에게 절대 단서라는 자리를 양보해야 할 수도 있다.

처음 네 단계가 지날 때까지도 발견되지 못한 시신은 정말로 고약한 냄새가 나기 시작한다. 다섯 번째 단계인 부패 단계가 되면 세포가 변형되고 약한 산성을 띤 체액 때문에 세포막이 무너져 내리기 시작한다. 이 같은 현상을 자가 분해^{autolysis}라고 하는데, 시신이 자가 분해 상태가 되면 혐기성 박테리아가 엄청나게 증식할 최상의 조건이 되어 수많은 박테리아가 세포와 조직을 먹어치우기 시작한다. 박테리아가 활동하면서 프로피온산, 젖산, 메탄, 암모니아 같은 다양한 화학 물질이 방출되기 때문에 이런 물질을 추적해 숨겨져 있거나 땅에 묻힌 부패한 시신을 찾아낼 수 있다. 시신 탐색견이 시신을 찾는 방법은 누구나 알고 있을 것이다. 탐색견의 후각은 사람의 후각보다 1000배는 민감해 부패 물질이 극소량만 있어도 그 냄새를 찾아낸다. 후각이 극도로 발달한 동물은 개만이 아니다. 쥐와, 놀랍게도 말벌도 부패한 냄새를 귀신처럼 찾아낸다.

생성되는 기체가 많아지면 시신은 부풀어 오르기 시작하고 카다베린, 스카톨, 푸트레신 같은 냄새 나는 물질의 농도가 높아지면서 냄새에 끌려 곤충들이 찾아온다. 특히 똥파리는 사망 후 몇 분 안에 생성되는 물질을 감지하고 찾아와 알을 낳을 장소를 물색한다. 똥파리는 눈이나 코, 귀처럼 인체에 난 구멍 주위에 알을 낳는다. 누구나 인지할 수밖에 없는 부패 냄새가 온 사방에 퍼지면 곤충은 자신과 미래에 태어날 자기 자손의 먹이가 있음을 알아챈다. 부패하는 조직 내부에서 생성되는 기체 때문에 압력이 증가하면 구멍 속에 있던 액체가 밖으로 밀려나오고 피부가 갈라지면서 곤충과 청소동물이 조금 더 쉽게 시신의 몸속으로 들어갈 수 있다. 헤모글로빈이 부패하면서 피부는 짙은 자주색이나 검은색, 또는 아주 심하게 멍이 든 것처럼 초록색으로 변한다.

부패가 상당히 진행된 여섯 번째 단계인 후기 부패 단계는 유충이 알을 깨고 나오고 구더기가 시신을 장악했을 때 시작된다. 부화한 유충들은 본격적으로 인체 조직을 먹어치운다. 부패 단계가 지나면서 곤충, 동물, 식물이 연속적으로 활동하면 부드러운 조직은 결국 모두 사라진다. 이 단계에서는 가장 큰 조직이 먹이가 되거나 액체로 바뀌면서 주변 환경에 녹아들어가 사라져버린다. 이 과정에서 굉장한 열이 발생한다. 구더기 개체 수가 2500마리 정도 되면 시신의 온도가 주변 온도보다 14도 정도 높아진다. 50도가 넘으면 유충은 살아남지 못하기 때문에 구더기들이 모여 있는 곳의 중심 온도가 50도에 가까워지면 구더기들은 온도를 낮추려고 작은 무리별로 멀리 흩어진다. 구더기들이 빠른 속도로 중심부를 벗어나 끊임없이 가장자리로 이동하는 모습은 너무나도 맹렬해서 "부글부글 끓어오르는 구더기들"이라는 적절한 용어까지 만들어냈다.

  사후 일곱 번째 변화이자 마지막 부패 단계는 골격기 skeletonisation이다. 이 단계에서는 부드러운 조직은 모두 사라지고 뼈만 남는데, 다른 물질과 반응하지 않는 케라틴으로 이루어진 머리카락과 손발톱도 남을 수 있다. 주변 환경과 사후 경과 시간에 따라 뼈도 파괴된다. 그렇게 되면 우리는 삶이 시작될 수 있도록 우리를 형성해준 원소로 다시 돌아간다. 지구 행성의 무기질 자원은 한계가 있고 우리는 모두 재활용할 수 있는 부분으로 이루어져 있기 때문에 이 단계에서 우리는 지구의 화학 물질 풀pool

로 돌아간다.

　　　사후 부패 과정이 모두 끝나려면 어느 정도 시간이 걸릴까? 간단하게 대답할 방법은 없다. 곤충이 활발하게 활동하고 기온이 높은 아프리카 대륙에서라면 사람의 몸은 7일 안에 시신에서 뼈로 바뀔 것이다. 그러나 스코틀랜드의 추운 야생에서라면 5년도 더 걸릴 수 있다. 시체가 부패하는 속도는 기후, 산소 유무, 사인, 묻힌 환경, 곤충과 청소동물의 개입, 비와 입고 있는 옷 같은 여러 요인에 영향을 받기 때문에 사망 시간을 정확하게 측정하는 일이 거의 불가능하다는 사실은 별로 놀랍지 않다.

　　　우연이나 의도적으로 부패 과정을 심각하게 지연시킬 수 있다거나 완전히 멈출 수도 있다는 사실 역시 사망 시간을 정확하게 추정하기 어렵게 한다. 냉동도 부패를 완전히 멈출 수 있어서 냉동된 시신이 여러 차례 해동되지 않는 한 알아볼 수 있는 특징이 수세기 동안 남아 있을 수 있다. 또 다른 극단적인 환경인 건조하고 뜨거운 곳에서는 조직에서 수분이 빠지면서 시신이 보존될 수 있다. 중국 신장이나 네바다주 팰런에 있는 영혼의 동굴에서 발견된 미라가 오랫동안 보존될 수 있었던 이유는 바로 건조하고 뜨거운 곳에 있었기 때문이다. 람세스나 투탕카멘처럼 유명한 이집트 미라들은 화학 물질의 도움을 받아 더 오래 보존될 수 있었다. 이집트에서는 시신의 몸에서 내부 장기를 꺼내고 그 대신에 허브, 향신료, 오일, 수지, 탄산나트륨 같은 천연 염분을 채우는 고도로 발달한 기술을 이용해 미라를 만들었다.

    토탄 늪지에서 발견된 시신처럼 물에 잠긴 시신도 산소의 활동이 억제되기 때문에 오래 보존된다. 토탄 늪지 밑에서는 몸은 살균되지만 산성인 토탄 때문에 시간이 지나면서 뼈는 서서히 녹아 수세기가 지나면 육안으로도 알아볼 수 있을 정도로 갈색으로 변한 가죽질 피부만 남는다. 기온, 물의 pH, 산소 농도가 제대로 맞아떨어지면 체내 지방은 부패하지 않고 지방 조직이 영원히 잔존하는 비누화나 시체 밀랍이라고 부르는 시랍화[6]가 진행된다. 1996년 스위스 브리엔츠 호수 만에서 떠도는 완벽하게 시랍화한 머리 없는 남자 시신이 발견됐다. 과학자들은 이 남자가 1700년대에 호수에 빠져 죽었고 그의 몸은 호수 바닥에서 퇴적물에 묻혔음을 알아냈다. 그 남자는 그 지역에서 약한 지진이 두 번 발생하면서 갇혀 있던 퇴적물 밖으로 빠져나와 수면으로 올라왔을 수도 있다.

[6] 공기가 차단된 습한 환경에서 시신의 체내 지방이 백색으로 고형화하는 현상.

    사람 화석 생성론을 연구하는 시설(좀 더 쉬운 말로 냉정하게 말한다면 '사체 농장'이라고 할 수 있는)을 더 만들어야 한다고 주장하는 과학자들도 있다. 사체를 야외에 두고 부패가 진행되는 과정을 더 잘 이해할 수 있는 시설을 만들어야 한다고 말이다. 미국에는 그런 시설이 여섯 곳 있고 오스트레일리아에는 한 곳 있지만 나는 영국에도 그런 시설을 만들어야 한다고는 생각하지 않는다. 그런 시설을 만들어야 한다고 내세우는 이유들이 나로서는 불편하게 느껴지기 때문이다. 흔히 죽은 돼지를 이용하는 현재 부패 과정 연구 방법이 사망 시간을 추정하는 단서를 얻기에는 불충분하다거나, 사람을 기반으로 진행한 연구만이 사망 시간을 추정하는 능력을 크게 향상시킨다는 주장을 입증해줄 증거는 거의 없다. 그런 증거들이 나온다면 나도 내 태도를 바꿀 의향이 있다. 지금으로서는 두 주장 모두 나에게는 섬뜩하고 암울하게 느껴진다. 이런 장소들이 마치 관광 명소나 되는 것처럼 한번 둘러보러 오라는 요청을 받았을 때 그런 느낌은 훨씬 증폭되었다. 왜 영국에는 '사체 농장'이 없는지를 묻는 질문을 많이 받는다. 하지만 나는 그보다는 더 적절한 질문을 해야 한다고 생각한다. 우리에게 '사체 농장'이 필요할까? 사체 농장을 만들고 싶어 하는 사람이 있는가? 라고 말이다.

지상에 우리가 무엇을 남기고 가든지, 죽음 속에서의 우리의 정체성은 삶 속에서의 정체성만큼이나 중요할 수도 있다. 우리가 '나'라는 존재를 생각할 때 가장 핵심이 되는 이름은 우리의 뼈가 사라진 뒤까지도 남을 수 있고, 우리가 마침내 쉬게 되는 장소에서 비석이나 명판, 혹은 장례식 방명록에 기록되어 기념될 수도 있다. 이름은 우리의 정체성을 이루는 최소 구성 성분 가운데 하나로 수세기 동안 우리 몸을 뛰어넘어 남을 수도 있고, 미래 세대에게 두려움이나 혐오, 사랑이나 충성을 불러일으킬 수 있는 강력한 힘으로 존재할 수도 있다.

이름 없는 몸은 죽음과 관련된 모든 경찰 조사에서 겪어야 하는 가장 큰 문제 가운데 하나로, 사망 후 시신이 발견되기 전까지 흐른 시간에 상관없이 사망자의 이름은 반드시 알아내야 한다. 공식 기록으로 남아 있을 증거를 확보하고, 신원을 확인해줄 친척과 친구들을 찾고, 사망했을 때의 상황을 알아내기 위해 법의학자들은 남은 육체와 이름을 연결하려고 애쓴다. 일단 이름을 알아내기 전까지는 그 사람의 가족이나 친구, 동료 들을 탐문할 수도 없고 휴대 전화 활동 기록을 확보할 수도, CCTV 영상을 확인할 수도, 죽기 전 마지막 여정을 알아볼 수도 없다. 해마다 실종되는 사람의 수를 생각해보면 —영국의 경우 매년 15만 명이 실종된다— 시신의 이름을 찾는 것은 쉬운 일이 아니다. 우리 법의학자들이 해야 하는 가장 기본적인 임무는 한 사람의 몸을 그 사람이 태어나면서 갖게 된 이름과 다시 결합해주는 것이라고 할 수 있다.

보통 사람은 태어나기 전부터 이름을 갖는다. 성뿐이라고 해도 말이다. 이름 없이 태어났다고 해도 곧 이름을 갖게 된다. 이름은 한 사람이 선택할 수도 없고 우연히 얻을 수도 없다.

우리가 처음 이름을 갖는 사람도 아니고 유일한 소유자도 아니다. 다른 사람이 선택하고 선물로 혹은 저주로 부여해준 이름이라는 표지는 남은 인생을 우리와 함께하면서 우리가 우리 자신이라고 믿는 존재를 구성하는 중요한 구성 성분이 된다.

  우리는 자신의 이름에 어떠한 주저함도 없이 자동적으로 반응한다. 누구나 자기 이름에는 무의식적으로 반응하는 것이다. 상대방의 말조차 들리지 않을 정도로 시끄러운 방에서도 누군가 우리 이름을 부르면 우리는 분명하고도 명확하게 그 사실을 인지할 수 있다. 정말로 빠른 속도로, 이름은 살아가는 동안 우리가 쌓아갈 '자아'라는 역사에 깊이 뿌리박히는 한 가지 측면이 되고, 다른 사람이 남용하거나 도용하지 못하도록 노력해야 하고 때로는 상당히 많은 돈을 들여 보호해야 하는, 우리를 나타내는 수단이 된다.

  하지만 이름이 정체성에 아주 중요함에도 불구하고 우리는 온갖 이유를 들어 아주 쉽게 이름을 바꾼다. 새로운 관계를 맺거나 새로운 가족이 생기거나 공적인 삶과 사적인 삶을 분리하고 싶을 때, 단순히 태어나면서 갖게 된 이름이 마음에 들지 않을 때 우리는 이름을 바꾼다. 평생 한 가지 이름으로 살아가는 사람도 있지만 역할에 따라서 동시에 두 가지 이름을 쓰거나 계속해서 이름을 바꾸는 사람도 있다. 보통 공식적으로 바꾼 이름은 그 흔적을 추적할 수 있는 공식 문서에 기록으로 남지만, 그것은 법의학 수사관들이 찾아내야 할 과제가 하나 더 늘어난다는 사실을 뜻한다.

  한 사람을 대상으로 별명과 약어, 직업명으로 부르는 이름은 놀랍도록 많다. 내가 특히 많은 이름을 가지고 있다고는 생각하지 않는다. 태어났을 때 받은 이름은 수전 마거릿 건이었다. 어렸을 때는 수전이라고 불렸고, 혼이 날 때는 –나는 자주 혼이 났다– 수전 마거릿이라고 불렸다. 결혼하면서는 수 맥러플린이라고 불렸고(처음에는 맥러플린 부인이라고 불렸고 나중에는 맥러플린 박사라고 불렸다), 재혼했을 때는 수 블랙이 되었다(처음에는 블랙 교수라고 불렸고 나중에는 블랙 경이 됐다). 그리고 아주 잠시 동안은 출판인으로서의 연속성을 유지하려고 수 맥러플린 블랙이라는 이름을 쓰기도 했다(지금 내 정체성의 위기에 관해 말하고 있는 거다).

  어머니의 주장이 관철됐다면 내 이름은 퍼넬러피였을 것이다. 다른 이유는 없었다. 어머니가 그저 페니[7]라는 이름을 좋아했을 뿐이다. 나는 페니 건으로 살아야 하는 운명을 피해갈 수 있었을 뿐 아니라, 올바른 성에 붙였을 때는 사랑스럽지만 미래의 법의학자가 아이오나라는 이름으로 살지 않아도 되었다는 사실에는 정말로 감사한다. 행복하게도 수전 건이라는 이름은 충분히 안전해 보인다. 비록 내 이름을 약자로 쓸 때면 성 때문에 항상 설명을 해야 했지만 말이다. S. M. 건이라는 내 이름을 볼 때마다 사람들은 자연스

[7] 퍼넬러피의 애칭.

럽게 기관단총 Sub-Machine Gunn을 떠올렸다.

정말로 독특한 이름은 많지 않아서 사람들은 대부분 가장 개인적인 표지를 다른 사람과 공유해야 한다. 영국에는 스미스가 70만 명이 넘게 살며 스미스 가운데 4500명 정도는 모두 존이라고 불린다. 내 결혼 전 성을 가진 사람은 그렇게 많지는 않다. 영국에 사는 건 씨는 1만 6446명뿐인데, 나로서는 충분히 예상할 수 있었듯이 대부분 스코틀랜드 북동쪽에 있는 윅과 서소에 산다. 그 가운데 수전이라는 이름을 가진 건 씨는 마흔 명 정도밖에 없다.

같은 이름을 가진 사람을 만나는 것은 재미있는 일이지만 당연히 혼란이 생길 수도 있다. 배우들이 자신의 가치를 지키려고 그 누구도 사용하지 않는 이름을 고르는 일은 정말 악몽과 같을 수도 있다. 내가 블랙이라는 이름을 얻게 되었을 때 내 삶의 지평선 위로 수 블랙이라는 이름이 또 하나 떠올랐다. 그 이름을 가진 사람은 브레츨리파크[8]의 쇠퇴를 막는 데 큰 공헌을 한 컴퓨터 과학자였다. 대영 제국 훈장을 받은 수 블랙 박사는 나와 나이가 비슷한 사랑스러운 여성이다. 우리는 한 번도 만난 적이 없지만 서로 이메일을 교환하며, 가끔 나는 브레츨리 파크에 관한 정보를 알려달라거나 제2차 세계 대전 당시 독일군 암호를 해독할 수 있었던 방법에 관해 강의를 해달라

[8] 영국의 수학자이자 논리학자인 앨런 튜링(1912~1954)의 암호 해독팀이 모여서 연구를 했던 곳.

는 요청을 받는다. 그럴 때면 나는 잔뜩 실망해야 할 사람들에게 그들이 "틀린 수 블랙"에게 연락을 한 거라고, 죽은 자들에 관해 듣고 싶지 않다면 진짜 수 블랙에게 조언을 구하는 것이 좋을 거라는 답장을 보내준다.

우리가 정체성에 얼마나 매혹되어 있는지는 민간전승이나 문학에서도 분명하게 확인할 수 있다. 그 안에는 줍거나 버린 아이, 태어나면서 신분이 바뀐 아이에 관한 이야기는 말할 것도 없고, 변장을 하고 위장을 하고 다른 사람으로 오해하고 한 사람의 신분을 훔치는 이야기들이 가득하다. 셰익스피어의 희곡 대부분을 특징짓는 한 가지 주제가 바로 정체성이다. 실제로 셰익스피어의 많은 작품에서는 어떤 식으로든 정체성이라는 개념을 다룬다. 정체성은 사회의 본질, 갈등, 사람들이 관계를 맺는 방법을 탐구할 수 있는 구성 장치를 끝도 없이 제공한다.

새로운 정체성을 만들고 다른 사람에게 속한 정체성을 도용해도 지금보다는 노출될 위험이 훨씬 적었던 과거의 사회에서는 그런 이야기들이 좀 더 그럴듯하게 들렸을 것이다. 마르탱 게르의 신분을 훔쳤고 다양한 책과 영화, 뮤지컬에 영감을 준 악명 높은 16세기 사기꾼도 법의학이 거의 예외 없이 신분을 밝혀낼 수 있는 현대에서는 그렇게까지 오래 다른 사람으로 살아갈 수는 없었을 것이다.

하지만 지금도 가족의 벽장 속에 숨어 있던 해골이 나오는 일은 너무나도 많다. 자신도 몰랐던 자신을 알게 되는 경우가 있는 것이다. 오랜 세월이 지난 뒤에 자신이 스스로 생각했던 사람이 아니라는 사실을 알게 되면 엄청난 충격을 받고 사실상 정체성에 위기가 생길 수도 있다. 우리 엄마가 사실은 언니라고? 우리 아빠가 진짜 아빠가 아니라고? 우리 아빠가 할아버지라고? 내가 입양됐다고? 우리의 정체성은 평생에 걸쳐 우리가 우리에게 진실을 말한다고 믿는 주변 사람들이 만들어준 토대 위에 세워지기 때문에 우리의 이름과 유산은 우리의 자아와 안정감이라는 기반을 형성해준다. 하지만 정체성은 모래로 만든 성처럼 무너질 수도 있다. 거짓말이 드러나면 우리가 우리 자신에 관해서 믿고 있던 모든 것과 이 세상에서의 우리 위치가 완전히 무너져 내릴 수 있다. 그런 발견은 죽음 때문에 드러나는 경우가 많다. 친척들이 기록을 뒤지거나 수사관들이 시신에 이름을 붙이기 위해 고인의 삶 깊숙이 파고드는 동안 드러나는 것이다.

◇

그렇다면 법의인류학자들은 신원을 알지 못하는 시신을 만났을 때 어떤 방법으로 고인에게 이름을 찾아줄까? 먼저 우리는 그 사람의 생물학적 특징을 살펴본다. 남자인가, 여자인가? 사망했을 때 나이는 몇 살이었는가? 혈통은 어떻게 되며 키는 몇 센티미터인가? 이런 질문을 해나가는 동안 법의인류학자들은 한 사람을 특정한 대상으로 분류할 수 있다. 일단 우리가 찾는 사람이 20대 중반이고 흑인 여자이며 키가 168센티미터 정도 되는 사람임을 알아내면 실종자 데이터베이스에서 이 두루뭉술한 단서에 딱 맞아떨어지는 사람이 있는지 찾아본다. 저 조건에 맞는 사람은 정말로 많다. 한번은 키가 167~172센티미터인 20~30세 백인 남자를 조건으로 검색해야 했는데, 영국 한 곳만 해도 후보자가 1500명이나 나왔다.

인터폴(국제형사경찰기구)이 사람의 신원을 밝히는 주요 지표라고 인정한 특징은 세 가지(DNA, 지문, 치열)다. 지문과 치열로 사람의 신원을 밝히는 기술은 법의학에서 100년 이상 사용해오고 있지만 DNA 분석은 1980년대 이후에나 법의학 도구 상자 안으로 들어온 최신 기술이다. DNA 분석을 실제로 응용하고, 경찰 수사와 친자 확인, 이민자 문제에서 신원을 밝힐 수 있는 획기적인 계기를 마련해준 사람은 영국 레스터대학교 유전학자 알렉 제프리스 경이다.

DNA(데옥시리보 핵산)는 인체를 이루는 거의 모든 세포 안에 존재하는 유전의 기본 단위로, 우리가 가진 DNA는 절반은 어머니에게서 나머지 절반은 아버지에게서 왔기 때문에 가족력을 직접 확인할 수 있다. 몸에서 찾은 DNA를 복구하면 그 자체로 언제나 정확한 신원을 확인할 수 있다는 생각은 흔히 하는 오해다. 신원을 확인하려면 당연히 죽은 사람이라고 추정되는 사람의 DNA 표본(존재한다면)이나 직계 가족(부모, 형제, 자손)의 DNA 표본과 비교해봐야 한다. 부모와의 DNA 연관성은 사이가 멀어진 고인의 형제만큼이나 강할 수 있기 때문에 가족의 DNA를 근거로 신원을 밝히려면 치과 기록처럼 실종된 사람의 특별한 생물학적 특성도 반드시 함께 살펴봐야 한다.

    부모의 DNA를 검사할 때는 되도록 어머니의 DNA를 검사하려고 한다. 아버지가 진짜 부모가 아닐 가능성이 있기 때문이다. 가족의 형태와 규모, 생물학적 관계는 많은 가정에서 전혀 비밀로 하는 문제가 아니지만 혹시라도 그런 비밀이 드러나면 엄청난 소동이 일어날 수도 있기 때문에 가족을 대상으로 수사를 진행할 때는 언제나 신중하고 조심해야 한다. 세상의 모든 지혜를 알고 계셨던 우리 할머니 말씀처럼 "누구나 어머니가 누구인지는 언제나 알고 있겠지만 아버지에 관해서는 어머니가 해준 말만을 알고 있을 뿐"이다. 아마도 그 말씀은 우리 가족에 관해 많은 것을 말해주고 있을 것이다. 어떤 상황이건 간에 한 가족이 사랑하는 사람과 사별해야 하는 순간에 그런 비밀을 밝혀 유족에게 더 많은 부담을 줄 이유는 없다.

    최근에 쉰 명 이상의 사망자를 낸 재난은 사망자와 DNA 분석이 어떤 식으로 가족의 비밀을 드러낼 수 있는지를 보여주는 전형적인 예다. 오빠가 재난 현장에 있었다고 확신한 두 자매는 모든 병원을 돌아다녔지만 어떤 의료 기관에서도 환자로 등록된 오빠를 찾을 수가 없었다. 자매는 오빠에게서도, 오빠의 동료나 친구들에게서도 오빠의 소식을 들을 수가 없었다. 자매의 오빠는 전화를 걸어도 받지 않았고 전화를 걸어오지도 않았다. 1주일이 넘도록 오빠는 은행 계좌에서 돈을 인출하지도 않았고 신용 카드도 전혀 쓰지 않았다.

그런데 사망자 가운데 신체가 심각하게 훼손된 신원 미상의 피해자가 한 명 있었다. 자매가 묘사한 오빠의 신체 특징과 시신의 신체 특징은 일치했지만 DNA가 자매들과 일치하지 않았다. 조사가 좀 더 진행됐고 사망자는 정말로 자매들의 사라진 오빠임이 밝혀졌다. 자매도 모르게, 어쩌면 그 자신도 모르게 오빠는 입양이 된 것이다. 그 비밀은 결국 자매의 이모가 확인해주었다. 이제 자매는 이중으로 충격을 받았다. 오빠가 죽은 것도 견디기 힘든데 오빠가 생물학적 형제가 아니라는 사실까지 알게 된 것이다. 두 자매로서는 오빠의 정체성, 오빠와 자신들의 관계, 부모님의 정직함까지 의심해야 하는 상황이 된 것이다.

영국 경찰이 접수하는 실종 신고는 해마다 평균 3만 건에 달한다. 매일 600건 정도가 들어오는 셈이다. 그 가운데 공식적으로 실종으로 인정받는 건수는 절반 정도이며 그 가운데 11퍼센트는 상당히 위험하거나 위태로운 사건으로 분류된다. 실종됐다고 신고된 사람의 절반 이상이 12~17세까지의 10대 아이들인데 그 가운데 많은 수가 '단순 가출' 사건으로 분류된다. 실종된 아이들은 여자아이가 조금 더 많으며(57퍼센트 정도) 다행히 많은 아이가 집으로 돌아가거나 살아 있는 상태로 발견되지만 1년 이상 '실종' 상태로 찾지 못한 아이도 1만 6000명이 넘는다. 실종된 어른은 아이들과는 다른 양상을 띤다. 남자가 62퍼센트에 달하며 보통 22~39세까지가 가장 많다. 1년에 250명 정도 되는, 범죄가 의심되는 상황에서 사망한 채로 발견된 실종자 가운데 어린아이는 서른 명 미만이다.

영국 실종자 수사부는 인터폴과 유로폴을 포함해 여러 국제 조직과 연계해 수사를 진행하는 영국범죄수사국 소속이다. 한 사람이 실종되면 인터폴은 192개국 경찰이 그 사실을 인지할 수 있도록 '노란 경고'를 단 사진을 게시한다. 신원을 알 수 없는 시신을 발견했을 때는 '검은 경고'를 단 사진을 게재한다. 이상적인 상황이라면 검은 경고를 단 시신의 신원을 노란 경고를 단 실종자 가운데에서 찾을 수 있다. 수사관은 실종자(생전)의 특징을 시신(생후)의 특징과 비교해볼 수 있다.

실종자 자료는 당연히 경찰 데이터베이스에 존재하는 DNA와 지문을 찾는 것으로 시작한다. 그러나 그런 자료는 고인이 생전에 경찰의 주목을 끌었던 사람이었을 경우에만 찾을 수 있다(현직 법의학 조사관, 경찰관, 군인 같은 사람들의 DNA는 신원을 파악하거나 범죄 현장에서 수집한 표본을 분석할 때 배제할 목적으로 다른 데이터베이스에 따로 보관한다). 살펴볼 근거가 충분하다고 판단되면 인터폴을 통해 다른 국제 경찰 기구의 자료도 살펴보겠다고 요청할 수 있다. 일반 국민의 DNA와 지문을 수집해 보관하고 있는 나라는 거의 없으며 정부 차원에서 치과 기록을 관리하는 나라는 한 곳도 없다. 따라서 경찰 조직이나 군대 조직에서 일하고 있거나 범죄를 저지른 경력이 있지 않는 한, 한 사람의 신원을 밝혀줄 생물학적 특징을 찾을 수 있는 데이터베이스는 없다.

이제 84쪽에서 언급됐던 젊은 남자의 시신으로 돌아가 보자. 이 남자의 특징과 일치하는 실종자 수는 1500명이나 되었다. 스코틀랜드 북부에 있는 외진 삼림지에서 개를 데리고 산책하던 한 남자가 그를 발견했다. 경찰과 한 법의인류학자가 현장으로 나갔다. 뼈만 남은 남자의 시신은 땅 위에 누워 있었다. 뼈의 위치는 모두 제대로 있었지만 머리뼈는 남자의 발치에 있었다. 남자 옆에 있는 키 큰 구주소나무 가지에는 후드를 돌려 묶은 재킷이 있었고, 후드 안에는 사람 뼈가 하나 들어 있었다. 2번 목뼈였다. 바닥에 있는 남자의 시신에는 2번 목뼈가 없었다. 따라서 시신은 원래 나무에 매달려 있었지만 부패하면서 목 조직이 늘어나 밑으로 떨어졌다고 추정할 수 있었다. 몸이 바닥으로 떨어질 때 목을 구성하는 조직이 갈라지면서 머리가 몸과 다른 방향으로 떨어졌고, 2번 목뼈는 후드 안에 남게 된 것이다.

현장에서 발견된 단서들은 모두 이 남자가 살해된 것이

아니라 자살했음을 말해주고 있었다. 어떤 이유가 있었는지는 모르지만 이 남자는 나무 위로 올라가 재킷의 후드를 가지에 둘러 묶고 뛰어내린 것 같았다. 하지만 정확한 사인을 찾고 가까운 가족에게 사망 소식을 전하려면 우리는 사망자의 신원을 확인해야 했다.

신원을 확인할 수 있는 정황 증거는 없었다. 지갑, 운전면허증, 은행 카드 한 장 없었다. 뼈에서 DNA를 추출해 검사했지만 일치하는 사람이 없었다. 시신은 이미 뼈만 남았기 때문에 지문도 채취할 수 없었다. 우리가 확보한 신체 특징은 이 남자가 20~30세 사이의 백인이며 신장이 167~172센티미터 사이라는 것뿐이었다.

뼈를 살펴본 우리는 남자가 사망했을 무렵에는 완전히 나았을 오래된 상처들을 찾아냈다. 그는 오른쪽 갈비뼈 세 곳이 부러진 적이 있었고 오른쪽 빗장뼈와 무릎뼈도 마찬가지였다. 이런 부상이 한 가지 사건의 결과라면 남자는 분명히 병원에 입원했을 테고 진료 기록이 남았을 것이다. 게다가 그는 양쪽 위아래 앞어금니 네 개가 모두 빠져 있었다. 남은 치아의 배열로 보아 어금니들은 저절로 빠진 것이 아니라 치과에서 뺀 것 같았다. 따라서 어느 치과에는 그런 특별한 발치를 한 기록이 남아 있을지도 몰랐다. 하지만 그곳이 어디인지는 우리가 찾아야 했다.

이런 기본 특성이 일치하는 사람이 1500명이나 됐다. 경찰이 1500명이나 되는 후보를 모두 확인하려면 엄청난 예산과 인력이 들 테니, 그런 막연한 단서만 가지고는 수사에 나설 수 없다. 실제로 경찰이 수사를 진행하려면 우리가 가능 후보 수를 한 자리 숫자로 낮추어주어야 한다. 그것이 불가능하다고 하면 가능한 한 두 자리 숫자까지는 낮추어야 한다. 우리는 남자의 머리뼈에서 발견한 특징을 활용해 얼굴 모습을 재건했다. 과학과 예술의 절묘한 합작품이라고 할 수 있는 얼굴 복원 기술을 실시하는 이유는 사망자의 모습을 정확하게 구현하는 것이 아니라, 남자를 아는 사람이나 그를 본 적이 있는 사람이 알아볼 수 있을 만큼만 비슷한 모습을 구현해 경찰이 좀 더 분명한 단서를 쫓을 수 있는 가능성을 제공하는 데 있다.

　　복원한 얼굴로 포스터를 만들어 남자를 발견한 지역 근처에 붙이고 신문과 텔레비전, 실종자 웹사이트, 인터폴에도 제공해 더 넓은 지역까지 사진을 퍼뜨렸다. BBC 텔레비전 프로그램 「크라임워치Crimewatch」에서 포스터를 방영한 뒤 몇 가지 강력한 단서가 나왔는데 많은 증언이 단 한 사람을 가리키고 있었다. 제보자 가운데 한 명은 그의 어머니였다. 우연히 텔레비전을 보던 어머니는 복원한 얼굴 포스터를 보고 자신의 아들을 떠올렸다. 그녀가 상상해 왔던 최악의 악몽이 벌어진 것이다.

　　배제해야 하거나 신원을 확인한 이름이 생기면 수사는 광범위한 육체적 정체성의 영역에서 벗어나 사적일 수도 있는 정체성의 영역으로 넘어갈 수 있다. 그때부터 경찰은 가족을 만나 조사를 하고 사망자와 비교할 수 있는 DNA를 확보한다. 이 남자의 경우에는 어머니의 DNA와 일치했고 남자의 생전 신체 조건(어머니가 마지막으로 봤을 때 그는 스물두 살이었고 신장은 170센티미터였다)과 치과 진료 기록, 병원 수술 기록, 방사선 사진 기록 결과가 모두 일치했다. 남자는 실종되기 몇 해 전에 싸움을 하다가 뼈가 부러졌고 골절 부위에 대한 진료 기록은 병원에 고스란히 남아 있었다.

　수사 결과 범죄는 없었다. 남자는 시신으로 발견되기 3년 전에 집을 떠나면서 가족들에게는 마약 공급자들의 돈을 빌려 문제가 생겼으니 잠시 숨어 있어야 한다고 했다. 그는 북쪽으로 갈 거라고 했고 그 때문에 가족들은 그가 무사히 잘 지내리라고 생각하고 걱정하지 않았다. 남자가 죽은 곳에서 그는 술과 마약에 중독된 은둔자로 알려져 있었고 집에서와는 다른 이름의 약자로 불리고 있었다.

　젊은 남자가 스스로 인생을 마감하기로 결정했다니 정말 슬픈 일이다. 무엇이 그를 자살로 이끌었는지를 추정해보거나 그 결정을 판단하는 일은 우리가 할 일이 아니다. 하지만 그에게 이름을 돌려줌으로써 그가 이야기할 수 있게 해줄 수는 있다. 슬픔으로 넋이 나간 가족이 궁금해하는 답을 줄 수 있고, 그의 몸을 가족에게 돌려줄 수 있다. 우리가 전해주는 소식에 가족들이 기뺴할 일은 거의 없지만 친절하고 정직하게 고인을 존중하는 우리의 태도는 가족들이 결국 슬픔을 이기고 치유될 수 있는 과정을 시작할 수 있게 돕는다.

자살한 젊은 남자의 신원을 비교적 빠르게 찾아낼 수 있었던 이유는 신원을 분명히 확인할 수 있는 기록이 존재했기 때문이다. 사람들은 대부분 과거에 자신이 누구였는지를 보여주는 단서를 몇 가지 정도는 가지고 있거나 적어도 수사를 시작할 수 있는 단서를 가지고 있고, 일반 DNA 데이터베이스에 자료가 올라가 있거나 의무적으로 발급받아야 하는 신분증이 있는 사람은 그렇지 않은 사람보다 신원을 확인하기가 훨씬 쉽다. 하지만 공직 사회가 자신들보다 일반 국민을 더욱 밀접하게 감시하고 있다는 생각을 두고 이미 격렬한 논쟁이 벌어지고 있으며, DNA 자료 같은 데이터베이스가 구축되면 시민의 자유와 사생활을 지킬 권리가 침해받을 수 있다고 걱정하는 사람들이 많아지고 있다.

우리는 우리의 신원이 아주 사적이고 은밀한 부분이라고 생각하지만 사실 우리는 우리와 상호 작용하는 모든 사람과 그것의 아주 세부적인 부분을 공유한다. 그리고 가끔은 공식 자격이 있는 누군가가 한 사람의 신원을 공유하고자 할 때도 있다. 우리 같은 경우에는 그 사람이 더는 살아 있지 않을 때 그런 소망을 품게 된다.

1926년에 발표된 소설 『유령선The Death Ship』에는 이 같은 내용을 잘 묘사한 장면이 나온다. 주인공과 법 집행관의 대화다. 『유령선』의 작가 B. 트라번은 신원에 관해 탁월하게 사색한 사람이자, 그 자신이 아주 신비로운 인물이었다. 그는 필명을 사용했고, 그의 실제 신분과 세세한 그의 인생 이야기는 지금도 상당히 뜨거운 논쟁거리가 되고 있다.

> "당신은 당신이 누구인지를 보여줄 서류를 갖고 있는 게 좋을 거요."
> 그 경찰관이 나에게 조언했다.
> "그런 서류는 필요 없습니다. 나는 내가 누구인지 알고 있으니까요."
> 나는 대답했다.
> "그럴지도 모르지요. 하지만 다른 사람들도 당신이 누구인지 알고 싶어 할 겁니다."

3장

가족의 죽음

"삶을 아주 심각하게 받아들이지 않는다면
죽음 또한 그래야 한다."

새뮤얼 버틀러
작가·1835~1902

로즈마키 해변에서 윌리 할아버지

"가서 윌리 할아버지가 잘 계시는지 보고 와라."

그건 아버지가 장례식 예배당으로 가려고 방을 나서면서 무심하게 뒤를 돌아보며 나에게 내린 아주 간단한 명령이었다. 예배당에는 어머니와 언니가 친척, 친구들과 함께 우리가 오기를 기다리고 있었다.

사실상 나의 할아버지 역할을 해주셨던 윌리 할아버지는 나에게는 종조부로, 그날은 돌아가신 지 사흘째 되던 날이었다. 아버지가 비위가 약해서 나에게 그런 말씀을 하신 것은 아니라고 생각한다. 전형적인 옛 남자인 데다 실없는 소리는 조금도 하지 않는 군인 출신의 스코틀랜드 중년 남자가 윌리 할아버지를 보는 걸 두려워했을 리는 없다. 아버지는 여자는 겁쟁이라는 생각에는 동의하지 않으셨고, 내가 선택한 분야로 판단하건대 자신의 딸이야말로 윌리 할아버지를 살펴보고 올 적임자라고 생각하셨던 것 같다.

지금이야 수많은 시신을 부검하고 방부 처리하는 일을 해보았지만, 그때는 고작 10대를 벗어났을 뿐이었고 당연히 해부실에서 시신에 관해 배우는 일과 사랑하는 사람이 세상을 떠나며 남기고 간 몸을 처음으로 대면하는 일은 전적으로 다를 수밖에 없었다. 하지만 아버지는 내가 정말로 좋아하는 윌리 할아버지의 시신을 장례식장 조문실에서 직접 대면할 준비가 되어 있지 않을 거라는 생각을 전혀 하지 못하셨다. 나는 아버지가 말한 "잘 계시는지"가 무엇을 의미하는지 알 수 없었다. 하지만 아버지가 나에게 그 일을 하고 오라고 하셨고, 우리는 아버지 말씀을 한 번도 어긴 적이 없었다. 그런 일은 하고 싶지 않다고 말해야지, 라는 생각은 단 한 번도 마음속에 떠오른 적이 없었던 것이다. 아버지는 언제나 병역의 의무가 결코 끝나지 않은 사람처럼 큰 소리로 명령을 내리셨고, 그의 주임원사인 콧수염은 여전히 발끈하며 거절은 절대 용납하지 않겠다는 의지를 드러냈다.

윌리 할아버지는 여러 면에서 정말로 거대한 존재였다. 풍채가 좋고 유쾌했던 할아버지는 83세라는 적지 않은 나이로 돌아가실 때까지 흰 머리카락 하나 나지 않았다. 제2차 세계 대전에 참전해 싸우셨지만, 그분 세대의 많은 남자가 그랬듯이 전쟁 이야기는 절대로 하지 않으셨다. 미장공 반장이었던 할아버지는 인버네스의 부자 마을에 있는 웅장한 집 여러 곳에 아름답고 화려한 처마 돌림띠를 만들어주었다.

윌리 할아버지와 티니라고도 불린 크리스티나 할머니 부부에게는 아이가 없다는 것이 가장 큰 슬픔이었다. 그래서 어머니의 진짜 어머니인 티니 할머니의 언니가 내 어머니를 낳고 7일 만에 돌아가셨을 때 두 분은 기꺼이 아이를 두 분의 집으로 데리고 가 사랑과 웃음으로 길러주셨다. 친절하고 자상했으며 관대하셨던 두 분은 모든 면에서 나에게는 진짜 조부모님이셨다.

윌리 할아버지는 은퇴한 뒤에는 용돈을 벌겠다며 근처

차고지에서 세차를 하셨다. 나는 호스를 잡고 할아버지 당신께서 "윌리의 웰리스"라고 부르던 웰링턴 부츠를 신고 세차장에 서 계시던 할아버지를 기억한다. 할아버지는 다리가 너무 뚱뚱해서 부츠가 종아리 위로는 올라가지 못했다. 할아버지는 항상 담배를 비스듬하게 물고는 웃고 계셨다. 왜인지는 모르지만 윌리 할아버지는 라즈베리를 입으로 불어 날리는 걸 좋아했는데, 그 때문에 우리 어린아이들은 할아버지를 장난꾸러기라고 생각했다. 할아버지는 가족의 도움을 받아 오랫동안 심각한 치매와 관절염, 골다공증으로 고생하신 티니 할머니를 돌보셨다. 그 시절에는 많은 사람이 그렇게 믿었듯이 할아버지도 할머니를 돌보는 일이 자신의 의무라고 생각했고, 할머니를 병원이나 요양원으로 보내야 한다는 생각은 절대로 하지 않으셨다.

티니 할머니가 돌아가신 뒤에 윌리 할아버지는 언제나 일요일이면 우리 집에서 점심을 드셨고, 날씨가 좋을 때는 우리 가족과 함께 나들이를 가셨다. 할아버지는 외출하실 때면 늘 셔츠와 조끼를 갖춰 입는 양복을 입고 넥타이를 매셨다. 할아버지에게는 양복이 두 벌뿐이었다. 두툼한 트위드 양복은 일상용이었고 더 좋은 양복은 장례식용이었다.

윌리 할아버지가 간직하셨던 삶에 대한 열정과 그분이 퍼뜨렸던 웃음을 잘 보여주는 사진이 한 장 있다. 인버네스 북쪽에 있는 블랙섬의 로즈마키 해변에서 찍은 사진이다. 타는 듯이 더운 날에 우리는 모두 아버지의 자랑이자 기쁨이었던, 검은색과 황갈색이 섞인 몸체를 자랑하는 재규어 마크2 3.8에 끼어 타고 소풍을 떠났다.

샌드위치를 먹으려고 머리만 Moray Firth에 가는 것뿐이었는데도 윌리 할아버지는 그날도 역시 교회에 나가는 것처럼 양복을 입고 완벽하게 광을 낸 구두를 신고 오셨다. 우리는 조금 더 아래쪽에 있는 해변에서 돗자리를 펴고 점심 먹을 준비를 하는 동안 할아버지가 그늘에서 쉬실 수 있도록 마른 모래 위에 가벼운 금속관으로 만들어진 정원 의자를 펴 드렸다. 언제나처럼 한 부대 전체를 먹여도 충분할 정도로 음식을 많이 준비해 온 어머니가 음식을 펼치느라 정신없이 바쁠 때 갑자기 뒤에서 크게 웃는 소리가 들렸다. 뒤를 돌아보니 할아버지의 몸이 조잡한 정원 의자에 완전히 끼어 있었고, 할아버지의 적지 않은 무게를 감당하지 못한 그 의자는 결국 찌그러지면서 모래 밑으로 가라앉고 있었다. 할아버지는 바다 밑으로 가라앉는 배의 선장처럼 거수경례를 하면서 우아하게 다리를 쭉 편 채 결국 엉덩이가 모래 바닥에 닿을 때까지 서서히 밑으로 가라앉았다. 우스꽝스러운 역경에 처해 껄껄 웃고 있는 사진 속 할아버지를 보면 누구라도 함께 웃게 된다. 그분은 정말로 가진 것 없는 삶을 사셨지만 자신의 삶에 크게 만족하셨다.

윌리 할아버지는 당신께서도 알았다면 완전히 마음에 들

어 할 방식으로 이 세상을 떠나셨다. 일요일이었던 그날도 할아버지는 우리 집에서 점심을 드셨고, 갑자기 잠이 든 것처럼 식탁 위로 쓰러지셨다. 할아버지의 사인은 대동맥류 파열이었다. 경고 없이 갑자기 찾아와 생명을 앗아가는 이 질병은 떠난 자에게는 고통 없이 즉시 죽을 수 있는 자비를 베풀지만 예민하고 연약했던 우리 어머니에게는 정말로 엄청난 충격을 주었다. 방금 전까지도 변함없이 유쾌했던 이모부가 갑자기 세상을 떠나 버린 것이니 그럴 만도 했다. 윌리 할아버지에게도, 우리 어머니의 식탁보에도 충분히 난처하다 할 만하게 할아버지는 우아함과는 전혀 거리가 먼 모습으로 하인즈 토마토 수프 그릇에 얼굴을 박으며 돌아가셨다. 비통해야 할 마지막 순간까지도 사람들에게 웃음을 주시려는 것처럼 말이다.

  그래서 3일 뒤 우리 가족과 친구들이 모두 슬퍼하면서 장례식장으로 모인 것이다. 한 세대의 마지막 주자가 떠나는 순간을 비통해하려고 말이다. 하지만 비통해하기 전에 나에게는 한 가지 할 일이 있었다. 나는 깊이 숨을 들이마시고 허리가 커서 흘러내리는 바지를 힘껏 추켜올리고 아버지가 나에게 하라고 했던 일을, 윌리 할아버지를 위해 내가 마지막으로 해 드려야 하는 일을, 할아버지가 "잘 계시는지"를 살펴보는 일을 해야 했다.

  나는 누구에게나 사랑하는 사람이 죽어 있는 모습을 보는 순간은, 잠시 멈춰 서서 그 사람이 살아 있었던 순간을 떠올리고 그 기억을 간직하고 죽음이 그 기억을 앗아가지 못하게 하는 순간이라고 생각한다.

윌리 할아버지는 친절하고 온화한 분으로 저항할 수 없는 생명력을 소유한 분이셨다. 나는 그분이 다른 사람을 욕하거나 어떤 일이든 불평하시는 걸 본 적이 없다. 할아버지 덕분에 나는 경마장에서 도박을 하는 흉내를 낼 수 있었고 가게에 가서 단음식을 살 수 있었고 세차를 도와 드릴 수 있었다. 할아버지 덕분에 내 어린 시절은 행복할 수 있었다. 내가 유일하게 유감스럽게 생각하는 것은, 어른이 되어 할아버지를 좀 더 잘 알 수 있는 기회를 얻지 못했다는 것뿐이다.

나는 조문실을 밝히던 은은한 조명과 천장에 달려 있던 스피커에서 조용히 흘러나오던, 가사가 잘 들리지 않던 찬송가를, 꽃향기를, 그리고 어쩌면 희미하게 맡을 수 있었던 소독약 냄새를 기억한다. 조문실 가운데 있는 영구대 위에는 꽃으로 둘러싸인 나무관이 있었다. 나무관의 뚜껑은 할아버지가 영원히 쉴 수 있도록 자기 몸에 나사가 박힐 순간을 기다리며 활짝 열려 있었다.

나무관을 보는 순간 엄청난 충격이 내 몸을 관통하면서 나는 갑자기, 몹시도 분명하게 아버지가 나에게 하라고 명령하신 일의 엄청난 의미를 깨달았다. 나무관에 누워 있는 남자는 내가 아무 이상이 없다는 판단을 내려야지만 땅에 묻힐 수가 있는 거였다. 윌리 할아버지는 나의 검열을 통과해야만 했다. 나는 아주 중요한 일을 맡았다는 기분이 들었지만 상당히 불안하기도 했다. 내가 그런 일을 할 수 있는 준비가 얼마나 되어 있는지, 그 일이 나에게 어떤 영향을 미칠지를 알 수 있는 방법은 전혀 없었다.

    나는 내 심장 소리를 들으며 할아버지가 누워 있는 관으로 다가가 안을 들여다보았다. 그곳에 누운 사람은 윌리 할아버지가 아니었다. 나는 숨을 꿀꺽 삼켰다. 하얀 천 위에 누운 사람은 윌리 할아버지보다 훨씬 작았고, 발갛던 할아버지의 얼굴이 아니라 왁스처럼 하얀 얼굴의 남자였다. 아마도 파운데이션을 바른 것 같았다. 눈가에는 웃음 때문에 생기는 주름도 없었고 입술은 파랬다. 무엇보다도 그 남자가 윌리 할아버지일 수 없는 이유는 입을 굳게 다물고 있다는 점이었다. 분명히 그 남자는 윌리 할아버지가 장례식에 갈 때 입는 좋은 양복을 입고 있었지만, 할아버지의 본질은 이미 떠나 버렸고 남은 것은 한때 엄청난 개성을 담고 있었던 사람의 껍데기에 남은 희미한 신체의 흔적뿐이었다. 삶이라는 인생을 헤쳐 나가던 배 안에서 사람의 생기가 빠져나가면 한때 우리라고 생각했던 육체는 그저 물리 세계에 존재하는 그림자나 메아리에 지나지 않게 된다는 사실을, 나는 그날 깨달았다.

    당연히 관 안에 누워 있는 사람은 윌리 할아버지였다. 적어도 할아버지의 남은 부분이기는 했다. 그저 내가 기억하는 할아버지가 아닐 뿐이었다. 이때의 경험은 시간이 흘러 수많은 사상자가 난 곳에서 그곳에 자신이 찾는 얼굴이 있기를, 아니 대부분은 없기를 바라며 절망적으로 땅 위에 누워 있는 시신들을 하나하나 살펴보며 앉았다 일어나기를 반복하는 사람들을 볼 때마다 계속해서 떠오른다. 내 동료 중에는 사람들이 가까운 가족의 시신을 알아보지 못한다는 사실에 놀라는 사람도 있다. 하지만 내가 만났던 주검을 통해 알게 된 한 가지는, 사망자는 아무리 내가 아는 사람이라고 해도 생전의 모습과는 너무나도 다르다는 것이다. 인간의 신체에 나타나는 변화에는 그저 혈액이 더는 흐르지 않고 혈압이 사라지며 근육이 이완되고 뇌가 더는 기능하지 않는다는 것만으로는 설명할 수 없는, 훨씬 심오한 무언가가 있다. 설명할 수 없는 무언가가 사라지는 것이다. 그 무언가를 우리는 영혼이라고도 말할 수 있고, 개성, 인간성이라고도, 그저 존재라고도 말할 수 있을 것이다.

　　죽음은 배우들이 그저 깊은 잠에 빠져 있는 것처럼 가만히 누워 있는 영화 속 장면과는 다르다. 죽음에는 우리가 한 사람을 확실하게 알고 있다고 생각했던 확신을 약하게 하는 공허함이 존재한다. 왜 그런지에 대한 답은 간단하다. 우리가 그 사람이 죽었을 때의 모습을 그때까지 한 번도 본 적이 없기 때문이다. 죽음은 정말로 죽음이다. 그저 잠을 자거나 꼼짝도 하지 않고 누워 있는 것과는 전혀 다르다.

그때는 내가 윌리 할아버지를 알아보지 못하는 이유를 알지 못했고, 그 때문에 너무나도 당혹스러웠다. 할아버지의 시신이 심하게 훼손됐거나 부패했기 때문에 내가 할아버지를 알아보지 못한 것도 아니었다. 할아버지는 험한 죽음을 맞지 않으셨으니까. 그저 3일 전에 어머니의 수프에 얼굴을 담그고 돌아가신 것뿐이었으니까. 스코틀랜드는 시신을 매장하기까지의 시간이 그리 긴 곳은 아니었다.

인버네스같이 작은 마을에서는 내 부모님도 그렇듯이 윌리 할아버지도 모든 사람이 알았기에 할아버지를 착각하는 일은 거의 있을 수 없었고, 누군가 관에 들어 있는 시신을 바꾸거나 시신에 불법적인 일을 할 가능성도 적었다. 할아버지는 그곳에서 태어나고 자랐으며 결혼을 했고 이제는 그곳에서 죽었다. 장례식을 주관한 사람은 윌리 할아버지의 친척이었기 때문에 그가 할아버지를 착각했을 리는 없었다. 그러니 내 앞에 있는 사람은 윌리 할아버지임이 분명했다. 내 뇌의 이성적인 부분은 분명히 그 사실을 알고 있었지만 생전의 할아버지 모습과 사후의 할아버지 모습이 주는 괴리는 너무나도 당혹스러웠다.

어느 정도 시간이 흐르고 처음 느꼈던 망설임의 시간이 지나가자, 그제야 조문실이 아주 평화롭다는 사실을 깨달을 수 있었다. 고인의 주위를 둘러싼 침묵은 그저 아무도 없거나 소음이 끊어졌을 때 흐르는 침묵과는 사뭇 달랐다. 그 침묵은 아주 평온했고 내가 두려워할지도 모른다는 두려움은 사라지기 시작했다. 비록 지금은 할아버지와 나의 관계가 해부실에서 내가 시신과 맺는 관계와는 달라야 한다는 사실을 이해하고 있지만, 내가 알고 있던 윌리 할아버지가 정말로 떠났다는 사실을 깨닫자 할아버지가 남기고 간 것이 편하게 느껴졌다. 해부실에서 내가 만나는 시신은 그들이 죽어 있는 상태만을 알려줄 뿐이지만 나는 윌리 할아버지의 두 가지 상태를 모두 알고 있었다. 내 앞에 있는 관에 누워 있는, 실제로 만질 수 있는 할아버지와 내 기억 속에 남아 있는 살아 있었을 때의 할아버지. 그 둘이 도저히 같은 존재라는 생각이 들지 않았고, 사실 그렇게 생각할 이유도 없었다. 나에게는 내가 기억하는 사람이 윌리 할아버지였다. 지금 내 앞에 누워 있는 시신은 그저 할아버지의 죽은 몸일 뿐이었다.

아버지가 나에게 부여한 일은 관을 잠깐 살펴보고 그 관에 누워 있는 사람이 정말로 나의 종조부가 맞는지, 영원히 쉬기 전에 할아버지가 원하는 대로 옷을 갖춰 입고 멋지게 보이는지를 확인하는 일에 불과했을 것이다. 하지만 맡은 일을 정확하게 해내겠다는 나의 어린 열정은 나를 더 나아가게 했다. 나는 「몬티 파이슨의 날아다니는 서커스Monty Python's Flying Circus」[9]에서나 할 만한 잔뜩 거만한 분석가 모드로 들어갔다. 몬티 파이슨의 촌극과 달리 내 앞에는 죽은 앵무새가 아니라 불쌍하고 늙은 윌리

[9] 영국의 코미디 그룹인 몬티 파이슨이 직접 제작한 텔레비전 프로그램.

할아버지의 죽은 몸이 누워 있었지만 말이다.

그때 장례식장 직원이라도 조문실에 들어와 그 장면을 봤다면 나를 이상한 아이라고 생각하고 할아버지를 방해하지 말고 나가 있으라고 했을 것이다. 단언컨대 스코틀랜드 하일랜드의 그 어떠한 유서 깊은 장례식장이라고 해도 내가 했던 것 같은 엄격한 점검을 받고 장례식장을 떠난 시신은 그때까지 단 하나도 없었을 것이다.

제일 먼저 나는 할아버지가 정말로 돌아가셨는지를 확인했다. 할아버지는 정말로 돌아가신 상태였다. 나는 할아버지의 손목에서 노뼈 맥박을 측정했고 목을 지나는 경동맥의 맥박도 살펴보았다. 손등으로 할아버지의 이마를 짚어 체온도 쟀다. 할아버지가 3일 동안 차가운 시체 보관소에 들어가 계셨다는 걸 분명히 알았는데도 온기를 느껴볼 생각을 하다니, 도대체 왜 그랬는지는 나도 모르겠다. 할아버지의 얼굴에는 부풀어 오른 곳이 한 곳도 없었고 피부색도 바뀌지 않았으며 부패하고 있음을 알리는 냄새조차 나지 않았다. 나는 묽은 방부제가 제대로 흡수됐는지를 보려고 할아버지의 손가락과 발가락의 색도 살폈다(맞다, 인정한다. 나는 할아버지의 신발 한 짝을 벗겨서 발가락을 살펴보았다). 나는 눈꺼풀 끝부분을 살짝 비틀어 들어 올려 할아버지의 각막이 불법으로 적출되지 않았음을 확인했고, 셔츠 단추를 풀어 불법 장기 적출도 없음을 확인했다. 나는 신체 일부가 도난당하지 않았음을 분명하게 확인하는 일이 중요하다는 사실을 알고 있었다. 진심이냐고? 그것도 인버네스에서? 물론 인버네스가 국제 장기 밀매가 활발하게 일어나는 곳은 아니라는 건 알고 있었다. 어쨌거나 그 다음에 나는 가장 끔찍한 일을 했다. 할아버지의 의치가 모두 제대로 있는지 살펴본 것이다. 누가 굳이 윌리 할아버지의 의치를 훔치겠느냐고 반문할지도 모른다. 그래도 혹시 모르는 일이었다. 세심한 누군가가 어느 좋은 가정에 그냥 줬을 수도 있는 거니까.

할아버지의 손목시계가 멈춘 것을 보고 나는 반사적으로 시계태엽을 감고 할아버지의 두 손을 할아버지의 커다란 배 위에 올려놓았다. 그때 나는 정말로 할아버지가 톰나후리크 묘지에 묻히는 시간을 알고 싶어 하거나 아니면 그곳에 누워 얼마나 기다려야 하는지를 알고 싶어 하리라고 생각했는지도 모른다. 도대체 무엇 때문에 나는 그런 행동을 했을까? 더구나 어찌어찌해서 할아버지가 무덤 속에서 깨어났다고 해도 손전등이 없다면 시계는 아무 소용이 없을 텐데 말이다. 혹시 내가 손전등도 하나 넣어 드려야 했던 건 아닐까? 나는 할아버지의 이마에 붙은 브릴크림을 바른 머리카락을 떼어내 제자리로 돌려놓고 할아버지의 어깨를 살며시 두드리며 윌리 할아버지로 살아주셔서 고맙다고 말했다. 그리고 정말로 또렷한 정신으로 아버지에게 돌아가 윌리 할아버지는 아주 잘 계시다고 말씀드렸다. 할아버지는 어느 모로 보나 묻히기에 부족함이 없었다.

그날 나는 많은 경계를 넘었는데, 그래야만 했던 논리적인 정당한 이유도 없었다. 지금도 돌이켜보면 내가 그런 행동을 했다는 사실이 쉽게 믿기지가 않지만, 당연히 이제 나는 죽음과 비통함은 한 사람으로 하여금 충분히 이상한 행동을 하게 만들 수 있음을 안다. 그때 나는 처음으로 주검을 만났고, 내가 할 수 있다고 느끼는 유일한 방식으로 죽음을 다루었다. 그 사건은 나에게 중요한 이정표가 되어주었다. 내가 감정을 구획화해 분리할 수 있는 사람임을 알게 해주었다. 낯선 사람의 몸을 다룰 때면 연민을 느낄 수 있게 되었고, 내가 알았고 사랑했던 사람의 남은 모습을 볼 때면 감정을 느끼고 기억을 떠올리면서도 허물어지지 않고 전문적이면서도 편견 없이 시신을 살필 수 있는 객관성을 유지할 수 있게 된 것이다.

이런 식으로 감정을 분리해도 슬픔은 결코 줄어들지 않지만, 할아버지의 장례식에서의 경험은 그런 식으로 감정을 분리하는 일이 가능할 뿐 아니라 허용되는 일임을 알게 해주었다. 그런 깨달음을 준 윌리 할아버지와, 그저 시신을 살펴보는 일이 내가 할 수 있는 임무이며 한순간도 내가 하지 못하리라 생각하지 않으셨던 아버지에게 감사한다. 그리고 내가 그 일을 해냈다는 사실이 기쁘다.

그날 내가 아버지에게 받은 보상은 아버지가 내 말을 진심으로 믿어주고 그저 무뚝뚝하게 고개를 끄덕여주신 것뿐이었다. 그리고 그 순간부터 나는 죽음을 두려워하지 않게 되었다.

◇

죽음에 대한 두려움은 사실 알지 못하는 대상에 대해 느끼는 정당한 두려움일 때가 많다. 우리가 알 수 없고 대비할 수도 없는, 통제할 수 없는 상황에 대한 두려움 말이다. 400년도 더 전에 철학자 프랜시스 베이컨은 로마 시대 스토아 철학자 세네카의 말을 인용했다. "Pompa mortis magis terret, quam mors ipsa(끔찍한 것은 죽음 그 자체보다는 죽음이 수반하는 것이다)." 하지만 우리가 우리 인생에 이미 가지고 있다고 믿고 싶어 하는 통제도 환상일 때가 많다. 사람이 갖는 가장 큰 갈등과 장벽들은 우리 마음에, 우리가 두려움을 다루는 방식에 존재한다. 통제할 수 없는 것을 통제하려는 시도는 무의미하다. 우리가 통제할 수 있는 것은 불확실성에 접근하는 방법과 대처하는 방법뿐이다.

죽음을 두려워하는 이유를 이해하려면 죽음의 세 단계(죽어가기, 죽기, 죽어 있기)를 분석해야 할 필요가 있을지도 모른다. 죽어 있기 단계는 우리 대부분이 다시는 되돌릴 수 없음을 인정하고 이미 벌어진 일에 관해 걱정하는 건 쓸모없는 일임을 받아들이기 때문에 죽음의 세 단계 가운데 가장 이해하기 쉬운 단계일 수도 있다.

죽어 있기 단계를 두려워하는 이유는 사후에 벌어질 일을 고민하기 때문이다. 천국이나 지옥은 있으며 죽은 뒤에도 영혼은 살아 있다고 믿는 신앙인들은 죽음을 망각이라고 생각하는 비신앙인과는 다른 관점으로 죽음 뒤를 생각한다. 죽음은 정말로 한 번도 탐사되지 않은 목적지다. 우리가 아는 한 다시 이승으로 돌아올 기차표 같은 것은 없다. 정말로 죽음의 세계에 다녀왔음을 과학적으로 분명하게 입증할 수 있는 증거를 가지고 돌아온 사람은 아무도 없다. 물론 완전히 죽었다고 믿었던 사람이 다시 숨을 쉬기 시작하는 경우도 아주 가끔은 있지만, 지구에서 매일 사망하는 사람이 15만 3000명이 넘는다는 사실을 생각해보면 다시 살아났다는 극소수의 사람들이 통계학적으로 어떤 의미가 있다고는 생각하지 않으며 그런 사례를 연구한다고 해서 실질적인 과학 지식이 밝혀지리라 기대하지도 않는다.

몸 밖으로 영혼이 빠져나가 하늘 위로 둥둥 떠오르고, 컴컴한 터널을 지나 눈부신 빛이 있는 곳으로 나갔다거나, 한 사람의 인생이 주마등처럼 펼쳐지고 차분해지는 신비한 체험을 묘사하는 임사 체험에 관한 이야기는 누구나 들어봤을 것이다. 그 같은 이야기는 우리가 죽음이 무엇인지를 알 수 있을지도 모른다고, 심지어 죽음을 거부할 수 있을지도 모른다며 우리를 놀린다. 하지만 과학은 임사 체험을 다른 식으로 설명한다. 그런 현상은 모두 뇌 활동에 영향을 미치는 적당한 생화학 조건이 갖추어지거나 신경 자극이 있을 때 일반적으로 나타날 수 있다. 뇌의 오른쪽에 있는 측두엽-두정엽 경계 영역temporo-parietal junction을 자극하면 몸이 붕 뜨거나 영혼이 빠져나가는 것 같은 기분을 느낄 수 있다. 생생한 영상과 거짓 기억, 실제 있었던 사건의 재생은 시상 하부, 편도체, 해마와 상호 작용하는 신경 전달 물질(도파민)의 수치를 바꾸는 방법으로 유도할 수 있다. 체내 산소량이 줄어들고 이산화탄소가 늘어나면 밝은 빛과 터널을 지난 것 같은 환상을 볼 수 있을 뿐 아니라 행복과 평온을 느낄 수 있다.

　　뇌의 전두엽-측두엽-두정엽 전기 회로망을 자극하면 실제로 죽었다는 기분이 들게 할 수도 있다. 희귀한 정신병인 코타르 증후군Cotard's syndrome 환자는 자신의 몸에서 피가 모두 빠져나갔다거나 내부 장기가 사라졌다거나 자신이 썩어가고 있다고 믿는다.

　　사람은 본질적으로 생물학이나 화학이 제시하는 논리적인 진실보다는 신화나 초자연적인 설명을 더 좋아한다. 가짜 예언가나 신비주의자가 눈속임으로 취약한 고객을 속일 수 있는 이유도 사람들이 진실보다는 기적을 선호하기 때문이다.

　　죽음과 관련해 사람들이 가장 두려워하는 것은 죽음의 방식이다. 어떻게 죽을 것인가를 가장 두려워하는 것이다. 이제 죽게 된다는 사실을 알게 된 시기와 실제로 죽게 되는 시기 사이에는 짧거나 긴 위태롭고도 고통스러운 시간이 있을 수밖에 없다. 마지막 날에 우리는 병으로 죽게 될까, 사고로 갑자기 죽게 될까, 폭력에 희생될까, 아니면 그저 잠을 자듯이 죽게 될까? 간단히 말해서 고통스러운 죽음을 맞게 되는 것은 아닐까 두려워하는 것이다. 작가이자 과학자인 아이작 아시모프는 "삶은 행복하고 죽음은 평화롭다. 문제는 삶에서 죽음으로 가는 변화 과정이다"라고 했다.

우리도 윌리 할아버지처럼 오랫동안 행복하고 건강하게 살다가 갑자기 고통도 없이 가족에게 둘러싸여 따뜻한 토마토 수프에 얼굴을 묻고 죽는 행운을 누릴 수 있을까? 할아버지는 죽음이 다가오고 있다는 사실을 알지 못했기에 죽을지도 모른다는 두려움을 느끼지 않았다. 나에게는 할아버지의 죽음이야말로 완벽한 죽음이었다. 내가 사랑하는 사람들은 모두 그렇게 마지막을 맞이했으면 한다. 물론 단기적으로 그런 죽음은 사랑하는 사람들에게 충격을 남긴다. 우리 어머니는 실질적으로 아버지였던 남자의 갑작스러운 죽음에 전혀 준비가 되어 있지 않았고 비통한 순간을 맞이할 각오도 전혀 되어 있지 않았다. 할아버지가 떠날 때 생길 거라고 믿었던 일들은 하나도 일어나지 않았고, 어머니는 어떠한 경고도 없이 죽어버린 할아버지를 감당해야 했다. 하지만 장기적으로는 그런 죽음을 맞는 사람은 육체적으로나 정신적으로 거의 고통을 느끼지 않는다는 사실을 알기에 남은 사람들은 결국 위로를 받는다.

음식을 사랑했던 유쾌한 할아버지는 점심을 먹다가 돌아가시고, 심장 마비가 온 정원사는 거름에 얼굴을 박고 세상을 떠나고……, 죽음과 블랙 유머는 정말 오래된 동반자다.

죽음이 부리는 변덕과 경박스러움은, 죽음이 찾아온 그 순간에는 재미를 느낀다는 것이 거의 불가능하지만 결국 사랑하는 사람을 떠나보낸 사람들을 회복시켜주는 대응기제로 작용한다. 평생 독립심과 자부심이 강했고 무능력을 경계했던 남자가 결국 요양원에서 말년을 보내야 했다거나, 간을 연구하는 병리학자가 간암으로 죽었다든가, 홀로 죽는 걸 너무나도 두려워했던 여자가 병원 침대 위에서 홀로 죽어야 했다는 등 한 사람의 죽음에 냉혹한 모순이 존재할수록 이야기는 더욱 더 잔인해진다. 이 모든 이야기가 내 친구와 가족들이 실제로 겪어야 했던 운명이었다.

추크터teuchter, 게일어를 사용하는 하일랜드 사람였던 사랑하는 우리 할머니는 정말로 예지력을 믿으셨다. 할머니는 그분의 할머니였던 나의 고조할머니가 자신이 살았던 작은 서부 해안 마을에서 카오클라드caochladh, 인생의 끝로 걸어가는 사람이 있을 때면 장례식 꿈을 꾸었기 때문에 초상이 나리라는 사실을 미리 알 수 있었다는 말씀을 자주 해주셨다. 고조할머니는 곧 죽을 사람도 알아맞혔는데, 꿈에서 상주를 보기 때문이었다.

그런 이야기 가운데 하나가 '협곡의 케이티' 이야기다. 케이타라는 분은 할머니의 먼 친척으로 꿈에서 케이티의 남편 알렉이 상주가 되어 이끄는 장례 행렬을 본 고조할머니는 케이티가 곧 죽게 될 것이라고 예언했다. 케이티는 건강했고 원기 왕성한 데다 그다지 나이도 많지 않았기에 고조할머니의 예언은 모두에게 충격을 주었다. 하지만 봄이 지나 여름이 될 때까지도 고조할머니는 완고하게 주장을 굽히지 않았고, 심지어 케이티의 죽음이 얼마 남지 않았다는 말씀까지 하셨다. 왜냐하면 꿈속에서 채굴한 토탄을 보았는데, 그것은 여름을 의미한다는 것이었다. 불쌍한 케이티는 매일 사람들 시선에 둘러싸여 살아야 했지만 불평하지 않고 병에 걸리지도 않은 채 묵묵하게 자기 일을 해나갔다. 토탄을 채굴할 시기가 되자 케이티도 다른 사람들과 함께 나가 토탄을 캐 소가 끄는 마차에 싣고 농장으로 가져가기 전에 그것을 말리려고 습지 가장자리로 들고 갔다. 시커먼 각다귀 떼가 무자비하게 날아다녔고 토탄을 나르는 일은 등이 휠 정도로 힘들었다.

그날 물소가 어째서 그렇게 놀랐는지는 아무도 그 이유를 알아내지 못했지만, 불쌍한 '협곡의 케이티'는 물소와 말리려고 쌓아둔 토탄 더미 사이에 납작하게 끼어 세상을 떠나고 말았다. 고조할머니가 예언한 것처럼 정말로 그해 여름 알렉은 아내의 관 바로 뒤에서 걸으며 묘지로 갔다. 우리 할머니는 아주 장난꾸러기였기 때문에 사실 그 모든 이야기를 충분히 지어낼 수 있는 분이라고 생각한다. 하지만 만약 거짓말이 아니라면 나의 여자 조상 중에는 마녀로 몰려 화장된 분이 여러 명 있을 가능성이 높다. 특히 머리카락이 빨간 분이었다면 말이다. 이런 미신은 죽음을 둘러싼 수많은 오해가 엉켜 만든, 도저히 풀리지 않는 뿌리계의 일부를 형성한다. 그리고 추운 겨울밤, 토탄 불 주위로 모인 아이들의 등골을 오싹하게 하는 이야기들을 만들어낸다.

    내 아버지의 어머니는 우리 세대보다 훨씬 젊었을 때 세상을 떠난 사람들이 많은 세대에 속한 분으로, 나에게는 직접 만난 유일한 조부모이며 내 인생에서 가장 중요한 분이다. 할머니는 나의 선생님이었고 친구였으며 나의 비밀을 공유한 사람이었다. 할머니는 나를 믿어주셨고 그 누구보다도 나를 잘 이해해주셨으며, 부모님이 아닌 어른에게 조언을 구해야 한다거나 대화를 나누어야 할 때면, 어른의 확신이 필요할 때면 언제나 내 곁에 있어 주셨다. 내가 아주 어렸을 때도 할머니는 삶과 죽음, 죽어 있음에 관해 솔직하게 말씀해주셨다. 할머니는 죽음을 전혀 두려워하지 않으셨다. 나는 할머니가 자신의 죽음이 가까이 오는 걸 볼 수 있었을까 하는 생각을 자주 한다. 어느 날 밤, 할머니에게서 또 으스스한 이야기를 듣다가 갑자기 할머니가 늘 내 곁에 있을 수는 없다는 사실을 깨닫고 너무나도 슬프고 무서웠던 순간을 분명하게 기억한다. 나는 영원히 할머니를 잃고 싶지 않았다.

    내 말에 할머니는 짙은 검은색 눈동자로 근엄하게 나를 쳐다보시더니 내가 파오인faoin하게 굴고 있다고 하셨다. 바보처럼 굴고 있다는 뜻이었다. 할머니는 절대로 내 곁을 떠나지 않는다고 하셨다. "저 너머"로 가게 된 뒤에도 내 곁에 있을 거라고 하셨다(할머니는 늘 돌아가신다는 말을 저 너머로 간다고 하셨다). 언제나 내 왼쪽 어깨에 앉아 있을 테니 필요할 때면 그저 고개를 돌려 할머니가 하는 말에 귀를 기울이면 된다고 하셨다. 나는 할머니를 단 한 번도 의심해본 적이 없고, 단 한 번도 할머니의 약속을 잊은 적이 없다. 실제로 내 인생의 모든 날들 동안 나는 그 약속을 믿으며 살았고 그 약속과 함께 살았다. 지금도 나는 생각을 할 때면 고개가 저절로 왼쪽으로 돌아가고 필요할 때면 할머니의 조언을 들을 수가 있다. 물론 할머니의 약속이 겁에 질린 어린 여자아이가 받은 친절인지 저주인지는 확실하지 않지만 말이다. 세상을 떠난 할머니가 내 곁에 있지 않았다면 나는 훨씬 더 많은 즐거운 일을 하며 성장했을 것이다. 정말로 하고 싶지만 하면 안 된다는 사실을 아는 일을 하려고 할 때마다 할머니가 나를 말렸다. 물론 그건 내 양심이 말린 거라고 말하고 싶은 사람도 있겠지만, 내 안에서 재잘대는 작은 귀뚜라미 소리는 분명히 우리 할머니의 경쾌한 하일랜드 목소리였다.

  그날 할머니는 자신의 유일한 아이인 내 아버지에게 죽음이 찾아오면 내가 아버지를 보살펴야 한다는 약속을 하게 하셨다. 할머니는 그 누구도 죽음이라는 문턱을 자기 힘으로는 넘지 못한다고 하셨다. 문 밖에서는 할머니가 아버지를 기다리고 있을 테지만 문 안에서 아버지가 문턱을 넘을 수 있도록 내가 도와주어야 한다고 말씀하셨다. 그런 이상한 요청을 듣고도 나는 그 어떤 질문도 하지 않았다. 그때 나는 고작 열 살이었으니까. 어째서 어머니가 아버지를 도우면 안 되느냐고도 묻지 않았다. 그리고 정말로 아버지가 돌아가실 때 어머니는 그 자리에 없었다. 그때는 이미 오래전에 돌아가신 할머니였지만, 아버지가 아버지 세대의 마지막 생존자임을, 그래서 그분을 돌볼 수 있는 사람은 다음 세대의 사람들뿐임을 할머니는 이미 알고 계셨던 게 아닌가 싶다.

죽어감이란 혼자서 걸어갈 필요는 없는 길이지만 죽음의 문에 도착하면 문지방은 혼자 넘어야 한다. 신화와 우화, 우리가 살았던 문화는 우리 안에 죽음이란 이러한 것이며 이러한 경험을 하게 되리라는 개념을 심어놓지만 실제로 나에게, 그리고 당신에게 죽음이 어떻게 다가올 것인지를 정확하게 알 수 있는 방법이 있기는 한지 모르겠다. 죽음은 놀랍도록 은밀하면서도 사적인 변화 과정이다. 우리가 알고 있는 것, 우리 자신, 우리가 이해하는 모든 것이 끝나는 일이며, 그 어떤 책을 읽어도 기록 영화를 보아도 결코 제대로 준비할 수는 없는 일이다. 우리가 죽음에 영향을 미칠 수 없다면 죽음을 걱정하느라 귀중한 시간을 낭비할 이유는 없을 것 같다. 그저 죽음이 찾아오면 그때 경험하면 된다.

할머니는 요양 병원에서 돌아가셨다. 지독한 흡연자였던

할머니는 가슴 통증이 너무 심해서 그 원인을 찾으려고 수술을 받으셨다. 할머니의 가슴을 연 의료진은 폐암이 너무 많이 진행되어 자신들이 할 일은 없다는 사실을 알고 재빨리 다시 가슴을 닫았다. 할머니는 그런 식으로 생을 마감하고 싶어 하지는 않으셨지만 그 당시에는 폐암 같은 질병을 앓고 있으면 의료진의 치료를 받으면서 병원에 있는 것 외에는 다른 대안이 거의 없었다. 할머니에게는 집에서 조용하고 평온하게 돌아가실 기회가 없었고 아이였던 우리는 병원에 가는 것이 금지되었기에 나는 할머니를 다시는 볼 수 없었다. 그 사실은 평생 내 안에 깊은 유감으로 남아 있다. 나는 단 한 번만이라도 다시 할머니와 이야기를 나누고 할머니가 죽음과 죽어가는 것에 관해 경험했던 이야기를 듣고 할머니의 지혜를 배우고 싶다.

아무튼 나는 열다섯 살 때 이 세상에서 나에게 가장 소중했던 사람을 잃으면서 처음으로 진짜 죽음을 경험했다. 나와 할머니가 얼마나 특별한 사이였는지를 알았던 아버지는 관에 누워 있는 할머니를 보지 않겠느냐고 물었다. 하지만 나는 너무나도 상처를 받은 데다, 죽어 있는 할머니를 보는 것이 몹시도 무서워서 거절했다. 처음부터 아버지의 생각에 반대했던 어머니는 안도했다. 그때 그런 결정을 했다는 사실도 얼마나 후회가 되는지 모른다. 할머니가 돌아가실 때도 돌아가신 뒤에도 할머니와 단둘이 함께한 마지막 순간이 없었다는 사실이 나에게는 정말로 커다란 슬픔이다. 윌리 할아버지가 돌아가셨을 때 그토록 철저하게 할아버지를 살펴본 것은 어쩌면 내가 나에게 주는 과잉 보상이었는지도 모른다.

할머니가 돌아가신 뒤에 우리가 할 수 있었던 일은 할머니의 인생을 기념하는 것뿐이었고, 우리는 정말로 그렇게 했다. 우리 어머니는 찬장이 완전히 빌 때까지 요리를 하셨고 집에는 위스키와 셰리주가 넘쳐났다. 우리는 할머니의 영혼이 날아갈 수 있도록 거실 창문을 활짝 열어두었다. 그날 내가 마지막으로 기억하는 모습은 앞뜰에서 목사님이 전축에서 흘러나오는 큰 음악 소리에 맞춰 여덟 명이 추는 스코틀랜드 전통 춤을 추고 계셨다는 것이다. 맞다. 우리는 파티를 벌였고, 그 때문에 할머니는 정말로 좋아하셨을 것이다. 할머니는 자신이 조물주를 만나러 간다는 기분이 드셨을까? 교회에 나갔고 기독교의 세계관에 크게 공감하고는 있었지만 우리 가족은 독실한 종교인은 아니었다. 나는 할머니가 목사님과 카드놀이를 하면서 격렬하게 철학 논쟁을 벌였던 모습도 기억하고, 목사님이 생각에 잠기면 할머니가 목사님 몰래 카드를 바꿔치기하던 모습도 기억한다.

할머니는 사후 세계를 확고하게 믿으셨다. 할머니가 다시 돌아와 사후 세계의 모습을 알려주었으면 하는 바람이 있지만, 슬프게도 할머니는 한 번도 돌아오지 않았다.

4장
가깝고도 사적인 죽음

"추억이 되기 전까지
절대로 그 가치를 알아보지 못하는 순간도 있다."

시어도어 수스 가이젤
작가, 만화가, 만화 영화 제작자 · 1904~1991

1955년 결혼식에서 나의 어머니와 아버지인
이소벨 건과 앨러스데어 건

거의 모든 사람이 자신의 죽음과 대면하기 훨씬 전에도 죽음에 거의 가까워지는 경험을 하며, 그런 경험은 우리의 두려움과 태도, '좋게' 죽는 방법에 대한 우리의 인식에 크게 영향을 미친다. 많은 사람이 가장 가까이에서 간접 죽음을 체험할 수 있는 경우는 아마도 부모님이 돌아가셨을 때일 것이다.

성인이 되면 우리는 우리를 세상에 오게 해준 분들의 마지막 순간과 죽음을 관리할 책임이 우리 자신에게 있다는 사실을 받아들인다. 그건 인류가 태곳적부터 다음 세대에 부여한 의무였다. 자녀가 부모의 장례를 지내는 것이 자연스러운 순서이지 그 반대는 부자연스럽다. 이제는 사람들이 더 오래 살게 되고 더 많은 확대 가족이 생기면서 여러 세대가 같은 곳에 함께 사는 일이 점점 더 자연스러워지고 있다. '자녀 세대'의 구성원들이 70대가 되면 조부모와 부모의 죽음을 관리할 책임은 '손주 세대'에게 넘어갈 수도 있다. 어떤 상황이 되었건 간에 부모가 돌아가시면 죽음이라는 현실에 직접 대처해야 하며 자신의 아이들에게도 종종 죽음을 소개해주어야 한다. 부모의 죽음은 이제 자신도 늙어가고 있으며 죽음이 우리에게 날카로운 초점을 맞추고 있다는 사실 역시 상기하게 한다.

우리는 대부분 그 이름을 부르면 우리를 찾아올지도 모른다는 두려움에 죽음을 언급하기를 꺼려하는 곳에서 살아가는 문화와 시대의 산물이기에, 사랑하는 사람들에게 죽음이 다가왔을 때 그들이 어떻게 죽기를 바라는지를 거의 알지 못하며 그들이 바라는 죽음을 위해 어떤 준비를 하고 있어야 하는지도 거의 알지 못한다. 나와 내 남편 톰은 우리의 네 부모님 가운데 누가 제일 먼저 돌아가시고 누가 가장 오래 살아 계실지에 관해 자주 이야기하면서 가장 삐걱거리는 문이 가장 오래 버틴다는 농담을 하고는 했다. 물론 우리가 끔찍한 추론 게임을 한 것은 아니었다. 그것은 그분들이 가능한 한 오랫동안 존엄성과 독립성을 유지하면서 노년 생활을 보낼 수 있는 방법을 찾기 위한 우리 두 사람의 노력의 일환이었다. 어쨌거나 우리의 위대한 예측은 완전히 빗나갔다. 우리가 가장 먼저 돌아가실 거라고 예상했던 나의 아버지가 다른 세 분보다 몇 년이나 더 살다가 돌아가셨다. 아버지라면 착한 사람만 젊을 때 죽는다는 격언을 인정하실지도 모른다.

내가 부모님의 죽음을 두려워했느냐고? 사실 잘 모르겠다. 그분들이 어떻게 돌아가실지 몰라 걱정한 것 말고는 그분들이 실제로 돌아가실 거라거나 돌아가시면 어쩌나 하는 걱정에 사로잡혀 있었던 것 같지는 않다. 나는 부모님의 죽음을 실질적인 계획을 세워야 하는 필연적인 사건이라고 생각했다. 이런 내 태도가 너무 냉담하게 보일지도 모르겠다. 하지만 나는 부모님을 사랑했고 정말로 두 분이 가능한 한 건강하고 행복하게 오래 사시기를 진심으로 바랐다. 그래도 죽음이 정말로 피할 수 없는 것이라면 우리는 준비를 해야 한다.

어머니는 갑자기 아주 편찮아지셨다. 그때 나는 1주일 동안 진행되는 경찰 교육 프로그램에 참가하고 있었는데 아버지가 전화를 걸어와 어머니가 병원에 갔다고 전해주셨다. 늘 그랬듯이 아버지는 나에게 실제 상황이 어떻게 돌아가고 있는지를 말해주실 능력이 없었다. 나는 내 강의만 끝내고 즉시 던디에서 차를 타고 인버네스로 돌아갔다. 트럭과 캠핑카, 관광객으로 가득 찬 A9 고속도로는 운전 경력에도 생명에도 아무 지장 없이 반대편 끝까지 서둘러 가려고 애쓸 때는 정말로 길고 외롭고 절망적인 길이다.

병실에 들어선 나를 보고 어머니가 제일 먼저 한 말은 "왔구나"였다. 어머니에게는 언제나 건강이 나빠지면 모든 사람이 자기를 내버려두고 결국 혼자 남겨질지도 모른다는 두려움이 있었다. 평생 다른 사람을 -성장기에는 이모와 삼촌들을, 결혼해서는 남편과 아이들을- 돌보며 살아야 했던 어머니는 자신이 그다지 가치가 없는 사람이라고 믿고 계셨기에 우리에게 어머니가 커다란 역할 모델이었다는 사실을 받아들이지 못하셨다. 이제는 내가 어머니를 보살펴 드려야 할 차례였다. 젊었을 때부터 간염으로 고생했던 어머니의 간은 서서히 그 기능을 멈추고 있었다. 다른 장기도 문제를 일으켰다. 복막강으로는 복수가 차올랐고 담즙 색소인 빌리루빈 수치가 증가하면서 황달도 나타났다. 어머니 나이대의 분이 회복할 수 있는 상태가 아니었다.

어머니는 어머니와 어린 자녀 사이가 어머니와 성인이 된 딸의 사이로 변하는 과정을 단 한 번도 편하게 생각하신 적이 없었기에 우리는 성인으로서 진지하게 대화를 해본 적이 거의 없었다. 어머니는 나에 관해서 거의 알지 못하셨고 나는 가끔은 어머니가 나를 전혀 이해하지 못한다는 느낌을 받을 때도 있었다. 그 때문에 어머니는 나에게 자신의 두려움이나 희망을 마음 터놓고 이야기하지 못하셨다. 우리는 말이 많고 개방적이어서 무엇이든 공유하는 가족이 아니었고, 어머니는 자신의 개인적인 욕구를 다른 사람과 나눈다는 생각에 당혹스러워하셨다. 티니 할머니와 윌리 할아버지는 부모를 모두 잃은 작은 소녀에게 굉장한 일을 해주셨지만, 항상 애지중지하고 보호하며 길렀기에 어머니는 아주 의존적인 여자로 성장했다. 그에 비해 아버지와 할머니의 현실적이고 독립적인 기질을 이어받은 나는 어머니가 나와 아주 친밀해지거나 나를 이해하기가 아주 어려우리라는 사실을 충분히 인지하고 있었다. 하지만 어머니는 상황이 나빠지면 논리적이고 실용적인 내가 그 상황을 충분히 헤쳐 나갈 수 있기 때문에 언제라도 딸에게 기대도 된다는 사실을 알고 계셨다.

갑자기 건강이 악화한 어머니를 보면서 나는 어머니가 내가 그녀를 위해 해주었으면 하거나 해주지 말았으면 하는 일을 자세히 알아보지 않기를 바라신다는 느낌이 들었다. 어머니는 건강이 악화하는 속도를 늦추는 그 어떤 치료도 받을 마음이 없다고 말씀하셨고, 어머니의 생명을 연장하는 그 어떤 도움도 요청하지 않으셨다. 어머니는 자신의 때가 왔음을 받아들이고 어떠한 후회도 비현실적인 기대도 하지 않겠다고 마음먹으신 것 같았다. 나는 본능적으로 어머니가 과거에도 자주 그랬던 것처럼 이번에도 내가 의사 결정론자가 되어주기를 바라신다는 것을 알았다. 이번 안건은 어머니의 남은 인생을 어떻게 보내게 해 드릴 것인가였다. 아버지와 어머니의 또 다른 딸은 그런 책임을 맡지 않아도 된다는 사실에 안도했다. 나는 어머니가 돌아가시는 과정을, 궁극적으로는 어머니의 죽음과 그에 따른 필요한 절차들을 내가 할 수 있는 방식으로 맡아서 처리해나갔다. 마음은 무거웠지만 나는 그 일을 기꺼이 자부심을 가지고 해냈다. 그것은 정말로 친절했고 사랑스러웠던 어머니에게 고마워하는 딸이 이번 생에서 해 드릴 수 있는 마지막 일이었다.

      내가 단호하게 어머니는 연명 치료를 받지 않을 테고 수액도 맞지 않으실 거라는 말을 했을 때 주치의 얼굴에 떠오르던 안도감을 기억한다. 나는 어머니를 간 이식 대기자 명단에도 올리지 않을 거라고 말했다. 수련의들이 의무적으로 환자의 가족에게 마지막 희망의 끈을 놓지 않도록 제시하는 이 관념적인 생명줄들이 사실은 어떠한 희망도 되지 못한다는 사실을 가족도 의사도 모두 알고 있다. 이런 생명줄이 하는 유일한 역할은 환자가 죽어가는 기간을 늘리는 것뿐이다. 젊은 사람이 이식을 받는다면 크게 도움을 줄 수 있는 장기를 나이 든 사람이 가져가는 것은 환자의 가족이나 의료진 모두에게 비양심적인 일이다. 전에 어머니는 이식할 장기가 부족한데 나이 든 사람이 그 장기를 이식받는 것은 낭비라고 말씀하셨던 적이 있었기에 나는 어머니도 나와 같은 생각이라고 확신했다.

돌아가시기 전에 나는 간신히 어머니를 모시고 단 하루, 집으로 돌아올 수 있었다. 하지만 그 일은 어머니를 너무나도 지치게 했고 끔찍하게 힘들게 했다. 어머니는 소변 관을 몸에 넣고 소변을 버리는 일조차 도움을 받아야 한다는 사실에 몸서리치셨다. 나는 만약에 상황이 바뀌어서 도움이 필요한 사람이 어머니가 아니라 나라면, 어머니는 나를 위해 이런 일들을 하실 수 있느냐고 물었다. 어머니는 내 질문에 당연한 소리 아니냐며 짜증을 내셨다. 어머니는 내키지는 않았지만 결국 부모와 자녀의 역할이 바뀔 때도 있다는 사실을 인정해야 했다. 그다음 날 다시 어머니를 모시고 병원으로 돌아갔을 때 이제 어머니가 다시는 집으로 돌아가지 못하리라는 사실이 분명해졌다. 그때부터 어머니는 병원만이 제공할 수 있는, 아니 어쩌면 우리의 의료 체계라는 문화가 나에게 그런 치료는 병원에서만 할 수 있다고 믿게 만들었는지도 모를 완화 치료를 받아야 했다. 어쨌거나 나는 어머니가 병원의 보살핌을 받으며 돌아가실 수 있게 했으며, 어머니가 낯선 사람은 물론이고 그 누구에게도 허락하지 않을 은밀한 일들을 의사와 간호사가 해도 된다는 허락을 해주었다.

결정을 내리고 의료팀에게 지시를 내리는 사람은 분명히 나라고 보는 게 옳았지만, 어머니의 죽음의 속도를 결정하고 어머니를 둘러싼 세상이 어머니에게 관여하는 정도를 조절하는 사람들은 의료진이었다. 암울한 기분이 들 때면 나는 어머니를 몇 시간이나 홀로 병원에 두었던 기억을 떠올리며 자책하게 된다. 처음에는 친구들이 문병을 왔지만 어머니의 상태가 나빠지면서 차츰 제대로 반응하지 못하게 되자 찾아오는 사람도 줄어들었다. 집에서 사랑을 받으며 마지막 날들을 보살핌 속에서 보내고 가실 수 있었다면 좋았을 거라는 생각이 들지만, 그것은 아버지가 감당할 수 없는 일이었고 그때는 지금과 달리 집에서 환자를 돌볼 수 있는 방법도 많지 않았다.

바쁜 일상 속에서도 우리는 우리가 반드시 해야 하거나 하고 싶은 일 가운데 할 수 있는 일들을 효율적으로 해내려고 애쓴다. 하지만 우리는 대부분 충분히 해내지 못했다고, 다른 선택을 했어야 했다고 느끼게 될 수도 있다. 물론 나에게는 320킬로미터 떨어진 곳에 남편과 아이들이 있었고 노동 강도가 높은 직업도 있었지만, 어머니는 한 분뿐이었다. 친절하고 따뜻했지만 언제나 자부심이 부족해 본질적으로 슬프고 외롭고 공허한 어머니 말이다. 그래서 나는 어머니가 병원에 계시는 것이 '당연한 일'이라 생각하고 내가 없을 때는 다른 사람이 어머니 곁을 지켜줄 거라고 믿었던 것을 후회한다. 지금이라면 다른 선택을 했을까? 물론 그럴 수도 있지만 그런 생각은 경험을 통해 후회했을 때만 얻을 수 있는 깨달음이다. 가족 구성원 가운데 가장 윗세대 어른들이 한 명씩 세상을 떠나면서 내가 그분들의 죽음에 대처하는 방법은 점점 더 나아졌다고 생각한다. 연습이 완벽을 만든다고 하지 않던가.

어머니가 처음 병원에 입원하고 돌아가실 때까지는 고작 5주의 주말만이 있었다. 나와 내 딸들은 그 주말들을 모두 어머니와 함께 보냈고, 꽉 짜인 일정 속에서도 가능한 한 많은 시간을 어머니와 함께 있으려고 노력했다. 네 번째 주말에 어머니는 혼수상태가 되었다. 나는 다음 주 토요일에 다시 오겠다고, 그럴 가능성이 거의 없다는 걸 알면서도 그때까지 꼭 버티고 계시라고 말씀드렸다. 오만하게도 어머니가 죽어가는 일정을 우리 가족에게 맞추라고 요구한 것이다. 그때는 그렇게 말하는 것이 옳은 줄 알았다. 고대하는 일이 생기면 어머니가 힘을 내어 더 살 수 있을 거라고 믿었다(완전히 미친 생각이었다. 어머니는 죽어가고 있었는데 말이다). 지금은 그때 내 말이 어머니의 고통과 외로움을 더욱 배가시켰는지도 모른다는 생각이 든다. 그런 무지함에 몸서리가 쳐진다. 어머니가 당연히 내 말을 따르리라고 생각하며 독단적으로 행동하고 말했던 그때의 나를 떠올리면, 어머니에게는 좋을 것이 하나 없는데도 우리가 오는 것이 어머니에게는 무조건 좋을 것이라고 단정했던 그때의 나를 생각하면 너무나도 부끄럽다. 나는 그때의 나를 용서할 수 없다. 더 빨리 평화롭게 쉴 수 있었던 어머니가 마지막으로 한 번 더 우리를 보려고 기를 쓰고 버텼을 리는 없다는 말을 해준다고 해도 위로가 되지 않는다.

포근함도 사랑도 특징도 기억도 없는 병실은 가장 은밀하고도 사적이고 절대로 돌이킬 수 없는 순간을 맞이할 준비를 해야 하는 죽어가는 사람과 그 사람을 사랑하는 사람들에게는 너무나도 척박한 환경일 수 있다. 그다음 주 토요일에 나는 살아 있는 어머니를 마지막으로 만났다. 그날 어린 내 두 딸과 나는 그 누구의 방해도 없이 어머니와 온전히 함께 있었다. 그 순간이 우리 아이들이 어머니에게 작별 인사를 할 수 있는 마지막 시간임을 확신했고, 내가 늘 그렇듯이 우리 아이들이 할머니와 함께 보내는 소중한 마지막 시간을 얻지 못했음을 안타까워하면서 자라게 하고 싶지는 않았기에 내린 결정이었다.

사실 어머니는 홀로 옆방에 계셨다. 모르핀 때문에 혼수상태였기 때문에 우리와 함께 있다고 할 수는 없었다. 아니, 어쩌면 함께 계셨는지도 모른다. 어머니의 마지막 욕구를 보살펴줄 의무가 있는 보조 간호사는 그저 어머니를 돌보는 시늉만 했을 뿐이다. 그렇다고 그 사람이 잔혹했다거나 태만했던 건 아니다. 그저 어머니나 우리를 동정하지 않았을 뿐이고, 우리 가족을 이해하지 못한 것뿐이었다. 그 사람에게는 해야 할 일이 있었고 그 일은 우리의 마음하고는 거의 상관이 없었다.

  그때 열두 살이었던 둘째 딸 그레이스는 간호사의 그런 무심함에 정말로 불같이 화를 냈다. 그 아이는 결코 그 간호사를 용서하지 않았다. 그 일은 그 아이에게 정말로 커다란 영향을 미쳤고 우리의 영리한 장난꾸러기 딸은 결국 자신이 직접 간호사가 되기로 했다. 죽음이라는 경험은 아주 강력해서 한 사람의 태도를 바꾸고 더 나아가 한 사람의 인생을 바꿀 수 있다. 이해심이 많고 정말로 관대한 그레이스는 자신의 할머니가 이 세상에 존재하는 마지막 순간에 만나야 했던 간호사가 될 자질을 충분히 갖추고 있었다. 이 세상 모든 가족이 만날 자격이 있는 그런 간호사 말이다. 그레이스는 조금도 두려워하지 않고 마지막 순간에 환자 옆에 앉아서 환자의 손을 잡고 조금도 거짓 없는 마음으로 환자를 위로하고 안심시켜준다. 우리가 아플 때, 고통을 느끼고 죽어가고 있을 때 우리가 바라는 것이 바로 친절함과 솔직함 아닐까? 얼마 전에 그레이스가 완화 치료 전문 간호사가 되는 길을 고민하고 있다고 했을 때 나는 놀라지 않았다. 분명히 쉽지 않은 길이겠지만, 그 아이가 완화 치료 전문 간호사가 된다면 자신이 맡은 모든 환자의 존엄을 위해 애쓰는 간호사가 되리라는 건 분명하다. 그런 손녀를 내 어머니는 정말로 자랑스러워했을 것이다. 정말로 그레이스는 자비의 천사였다. 물론 지금 하고 있는 파란 머리를 보면 겁을 먹을 불쌍한 환자도 있겠지만 말이다.

뇌파도를 이용한 연구 결과를 보면 의식을 잃거나 죽어갈 때 마지막으로 사라지는 감각은 청각이라고 한다. 완화 치료를 하는 전문가들이 환자 옆에서 대화를 할 때면 아주 신중해야 하는 이유도, 혼수상태에 빠진 환자에게 가족이 끊임없이 이야기를 건네라고 권하는 이유도 모두 그 때문이다. 그 마지막 주말에 우리는 멀리서 들려오는 속삭임이나 울음소리 외에는 침묵밖에 없는 상태에서 할머니를 돌아가시게 할 수는 없다는 결정을 내렸다. 우리는 울적한 가족이 아니라 영화 「사운드 오브 뮤직 The Sound of Music」에 나오는 폰 트라프 대령의 가족이 되기로 했다. 노래를 부르기로 한 것이다.

　　지금도 어머니의 죽음을 생각하면 슬프고 고통스럽지만 그 별났던 마지막 날을 생각하면 우리 딸들은 깔깔 웃는다. 우리는 디즈니 영화에 나오는 노래부터 크리스마스 캐럴(한여름이었는데도 말이다)에 이르기까지 어머니가 좋아하는 모든 노래와 스코틀랜드 옛 노래를 한두 곡 불렀다. 병실에 들어온 간호사나 의사는 우리 셋이 빈둥거리면서 화음도 맞지 않는 노래를 불러대는 모습을 보고는 웃으면서 고개를 저었다. 의료진의 얼굴에 떠오른 표정에 자극받은 우리는 훨씬 신이 나서 노래를 불렀고, 병실은 사랑과 웃음으로, 밝음과 온화함으로, 큰 소리로 울부짖는 노랫소리로 가득 찼다. 병원은 영혼에게는 끔찍하게도 건강하지 않은 곳이다. 그러니 더 많은 웃음이 가져올 것은 좋은 일밖에 없다.

어머니의 병실에는 어머니를 좋은 곳으로 인도할 목사도 비탄에 빠진 친구들도 없었다. 그저 계속 어머니 옆에서 인간답게 즐거운 시간을 보낸 어머니의 '딸과 손녀들'이 있었다.

    결국 죽음은 인생의 정상적인 한 부분이지만 서양 문화에서는 죽음을 받아들이고 기념해야 할 필요가 있을 때 그것을 숨겨버리는 경우가 있다. 아이들도 언젠가는 직접 맞닥뜨리고 해결해야 할 자신의 일이 될 테니 간접적으로 그 일을 대면하고 준비할 수 있는 기회가 왔을 때도, 어른들은 선한 의도로 아이들이 잔혹한 현실에 노출되지 않도록 보호하기도 한다. 물론 이런 내 생각에 누구나 동의하리라고는 생각하지 않는다. 하지만 나로서는 아이들이 할머니를 만나고 그저 제대로 작별 인사를 하는 것뿐 아니라, 그런 경험을 함으로써 훗날 나와 내 남편의 차례가 되었을 때 아이들이 웃어도 된다는 것을, 바보처럼 굴어도 된다는 것을, 비통해하고 눈물을 터뜨리지 않고 웃고 노래해도 된다는 것을 알려주고 싶었다. 어머니가 돌아가시는 침대 옆에서 유행가나 스코틀랜드 민요를 큰 소리로 부르는 건 경망스럽다고 생각하는 사람도 있겠지만, 우리 어머니는 정말로 기뻐하셨을 거라고 생각한다.

    생각나는 모든 노래를 다 부르자 우리는 정말로 기진맥진해졌다. 그 모든 시간 동안 어머니는 꼼짝도 하지 않으셨지만, 우리는 어머니의 손을 잡고 입술을 축이고 머리를 빗어주었다.

정말로 작별 인사를 해야 할 시간이 되자 눈물이 쏟아져 내리기 시작했다. 딸들이 할머니에게 작별 인사를 한 뒤 나는 잠시 동안 어머니와 단둘이 있게 해달라고 부탁했다. 하지만 아이들이 나간 뒤에도 나는 아무 말도 할 수 없었다. 사랑한다는 말도 보고 싶을 거라는 말도 심지어 고맙다는 말도 하지 못했다. 어머니도, 아버지도 나에게 사랑한다는 말은 단 한 번도 한 적이 없지만 나는 그분들이 나를 사랑했음을 안다. 우리 가족은 그런 간지러운 말을 입에 올려본 적이 없었다. 그러니 그 말을 소리 내어 한다는 건 외계인을 만난 것만큼이나 기이하고, 늘 윗입술을 굳게 긴장한 상태로 이야기를 나누는 우리 가족에게는 너무나도 어울리지 않는 일이었다. 게다가 그런 말을 입으로 내뱉으면 큰 소리로 울기 시작해 절대로 멈추지 못할 것만 같았다. 그때 나는 딸들에게 엄마가 무너지는 모습을 보이고 싶지 않았다. 내 역할은 언제나 강인한 엄마였으니까.

    그래서 나는 그저 잘 가시라고 말하고 어머니 홀로 마지막 여행을 떠날 수 있도록 어머니가 누워 계신 방의 문을 닫았다. 하지만 그런 결정을 했다는 사실이 그 무엇보다도 후회스럽다. 다시 돌아갈 수만 있다면 내가 했던 이별의 모습을 모두 바꾸고 싶다. 어머니의 마지막을 지켜 드렸어야 했다는 생각은 늘 나에게서 떠나지 않겠지만, 우리가 함께 머물렀다면 어머니가 우리를 위해 계속 버티셨을지도 모른다는 두려움도 있었다. 나는 어머니가 떠나게 해 드려야 했고, 그러려면 혼자 있게 해 드려야 한다고 생각했다.

나는 걸어서 집으로 돌아왔고 고작 두 시간 뒤에 병원에서 전화가 왔다. 어머니는 돌아가셨다. 왜 그렇게 빨리 돌아가신 걸까? 어머니는 우리가 사라지기를 기다리셨던 걸까? 어머니는 우리가 남겨놓고 온 침묵 속에서 잠시 가만히 누워 계셨을까? 어쩌면 마침내 침묵이 찾아오고 아이들의 끔찍한 노래가 사라졌다는 걸 기뻐하셨는지도 모른다. 아니, 아니, 그건 아니었을 것 같다. 마지막 순간에 어머니는 병실에 혼자 계셨을까, 아니면 동정심 많은 간호사가 옆에 있었을까? 혹시 모르핀 때문에 아무 의식 없이 조용히 세상을 떠나셨을까?

이런 질문들에 대한 답을 나는 결코 알지 못할 것이다. 그저 내가 확신할 수 있는 건 어머니가 원했던 대로 집에 있는 어머니 침대에 누워 가족들에게 둘러싸여 돌아가시지는 못했지만, 우리는 어머니를 위해 최선을 다했다는 점이다. 어머니가 그 사실을 이해해주시기를 정말로 바랄 뿐이다. 어떤 계획을 세우고 어떤 약속을 해도 계속 위치를 바꾸는 질병과 죽음이라는 골대를 맞추기는 쉽지 않다.

한 사람이 죽는 순간에 함께 있기는 생각보다 어려울 수 있다. 사랑하는 사람 곁을 한순간도 떠나지 않고 줄곧 지킨다고 해도 잠시 눈을 붙이거나 커피를 가지러 간 사이에 그 사람은 마지막 숨을 쉬고 떠나 버릴 수도 있다. 죽음은 우리의 일정이 아니라 자신의 일정대로 움직인다.

톰과 나는 우리 딸들이 장례식 전에 할머니를 한 번 더 볼 것인지 말 것인지를 직접 결정하게 했다. 우리는 아이들이 죽음을 알지 못한다는 이유로 두려워하면서 살아가거나, 그것을 받아들이는 데 도움이 될 수 있는 기회를 거부당했다는 느낌을 받지 않기를 원했다. 우리 세 딸은 판사처럼 오랫동안 검토하고 고민하더니 모두 할머니를 보겠다는 결정을 내렸다. 베스는 스물세 살의 성인이었지만 그레이스와 애나는 고작 열두 살과 열 살이었다. 조문실은 조용했고 관 뚜껑은 열려 있었다. 어머니가 누워 있는 관을 보자 윌리 할아버지의 기억이 물밀듯이 쏟아졌다. 하지만 이번에는 내가 제대로 행동했다는 사실을 전할 수 있어서 기쁘다.

그날 나는 우리 딸들이 회복력이 있으며 사람에 대한 존엄과 예의가 있음을 확신하게 되었다. 내가 뒤로 물러나 아이들이 처음으로 죽음과 대면하게 했을 때, 세 아이는 모두 할머니가 정말로 작다고 말했다. 예상대로 애나가 제일 먼저 나섰다. 야생 동물원에서 높은 철창 꼭대기에 기어 올라가 한 손으로 철창을 잡고서 저 밑에 있는 사람들에게 힘차게 손을 흔들어 할머니의 심장을 거의 멈춰버리게 만들 뻔한 두려움 없는 어린아이 말이다.

남아 있는 모든 것
All That Remains

애나는 관 위로 몸을 숙이고 나의 어머니의 손을 잡고 부드럽게 토닥였다. 그 외에는 아무것도 필요 없었고 아무 말도 필요하지 않았다. 사랑을 담은 손길은 그 아이가 죽음을 두려워하지 않음을 보여주었다. 할머니는 죽어가고 있었고 죽었으며 이제 죽어 있는 모든 과정을 끝냈다는 것, 그것이 아이들 마음속에 선명하게 각인된 개념이었다. 아이들은 할머니의 마지막을 편안하게 받아들였다. 우리 아이들은 가장 좋은 기념비는 머릿속에 행복한 기억을 가득 채우는 것임을 알고 있으며, 좋은 죽음은 어떠해야 하는지를 알고 있다.

◇

어머니가 돌아가셨을 때 아버지는 이상할 정도로 무심했다. 어떤 일을 하겠다는 계획도 없었고 어떠한 책임도 맡지 않으셨다. 그저 거의 손을 놓은 채 주변에서 일어나는 모든 일을 받아들이셨다. 두 분은 50년을 함께 살았는데도 아버지는 그다지 슬퍼하는 것 같지 않았다. 그때 나는 아버지의 타고난 극기심과 충격이 한데 섞여 그런 반응을 보이시는 거라고 생각했다.

하지만 돌이켜보면 그때 이미 아버지의 삶을 앗아갈 치매가 시작되고 있었다. 어머니가 아버지의 모든 건망증과 이상한 행동을 아무렇지도 않은 일이라고 변명을 해주며 아버지에게 일어나고 있던 변화를 감춘 것이다. 어머니의 장례식에서, 전통적이고 엄숙한 그 의식의 장소에서 나는 아버지가 마지못해 그 자리에 있는 게 아닐까 생각했지만 지금은 어쩌면 아버지는 무슨 일이 벌어지고 있는 건지 전혀 몰랐을 수도 있겠다는 생각이 든다. 뚜렷한 징후가 있었는데도 죽음과 우리 자신의 슬픔이라는 관료주의적 절차에 정신이 나가 있었기 때문에 우리는 그 징후를 보지 못했다. 아니, 보지 않기를 선택한 것인지도 몰랐다. 그때 아버지는 어머니를 회상하지도 않았고 울지도 않았다. 그저 평범한 하루를 보내고 있는 것처럼 보였다. 장례식이 끝난 뒤에 아버지는 평생을 함께한 여자의 장례식이 아니라 결혼식에 참석한 사람처럼 가족과 친구들과 이야기를 나누었다.

어머니의 죽음이 자비롭고 짧았다면 아버지의 임종은 고통스럽고도 길 것이어서, 택할 권리가 있었다면 아버지는 분명 마지막 여정을 다른 식으로 선택했을 것이다. 아버지가 자기 앞에 놓인 길을 아셨다면 감상에 젖을 시간 따위는 없는 냉철한 스코틀랜드인답게 산탄총을 들고 집 뒤에 있는 숲으로 나가 모든 것을 끝내셨을 것이다. 나는 지붕을 고치러 올라갔다가 미끄러져 떨어져 돌아가시는 것이 아버지에게는 가장 친절한 죽음이라고 종종 생각했던 게 기억이 난다. 하지만 아버지가 힘드셨을까, 남은 우리가 힘들었을까? 알츠하이머에 자신의 정체성과 기억을 빼앗기는 사람의 슬픔보다, 그 사람을 지켜보는 이의 슬픔은 얼마나 더 클 수 있을까?

    마음 내키는 대로 하는 아버지가, 어머니가 중재하지 않았기에 드러난 것이라고 생각했던 아버지의 비정상적인 행동이 현실이 되었다. 아버지는 상상 속에서 자기 집으로 마구 들어오고 열쇠를 훔쳐간 남자아이들에게 욕을 퍼부었고, 이미 1년 전에 죽은 아내를 깨우면 안 된다며 조용히 하라고 손녀들을 타일렀다. 이런 징후는 모두 아주 은밀하게 다가오며, 처음에는 모두 침착하게 여유를 가지고 상황을 조정해보려고 애쓴다.

    치매에 대처할 계획은 거의 세우지 못하며 그저 해나갈 뿐이다. 톰과 나는 각기 다른 해결책으로 새로운 문제에 대면했다. 우리 부모님은 1955년부터 온 가족이 모일 수 있는 큰 집에서 사셨고, 여러 번 작은 집으로 옮기라는 우리 의견에도 항상 눈을 반짝이면서 어차피 너희가 가면 집을 치울 사람은 자신들이라고 말씀하셨다. 이제는 아버지가 집을 옮길 수도 없게 되었다. 우리는 아버지가 안전하고 따듯하게 생활하고 제대로 식사를 하실 수 있도록 하루에 세 번 아버지 집에 들르는 일정을 짰다. 식사는 그저 데우기만 하면 되는 음식을 준비해 갔다. 거의 매주 주말마다 청소를 하고 집을 관리하고 침대보를 갈고 빨래를 하고 필요한 물건을 사두려고 인버네스까지 왕복 390킬로미터를 달렸다.

    현실을 직시하고 받아들이기 힘든 엄청난 결정을 내리려

면 위기가 찾아와야 한다. 우리에게 그 위기는 북부 경찰 지구대에서 걸려온 전화라는 형태로, 혹독하게 추운 겨울 아침에 왔다. 보통 그곳에서 나에게 전화를 거는 이유는 사건에 관해 물어보기 위해서인데, 그때는 사건과 전혀 상관없는 내 문제로 전화가 왔다. 경찰이 그날 오전 5시에 한 요양원 앞에서 운동복 바지에 티셔츠만 입고 있는 우리 아버지를 발견한 것이다. 영하 10도의 날씨에 말이다. 경찰은 당연히 요양원이 아버지의 거주지라고 생각하고 모시고 갔지만, 아버지가 "그곳 사람"이 아니라는 말만 들었을 뿐이다. 경찰은 아버지의 몸을 녹이고 비스킷과 커피를 대접하면서 노인의 신원과 사는 곳을 파악하려고 애썼다. 아버지는 집으로 경찰들을 데리고 갈 정도로는 정신이 말짱했고, 그곳에서 그들은 활짝 열린 문과, 꼼꼼하고 실용적인 어머니 덕분에 부엌에 붙어 있던 전화번호 목록을 찾아낼 수 있었다. 지역 주민들에게 "지옥으로 가는 길"이라고 알려진 A9 고속도로는 아무리 오르내려도 조금도 짧아지지 않고 과속 단속 카메라 수도 전혀 줄어들지 않는 길이다.

  이제는 아버지 혼자서는 안전하게 살아갈 수가 없다는 사실이 분명해졌다. 내 어린 시절의 강하고 고집 셌던 아버지는 이제 보살핌을 받아야 하는 노인이 되었다.

  어렸을 때 나는 어머니의 이모인 리나 할머니가 아버지의 표현처럼 "미쳐가고" 있던 모습을 기억한다. 치매가 상당히 진행됐던 리나 할머니는 크레이그더낸병원에 입원하셨는데, 아버지는 매주 리나 할머니를 찾아가셨다. 할머니는 전혀 반응이 없으셨고 아버지를 알아보지도 못했지만 감정을 잘 드러내지 않는 이 스코틀랜드 남자는 몇 시간이고 리나 할머니 옆에 앉아 할머니가 쉴 새 없이 손가락을 문지르며 몸을 앞뒤로 흔드는 동안 할머니에게 말을 걸었다. 어느 날 내가 왜 굳이 알아보지도 못하는 분을 매주 찾아가느냐고 여쭤자 아버지는 그분의 어머니를 떠오르게 하는 대답을 해 나를 깜짝 놀라게 했다. 그때 들은 대답은 절대로 잊을 수가 없다. "우리 이야기를 못 듣는다는 걸 어떻게 알지? 자신의 머릿속에만 갇혀 있어서 그저 대화를 못 하시는 걸 수도 있잖아? 그분이 외롭고 무섭지 않다고 누가 장담할 수 있어?" 아버지는 그런 위험을 감수할 준비가 되어 있지 않았기에 계속 리나 할머니에게 말을 걸었고, 어머니가 할머니의 상태가 너무 속상해서 차마 볼 수 없다고 결정하셨을 때도 계속 할머니를 보러 가셨다. 나로서는 정말 생각지도 못한 아버지의 모습이었다. 그래서 아버지에게 치매가 찾아왔을 때 나는 아버지는 두려움에 떨면서 홀로 머릿속에 갇혀 있는 것이지, 아버지가 나와 함께 있지 않다는 생각은 단 한 번도 하지 않았다.

  아버지는 거의 85년을 살았고 우리가 지켜봐야 했던 남은 시간 동안 숱 많은 군대식 콧수염에 안짱다리, 널찍한 가슴, 자동차도 세울 수 있을 정도로 큰 목소리를 지닌 180센티미터가 넘는 건장한 남자는 마침내 거의 사라져버릴 정도로 작아져버렸다. 치매가 진행되면서 초기의 처참한 분노는 결국 침착함에 자리를 내주었다. 우리는 아버지를 스톤헤이븐에 있는, 우리 집에서 5분 거리에 있는 요양원으로 모셨고, 그때부터는 거의 2년 동안 아버지의 유일한 동반자가 되어 드렸다. 아버지가 계시는 요양원은 아버지의 친구분들이 오시기에는 너무 멀었고, 그때쯤에 아버지는 이미 친구분들을 알아보지 못했다. 아버지를 가장 많이 찾아간 사람은 집에서 아르바이트를 하던 풋내기 간호사 그레이스였다. 할아버지를 돌보는 경험이 간호사가 되겠다는 그 아이의 결심을 막지는 않을까 생각했지만 오히려 조금 더 결의를 다지는 계기가 된 것 같았다.

우리는 정말 좋은 두 번의 여름과 두 번의 크리스마스를 아버지와 함께 보냈고, 어쩌면 이기적인 생각일 수도 있지만 그 2년 동안 우리는 영원히 소중하게 간직할 아버지와의 추억을 쌓을 수 있었다. 우리는 아버지와 대화를 하고 함께 음악을 들었으며, 아버지가 넘어지면서 엉덩이뼈가 부러진 뒤에는 휠체어를 탄 아버지와 산책을 나갔다.

나는 햇살을 받으며 아버지와 함께 앉아 아버지의 손을 잡아 드렸다. 어렸을 때는 그런 친근한 행동을 아버지에게 할 수 있으리라고는 전혀 생각하지 못했다. 아버지는 따뜻한 햇살을 사랑하셨다. 아버지를 모시고 정원에 나가면 느긋하게 햇살을 즐기는 고양이처럼 얼굴을 들어 해를 보셨다. 아버지는 그런 활동이 몹시 즐거운 것이 분명했고, 몰티저스 초콜릿과 아이스크림을 먹고 위스키를 소량 마시는 걸 좋아하셨다. 위스키를 한 모금 마실 때면 아버지의 콧수염이 재빨리 씰룩거렸고 뺨은 빨갛게 물들었다. 아버지는 고통스러워하지도 비통해하지도 않는 것 같았다. 아버지는 우리를 알아보신 것이 분명하다고 믿는다. 우리가 방에 들어갈 때마다 아버지의 표정이 환하게 밝아졌으니까.

하지만 아버지는 자신이 나를 비롯한 다른 사람의 도움을 받아야 한다는 사실이 정말로 견디기 힘들었을 것이다. 요양원의 간호사들은 모두 아버지를 좋아했다. 문제를 일으킨 적도 없고 언제나 눈을 반짝이며 미소를 짓고 계셨으니까. 그건 정말 위로가 된다. 우리 가운데 누구도 아버지를 '행복하게' 해 드리지는 못했지만, 그분은 안전했고 제대로 보살핌을 받았으며 사랑받았고 따뜻했고 깨끗했고 고통도 없었다. 아버지는 평온하고 평화로운 일상을 보내셨다. 물론 아버지가 계신 곳이 포근한 곳은 아니었다. 기능적이고 편안한 곳이지만 요양원은 의료 기관이지 집은 아니다. 아버지라면 그곳을 '신의 대기실'이라고 불렀을 것이다.

마지막 1년을 남기고 아버지는 걷는 법도 말하는 법도 잊어버렸다. 그리고 천천히 모든 기능을 멈추기 시작했다. 어느 날 아버지는 이제는 충분히 먹었다는 듯이 곡기를 끊으셨다. 곧 마시지도 않았다. 왠지 아버지는 벽에 얼굴을 묻고 이제는 끝날 시간만을 기다리는 것 같았다. 어쩌면 빨리 끝이 오라고 재촉하고 있는지도 몰랐다. 아버지의 건강을 책임질 보호자 역할도 내가 맡았기 때문에 나는 어머니의 의사들에게 했던 말을 아버지의 의사에게도 똑같이 했다. 연명 치료는 하지 말 것. 수액을 넣지 말 것. 그저 아버지가 준비가 되었을 때 돌아가실 수 있도록 평온하게 고통을 줄일 수 있는 조치만 취해달라고 했다.

     아버지의 죽음은 난폭하게 찾아오지 않았다. 차분했고 조용했으며 침착했다. 아버지가 분명히 승인했을 속도였고, 어쩌면 아버지가 죽음의 과정을 이끌고 있는지도 몰랐다. 시간이 얼마 남지 않았음을 깨닫고 그분의 마지막 날 나는 톰과 베스, 그레이스, 애나와 함께 아버지를 만나러 갔다. 아버지는 순전히 자신의 의지로 스위치를 끄기로 한 것 같았다. 아버지는 방에 다른 사람이 있다는 사실을 알지 못하는 것처럼 옆으로 누워 몸을 웅크리고 계셨다. 아버지가 우리 소리를 들을 수 있었다면 서로 대화를 하고 웃고 아버지가 좋아하셨던 음악 –우리 아이들이 학교 파이프 밴드에서 연주한 〈하일랜드 대성당Highland Cathedral〉– 이 CD 플레이어에서 나오는 소리를 들으셨을 것이다. 아버지는 꼼짝도 하지 않으셨고 어떠한 반응도 하지 않으셨다. 음료를 전혀 드시지 않았기 때문에 곰 발처럼 커다란 아버지의 손은 여전히 따뜻했지만 피부는 도화지처럼 바짝 말라 있었다.

남아 있는 모든 것
All That Remains

밤이 되어 집으로 돌아갈 시간이 되었을 때 나는 죽어가는 어머니에게 그랬던 것처럼 아버지에게도 이제 우리는 돌아갈 거라고, 하지만 아침에는 돌아올 테니 그때까지 꼭 버티고 계셔 달라고 말씀드렸다. 오래된 습관은 쉽게 사라지지 않는다. 내 말을 듣는 순간 아버지의 얼굴에는 공포임이 분명한 표정이 스쳐 지나갔고, 아버지의 검은색 눈동자는 그 감정을 좀 더 분명하게 나타내고 있었다. 나는 기절할 것만 같았다. 지난 2년 동안 아버지는 자신의 생각을 단 한 번도 드러낸 적이 없었다. 베스가 헉, 하고 숨을 들이마셨다. 그 애도 할아버지의 표정을 본 것이 분명했다. 내 상상이 아님이 분명했다. "엄마, 엄마는 어디 가면 안 될 것 같아." 베스가 말했다. 그 오랜 시간 동안 리나 할머니에 관한 아버지의 추론이 옳았던 것이다. 아버지는 여전히 그곳에 계셨다. 대화를 할 수 없는, 아니면 스스로 대화를 거부하는 침묵만이 흐르는 아버지만의 세계에 갇혀 계신 거였다. 하지만 정말로 중요한 문제가 생기자 아버지는 힘을 내 자신이 할 수 있는 유일한 방법으로 구조 신호를 보내셨다. 아버지는 이제 무슨 일이 생길지 알고 있었고, 홀로 있고 싶지 않으셨던 것이다.

어렸을 때 할머니에게 아버지의 때가 되었을 때 아버지 옆에 있어주겠다고 했던 약속을 분명히 지켜야 할 때가 온 것이다. 나는 집에 가서 몸을 씻고 옷만 갈아입고 곧바로 돌아오겠다는 말로 아버지를 안심시켰다. 내가 집에 다녀오자 톰과 그레이스와 애나는 집으로 돌아갔다. 베스는 나와 할아버지 옆에 남겠다고 했다.

아버지가 죽음을 두려워했으리라고는 생각하지 않는다. 그저 혼자 떠나는 것이 불안했을 것이라고 생각한다. 할머니는 자신의 아들을 제대로 이해하고 있었다. 베스와 나는 희미한 전등이 켜진 방에서 이야기하고 웃고 노래를 부르고 울었다. 아버지는 전혀 반응이 없으셨지만 우리는 아버지의 커다란 손을 잡아드렸고 아버지는 단 한순간도 홀로 계시지 않았다. 한 명이 화장실에 가거나 커피를 가지고 올 때도 다른 한 명은 반드시 아버지 옆에 남았다. 아버지는 근육 하나 움직이지 않았다. 아버지의 손은 한 번도 내 손을 감싸주지 않았고 아버지의 눈은 절대로 떠지지 않았다. 이 밤이 아버지의 마지막 날임은 의심할 여지가 없다. 아버지를 포함해 모든 사람이 알고 있었다. 하지만 분위기는 평화로웠다.

마지막으로 인생이라는 유령이 찾아오는 이 잠깐의 시간에 아버지의 호흡은 가빠지기 시작했다. 나는 아버지에게 이제는 가셔도 된다고, 우리가 함께 있겠다고, 혼자가 아니라고 말씀드렸다. 아버지의 호흡은 느려지고 더 느려져 깊어지더니 마침내 멈추었다. 이제는 모두 끝났다고 생각했지만 아버지는 얕은 숨을 몇 번 더 쉬셨다. 죽음의 소리가 덜컥거리며 들려오기 전에 잠깐 찾아오는 심정지 호흡이라는 짧은 순간이 있다. 호흡이라기보다는 헐떡임으로 표현하는 것이 더 옳겠지만 말이다. 그것은 더는 기침으로 제거할 수 없어 목 뒤쪽에 점액과 체액이 쌓이기 때문에 나타나는 현상이다. 그리고 마침내 마지막 헐떡임이, 사실은 뇌줄기의 반사 반응이 일어난다. 마지막 숨을 내뱉은 뒤 아버지의 입과 코에서는 폐에서 올라온 거품이 흘러나온다. 아버지의 폐에 더는 공기가 남아 있지 않다는 뜻이다. 이제 나는 아버지가 돌아가셨다는 걸 안다. 아버지는 담백하게 돌아가셨다. 안달하지도 비통해하지도 고통스러워하지도 재촉하지도 않으셨다. 그저 서서히 힘을 내려놓으셨을 뿐이다.

내 인생의 토대를 세워주셨던, 육체적으로도 정신적으로도 거대했던 존재가 전등 스위치를 끄는 일과 거의 다르지 않은 과정을 거쳐 이 세상에서 빠져나가 버렸다. 작고 얇은 껍데기만을 남긴 채 진짜 존재는 병실을 떠났다. 그건 정말 기이한 느낌이었다. 나는 아버지가 남기고 간 껍데기에는 어떤 느낌도 받지 않았다. 그 껍데기는 아버지가 아니니까. 내 아버지는 그의 몸이 아니었다. 아버지는 그보다 훨씬 더 많은 걸 가지신 분이었다.

나와 베스는 아버지의 영혼이 날아갈 수 있도록 창문을 열었다. 약속하신 것처럼 할머니가 아버지를 맞이해주셨을까? 나로서는 알 수 없었다. 두 분을 느낄 수 없다는 사실에 놀라지는 않았지만 아마도 조금은 실망했던 것 같다. 우리는 잠시 운 뒤에 마음을 가라앉히고 필요한 일을 하기 시작했다. 우리의 연락을 받은 간호사가 병실로 들어왔고 아버지의 맥박을 재고(우리가 이미 쟀다) 호흡을 살피고(우리가 이미 살펴봤다) 사망 시간을 확정했다. 이미 아버지가 분명히 돌아가신 뒤 10분은 훌쩍 넘긴 시간이었지만, 그런 건 큰 문제가 되지 않았다.

엄밀히 말하면 아버지는 노환으로 돌아가셨다. 예전에는 아버지의 사망 증명서에 적어넣는 사인이 훨씬 시적인 언어로 표현되었는지도 모르지만 지금은 아주 사무적인 의학 용어를 적어넣는다. 아버지의 사인도 많은 노인처럼 급성 뇌졸중, 뇌혈관 질환, 치매라고 적혔다. 아버지가 돌아가실 때 내가 그 자리에 있었다. 분명히 뇌혈관 질환이 있었는지는 모르지만(나이 든 분들은 모두 그럴 수 있으니까) 내가 아버지를 지켜본 바로는 치매 때문에 돌아가신 것은 아니다. 그저 아버지의 시간이 되었고 아버지가 떠나기로 결정하신 것이다.

하지만 아버지의 병이 진행되는 모습을 보면서 알츠하이머가 죽음으로 가는 길을 얼마나 잔혹하게 만들 수 있는지를 알았다. 아버지가 돌아가시기 전까지 우리가 견뎌야 했던 길고 지루했던 시간은 우리 모두에게 엄청난 고통이었고, 그런 시간은 밤이면 혼자 있어야 했던 아버지에게도 어김없이 찾아와 아버지를 비통하게 했다. 우리는 아버지가 돌아가시기 2년 전부터, 그러니까 우리가 알던 아버지가 사라지기 시작했을 때부터 이미 애도 과정에 들어간 것이 아닐까 싶다. 그래도 결국 아버지는 '좋은 죽음'을 맞으셨다. 그저 도착하기까지가 너무 길었던 것뿐이다. 자신의 시간이 되자 아버지는 벽을 쳐다본 채로 사랑하는 사람들 옆에서 평화롭게 돌아가셨다. 그보다 더 좋은 죽음이 정말로 있을 수 있을까?

5장

흙에서 흙으로

"인생은 지속 기간이 아니라
무슨 기여를 했는지로 판단해야 한다."

피터 마셜
목사 · 1902~1949

1974년 인버네스에서 나의 할머니 마거릿 건

죽어가는 사람을 보살피고 위로하는 방법은 국가, 문화, 믿음과 상관없이 거의 비슷하지만 장례 절차는 그렇지 않다. 하지만 티베트 불교의 천장(몸이 땅으로 돌아갈 수 있도록 시신을 조각낸 뒤 산 위에 놓고 온다)이건 화려하고 시끄러운 뉴올리언스의 유명한 재즈 행렬이건 아주 침울하고 전통적인 영국의 장례식이건 간에 장례식은 애도자들이 자신의 날것 그대로의 감정을 드러내야 할 때 안심하고 따를 수 있는 본보기를 제공한다. 장례식은 가족과 공동체가 세상을 떠난 사람의 인생을 기억하고 공식적으로 작별 인사를 할 수 있다는 점에서도 중요하지만, 자신의 슬픔을 표현할 수도 있고 숨기고 있을 수도 있는 유족들이 슬픔을 정해진 의식 속에서 드러낼 수 있게 함으로써 유족을 위로해준다는 점에서도 중요하다.

물론 피할 수 없는 진실은 있다. 사랑하는 사람을 잃은 슬픔은 영원히 사라지지 않는다는 것 말이다. 미국 상담사 로이스 톤킨은 사랑하는 사람을 잃은 슬픔은 "극복해야 하는" 무언가가 아니며 반드시 줄어드는 것도 아니라고 했다. 상실은 늘 우리 몸속 깊은 곳에 남아 있으며, 우리는 그저 그 상실을 중심으로 인생을 확장해나가며 점점 더 깊은 곳으로 파묻힐 뿐이다. 시간이 지나면 우리 몸에 깊이 박힌 상실은 우리의 표면과 멀어지고 조금 더 분리되기 때문에 좀 더 쉽게 관리할 수 있게 될 뿐 우리 몸에서 떠나가지는 않는다.

1990년대에 네덜란드 학자 마르가레트 스트루베와 헹크 쉬트가 제시한 사별 이론을 보면 슬픔이 나가는 경로는 크게 두 가지로, 사람들은 그 두 길을 계속해서 오간다고 한다. 두 사람이 제시한 슬픔의 "이중 처리 과정" 모형은 이 두 길을 각각 고통에 초점을 맞추는 "상실 지향" 스트레스 요인과 한동안 상실에서 벗어날 수 있도록 다른 활동을 하는 등의 "회복 지향" 대응 기제라고 정의한다. 우리가 바랄 수 있는 것은 온몸이 마비될 것 같은 압도적인 슬픔이 찾아오는 시간이 되도록 짧았으면 하는 것뿐이다. 하지만 사랑하는 사람을 잃은 상실을 안고 사는 삶의 형태는 개인마다 다르기 때문에 미리 결정된 경로도 일정도 존재하지 않는다.

사랑하는 사람의 장례식은 그저 그 길로 가는 첫 번째 발걸음일 뿐이다. 영국에서는 장례식 대부분이 기독교 한두 종파의 의식을 따르지만, 이제는 다양한 문화가 영국으로 들어오고 사회가 세속화하면서 죽음을 공식화하는 방법도 다양해지고 있다. 국가는 점점 신앙을 잃어가고 있다. 병원 침대는 치료가 절실한 사람들로 가득 차 있지만 교회 신도석에서는 믿음에 의지하는 사람들이 자꾸 사라져간다. 예전에는 시한부 선고 판정을 받으면 교회로 나가 우리의 영혼이 건강할 수 있기를 기도했지만 이제는 조금이라도 더 오래 살 수 있지 않을까 하는 마지막 희망을 부여잡고 인터넷을 샅샅이 뒤진다.

사회가 점점 더 세속화하면서 죽음을 둘러싼 엄숙함과 예절과 의식은 점점 더 사라지고 있다. 지난날 몇 주 동안이나 전문적으로 지냈던 애도 기간도, 중세부터 빅토리아 시대까지 착용했던 애도 장식품(그나저나 나도 많이 모아뒀다)도, 운구 행렬이 지나가면 모자를 벗던 의식도, 솔직히 말해서 나로서는 조금 으스스한 기분이 드는 죽음의 상징물도 모두 사라졌다. 오래된 찬송가는 프랭크 시나트라나 제임스 블런트에게 자리를 내주었다. 얼마 전에 한 신사가 사후 경직된 몸을 효과적으로 펼 수 있는 방법은 하나밖에 생각나지 않는다며 할리데이비슨 오토바이를 탄 채로 묻힐 수 있게 자신의 몸을 방부 처리해줄 수 있는지 우리 해부학과에 물어왔다. 기발하기는 하지만 정말로 미친 생각이었다. 당연히 우리는 거절했다.

나는 시대를 잘못 타고난 게 분명하다. 나는 런던 이스트엔드에서 볼 수 있는 전통적인 운구 행렬을 더 선호한다. 검은색 말이 끄는, 깃털로 화려하게 장식한 번쩍이는 검은색 마차가 실크해트를 쓰고 품위 있고 정확한 걸음걸이로 앞서 걷는 장의사 뒤를 따라 천천히 이동하는 장례식이 좋다. 등골이 오싹할 정도로 장엄하고 화려한 그 격식과 의식이 좋다.

나는 아주 멋진 묘지도 좋다. 놀랍도록 평화로운 묘지는 사람들을 반긴다. 특히 마을 한가운데 있는 묘지들이 그렇다. 묘지가 마을 한가운데 있다는 것은 지나간 시절에 그곳이 공동체의 삶에 아주 중요했다는 뜻이다. 여름이면 할머니와 나는 아버지가 언제나 "인버네스 사망 센터"라고 불렀던 톰나후리크 묘지로 할아버지를 보러 갔다. 그곳에서 럭비 훈련을 했던 나의 남편 톰은 가파른 묘지 길을 뛰어 올라갔다가 달려 내려왔다고 했다. 이제는 많은 묘지가 버려지고 방치되고 있는데, 그건 아마도 앞으로는 전자 무덤이 만들어질 것이기 때문일 수도 있다. 장례식은 가족과 친구의 추모 사진을 온라인에 올리는 방식으로 대체될지도 모른다. 어쨌거나 이 책에서 언급한 장례식과는 아주 다른 모습으로 변하리라고 생각한다.

계속 나이를 먹으며 수많은 장례식에 다녀왔다. 그러다 보면 장례 문화가 변하고 있음을, 유행이 바뀌고 있음을, 오래된 관습이 오늘날 그래야 한다고 생각하는 방식에 자리를 내주고 있음을 알게 된다. 오래 지속됐던 관습 가운데 일부가 사라지고 있다는 건 안타깝지만 이제는 고인의 개성과 성격, 신념을 조금 더 특별하게 보여줄 수 있는 작별 의식으로 죽음을 기념할 수 있는 자유를 충분히 누릴 수 있다는 사실은 긍정적인 발전이라고 생각한다. 이제는 길고 공적인 애도 의식은 점차 사라지고 있지만 슬픔은 여전히 진짜로 존재한다. 고인을 기리면서 유족을 위로하는 것이 목적이라면, 그 목적을 이루려 할 때 해야 할 일이 무엇인지를 규정하는 사람들은 누구일까? 그와 마찬가지로 전통도 그 전통에서 위로를 받는 사람이 있는 한 여전히 중요할 수밖에 없다.

장례식은 준비해야 할 일이 매우 많기 때문에 가끔은 슬픔을 잊게 하려고, 유족을 아주 바쁘게 하려고 일부러 그렇게 복잡한 과정을 설계한 것이 아닌가 하는 생각을 하게 된다. 장례식을 하려면 사망 신고를 하고 장의사를 만나 장의 절차를 상의하고 사망 신고서 사본을 받고 신문에 부고를 내는 등 많은 결정을 해야 한다. 우리 부모님의 장례식은 모두 화장터 부속 예배당에서 했다. 그것은 꽃과 찬송가를 고르고 목사님이 읽어줄 글을 써야 한다는 뜻이다. 운구차가 필요한가? 필요하다면 몇 대나 예약해야 할까? 관은 어떤 걸 선택해야 할까?(아버지라면 불에 잘 타는 관으로 택하라고 말씀하셨을 텐데, 얄궂게도 우리 역시 그 기준으로 관을 선택했다.) 조문객을 대접할 장소는 어떻게 꾸미고 음식은 무엇을 준비하고 어떻게 배치할지, 어떤 사람들에게 부고를 알릴 것인지도 결정해야 했다. 스코틀랜드에서는 사망하고 묻힐 때까지의 시간이 아주 짧기 때문에, 모든 일을 정신없이 아주 빠른 속도로 진행하는 동안 사람들은 자기 자신에게서 최고와 최악을 이끌어낸다. 그리고 반드시 가족들에게 전설이 될 이야기들을 만들 순간이 있게 마련이다.

  아버지는 교회에서 오랫동안 오르간 연주자로 활동하셨기 때문에 나는 아버지가 자신의 장례식에서 어떤 말을 듣고 사람들이 어떤 노래를 부르면 좋아하실지, 어떤 것을 싫어하실지를 알고 있었다. 그때 나는 아버지를 자랑스럽게 해 드리려고 필사적으로 노력했지만, 한편으로는 장례식이 진행되는 과정에 전혀 관심도 없으실 테고 사실상 참견도 하지 못할 분의 취향을 맞추겠다며 애를 쓰고 있는 모습이 우습다는 생각도 들었다.

    토요일 밤이면 아버지는 일요일 예배가 열리기 전에 오르간 연주 연습을 하려고 교회로 향하셨다. 가끔은 나도 아버지와 함께 교회로 가서 신도석 맨 앞에 앉아 아버지의 사랑스러운 연주 소리에 귀를 기울였다. 아버지는 글렌 밀러의 〈인 더 무드 In the Mood〉도 자주 연주하셨다. 텅 빈 교회당 안에 웅장한 밴드 음악이 울려 퍼지는 소리는 조금 이상하게 들렸지만 나는 그 연주를 사랑했다. 어린 소녀였던 나는 일요일이면 아버지와 함께 교회에 가서 오르간이 바로 보이는 두 번째 신도석에 앉아 아버지가 찬송가를 연주하는 동안 찬송가집을 뚫어지게 쳐다보고 있어야 했다. 찬송가 마지막 구절이 되면 손을 앞 좌석에 올리는 것이 내 역할이었다. 그건 그 구절을 끝으로 연주를 끝내라는, 아버지에게 보내는 신호였다. 가끔 내가 잊어버리고 신호를 보내지 않으면 아버지는 찬송가집에는 존재하지도 않는 구절을 즐겁게 연주하셨고, 집에 가면 나는 혼이 나야 했다.

    아버지는 예배당에 모인 사람들이 큰 소리로 노래를 부르지 않으면 싫어하셨다. 아버지의 장례식에 모인 사람들이 웅얼거리며 노래를 부를 때 그 생각이 났다. 나는 예배당 모퉁이에서 오르간을 연주하는 불쌍한 예술가를 보며 아버지라면 정말로 화를 내셨을 거라 생각하지 않을 수 없었다. 그래서 나로서도 생각지도 못한 일을 해버렸다. 예배당 앞으로 걸어가 손을 번쩍 들면서 그만하라고 소리쳐버린 것이다. 맞다. 한창 예배를 드리고 있을 때 말이다. 나는 아버지가 사람들이 진심으로 노래를 부르지 않을 때 오르간을 연주하면서 어떤 기분을 느끼셨는지를 말하고 아버지를 위해서 정말로 힘차게 노래를 불러달라고 부탁했다. 내 딸들은 경악했고 다른 사람들은 대부분 내가 정신이 나갔다고 생각했다. 하지만 나는 그런 기억에 남는 순간들이 좋다.

사람들이 장례식장에서 나갈 때 연주할 노래를 고르는 일은 어렵지 않았다. 〈인 더 무드〉보다 더 좋은 곡은 없었으니까. 물론 아버지는 "인 더 누드"라고 부르시고는 했지만 말이다.

아버지도 어머니도 자신들의 유해가 묻히기를 바란다는 말씀을 명확히 하셨지만 그 유해가 온전한 몸인지 타고 남은 재인지는 상관없었다. 물론 매장과 화장 외에 세 번째 장례 방법도 있기는 했지만 두 분 모두 해부학에 몸을 기증하실 생각은 없었고 나도 그분들을 설득하는 일이 내 역할이라는 기분도 들지 않았다.

지금까지는 모든 과정이 논리적이었고 분별이 있었다. 광기는 두 분을 묻을 장소를 결정할 때 나타났다. 생전에 어머니는 윌리 할아버지와 티니 할머니가 계시는 톰나후리크 묘지의 아래쪽에 묻히고 싶어 하셨고 아버지는 아버지의 부모님이 계신 위쪽에 묻히고 싶다고 하셨다. 우리는 두 분이 함께 묻히시는 게 좋지 않겠느냐고 여쭤봤지만 스코틀랜드인다운 실용주의(아버지 식으로 표현하자면 절약 정신)가 모든 것을 해결했다. 두 분은 묘지 위쪽과 아래쪽에 이미 비용을 지불한 여유 공간이 한 곳씩 남아 있는데 굳이 새로운 묘지를 사느라 돈을 쓸 필요는 없다고 하셨다. 두 분 모두 돌아가신 뒤에는 이 세상 사람이 아니니 제대로 묻히기만 한다면 실제로 어디에 묻혔는지는 중요하지 않다고 생각하셨다. 두 분은 전통을 중요시했지만 실용적이었고 감상에 치우치는 분들이 아니었다. 아버지는 언제나 언덕 위에서 어머니에게 손을 흔들겠다고 약속하셨고 어머니는 그런 손 따위는 무시해 버릴 거라고 응수하셨다.

그래서 우리 아버지는 화장되었고, 유골은 잘 만들어진 사랑스러운 상자에 담겨 모든 가족이 모여 매장할 때까지 우리 집 복도 탁자 위에 1년 정도 놓여 있었다. 나는 굳이 서둘러 매장해야 할 필요를 느끼지 못했다. 돌아가신 아버지가 다른 곳으로 가실 리는 없었으니까. 심지어 청소를 하러 와주시는 분들도 처음에는 충격을 받았지만 곧 아버지가 그곳에 있다는 사실에 익숙해졌고, 오히려 좋아하게 되었다. 그분들은 현관을 열고 들어올 때면 아버지에게 인사를 했고 가끔은 황동으로 만든 상자 장식품에 묻은 먼지를 털어주기도 했으며 마침내 아버지가 탁자 위를 떠난 뒤에는 진심으로 아쉬워했다. 살아 있는 사람만이 다른 사람에게 자신의 존재를 느끼게 하는 건 아니다.

크리스마스에는 아이들에게 할아버지와 함께 점심을 먹자고 말하고 식탁 끝에 상자를 놓아두었다. 왜 그런 이상한 짓을 하느냐고 생각하는 사람도 있겠지만 우리에게는 아버지가 우리와 함께 있는 것이 자연스럽게 느껴졌다. 아버지의 상자 위에는 산타 모자를 올려놓았다. 우리 가족은 이제는 우리와 함께 있지 않은 소중한 사람들과 아버지를 위해, 아버지 세대의 마지막 생존자였던 아이들의 할아버지를 위해 건배했다.

이런 세대 변화는 막내딸 애나에게 큰 영향을 미쳤다. 그 아이는 자신의 아빠와 엄마가 이제는 가족 가운데 가장 나이가 많은 세대가 되었고, 자신과 언니들이 두 번째 세대가 됐다는 사실을 깨달았다. 그 아이는 자신이 할아버지를 사랑했기 때문에도 할아버지의 죽음을 힘들어했지만 누군가가 다음 차례여야 한다는 사실에도 견디기 힘들어했다.

마침내 아버지를 묻어야 할 시간이 되었고, 우리는 할아버지에게서 많은 영향을 받고 자란 내 언니의 아들에게 할아버지를 옮기는 영광을 주었다. 조카 배리는 품위 있고 근엄하게 할아버지의 유골이 든 상자를 자동차에서 내려 묏자리까지 가져가 조심스럽게 내려놓았다. 할아버지가 여행을 떠나려면 한잔하는 것이 좋겠다고 생각한 애나는 배리가 유골 상자를 묏자리에 내려놓자 맥캘란 위스키를 상자 위에 듬뿍 뿌렸다. 물론 아버지는 위스

키를 뿌리는 행동을 낭비라고 생각하셨을 것이다. 눈에 띄지 않는 곳에 서서 모든 절차를 지켜보고 있는 무덤 파는 사람도 분명히 마찬가지로 생각했을 테고 말이다.

영혼에 어떤 일이 일어난다고 믿건, 사람의 본질을 무엇이라 생각하건, 가족을 떠나보낸 유족들에게는 찾아가 볼 수 있는 특별한 장소가, 마음속에 그려볼 수 있는 풍경이 필요해진다. 사랑하는 사람의 유골이 남아 있는 장소가 필요해지는 것이다. 어떤 사람에게 그 장소는 묘지가 될 테고, 어떤 사람에게는 화장한 유골을 뿌린 광대한 풍경이, 또 다른 사람에게 그것은 생전에 고인에게 중요했던 장소가 될 것이다. 우리가 아버지의 유골에 그랬던 것처럼 고인의 유골을 잠시 동안, 혹은 영원히 간직하는 사람도 많다. 유골을 가지고 고인이 생전에 좋아했던 장소나 결코 가보지 못한 장소로 여행을 가는 사람도 있다. 내 주변에는 자신의 어머니가 늘 센트럴파크에 가보고 싶어 했다며 어머니의 유골을 가지고 1주일 동안 뉴욕에 간 사람도 있다.

20세기에나 영국으로 들어온 화장 문화는 이제는 많은 사람이 택하는 장례 절차가 되었고, 사랑하는 사람의 화장한 유골을 가지고 할 수 있는 일을 수없이 상상할 수 있을 정도로 지금은 큰 인기를 끌고 있다. 한 사람의 유골은 우주선에 실려 지구 밖으로 나갈 수도 있고 해양의 암초가 되라고 물속에 가라앉힐 수도 있고 유리로 압축해 보석이나 문진, 꽃병으로 만들 수도 있다.

탄환에 넣거나 물고기 미끼로 쓰거나 폭죽에 넣어 쏘아 올려도 되고, 훨씬 단단하게 압축해 작은 다이아몬드를 만들 수도 있다.

쉴 곳을 찾지 못하거나 적절한 장례식을 치르지 못할 때 가족들은 힘들어한다. 실제로 범죄의 희생자가 되었을 가능성이 있거나 재난으로 죽어 가족의 시신을 찾지 못하는 유족들은 장례를 제대로 치러주지 못했다는 이유로 평생을 괴로워한다. 따라서 자기 몸을 해부학 같은 과학 연구에 기증하기로 결정한 헨리(해부대 위에서 나에게 많은 것을 가르쳐준 남자) 같은 사람의 가족들은 사랑하는 사람을 잃고 가장 힘든 시기에 작별 의식을 하지 못한다는 큰 희생을 치러야 한다. 한 사람을 온전히 떠나보내는 '마지막 의식'을 치르지 못한 가족들의 마음을 나는 온전히 이해할 수 있다. 과학계는 기증받은 몸을 3년 동안 합법적으로 간직할 수 있는데, 고인의 몸을 돌려받아 화장하고자 하는 가족들에게는 정말 긴 시간이다. 하지만 그런 기증자의 경우 고인의 확고한 소망이 실현되고 있다는 확신이 어느 정도는 가족들에게 위안이 되기를 바란다.

자신의 몸을 의학이나 치의학, 과학과 교육 연구에 바치겠다는 결정을 결코 가볍게 여겨서는 안 된다. 사람들이 그런 결정을 내리는 데는 저마다 이유가 있지만 그들 거의 대부분이 생명을 구하고 고통을 줄일 수 있는 발전에 조금이라도 기여하고 싶다는 순수한 바람을 지닌 이타주의자임은 분명하다. '죽음은 죽음일 뿐'이라고 생각해 불에 타거나 썩는 것보다는 좋은 목적으로 사용되는 것이 더 좋다며 자기 몸을 기증하는 사람도 있다. 언젠가 생기 넘치는 할머니 한 분은 자기 엉덩이에 두 손을 얹으면서 "봐요, 젊은 선생. 이건 정말 그냥 불에 태우기에는 아까운 몸이죠?"라고 했다. 순전히 실용적인 이유에서 자기 몸을 기증하는 사람도 있다. 런던에서 장례식을 하고 화장하는 데 드는 평균 비용은 7000파운드 정도이며 영국 평균 비용은 4000파운드 정도이니, 경제적인 이유도 충분히 있을 수 있다. 하지만 우리는 다른 사람의 동기를 평가해선 안 된다. 결정은 개인이 하는 것이고 우리가 할 일은 사람들이 그렇게 하도록 돕는 것뿐이다.

던디대학교 해부학과에서 기증 관리를 담당하는 비브는 정말로 헌신적인 사람이다. 그녀는 매일 자기 몸을 기증할 의사가 있는 사람들의 문의 전화를 받는다. 해부학과는 불편한 침묵이나 진부한 표현, 지나친 겸양을 나타내지 않고도 죽음을 편하게 이야기할 수 있는 곳이다. 기증을 희망하는 사람들은 우리 학과 사무실로 찾아와 실제로 기증이 어떻게 이루어지는지를 물어보거나 우리가 기록한 추모사집을 읽어본다. 이런저런 귀찮은 과정을 모두 건너뛰고 그저 등록을 하고 싶어 하는 사람도 있다. 그럴 때는 비브가 필요한 서류를 우편으로 보내준다. 머뭇거리며 찾아오기를 주저하지만 기증할 마음은 있는 사람들이 있을 때는 비브가 직접 그들을 찾아가려고 늘 자기 차에 필요한 서류를 가지고 다닌다.

　　기증자는 증인(당연히 비브는 아니다. 비브는 증인이 될 수 없다)이 보는 앞에서 서류 두 장에 서명하고 한 부는 해부학과로 보내고 다른 한 부는 변호사 사무실에 유서와 함께 보관해야 한다. 그러면 모든 절차가 끝난다. 우리는 가족과 보호자에게 본인의 의사를 적극적으로 알려야 한다고 기증자에게 조언한다. 그래야 그날이 와도 놀라는 가족이 없고 고인의 유언을 최대한 빨리 집행할 수 있다.

　　자신의 몸을 기증하기로 결정한 사람들은 감상적인 친절도 비굴한 아첨도 바라지 않는다. 그저 따뜻함과 확신, 신뢰와 정직만을 바란다. 비브에게 전화를 했다면 제대로 된 선택을 한 것이다. 그녀가 통화를 하는 모습을 볼 때마다 나는 정말 놀란다. 멋진 유머 감각을 지닌 이 친절한 여성은 모든 질문에 유머를 더해 객관적이고도 진실하며 솔직하게 대답한다. 애매모호한 말로 상대방을 편안하게 해 등록을 유도하지도 않는다. 비브에게는 정기적으로 전화를 해와 그저 이야기를 나누는 사람들도 있다. 그 사람들은 자신들이 아직 살아 있음을 전하고 최근에 앓은 병에 관해 이야기한다. 그분들은 비브를 친구라고 생각한다. 가족들에게 끔찍한 날이 찾아왔을 때 가족을 위해 함께해줄 사람으로 말이다. 그리고 비브는 정말로 그 가족들과 함께 있어준다.

　　마침내 아들이나 딸이, 혹은 남편이나 아내가 전화를 해오면 비브는 부드럽지만 단호하게 모든 과정을 이끌면서 그분들의 몸을 가능한 한 신속하게 해부학과로 가져올 수 있는 모든 일을 해낸다. 그 과정은 가족들에게는 정말로 힘든 시간일 수 있다. 가족들은 고인의 결정을 이해하거나 동의하지 못할 수도 있다. 당연히 치러야 할 장례 의식이 너무나도 길게 연기된다는 사실에 혼란스러워하는 분들도 있다. 우리는 고인의 바람을 이루어주려고 최선을 다하지만 사랑하는 사람을 잃은 가족들에게 더 많은 고통을 안겨줄 수는 없기 때문에 가끔은 가족의 강한 반대가 고인의 소망을 압도하기도 한다.

기증자는 우리가 자신의 몸을 3년 동안 보관하는 데 동의할 뿐 아니라 원한다면 몸의 특정 부분은 좀 더 오랫동안 기증 상태를 유지할 수도 있고 교육 자료로 활용하도록 사진을 찍게 할 수도 있으며 우리가 기증받을 수 없는 경우 스코틀랜드에 있는 다른 학교에서 시신을 받을 수 있게 할 수도 있다. 이런 모든 결정이 이제 막 어머니를 잃은 자녀들에게는 큰 충격이 될 수 있다. 우리가 기증자들에게 자신의 결정을 가족들에게 솔직하면서도 충분히 설명해주라고 조언하는 이유는 그 때문이다.

비브는 우리 대학교에서 가장 중요하고 민감하며 배려가 필요한 대인 관계를 다루는 역할을 맡고 있다. 가족이 가장 큰 슬픔에 쌓여 있을 때 비브는 조금의 실수도 없이 완벽하게 자신의 일을 해낸다. 얼마 전에 비브는 스코틀랜드 해부학과 기증자를 위해 공헌한 공로로 대영 제국 훈장을 받았다. 어리석은 몇몇 기자가 표현한 것처럼 "죽은 몸을 위해 공헌한 공로"가 아니고 말이다. 나는 비브와 비브가 하는 일이 정말로 자랑스럽다.

◇

우체부, 교수, 할아버지, 증조할머니, 성인, 죄인 등 우리 기증자들의 면면은 정말로 다양하다. 스코틀랜드에서 가장 어린 기증자는 열두 살이었지만 대부분은 60세 이상이다. 가장 나이가 많은 기증자는 105세였다. 기증자가 어떤 삶을 살았는지는 그다지 중요하지 않으며 우리는 거의 모든 사람의 기증을 받는다. 하지만 기증을 거부할 때도 한두 번은 있다. 검시관이나 지방 검찰관이 시신을 조사할 필요가 있을 때는 수사를 방해하지 않으려고 기증을 받지 않는다. 고인의 몸에 다양한 암이 전이되어 정상적인 장기가 거의 남아 있지 않을 때도 기증을 거절하며, 과거에는 시신을 들어 올릴 수 있는 장비가 없다는 아주 현실적인 이유로 고도 비만인 경우에도 기증을 받지 않았다.

우리 대학에 몸을 기증하는 사람의 80퍼센트는 지역 주민으로, 우리는 테이사이드[10] 공동체와 밀접한 관계를 맺고 있다는 사실에 커다란 자부심을 느낀다. 한 가족 안에서 던디대

10　1975년 영국 스코틀랜드 중동부에 신설된 주. 1996년에 폐지되었다.

남아 있는 모든 것
All That Remains

학교를 졸업한 사람들이 여러 세대에 걸쳐 우리에게 오는 경우도 있다. 그런 분들의 이름은 추모사집에 적혀 있다. 우리의 추모사집은 기증자들을 기념할 뿐 아니라, 보답이라면 "그저 학생들이 제대로 배우는 것"뿐이라고 말하는 많은 사람에게서 뜻깊은 선물을 받는 행운을 누릴 수 있었음을 학생들에게 매일 상기해주는 역할을 한다. 추모사집은 해부학과로 향하는 계단 맨 위에 놓여 있어 해부실로 들어가는 학생들은 누구나 그 앞을 지나가야 한다.

내가 아서라고 부르는 노인은 지역 사회와 우리가 어떤 관계를 맺고 있는지를 분명하게 보여주는 예다. 아서는 정말 우리의 기쁨이었다. 그는 법의학에 관한 강연이든 창의적인 글쓰기에 관한 강연이든 우리 학교에서 열리는 행사나 강연이라면 반드시 참석했다. 매사에 적극적이었던 아서는 늘 새로운 경험을 하고 싶어 했고 죽음이 아니라 자신이 남길 수 있는 유산에 늘 관심을 가지고 고민했다. 종교인이 아니었던 아서는 자신의 표현대로 쓸데없이 돈을 낭비하는 장례식 따위에 자기 몸을 소비하지 않고 공공의 이익을 위해 "재활용"할 수 있기를 바랐다.

그리고 아서는 아주 독특한 계획을 세워 이 세상에서 탈출할 수 있는 전략을 짜기로 했다. 매우 강직했던 아서는 나이가 들어 약해지고 혼자서 생활할 수 없는 상태가 되었을 때 다른 사람에게 의지할 생각이 전혀 없었다. 그는 자신이 직접 죽음을 관리해 자기 손으로 삶을 마무리하고 싶어 했다. 이웃이나 친구들에게 자신이 모욕적으로 죽어가는 모습을 보이고 싶어 하지 않았다. 막강한 정신력의 소유자였던 아서는 일단 마음을 먹으면 누구도 그 마음을 바꿀 수 없었다. 정말이다. 나는 정말로 지칠 정도로 여러 번 아서의 마음을 돌리려고 애썼다. 광범위한 조사를 마친 아서는 마침내 자신이 죽을 방법을 선택했다. 그는 나에게 평화롭게 죽을 수 있는 장비를 인터넷에서 구입했다고 했다. 자신이 택한 방법으로 죽으면 몸이 훼손되지도 않으며 마지막 순간까지 자신의 행동과 결심을 통제할 수도 있다고 했다.

  아서가 자연스럽게 도달한 결론을 이끌어낸 세부적인 사고 과정이 머릿속에서 떠올라 자신도 같은 결론을 내릴 사람은 많지 않을 테지만, 머리로는 그가 내린 결론을 이해할 수도 있고 그런 식의 사고 과정이 진행될 수도 있음을 이해하는 사람은 있을 것이다. 조력 자살이나 안락사는 영국에서는 아직 불법이다. 정부에서 법안이 논의되고 있고 우리가 그것이 실행되기를 원하는 상황이니 결국에는 각자가 자신의 인생을 끝낼 시간과 방법을 직접 택할 수 있는 선택권이 주어지리라고는 생각한다. 언젠가는 권위자의 압력 없이, 입법부의 적절한 통제를 받으며 성숙한 결정을 내릴 수 있는 환경이 조성될 것이다. 자신의 죽음을 직접 결정하고 싶어 하는 사람들이 외국으로 가거나 훨씬 극단적인 방법을 택하느라 막대한 돈을 써야 할 필요도 없어질 것이다.

남아 있는 모든 것
All That Remains

자살 여행은 돈이 많이 드는 사업으로 너무 늦어지면 결국 아파서 여행을 떠나지 못할 수도 있다는 걱정에 많은 사람이 너무 이른 시기에 여행을 떠나겠다고 결정한다. 하지만 이렇게 되면 더는 제대로 살아갈 수 없는 지점에 도달하기도 전에 자신과 가족이 누려야 할 소중한 순간과 경험을 빼앗기게 된다.

캐나다, 네덜란드, 룩셈부르크, 스위스, 미국 일부 지역은 자살을 돕는(죽음을 돕는) 일이 합법이다. 콜롬비아, 네덜란드, 벨기에, 캐나다에서는 안락사도 법의 테두리 안에 있다. 조력 자살과 안락사는 의료진이 관여하는 정도가 다르다. 환자가 의사에게 치사 주사를 놓아 생을 끝내달라고 부탁하고 의사도 여기에 동의한 뒤에 주사액을 주입하면 안락사를 시행한 것이다. 하지만 환자가 직접 복용할 수 있는 치사 약을 의사가 처방했을 때는 조력 자살이다.

미국에서는 오리건, 몬태나, 워싱턴, 버몬트, 캘리포니아주에서만 말기 환자가 정신적으로 완전히 무너졌을 때 조력 자살을 할 수 있도록 법으로 허용하고 있다. 오리건주에서는 1994년 존엄사법이 통과해 미국에서 가장 먼저 조력 자살을 인정한 주가 되었다. 치사 약은 의사 한 명이 처방하며, 두 의사가 환자의 수명이 6개월 미만일 가능성이 높다는 사실을 확인해주어야만 실제로 약을 받을 수 있고, 약을 받은 후에는 다른 방식으로 남용하지 않도록 엄격한 관리를 받게 된다. 권위자가 처방한 약은 페노 바르비탈, 클로랄수화물, 모르핀 황산염, 에탄올을 섞은 것으로 500~700달러 정도 한다. 치사 약을 처방받은 사람 가운데 실제로 약을 먹는 사람은 64퍼센트 정도이며 보통 자신의 거주지에서 사망한다. 나머지 36퍼센트가 약을 먹지 않기로 결정한다는 사실은 그분들이 선택의 본질을 이해하고 있다는 뜻이다. 원하기만 하면 언제든지 약을 먹을 수 있다는 사실만으로도 말기 환자들은 자신이 직접 삶과 죽음을 통제하고 있다는 믿음을 가지면서 안심하게 되는지도 모른다.

영국 병원에서는 말기 환자가 자신의 마지막 순간을 직접 결정하는 일이 거의 없으며 가족들은 사랑하는 사람을 가능한 한 고통 없이 떠나보내는 일을 전적으로 의료진에게 의존할 수밖에 없다. 의사들은 계속해서 모르핀 진정제를 투여하고 물과 음식은 주지 않기 때문에 우리 어머니가 그랬던 것처럼 환자는 비교적 짧은 기간만 투병하다 사망할 수도 있다.

영국의학협회는 정기적으로 조력 자살에 반대한다는 입장을 발표한다. 조력 자살이 의사에 대한 사회의 신뢰를 해칠 수도 있다는 점에서 의사들의 입장은 충분히 이해할 수 있다. 그러나 최근 유럽 국가를 대상으로 실시한 조사에서 의사를 가장 신뢰하는 나라는 조력 자살이 합법인 네덜란드였다. 환자 스스로 선택할 수 있는 상황이 됐을 때 의사를 신뢰하는 정도는 높아지는 것 같다.

조력 자살을 합법화하는 문제를 놓고 찬반 의견이 팽팽하게 맞선다. 찬성하는 사람들은 우리가 살아갈 권리가 있는 것처럼 사람으로서 위엄을 가지고 고통 없이 죽을 시간을 선택할 권리도 있어야 한다고 주장한다. 반대하는 사람들은 법률이 악용될 위험이 있으며 사회적으로 노약자들에게 '짐이 되지 말라'는 압력을 가할 수도 있고 질병이나 장애가 인생을 끝내야 하는 이유로 인식될 수 있다는 점을 들어 반대한다. 조물주만이 사람이 죽고 사는 시기를 결정할 수 있다고 믿는 종교적인 이유 때문에 조력 자살을 반대하는 사람들도 있다. 반대하는 사람들의 목소리가 견딜 수 없는 고통에 시달리며 죽을 수 있게 해달라고, 조력 자살을 택할 수 있게 해달라고 간절하게 소망하는 불행한 사람들의 목소리를 묻어버릴 때가 많다. 조력 자살이 불법이라면, 이런 사람들이 법을 지키며 자신의 인생을 끝내기 위해서는 반드시 다른 사람의 도움 없이 죽을 수 있어야 하는데, 그때 선택할 수 있는 방법은 너무나도 폭력적이거나 충격적일 수밖에 없을 때가 많다.

조력 자살을 어떤 관점에서 보느냐에 상관없이 나로서는 죽는 시기를 결정하는 것은 나라에서 통제할 판결이 아니라 개인이 결정할 문제가 되어야 한다고 생각한다. 자신이 죽는 방법과 시간을 결정할 자유를 찾고자 소망하는 사람들에게 덜 비관적이고 신뢰할 수 있는 방법을 주는 것이야말로 책임 있는 사회임을 보여주는 지표 아닐까? 조력 자살이 합법인 나라와 주가 완화 치료에 더 많은 투자를 하며 죽음과 삶을 마무리할 선택권에 더 개방적이라는 사실은 분명히 우연이 아닐 것이다. 나로서는 자신의 삶과 생명을 결정할 권리가 개인에게 훨씬 많은 사회에서 살아가고 싶다.

나는 자기 방식대로 죽겠다는 아서의 결정을 존중하며, 그가 원하는 대로 존엄하게 이 생을 마칠 수 있는 방식을 허락해줄 법이 유연성을 발휘하지 못하기 때문에, 아니 발휘하지 않기 때문에 자신이 직접 방법을 찾을 수밖에 없게 만드는 사회에 분노하는 그의 마음에 충분히 공감한다. 해부학과에 자신의 몸을 기증하겠다는 아서의 결심은 단호하기 때문에 그는 가장 폭력적인 방법으로 죽는 것은 배제했다. 그는 부검을 받고 싶어 하지도, "자기 몸을 파괴하는" 어떤 행위도 원하지 않았다.

아서는 대학교가 문을 닫는 크리스마스나 새해는 피해서 자살하겠다고 했다. 해부학과에서 자기 몸을 받기 가장 편한 날이 언제인지도 물었다. 아서의 말을 듣는 내내 나는 너무나도 불안했지만 이미 우리가 여러 차례 대화를 나눴다는 사실을 생각해보면 사실상 내가 그를 설득할 수 있는 방법이 없다는 것도 잘 알았다. 그를 설득하는 것은 내 권리도 아니었고 그가 나에게 준 권한도 아니었다. 그저 그가 나에게 말해도 된다고 생각했다는 것 자체가 내가 누릴 수 있는 특권이라고 생각해야 했고, 나로서는 그 어떤 결정도 간섭할 수가 없었다. 그저 그가 하고 싶은 말을 모두 할 수 있게 내버려두고, 그가 하는 말이 그 자신과 다른 사람에게도 평온하고 논리적으로 들리는지만 평가해주어야 했다.

아서는 모든 상황을 고려한 뒤에도 또 다른 해부학과에서 자신의 계획을 어떻게 생각하는지를 알아보려고 찾아갔다가 자살한 사람은 받아줄 수 없다는 말을 듣고 깊은 슬픔에 잠겼다. 그는 '좋은 죽음'을 맞고 싶다는 자신의 당연한 바람과 다른 사람의 교육을 돕고 싶다는 순수한 공명심이 서로 조화를 이룰 수 없는 상황을 참을 수 없어 했다.

아서는 모든 것을 생각해두었다. 그는 오직 그와 나만이 알 수 있는 부호 언어를 가르쳐주었다. 그는 월요일 아침에 내가 들을 수 있도록 주말에 내 사무실 전화기 자동 응답기에 녹음을 해두겠다고 했다. 그 전화는 그의 바람을 그가 원하는 대로 처리해줄 적절한 기관에 통보하라는, 나에게 보내는 신호가 될 것이다. 그는 자신이 죽어가고 있다는 사실을 나에게 미리 말하지 않을 생각이라고 했다. 그래야 내가 그의 죽음에 관여했다는 의심을 조금이라도 받지 않을 테고 내가 자신을 말릴 수가 없을 거라면서 말이다. 그것은 조금 이상한 방식으로 아서가 나에게 보여준 친절이었지만, 그 때문에 나는 내 사무실 전화기에 들어오는 빨간불에 엄청난 반감을 갖게 되었다. 특히 월요일 아침에 보게 되는 빨간불에 말이다. 지금까지는 아서에게서 어떠한 신호도 오지 않고 있으며 앞으로도 오지 않기를 바란다. 언젠가는 아서가 자신의 계획을 실행하겠지만 그 시간이 오면 그가 자신의 바람도 이루고 현재 사회가 품고 있는 두려움과 제약을 누그러뜨릴 수 있는, 평화롭고도 길지 않은 자연스러운 마지막을 경험하기를 소망한다. 내가 휴가 중이거나 사무실에 없을 때는 비브에게 연락이 가게 되어 있다. 아서는 나와 비브를 정말로 쥐락펴락하고 있다.

   자기 몸을 기증하고 해부학 교육에 기여하고자 하는 그의 강한 의지와 아주 사적인 소원을 나에게 전해준 그 마음은 말로 표현하기 어려울 정도로 고맙지만, 나는 그의 바람이 법적으로도 아무 문제가 없는 상태로 분명히 존중받을 수 있게 해야 한다는 막대한 책임 역시 느끼고 있다. 윤리적인 문제는 여전히 엄중하다. 무엇보다도 힘든 점은 한밤중에 갑자기 아서가 내 마음속에서 튀어나오면서 그 순간 그가 무엇을 하고 있을지 궁금해진다는 것이다. 지금 외로울까? 잘 있을까? 무서워하고 있는 건 아닐까? 혹시 마지막을 끝낼 장비의 가장 어려운 부분을 조립하고 있는 건 아닐까? 내가 그를 말릴 수 있을까? 내가 말려야 하는 게 아닐까? 아서는 내 전화번호를 알지만 나는 아서의 전화번호를 알지 못했다. 그가 언제 계획을 실행할지도 알지 못했다. 그가 나에게 이제 계획을 실행할 거라고 알린다 해도 그때는 내가 관여하기에는 이미 너무 늦어버린 뒤일 것이다. 그러니 실질적으로 내가 할 수 있는 일은 그저 그와 계속 대화를 하는 것뿐이다.

사실 나는 내가 아서의 마음을 바꾸고 싶은 건지 잘 모르겠다. 어쩌면 아서의 마음을 바꾸는 일은 그가 절대로 맞이하고 싶지 않은 형태로 죽음을 맞도록 내버려두는 것인지도 모른다는 생각도 든다. 하지만 내가 계속해서 질문을 한다면 적어도 아서는 자신의 결정을 계속해서 새로 평가해보게 될 것이다. 사실 아서는 내가 계속해서 꼬치꼬치 캐묻는 것 때문에 짜증을 낼 때가 있다. 내가 하는 질문은 "사랑하는 마음"에서 온 것이라는 말을 할 때면 아서는 경멸하듯이 얼굴을 찡그리면서 "아주 좋은 장소는 아니군, 당신의 그 사랑하는 마음이라는 곳 말이오"라고 대답했다.

반드시 말해야 할 것이 있다. 아서에게는 스스로 허를 찌르는 질문을 하는 버릇이 있다는 것 말이다. 그런 질문을 함으로써 아서는 잠시 멈추고 스스로 자신의 생각을 다시 살펴보는 이론적 상황을 만든다. 그럴 때면 아서의 눈은 정말로 반짝인다. 꽤 오래전에 그는 자신이 우리 해부실로 들어와 해부 과정을 지켜보면 안 되느냐고 물었다. 나는 숨이 멎는 것만 같았다. 그때까지 기증 의사가 있는 사람 중에 해부실에서 일어나는 일을 보고 싶다던 사람은 아무도 없었다. 하지만 내가 왜 그렇게까지 당황했던 걸까? 우리가 보호해야 할 사람은 누구인 걸까? 누구나 「인체의 신비」 전시회에 표를 사고 들어가 다양한 포즈로 전시되어 있는 해부된 사람의 모습을 보고 올 수 있다. 의료 박람회에 가서 유리 상자나 포르말린을 담은 유리병에 넣어둔, 등골이 오싹할 정도로 으스스한 기형적인 신체나 병으로 손상된 온갖 종류의 신체 부위를 볼 수도 있다. 인터넷만 뒤져도 사람의 시신을 해부한 온갖 종류의 사진을 쉽게 찾아볼 수 있다. 서점에서 인체 해부도를 볼 수도 있고 텔레비전으로 사람을 해부하는 과정을 볼 수도 있다. 아서는 해부 과정을 지켜보는 일에 전혀 거부감이 없는 것 같았다. 갈피를 못 잡고 당황한 쪽은 오히려 나였다. 내가 감당하기에는 너무나도 개인적인 문제여서 그랬을까, 아니면 너무나도 큰 책임을 져야 하기 때문에 그랬던 걸까?

자신이 원하는 대로 모든 것을 끝낸다면 언젠가 아서는 누군가의 해부실에서 시신이 되어 있을 테고, 나는 그가 그렇게 되리라는 사실을 추호도 의심하지 않는다. 아서가 해부실의 시신이 되고 싶어 하는 열망이 아주 강하다는 사실을 생각해보면 그가 해부실에서 자신이 어떤 모습으로 누워 있게 될지, 몇 년이나 지내야 할 공간은 어떤 모습일지를 궁금해하는 것도 지극히 당연하다. 앞으로 해부학에 종사하게 될지도 모를 학생들이 대학에 입학하면 당연히 해부실을 둘러보게 한다. 그러니 해부실에서 당당하게 한 자리를 차지할 미래의 시신 기증자들에게 해부실을 감출 이유는 없다. 단지 내가 해부실에 처음 들어왔을 때를 생각해보면, 해부실을 직접 보면 기겁할 수도 불안해질 수도 있을 것이다. 해부실 견학 경험이 아서에게 엄청난 재앙이 될지, 아니면 충분히 마음의 평화를 얻는 일이 될지는 알 방법이 없었다.

나는 그럴듯한 구실을 대며 아서의 요구를 피해보려고 애썼지만 아서는 호락호락하게 물러나지 않았다. 그는 정중하고도 단호하게 자신은 나를 믿고 나를 알기 때문에 해부실에 들어가 보고 싶은 거지만 내가 불편하다면 완벽하게 이해한다고 했다. 그러니 다른 곳에 가서 부탁해보겠다고 말했다. 아서는 정말 노련한 협박자였다. 나는 어디에선가 누군가가 내 목소리로 일단 대학 당국에 견학이 가능한지 물어보겠다고 말하는 소리를 들었다. 그러니까 나는 주저하면서도 동의했던 것이다. 나는 아서에게는 한 번도 안 된다는 말을 할 수가 없었다. 도대체 왜 그런 걸까? 아마도 내가 그를 매우 좋아하기 때문이고 기증자와 가족, 학생들과 교육에 완벽하게 헌신하는 우리 직원들이 우리 학부에서 해주는 일을 자랑스럽게 여기기 때문일 것이다. '침묵의 스승들'이 우리에게 가르침을 주고 있는 것이 분명하다면 그분들도 당연히 우리 학부 직원이었다. 어쩌면 나는 아서를 해부학과에서 근무할 미래의 교직원으로 단숨에 생각해버린 것인지도 몰랐다. 내가 이런 말을 하면 아서는 비웃듯이 껄껄 웃으며 그렇게 싼값에 자기를 부려먹으려 한다며 나무랄 게 분명하다.

나는 아서의 요청을 받아들일 수 있는지 학교 감사관에게 문의했고 감사관은 통제만 제대로 된다면 아무 문제 없다고 했다. 아서가 참관하기로 한 날, 나는 내 방에서 아서를 만나 기증에 관해서 이야기를 나누고 그 기증이 그에게, 나에게, 그리고 우리 학생들에게 갖는 의미에 대해 이야기했다. 우리는 아서의 죽음에 관해서도 의견을 나누었고 나는 내 의견을 이해시키려고 최선을 다했지만 언제나 그렇듯이 내 말들은 편리하게도 아서의 귓속으로는 들어가지 않았다. 나는 방부 처리 과정에 관해 설명했고 그는 방부 처리를 하는 동안 세포 단계에서 일어나는 화학 반응을 궁금해했다. 그는 냄새와 촉감에 관해, 보이는 모습에 관해 물었다. 나와 함께 해부학 책을 몇 권 살펴본 뒤에 아서는 근육 조직이 생각했던 것처럼 붉지 않다고 말했다. 그는 사람의 근육은 정육점에서 보는 고기 같을 줄 알았다며, 이렇게 분홍색 섞인 회색일 거라고는 생각하지 못했다고 했다. 아서가 해부실에서 보게 될 일에 대비하려면 인체 사진들을 미리 보아두는 것이 좋을 것 같았다.

　우리는 내 방 한쪽에 세워둔 해골에 관해서도 이야기를 나누었고, 여러 근육이 시작되고 삽입되는 곳을 알려주기 위해 다양한 색으로 구별해놓은 표식도 살펴보았다. 내 책장에 있는 머리뼈도 살펴보면서 뼈가 생장하는 방법과 부러지는 이유 등도 말했다. 차를 마시고 인생과 죽음, 배움에 관해 이야기를 나누면서 나는 아서가 마음의 준비를 끝낼 때까지 기다렸다.

　아서가 준비되었을 때 우리는 내 방에서 나와 전시실로 갔다. 이미 허리와 등이 많이 굽은 아서였기에 계단을 오르는 일이 쉽지 않았지만 그는 한 손으로는 난간을 붙잡고 다른 한 손으로는 지팡이를 짚으며 계단을 올라갔다. 계단을 다 올라간 뒤에는 잠시 추모사집이 담겨 있는 유리 상자 앞에 섰다. 아서는 몸을 기증한 사람의 수를 언급하면서 그들이 몸을 기증한 이유를 추론해보았다. 우리는 매년 5월이면 열리는 추모식에 관해 이야기했고, 그는 그때까지 몸을 기증한 가장 어린 사람과 가장 나이가 많은 사람의 나이를 물어보았다. 기증자는 남자가 많은지 여자가 많은지도 물어봤다. 나는 그 질문에 모두 솔직하고 숨김없이 대답해주었다.

복도를 걸으면서 우리는 의학 및 법의학 예술과의 재능 있는 학생들이 만든 놀라운 작품들을 보았고 고대 해부학과 예술의 관계를 조명해보았다. 특히 해부에 병적으로 매혹되어 있던 놀라운 네덜란드 거장들에 관해 이야기했다.

아주 밝은 우리 전시실에는 학생들이 앉아서 공부도 하고 교과서에 실려 있는 사진과 해부한 표본을 비교해보기도 하는 길고 하얀 탁자가 쭉 늘어서 있다. 아서는 그 가운데 한 탁자 앞에 앉았다. 나는 CT와 MRI로 촬영한 영상에서 확인할 수 있는 사람의 구조를 직접 눈으로 볼 수 있도록 사람의 몸을 시상 단면으로, 관상 단면으로, 수평 단면으로 절단해 두꺼운 아크릴 상자에 넣어둔 표본도 보여주었다. 나는 그가 앉아 있는 탁자 위에 유리병을 놓고 안에 담긴 것은 남자의 가슴 부분을 수평으로 절단

한 표본이라고 말했다. 아서는 그 표본이 남자인지 여자인지 어떻게 아느냐고 물었다. 나는 피부에 나 있는 털을 가리켰고, 우리 둘 다 키득거리며 웃었다.

나는 심장, 폐, 주요 혈관, 식도, 갈비뼈, 척추가 어디에 있는지도 가르쳐주었다. 아서는 정말로 흥미로워했다. 그는 온몸으로 운동 정보와 감각 정보를 운반하는 척수와, 음식이 내려가는 식도가 정말로 작다는 사실에 놀라워하면서 앞으로는 정말 아주 소량씩만 입에 넣고 삼켜야겠다고 말했다. 우리 몸속에 있는 아주 섬세한 구조물을 본 아서는 어째서 우리 삶이 그토록 연약한지를 알게 되었다고도 했다. 심장과 연결된 관상 혈관과 한 여인을 과부로 만들 정도로 위험하다고 불리는 동맥(좌관상동맥의 앞심실사이가지 anterior interventricular branch)을 보더니 심장 안쪽에서 보이는 방들의 이름을 알려달라고 했다. 심금心琴이라는 낭만적인 명칭으로도 불리는 힘줄끈을 보고는 정말로 놀라워했다. 아서는 그것이 소인국 사람들의 텐트를 고정하는 데 쓰이는 줄처럼 보인다고 했다. 그는 표본이 얼마나 오래되었는지, 얼마나 오래 보관할 수 있는지도 물었다.

이 노신사가 자신이 보고 논의하게 될 일들을 완벽하게 편안하게 느끼고 있다는 사실에 마음이 놓였다. 나 자신의 불안함 외에는 그 어떤 불안도 감지되지 않았다. 눈곱이 낀 아서의 눈에는 두려움이 전혀 없었고 목소리도 손도 전혀 떨리지 않았다.

이제 정말로 큰일을 해야 할 시간이 되었다. 아서가 잠시 표본이 담긴 유리병을 쳐다보고 있는 동안 나는 해부실로 들어갔다. 해부실은 해부학과에서 늘 해야 하는 일을 준비하는 학생들이 즐겁게 떠들고 있는 밝고 넓은 공간이다. 나는 조금 더 성숙한 학생들이 모여 있다고 생각되는 해부대를 찾으려고 해부실을 둘러보았다. 마침내 한 해부대를 선택한 뒤 나는 학생들에게 아서에 관해 말해주고 그와 대화를 나누어줄 의사가 있는지 물었다. 학생들은 수습 시신과 해부에 관해 이야기해야 한다는 사실에 전혀 동요하지 않는 것 같았다. 특히 메스와 핀셋을 들고 누군가의 어깨 관절을 벌려야 할 때 앞으로 시신이 될 사람과 이야기를 나누어야 한다는 사실에 말이다. 하지만 학생들은 진지하게 고민하고 서로 의견을 나누더니 그렇게 하겠다고 했다. 그들은 아서와 대화를 나눌 대변인도 뽑았다.

학생들과 아서와 나 가운데 누가 가장 겁에 질려 있었는지는 모르겠다. 아서를 해부실로 들인다는 결정이 어떤 결과를 불러올지 그때까지도 짐작이 되지 않았다. 어쩌면 엄청난 실수로 판명이 날 수도 있었다. 어쨌거나 아서는 천천히 일어나 나와 함께 해부실로 들어갔다. 아서가 해부실로 들어서는 순간 어색한 침묵이 흘렀다. 방금 전까지만 해도 활기차게 떠들던 소리는 사라지고 그 즉시 경이로운 침묵과 부지런한 탐색이 그 자리를 차지했다. 누군가 소리 없이 명령을 내린 것처럼 해부실 전체 분위기가 눈 깜짝할 사이에 바뀌는 모습은 정말로 놀라웠다. 굳게 단결된 팀의 일원이 아닌 외부인이 나타났을 때 일시에 행동을 조정하는 연대 의식이 발휘된 것이다. 이런 상황은 시체 보관소에서는 늘 보는 모습이다. 불문율이라도 있는 것처럼 낯선 사람이 들어오면 그 사람이 누구이며 왜 들어왔는지를 파악하기 전까지는 행동과 태도를 바꾸는 것이다. 해부실에 들어오는 학생은 누구나 경고나 지시를 받지 않아도 모두 그렇게 행동했다. 나는 정말 우리 학생들이 자랑스럽다.

아서는 약간 주저하면서 해부대 앞으로 걸어갔다. 대변인을 맡기로 한 학생이 자기소개를 하고 조금 긴장한 모습으로 지금 해야 하는 일 때문에 악수를 하지 못한다는 사실이 유감이라며 농담을 했다. 그러자 그 해부대에 있던 다른 학생들도 자기소개를 했다. 모두 창백하고 긴장해 있는 것이 한두 명은 기절할지도 모른다는 생각이 들었다. 아서는 해부대를 가리키며 "이건 뭐요? 왜 이런 식으로 자르는 거요?" 같은 질문을 했다. 나는 뒤로 물러나 죽음에 의해 분리되는 상황과는 거리가 먼 학생들과 죽음에 가까운 아서가 해부학이라는 장엄한 세계를 통과하는 동안 하나가 되는 놀라운 기적을 지켜보았다.

아서가 해부대 학생들에게 받아들여지자 해부실은 다시 시끌벅적해졌다. 그는 족히 15분 이상을 학생들과 이야기를 나누었다. 학생들은 아서의 말에 한두 번쯤 크게 마음껏 웃었다. 아서와 학생들 모두 이제는 충분하다는 생각이 드는 15분가량이 지났을 때 아서가 의자에서 일어섰고 나는 그를 데리고 해부실에서 나가려고 앞으로 걸어갔다. 아서는 학생들에게 멋진 솜씨를 보여주어서 고맙다고 했고 그들은 아서가 값을 매길 수 없는 귀중한 선물을 주려는 마음에 감사하다고 했다. 그들 모두 진심으로 대화를 끝내기를 주저하는 것 같았다. 하지만 뭐랄까, 아서가 몸을 돌려 천천히 걷기 시작하자 학생들은 모두 한꺼번에 안도의 한숨을 내쉬었다. 그들은 정말로 아서를 불쾌하게 하거나 흥분하게 만들고 싶지 않았던 것이다. 학생들은 아서가 자신들을 위해, 그리고 미래의 학생들을 위해 해줄 일의 중요성을 분명히 알고 있었다.

아서에게는 흥분을 가라앉힐 진정제 -더 많은 차- 와 약간의 수다가 필요했고 우리는 내 방으로 돌아왔다. 그는 그 어느 때보다 신이 났고 활기와 결의에 차 있었다. 그가 유감스럽게 생각하는 것은 오직 하나, 자신이 메스를 잘못 잡았을 것이라는 것뿐이었다. 아서가 해부 과정에 어찌나 매혹되었던지 나로서는 그가 다른 삶의 여정을 밟아왔더라면 분명히 그 자신이 직접 위대한 해부학자가 될 수도 있었을 거라는 생각이 들었다.

아서의 해부실 견학은 정말로 강렬했고 함께한 사람 모두에게 엄청난 영향을 미친 경험이었다. 그래서 그런 경험을 또 해보고 싶으냐고? 아니, 천만에. 절대 아니다!

6장

뼈

"벽장에는 해골을 극도로
안절부절못하게 만드는 무언가가 있다."

윌슨 미즈너
극작가, 사업가, 이야기꾼 · 1876~1933

로즈마키 남자 얼굴 복원도

한 사람의 죽음이 어딘가에 있는 누군가에게는 더는 개인적인 문제가 아니게 되는 시점은 언제일까? 자신의 시 「수많은 시간의 길이 So Many Lengths of Time」에서 브라이언 패튼은 "우리가 한 사람을 가슴에 품고 있는 만큼 그 사람은 살아간다"라고 했는데, 그 구절은 정말로 내 마음을 울린다. 나이가 드니 내 입에서는 자꾸 예전에 아버지가 하셨던 말들이 흘러나온다. 이 세상에 우리를 기억하는 사람이 있는 한 우리는 죽을 수 없다.

그런 기준으로 잠재 '수명'을, 아니 '죽음의 수명'을 측정한다면 우리가 존재할 수 있는 시간은 가족들의 기억에, 가족들의 이야기에, 사진에, 영화에, 그 밖의 다른 기록에 남아서 더 길게 존재한다고 해도, 아마도 4대를 넘지는 못할 것이다. 우리 가족의 경우 우리 세대가 나의 조부모 세대를 기억하는 마지막 세대일 테고, 나의 손주들이 우리 부모님을 뵌 적이 없으니 나의 부모님을 기억하는 가장 어린 세대는 내 아이들이 될 것이다. 내가 죽으면 마침내 나의 할머니도 돌아가시게 되리라는 사실을 생각하면 슬프다. 하지만 내 몸이 죽을 때 내 마음속 할머니도 죽는다. 나와 할머니가 함께 죽는다는 사실은 적절하게 느껴지며 위안이 된다. 나는 내 손주들이 이 세상을 떠날 때 더는 기억되지 않는 사람이 되어 있겠지만 어쩌면 운이 좋아서 내 증손주들이 나를 기억에 담아두고 나이를 먹어갈 때까지 충분히 오랫동안 육신을 이 세상에 두고 있을 수도 있다. 그런 생각을 하니 조금 무

남아 있는 모든 것
All That Remains

섭다. 도대체 언제 이렇게 늙어버린 것일까?

　　　　법적인 관점에서 보자면 사망한 지 70년이 지난 시신은 법의학의 관심을 받을 가능성이 많지 않다. 지금부터 70년 전이라면 제2차 세계 대전이 벌어지고 있을 때다. 나로서는 만나본 적이 없는 증조부모님의 유해는 이제 기술적으로 말하면 고고학의 영역에 속해 있으며 앞으로 30년이 지나기 전에, 그러니까 내가 죽기 전에 내 조부모님의 유해도 마찬가지로 고고학의 표본이 될 수 있다는 생각을 하면 정신이 번쩍 든다. 혹시 누군가 고고학을 연구하겠다며 나의 할머니와 증조할머니의 유해를 발굴하면 우리 가족의 영역이 침범당했다는 기분이 들까? 당연히 그럴 것이다.

　　　　증조할머니뿐 아니라 고조할머니의 유해를 파헤치는 경우에도 나는 분명히 기분이 나쁠 것이다. 먼 조상과의 유대감은 점점 더 약해지고 무뎌지고 있지만 사람들 대부분의 마음속에는 혈연이라는 개념이 여전히 존재한다. 따라서 이미 고고학의 영역으로 들어가 버린 유해라고 해도 품위와 존엄을 갖추어 대해야 하며, 한 사람이 편히 쉴 수 있도록 내버려두는 일이 얼마나 신성한 일인지를 알아볼 수 있는 책임감은 기억을 간직한 사람들이 살아 있는가와 상관없이 오래 지켜져야 한다. 오래된 유해들은 그저 뼈가 아니라 누군가의 가족이며 한때는 웃고 사랑하고 살아갔던 사람들이다.

　　　　얼마 전에 나는 인버네스칼리지의 젊은이들을 위해 워

크숍을 진행했다. 그때 우리는 과학실에 걸려 있는 교수용 유골을 자세히 살펴보기로 했다. 워크숍이 끝날 무렵 여기에 참가한 젊은이들은 자신들이 대면하고 있는 134센티미터 정도의 유골이 자신들과 거의 나이가 비슷하며 어쩌면 인도에서 왔고 제대로 먹지 못해 빈혈이 있었다는 사실을 알게 되자 전혀 다른 시각으로 유골을 보게 되었다. 그들은 유골을 다시 선반 안에 넣기를 주저했고, 유골이 좀 더 존중받을 수 있기를 원했다. 익명으로 남은 유골에 공감하기는 쉽지 않지만 법의인류학은 알지 못하는 유골의 신원을 밝혀주고 다시 보호하고 돌봐주고 싶다는 사람의 본능을 일깨우는 힘이 있다. 나는 젊은이들이 유골에 그런 감정을 갖기를 바랐고, 그들은 나를 실망시키지 않았다. 정말로 놀라울 정도로 성숙하고 책임감 있는 젊은이들이었다.

그런데 아주 오래전에 발생한 죽음이라고 해도 법의학이 관찰해야 하는 표본인지 고고학이 관찰해야 하는 표본인지를 정확하게 정의 내릴 수 없는 유해도 있다. 이럴 때는 중요하게 고려해야 할 사항이 있다. 발견한 시체의 신원을 알고 있거나 유추할 수 있는지, 이 사람의 가족이 여전히 살아 있는지를 헤아려야 한다. 예를 들어 이언 브래이디와 마이라 힌들리가 피해자들을 묻은 새들워스무어에서 발견된 어린아이의 유해[11]는 시간의 흐름에 관계없이 모두

11 1963년 7월부터 1965년 10월까지 이언 브래이디와 마이라 힌들리가 맨체스터와 근교에서 만 10~17세의 미성년자 다섯 명을 상대로 행한 연쇄 살인 사건.

법의학의 영역이다.

    나는 뼈를 연구하는 고고학자는 아니지만 그렇다고 고고학에 속한 뼈를 다룰 기회가 전혀 없지는 않다. 가장 먼저 그런 뼈를 만난 것은 애버딘대학교 학부 과정을 마지막으로 밟고 있던 4학년 때였다. 정말로 사랑했던 3학년 해부학 수업을 마친 뒤에 나는 분명한 학문적 목표가 있는 일관된 과목들이 아니라 개별 교수들의 관심 때문에 이것저것 조합한 것 같은 과목들로 짜인 시간표를 받았다. 그 때문에 한 주는 신경해부학을 공부하고, 그다음 주에는 사람 진화론을 가지고 씨름해야 했으며, 절대로 이해하지 못했던 공초점 현미경을 쓰는 법을 배워야 했고, 웨트슈트와 그것이 여자들에게 미치는 효과에 대해 이야기하기를 좋아하는 상당히 지저분한 교수의 온갖 불쾌한 수사학적 언변들을 참아내야 했다. 그 교수는 정말 기이한 사람이었다.

    그중에서도 가장 난처했던 과목은 4학년 학생이라면 반드시 해야 하는 연구 프로젝트였다. 왠지 모든 4학년이 쥐의 뇌에서 납의 농도를 측정하거나 햄스터의 뇌하수체에서 암종을 찾거나 당뇨인 쥐를 괴롭히는 신경 장애를 연구하고 있는 것 같았다. 하지만 나는 생쥐나 쥐가 싫었다. 솔직히 말하면 죽어 있건 살아 있건 간에 설치류는 모두 싫었다. 죽은 설치류 사체를 가지고 연구하면서 시간을 보낼 수는 없었다. 나는 모든 교수를 찾아가 내가 연구할 수 있는 다른 주제를 내달라고 간청했다. 그리고 장차 나의 지도 교수가 되실 분이 사람의 뼈를 선별하는 작업을 하면서 법의인류학을 공부해보는 것이 어떠냐고 제안하셨다. 정말로 탁월한 제안이었다. 털도 꼬리도 발톱도 만질 필요가 없었다. 빠르게 돌아다니는 움직임도 물림도 긁힘도 없었고 해부실에서 목격해야 하는 사람 사체의 자연적인 변화 과정도 정육점의 신선한 고기도 없었다.

나는 뼛조각 몇 개만을 가지고 한 사람의 성별을 알아내는 방법을 찾아내야 했다. 내가 살펴본 표본은 매리셜칼리지 박물관이 소장하고 있던 청동기 시대 유골이었다. 이 고대 유골들은 종 모양 음료 그릇 때문에 비커 문화라고 이름 붙은 문화의 일원이었다. 비커 문화 사람들은 석관에 작은 돌과 간단한 장신구를 고인과 함께 넣어 묻었다. 스코틀랜드 북동쪽에서는 넓은 돌 네 개를 똑바로 세우고 그 위에 수평으로 갓돌을 얹은 짧은 석관을 만들었다. 석관은 대부분 농부들이 우연히 발견했다. 밭에서 쟁기를 갈던 농부가 갓돌을 들어 올리다 그 안에 웅크리고 있는 유골을 발견한 것이다. 비커 문화 사람들은 라인강 지역에서 교역을 하러 왔다가 영국 북동부 해안을 따라 자리를 잡은 것으로 추정된다. 그들은 모래에 시신을 묻을 때가 많았기 때문에 시신은 훌륭하게 보존되었고, 결국 내 연구 프로젝트를 위한 기막히게 좋은 수집품이 되어주었다.

매리셜 박물관의 소음 하나 없는 뒷방들이 나에게는 천

국이었다. 먼지 많고 덥고 나무와 송진 냄새로 가득 찬 그곳은 아버지의 목공소를 떠올리게 했다. 그 방들은 나에게 서류 무더기 사이에 숨어서 비커 사람들의 인생과 건강, 죽음을 생각해볼 수 있는 조용한 시간을 몇 시간이고 주었다. 비커 문화 사람들은 평화롭게 살았던 사람들로 외부 충격 때문에 사망한 경우는 거의 없었다. 매우 흥미로운 사람들이었고 그들의 뼈에 새겨진 이야기들은 정말 매혹적이었지만 나로서는 완전하지 않다는 생각이, 무언가를 성취해냈다는 기분이 들지 않았다. 그런 기분이 드는 이유는 그 문화가 4000년 전에 존재했었다는 동떨어짐보다는 그들의 삶과 죽음을 절대로 정확히는 알 수 없으리라는, 정말로 화가 나는 확실성 때문이었다. 그 모든 것이 진실이 아니라 추정과 가설일 수밖에 없기 때문이었다. 나는 오늘날의 세계에서 죽은 사람들의 신원을 확인하고 그들이 제시하는 질문에 답하는 기술을 익힌 뒤로는, 이 섬의 최근 거주민의 삶과 죽음이 훨씬 더 도전 의식을 북돋우며 보상이 더 크다는 사실을 깨달았다.

우리 섬은 1만 2000년 이상 사람이 거주해 왔기 때문에 법의인류학자는 당연히 고고학의 영역으로 넘어가 표본을 살펴봐야 할 일이 상당히 자주 생긴다. 수세기 동안 인구 규모가 다양하게 변했음을 생각해보면 우리 땅에서 얼마나 많은 사람이 죽음을 맞이했는지는 오직 추측만 할 수 있을 뿐이지만, 전 지구적으로는 5만 년 전 호모 사피엔스가 나타난 이후로 1조 명이 넘는 사람이 살다가 떠났으리라고 추정한다. 이는 현재 지구에 살고 있는 70억 인구보다 열다섯 배는 많은 수다. 산 사람의 수는 죽은 사람의 수를 절대로 넘을 수 없다. 지구촌 인구가 1500억 명 이상이 되면 인류 자체가 존속할 수 없기 때문이다.

21세기 영국에서는 인구 3만 9000명당 한 명꼴로 매일 죽을 것이다. 1년이면 50만 명이 넘는 시신을 매장하거나 화장할 수 있게 '관리'해야 한다. 사망한 사람이 함께 살기에는 불쾌한 상태로 변하기 전에, 빠른 시간 안에 시신에게 해줄 수 있는 일은 아주 많다. 시대를 불문하고 전통적으로 널리 받아들여지는 인류 시신 처리 방법은 다섯 가지가 있다. 첫 번째는 티베트에서 하는 천장처럼 육상이나 공중에서 온 청소동물이 시신을 처리할 수 있도록 탁 트인 공간에 내버려두는 것이다. 두 번째는 수상 동물이 시신을 처리할 수 있도록 강이나 바다에 수장하는 것이다. 세 번째는 부자들이 선호하는 장례 방식으로, 무덤 같은 특별한 장소를 만들어 죽은 사람을 땅속에 감금하는 방법이다. 네 번째는 흙에 사는 무척추동물이 시신을 처리할 수 있도록 그대로 땅에 묻는 방식이다. 적절한 승인을 받고 수질 자원을 오염시킬 위험만 없다면 이론적으로 우리는 사유지를 비롯해 어떤 곳에든 시신을 매장할 수 있다. 마지막 다섯 번째 방법은 화장으로, 지금으로서는 가장 빠르고 청결하게 시신을 처리할 수 있는 방법이지만 공기를 오염시킬 수 있다고 걱정하는 사람이 늘고 있다.

가장 극단적인 시신 처리 방법은 -현재로서는 사회적으로 받아들여지지도 않으며 옹호하는 사람도 없지만- 시신을 먹는 것이다. 식인 풍습은 여러 문화에서 발견되지만 영국에서 시신을 식량 자원으로 썼다는 증거는 드문 편이다. 빙하기 말에 체더 협곡의 말 사냥꾼이 머물던 서머싯의 고프스 동굴에서 그런 증거가 나오기는 했다. 이곳에서 발견된 유골에는 사람이 먹으려고 살을 발라낸 흔적이 남아 있다. 그보다 수세기 뒤에는 의학과 관련해 식인을 했다는 증거들이 나온다. 사체에는 신비스러운 효능이 있다는 약제상의 믿음 때문이었다. 옛 약제상들은 다양한 인체 부위로 편두통, 폐결핵, 뇌전증 같은 질병을 치료하는 약이나 일반적인 강장제를 만들었다. 갑자기 죽음을 맞은 사람은 영혼이 몸 밖으로 나가지 못하고 오랫동안 육신에 갇히기 때문에 그 시신을 먹는 사람은 생명의 정수를 취할 수 있다는 것이 그 이유였다. 이런 '시신 약'은 가루를 낸 뼈, 말린 피, 굳힌 뼈를 포함해 먹기에는 어딘지 모르게 불쾌한 여러 인체 부위로 만든다.

1679년 프란체스코회 소속 한 약제상이 사람 피로 잼을 만드는 방법을 기록했다. 그는 먼저 이제 막 죽은 "따뜻하고 촉촉한" 시신의 피를 구해 와야 한다고 했는데, "통통한 몸"일수록 더 좋다고 했다. 마련해온 피는 "끈적끈적하게 굳을" 때까지 내버려두었다가 침엽수로 만든 탁자 위에 올려놓고 얇게 썰되, 덩어리에서 흘러나오는 액체는 그대로 내버려두어야 한다. 자른 피는 불에 올려 으깨면서 휘저은 다음 다시 굳힌다. 굳힌 피가 아직 따뜻할 때 청동으로 만든 막자사발에 넣고 빻아 가루를 낸 다음 비단으로 만든 촘촘한 망으로 걸러낸다. 걸러낸 가루는 단지에 넣고 봉한 뒤에 봄이 되면 깨끗하고 신선한 물에 섞어 강장제로 마신다고 적혀 있다.

흥미롭게도 영국의 한 법학과 교수의 말대로라면 영국에서는 살인과 시체 훼손은 다행히도 불법이지만, 시체를 먹는 일은 그 자체로는 불법이 아니라고 했다. 그 말을 들은 견습 변호사(우리가 부르는 대로라면 아기 상어)인 막내딸 애나는 베인 손가락에서 나는 피를 입으로 빨면서 자기 자신을 먹는 '자가 식인'은 어떤 범죄로 분류해야 하는지를 놓고 고민했다. 아무도 죽지 않는데 합의된 식인이 범죄가 될 수 있을까? 영국 법은 식인을 별개의 행위로 취급하기보다는 살인이나, 적어도 시체 훼손 같은 범죄와 연관 짓는 것 같다. 애나가 어떤 결론을 내릴지 걱정된다.

역사적으로 영국은 땅에 묻는 시신 처리 방식을 가장 선호해 왔다. 고대인들이 택한 매장터는 문화적으로 중요하거나 신성한 장소였을 가능성이 높다. 국가의 공인을 받는 종교가 강력한 힘을 갖게 되면서 시신은 교회 구내 묘지에 묻히게 됐고, 고인이 충분히 영향력을 지닌 인물이라면 교회 내부나 지하실에 있는 제실에 안장했다.

산업 혁명으로 인구가 도시로 대량 유입되면서 매장지가

부족해지기 시작하자 빅토리아 시대에는 도시 외곽에 시립 묘지를 건설하는 일이 잦았다. 1857년에 매장법이 제정되기 전까지는 무덤을 재사용하는 것이 일반적이었는데, 묘지가 빠른 속도로 가득 차자 적절하다고 생각되는 기간보다 훨씬 빨리 묘지에서 나가야 하는 경우가 생기면서 공분을 사기도 했다. 매장법은 공식적인 시체 발굴 명령이 떨어지기 전까지는 묘지를 훼손하는 행위를 불법으로 규정했다. 재미있는 점은 단순히 무덤을 여는 것은 죄가 아니었다는 점이다. 시신이 옷을 입고 있지 않는 한 죽은 몸을 훔치는 행위는 사실상 법을 어긴 것이 아니었다.

1970년대부터 지방 의회는 원 거주자의 관이 그대로 보존하기만 한다면 오래된 무덤을 재사용할 수 있는 권한을 갖게 되었다. 그 때문에 먼저 넣은 관 위에 다른 사람을 묻을 수 있도록 아주 깊게 땅을 파 묘지를 확장했다. 이 방법은 시신이 묻힌 지 100년이 넘고 더는 방문객이 없어 방치된 묘지 위주로 시행되고 있다. 2007년에는 공간 부족 문제가 심각해진 런던에서 지방관청법이 대대적으로 개편되면서 75년 이상 된 묘지는 임차인이나 가족의 반대가 없다면 도시 당국이 시신을 발굴해 좀 더 작은 관에 묻어 다시 매장할 수 있는 길이 열렸다. 무덤의 원주인과 반드시 친척 관계가 아니어도 시신을 매장할 수 있는 방법이 생긴 것이다. 2016년에는 스코틀랜드 의회도 비슷한 법을 제정했다.

무덤을 재사용하는 문제는 여전히 감정을 자극하며 종교·

문화·윤리적인 걱정을 불러일으킨다. 하지만 영국에서 매장지 부족은 이미 위기 상황으로 치닫고 있다. 2013년 BBC 방송국에서 조사한 대로라면 2033년이면 영국 내 모든 묘지의 절반이 가득 차게 된다. 따라서 이 문제를 해결하려면 새로운 거주자를 받지 않으려는 공동묘지의 의지를 꺾을 수 있어야 하거나 시신을 처리하는 다른 방법을 찾아야 한다.

전 세계적으로 해마다 사망하는 사람은 5500만 명 정도에 이르니 매장 문제는 비단 영국만의 문제가 아니다. 무덤을 재활용하는 전통이 없는 도시가 가장 크게 영향을 받을 것이다. 남아프리카공화국의 더반이나 오스트레일리아의 시드니 같은 도시는 런던이 그랬던 것처럼 새로운 법안을 도입하려 할 때 문화적으로 강한 저항을 받게 될 것이다.

전 세계 많은 도시, 특히 유럽 도시들은 역사적으로 조금은 다른 방법을 활용했다. 정기적으로 땅이나 지하 납골당에 묻혀 있는 뼈를 파내 관리인이 자신의 예술 능력을 마음껏 발휘할 수 있는 거대한 지하 묘지나 납골당으로 옮겨놓는다. 가장 큰 납골당은 파리 거리 밑에 있다. 그곳에는 600만 구에 달하는 유골이 쉬고 있다. 1400년에 붐비는 교회 묘지에서 유골을 옮겨온 체코공화국의 세들레츠 납골당은 이 세상에서 가장 아름답게 장식된 지하 묘지 가운데 하나일 것이다. 1870년에는 아무렇게나 쌓여 있던 유골을 분류할 책임을 맡은 나무 조각가 프란티셰크 린트가 4~7만 명의 뼈로 예배당을 꾸밀 호화롭고 정교한 장식물과 가구를 만들었다. 그곳에는 사람의 뼈로 만든 샹들리에와 문장, 멋진 부벽이 있다. 예술가의 영감은 린트에게 재료를 상관하지 않게 했으나 그의 작품을 보는 사람은 그곳에 있는 많은 뼈가 어린아이의 뼈라는 사실에 불편해질 수 있다. 린트는 경박하게도 자신의 서명까지 어린아이의 뼈를 이용해 만들었다.

    현대 유럽의 많은 지역에서 하고 있는 묘지 유골 옮기기 전통은 자연스럽게 묘지를 재활용하는 방향으로 발전했다. 예를 들어 독일과 벨기에의 경우 공립 묘지는 20년 정도 무료로 사용할 수 있다. 그 뒤로는 가족이 사용료를 내지 않을 경우에는 좀 더 깊은 땅속으로 이동하거나 다른 곳으로 이장해야 하는데, 여러 시신이 함께 묻히는 공동 무덤으로 가야 할 때도 있다. 기후가 좀 더 따뜻한 곳에서는 이 같은 방식이 흔하다. 스페인이나 포르투갈 같은 곳은 시신이 좀 더 빨리 부패하기 때문에 아주 짧은 기간만 시신을 매장한 뒤 가족이 원한다면 사용료를 내고 공동묘지의 벽장 납골당으로 옮길 수 있다. 결국 시신을 신경 쓸 가까운 가족이 더는 남지 않으면 유골은 묘지를 떠나야 한다. 그런 유골 가운데 일부는 박물관으로 가 연구에 쓰이고 나머지는 화장한 뒤에 재로 만든다. 싱가포르는 이런 유럽 방식을 채택하고 있으며 오스트레일리아는 '들어 올린 뒤 깊게 묻는' 영국 방식을 채택하려 하고 있다.

하지만 지속 시간이나 묻히는 장소(땅 밑이든 기념물 안이든)에 상관없이 매장은 인기를 잃고 있다. 미국 지하에 묻혀 있는 2.8제곱킬로미터의 나무와 160만 톤에 달하는 콘크리트, 280만 리터에 달하는 방부제, 9만 톤에 달하는 철만으로도 이미 충분히 엄청난 오염 물질로 작용하고 있다. 매장 때문에 지하가 오염되는 것을 걱정하며 지구를 보호하려고 애쓰는 사람들에게는 화장이라고 해서 딱히 더 안심해야 할 이유는 없는 것 같다. 한번 화장을 할 때마다 60리터에 달하는 연료를 사용해야 하기 때문에 수은, 다이옥신, 퓨란(중독성 화학물)이 대기로 방출된다. 대략적인 추정치에 따르면 1년에 미국에서만 화장으로 소비하는 에너지를 모두 합치면 달에 여든세 번 다녀올 수 있다. 미국의 경우 화장은 계속 증가하는 추세다. 1960년에 화장을 택한 고인의 비율은 3.5퍼센트였지만 지금은 거의 50퍼센트에 달한다.

힌두교나 불교도가 많은 나라에서는 화장하는 비율이 높은데, 문화적으로나 종교적으로 당연한 선택이다. 이 세상에서 화장을 가장 많이 하는 나라는 일본으로, 전체 사망자의 99.97퍼센트가 화장을 택하며 그다음은 네팔(90퍼센트)이고 그 뒤를 인도(85퍼센트)가 잇는다. 절대적으로 화장하는 사람이 가장 많은 나라는 중국으로, 해마다 450만 명 정도가 화장된다.

화장을 하면 인체를 구성하던 유기물은 모두 불에 타고 주로 인산칼슘으로 이루어진 뼈 같은, 건조하고 불에 타지 않는 물질만 남는다. 화장 후에 남는 재는 전체 인체의 3.5퍼센트를 차지하며 무게로는 1.8킬로그램 정도 된다. 대부분 화장을 하면 화장로에서 남은 뼈를 쓸어 담아 크레뮬레이터^{cremulator}라고 하는, 뼈를 분쇄하고 고인의 몸에서 나오지 않는 금속을 분리하는 과정을 거친다. 일본의 전통 화장법에서는 가족이 고인의 뼈를 젓가락으로 주워 항아리에 담는데, 고인이 뒤집히지 않도록 발부터 머리 순서로 뼈를 모은다.

  영국에서는 이제 전체 인구의 75퍼센트 정도가 매장보다는 화장을 선택하는데, 1960년대 이후로 화장 비율은 거의 변동이 없다가 지난 10년 사이에 급증했다. 현대 사회는 경계선을 계속 밀어붙이는 것을 좋아해 '깨끗하고' 새로운 선택지가 줄곧 나오고 있다(화장된 재는 주요 영양분이 상당히 많이 제거된다). 알칼리 분해 과정을 이용한 가수분해장도 그런 깨끗하고 새로운 선택지 가운데 하나다. 시신을 물과 잿물(가성소다)을 담은 통에 넣고 세 시간 동안 높은 열(섭씨 160도)과 압력을 가하는 가수분해장은 시신의 조직을 아미노산과 펩티드, 염분이 풍부한 녹갈색 액체로 바꾼다. 잘 부서지는 남은 뼈는 크레뮬레이터 과정을 거쳐 가루(주로 칼슘 하이드록시아파타이트)로 만들어 뿌리거나 비료로 사용한다.

  빙장氷葬이라는 방법도 있다. 시신을 영하 196도인 액체질소에 넣어 얼린 뒤 강하게 흔들어 입자로 폭파하는 방법이다.

폭파된 입자들은 건조실에서 말린 뒤에 자석을 이용해 금속을 제거하고 남은 가루는 박테리아가 마지막 마무리를 해줄 표토층에 묻는다. 마지막 '깨끗한' 방법은 아직은 설계 단계인 '사람 퇴비화'다. 사람 퇴비화를 장례 방법으로 택한 가족은 시신을 아마천에 감싸고 정원 퇴비의 거대화 버전이라고 할 수 있는 3층짜리 '퇴비' 센터의 중심부에 안장한다. 빨리 부패될 수 있도록 시신 밑에는 나무 조각과 톱밥을 깐다. 4~6주쯤 지나면 시신에서는 식물에 비료로 줄 수 있는 부분이 0.8세제곱미터 정도 생긴다. 남은 뼈와 치아를 어떻게 처리해야 할지 알아내지 못했기 때문에 '사람 퇴비화'는 아직 더 많은 고민이 필요한 방법이다.

지금 고민하는 현대 방식이 새로운 전통이 되면, 우리 선조들과 달리 우리 가운데 미래의 후손에게 자신의 몸을 남길 수 있는 사람은 많지 않을 것이다. 선조가 남긴 유골은 고고학자와 인류학자들에게 이전 문화에 속한 사람들을 가까이에서 개인적인 수준까지 연구할 수 있다는 관음적인 사치와 학문적인 자극을 줌으로써 사람의 역사를 풍부하게 만들어주었다.

지금까지 살펴본 것처럼 옛 사람들의 유적은 대부분 뼈와 고인과 함께 묻힌 장신구로 이루어져 있지만 극단적인 기후(뜨겁거나 건조한 곳, 영하의 날씨)와 환경(침수)에서는 수세기 동안 살아생전의 모습을 거의 잃지 않고 보존된 시신도 있다. 사망하고 5000년이라는 세월이 지난 1991년에야 오스트리아와 이탈리아 국경 산악 지대에서 발견된 아이스맨 외치도, 1845년 존 프랭클린이 이끌던 불운한 탐사대의 일원으로 캐나다 북쪽 끝 툰드라 지대에 갔다가 그곳에서 두 동료와 함께 묻힌 뒤 129년 만에 발견된 존 토링턴도 그런 시신이다.

    그라우발레 남자, 톨룬트 남자, 린도 남자, 스티스홀트 여자, 카이하우젠 소년 같은 '보그 보디 Bog body'들은 토탄 속에 묻혀 있었기 때문에 오랫동안 보존될 수 있었다. 중국 한나라 때 묻힌 신추辛追가 2000년 동안 거의 온전한 상태를 유지할 수 있었던 이유는 마그네슘이 많이 들어 있는 약산성 액체에 담겨 있었기 때문이다. 신추는 1971년 창사시 가까이 있는 한 병원에서 방공호를 파던 일꾼들이 발견했다. 신추는 혈관도 거의 완벽하게 보존되어 있었고, 혈관에는 A형 혈액도 소량 들어 있었다.

◇

    법의인류학자가 고고학의 영역으로 깊게 들어갈 일은 거의 없지만 나로서는 본의 아니게도 세 동료 과학자와 함께 2010년부터 2011년까지 BBC2 방송국에서 방영한 「미해결 사건 History Cold Case」 시리즈에 출연하라는 제안을 받으면서 고고학의 영역으로 들어가야 했다. 방송에서 우리는 고고학계에서 취급하는 사람 유골을 가지고 고고학자들이 적절한 순간에 찔끔찔끔 흘리는 정보를 이용해 그 유골이 살았던 삶의 모습을 종합적으로 밝혀낼 임무를 부여받았다. 방송에서 우리가 보게 될 것이 무엇인지, 발견하게 될 것이 무엇인지에 관한 단서는 전혀 주어지지 않았다. 그 때문에 너무나도 긴장되고 떨렸다. 하지만 아주 흥미로운 모험이기도 했다. 그렇지만 그때 방송에 출연했다는 사실 때문에 지금도 여전히 신음하고 끙끙댄다. 왜냐하면 카메라 앞에 서는 건 내 일이 아니었으니까. 내 얼굴은 라디오에 적합했으니까. 하지만 우리가 밝힌 모든 이야기는 아주 오래전에 죽은 사람이라고 해도 무덤을 벗어나 오늘을 살고 있는 우리에게 닿을 수 있음을 분명하게 보여주었다.

텔레비전에 출연해 이름을 알리는 일에는 좋은 점도 있고 나쁜 점도 있다. 칭찬을 받건 비난을 받건 간에 완전히 낯선 사람들에게 공공의 자원으로 간주되는 일은 불안할 수밖에 없다. 대부분은 텔레비전 방송을 아주 잘 봤다는 말을 하려고 다가오지만 외모에 관해 말하려고, 방송에서 한 이야기에 전혀 공감하지 않는다고 열을 올려 반대하려고, 텔레비전에 출연할 만큼 똑똑하지 않다고 지적해주려 다가오는 사람도 있었다.

출연자 네 명 가운데 세 명이 여자였는데, 우리 여자들은 늘 이야깃거리가 되었고 남자라는 성별을 가진 개체보다 개인적인 이메일과 편지를 더 많이 받아야 했다. 시청자들이 우리 셋을 가리켜 부르던 "던디의 세 마녀" 가운데 법의인류학자였으며 범

남아 있는 모든 것
All That Remains

죄학자이기도 한 잰시 몰렛이 그런 부적절한 일을 가장 많이 당했는데, 그도 그럴 것이 잰시는 정말로 멋진 젊은 여자였기 때문이다. 얼굴 복원 전문가인 캐럴라인 윌킨슨은 그녀가 복원한 얼굴에 대한 온화한 시와 호감이 가는 예술가의 능력을 칭찬하는 편지를 많이 받았다. 내가 받은 편지는 상당수가 교도소 수감자들에게서 온 것으로, 분명히 자신은 아내를 죽이지 않았으니 자신이 석방되도록 내가 도울 수 있는지를 묻는 내용이 대부분이었다. 우리를 추종하는 특정 분야의 사람들은 우리가 출연하는 방송을 "레즈비언 콜드 케이스"라고 불렀는데, 그건 전적으로 우리와 함께 출연한 동위원소 분석 전문가 볼프람 마이어아우겐슈타인 교수를 배척하는 별명이었다. 물론 그 때문에 우리 할아버지 교수님이 서운해한 것 같지는 않지만 말이다.

  좋은 점이라면 그저 새로운 사실을 알게 되었음을 즐기는 많은 시청자가 보내준 사랑스러운 이메일과 편지가 엉뚱한 편지보다 훨씬 많았다는 것이다. 또한 대중과 소통하면서 우리 조상들의 몸이 우리에게 말해주는 이야기를 알고 싶고, 과학을 이용해 과거에 살았던 사람들의 삶을 재현하는 방법을 진심으로 배우고 싶어 하는 사람이 많다는 사실도 알게 되었다. 왕이나 주교, 전사가 아닌 어린아이나 일하는 소녀 같은 평범한 사람들의 이야기를 다시 불러올 때면 슬프고 가슴 아픈 순간이 많았다. 이는 그들이 잊히지 않았음을 알게 해주었다. 그들의 이야기는 그저 법의인류학이 해석해주어야 하는 언어로 적혀 있을 뿐이었다.

해부학과의 표본으로 보존되어 있던 여덟 살 정도 되는 작은 남자아이의 사연도 아주 슬펐다. 그 아이는 서류에 기록되지 않은 미라가 되어 던디대학교 해부학과 선반에 놓여 있었다. 부드러운 조직은 이미 해부되어 사라졌고 그 아이에게는 뼈와 동맥 혈관계만 남아 있었다. 우리는 그 아이에 관해 아무것도 몰랐고 그 아이와 무엇을 해야 하는지도 몰랐기 때문에 텔레비전 방송에서 진행하는 연구가 흥미로운 사실을 발견해주기만을 바라고 있었다.

아이를 탐구하는 과정은 시작은 순조로웠지만 곧 캄캄한 암흑으로 빠져버렸다. 아이의 건강 상태는 나쁘지 않았고 분명히 병으로 죽은 것도 아니었다. 아이의 유골을 검사해 우리는 이 아이가 해부법이 통과된 1832년 이전에 죽었다는 사실을 알아냈다. 이 아이는 해부학자들이 아이의 몸을 1인치 단위로 구매했던 시절에 명성을 떨쳤던 아동 살해범에게 희생된 걸까? 아니면 부활을 믿는 사람이 무덤에서 훔쳐왔거나, 엄청난 연구를 하고 학생들을 가르치기 위해 시신이 필요했던 해부학자들이 시체 도둑을 고용해 무덤에서 꺼내온 아이인 걸까? 우리는 그 무렵에 저명한 해부학자 윌리엄 헌터와 존 바클리가 혈관 관류 실험을 했다는 사실을 알고 있었다. 아이의 혈관에 남아 있는 물질은 헌터와 그의 추종자들이 사용했던 관류액과 완벽하게 일치했다. 선배 해부학자의 범죄를 후배 해부학자가 찾아내는 모순은 충분히 있을 수 있다.

방송이 끝날 때는 그런 결정을 내리게 되리라고는 조금도 예상하지 못했던 일을 결정해야 했다. '이 작은 아이의 몸을 어떻게 해야 할까?'라는 결정 말이다. 다시 우리 대학교 해부학과로 보내야 할까, 아니면 박물관으로 보내야 할까, 적절한 방법으로 매장해주어야 할까? 우리는 만장일치로 매장해주어야 한다고 결정했다. 나는 사람의 유골이 구경꾼들의 호기심을 채우는 상점 진열장의 물건처럼 진열되어 있는 모습은 정말 보기 싫다. 교육과 유흥은 정말로 종이 한 장 차이지만 어느 때 잘못된 것이며 어느 때 옳은 것인지는 분명히 알 수 있다. 이 아이가 자신의 아이라고 생각해보면 결론은 분명하다. 당신이라면 이 아이를 어떻게 하겠는가? 하지만 안타깝게도 아이를 매장하는 데 필요한 승인을 받기는 힘들었다. 아이는 그 아이의 운명이 명확하게 정해질 때까지 외과 교육을 담당하는 대학교의 박물관에 머물러 있어야 한다.

런던 남부 서더크에 있는 크로스본즈 묘지의 극빈자 무덤에서 발견된 '크로스본즈 소녀'의 이야기도 정말 비극적이다. 10대 후반이었던 이 소녀는 매춘부였을 가능성이 큰데, 자신의 직업 때문에 옮았을 제3기 매독으로 끔찍하게 신체가 변형되어 죽었다. 매독의 진행 과정으로 보아 소녀는 열 살이나 열두 살

때 처음 매독에 감염됐을 것이다. 소녀는 19세기 매춘업의 끔찍한 실상을 우리에게 들려주고 있었다. 얼굴을 복원했을 때 그 어린 소녀에게 일어난 참상을 보고 우리는 모두 충격을 받았다. 캐럴라인은 2차 복원을 통해 그 소녀가 건강했거나 페니실린으로 적절하게 치료를 받았다면 어떤 모습이었을지도 보여주었다. 오래된 이름 없는 사람의 유골을 볼 때면 분명히 어느 정도는 무심하게 볼 수도 있지만, 혈색이 도는 젊은 여인의 얼굴을 직접 보고 운명이 그녀를 조금 더 나은 손으로 이끌었다면 누릴 수 있었을 인생을 생각하면 그녀가 자신만의 희망과 꿈, 개성을 가졌던 진짜 사람이었음을 절실하게 느끼게 된다. 완벽하게는 아니지만, 어느 정도는 거의 완벽하게 우리가 그녀의 이름을 다시 돌려줄 수 있을 정도로는 재건할 수 있는 인생을 가진 사람이라는 사실을 말이다.

방송이 나간 뒤에 가장 많은 편지를 받은 이야기는 로마 시대에 묻혔고 하트퍼드셔주 볼독에서 발굴된 한 여인과 세 아기 유골의 사연이었다. 무덤에서 젊은 여인은 얼굴을 아래로 향한 채 누워 있었고 첫 번째 아기는 그녀의 오른쪽 어깨 근처에 누워 있었다. 땅을 조금 더 파고 들어가자 그녀의 다리 사이에서 또 다른 신생아가 발견됐고, 골반 안쪽에서 세 번째 아기를 찾았다. 이 젊은 여인에게 일어난 일은 아두골반부적합(어머니의 골반 크기와 아기의 머리 크기가 맞지 않는 상황)을 적절하게 처리할 수 있는 의학이 발달하지 않은 많은 곳에서 지금도 여전히 일어나고 있다. 아기가 어머니의 자궁 속에서 몸을 돌리지 않는 역아일 경우에도 마찬가지 일이 일어날 수 있다. 현대 선진국에서는 자연 분만을 할 수 없는 출산에 비교적 안전하고 쉽게 개입할 수 있지만, 로마 시대 볼독에서는 아니었다.

첫 번째 아기는 죽은 채로 태어났는지, 살아서 태어났지만 곧바로 죽은 것인지를 절대로 알 수 없겠지만, 일단 어머니의 몸을 성공적으로 빠져나오기는 한 것 같다. 어머니와 아이들의 운명을 가른 것은 두 번째 아기였다. 역아(뼈의 배열 상태로 알 수 있었다)였기 때문인지 어머니의 산도와 크기가 맞지 않았기 때문인지는 모르지만, 이 아기는 어머니의 산도를 통과하지 못하고 끼어버렸다. 어머니는 이 두 번째 아기를 낳으려고 애쓰다가 사망했을 테고, 첫 번째 아기도 어머니와 함께 묻혔을 것이다. 어머니와 두 번째 아기가 부패하면서 어머니의 몸에 가스가 차오르기 시작했고, 아기의 머리뼈에서 압력이 빠지면서 두 번째 아기는 어머니의 산도 밖으로 빠져나올 수 있었다. 어머니와 아기가 모두 사망한 뒤에 아기가 산도를 빠져나오는 현상을 '관내 분만'이라고 한다. 세 번째 아기는 형제가 산도를 막았기 때문에 어머니 몸 밖으로 빠져나오지 못하고 자궁 속에서 죽었다. 당연히 행복해야 할 사건이 네 사람의 죽음으로 끝나 버린, 정말로 가슴 아픈 이야기였다.

최근에 던디대학교 법의인류학팀은 인버네스 북쪽에 있는 블랙섬 로즈마키에 있는 동굴을 발굴하다가 사람 유골을 찾았다. 그 덕분에 로스셔에서 진행된 흥미로운 고고학 연구를 도울 수 있었다. 그곳은 나에게는 어린 시절 가족과 함께 보낸 기억이 가득한 곳으로, 윌리 할아버지가 접는 의자에 몸이 끼인 추억이 있는 곳이기도 하다. 나는 우연을 좋아하며, 과거에 알았던 장소나 시간이 또다시 나의 삶에 나타나는 순간들을 정말로 좋아한다.

우리는 법의학 지식으로 외상을 입은 부위를 분석해 이 남자에게 일어난 일을 알아보기로 했다. 로즈마키 동굴 프로젝트를 위해 스코틀랜드 고고학 북부 협회와 지역 공동체가 서로 협력해 누가, 언제, 무슨 이유로 로즈마키 동굴을 이용했는지를 밝히는 고고학 연구를 진행하기로 한 것이다.

그 유골은 하일랜드 북쪽 마을에 있는 동굴 뒤쪽 모래밭에서 발견됐다. 그 동굴은 지역 주민들이 "용광로 동굴"이라고 부르는 곳이었다. 방사성 탄소 연대 측정법으로 이 남자는 바이킹이 도착하기 전인 철기 시대 말부터 중세 초기 시대에 해당하는 픽트 시대에 살았음을 알아냈다. 그는 '나비' 자세를 취한 채 똑바로 누워 있었다. 엉덩이는 퍼져 있었고 발목은 교차해 있었으며 무릎은 넓게 벌리고 있었다. 두 무릎 사이에는 아주 커다란 돌이 놓여 있었고, 두 손은 허리나 엉덩이를 잡고 있었으며 팔 위에는 돌이 쭉 놓여 있었다. 가슴에도 돌이 있었다. 시신 위에 돌을 놓은 이유에 대해서는 분노하거나 복수를 꿈꾸는 고인이 벌떡 일어나는 것을 막으려는 것이라고 설명하는 사람도 있고, 그저 파도에 쓸려 가지 않게 하려는 것이라고 설명하는 사람도 있다.

머리뼈에 생긴 끔찍한 외상으로 보아 그가 난폭한 죽음을 맞이했음은 의문의 여지가 없었다. 신체 다른 부위에는 상처가 없었으며, 모든 특징으로 보아 그는 30대 정도 되는 아주 건강하고 건장한 젊은이였음이 분명했다.

외상 분석 trauma analysis은 뼈가 움직이는 방식을 토대로 뼈가 손상되었을 때 어떤 식으로 변형이 되고 그 뒤로 추가적인 외상을 입으면 어떤 방식으로 또다시 변형되는지를 밝혀 외상을 입은 순서를 체계적으로 설명하는 논리적인 연역 추론 과정이다. 외상 분석을 통해 어떤 도구(혹은 도구들)가 외상을 입혔는지도 파악할 수 있다. 골절 부위의 위치와 골절 간의 관계를 살펴보면 상처가 어떤 순서로 났으며 어떤 도구를 사용해 어떤 식으로 힘이 가해졌는지를 알아낼 수 있다.

로즈마키 남자에게 가해진 첫 번째 공격은 입 오른쪽으로 들어왔다. 그 공격 때문에 남자의 앞니는 완전히 박살났는데, 깔끔하고 정교하게 살을 뚫고 들어갔지만 척추 같은 다른 부위를 손상할 정도로 몸을 관통하지는 않은 것으로 보아 공격 무기는 멀리서 던지는 창이나 막대기같이 뾰족한 물체였을 것이다. 남자의 흉강에서는 치관이 하나 발견됐는데, 이것은 충격을 받은 뒤에 치아를 삼켰기 때문일 가능성이 크다. 발사체가 입을 뚫고 들어온 뒤에도 살아 있었다는 의미다.

    두 번째로 남자를 강타한 충격은 남자의 왼쪽 턱을 가격했다. 아마도 공격 무기는 주먹이었거나 곤봉의 앞부분이었을 것이다. 오른쪽 치아에 생긴 둥근 모양의 골절도 그 가설을 뒷받침해준다. 이 두 번째 공격 때문에 턱의 주요 부분과 머리뼈와 연결된 관절 부위가 깨졌다. 충격은 그곳에서 끝나지 않고 머리뼈의 밑부분인 나비뼈까지 함께 부서버렸다. 두 번째 충격을 받은 남자는 아마도 뒤로 몸이 젖혀지고 결국 넘어지면서 단단한 표면에 머리를 부딪혔을 것이다. 남자가 묻힌 해변에 많이 있는 돌 가운데 하나 위로 넘어졌을 것이다. 그 때문에 남자의 머리뼈에는 땅에 부딪힌 왼쪽 뒷머리를 중심으로 넓게 퍼져 나가는 골절이 생겼다.

    그가 몸의 오른쪽을 땅에 대고 쓰러져 있을 때 공격자(또는 공격자들)는 그가 다시는 일어나지 못하게 만들겠다고 결심한 것이 분명했다. 공격자는 남자의 치아를 부순 것과 비슷한 크기와 모양의 둥근 무기를 왼쪽 눈 뒤쪽 관자놀이에서 오른쪽 눈 뒤쪽에 있는 관자놀이까지 관통하도록 찔러 넣었다. 남자의 정수리까지 충격이 퍼져 나갈 정도로 강했던 그 최후의 일격 때문에 깨지지 않고 남아 있던 머리뼈의 나머지 부분도 완전히 부서지고 말았다.

크로마티에 있는 역사 학회에서 우리가 발굴한 내용을 설명해달라며 나를 초대했다. 로즈마키 남자의 유골은 발굴 마지막 날에 찾았고, 우리는 역사 학회에서 깜짝 놀랄 일을 만들어주려고 그 사실을 비밀에 부치기로 했다. 인네버스 출신인 나는 그 지역에서 꽤 알려져 있었기 때문에 내가 오는 이유를 두고 학회 회원들 사이에 여러 추론이 오갔다. 발표자로 나온 팀장이 마지막 슬라이드에서 발굴된 모습 그대로 누워 있는 로즈마키 남자의 사진을 화면에 띄우는 순간 청중석 여기저기에서 헉 하는 탄성이 흘러나왔다. 이때 내가 일어나 청중에게 그 남자가 누구이며 어떤 일을 당했는지를 말해주고, 마지막으로 우리 동료 크리스 린이 재현한 아름다운 얼굴 복원 사진을 보여주었다. 청중은 정말 흥분했다.

발표가 끝난 뒤에 한 숙녀분은 너무 지쳐서 집에 가면 곧바로 누워버릴 거라고 했다. 그 숙녀분은 건조한 고고학 강의를 듣게 되리라 생각하고 왔는데 그녀와 같은 곳에서 살다가 잔혹하게 살해된 남자의 이야기를 들으며 롤러코스터를 타는 것처럼 극심한 감정 변화를 느낄지는 몰랐다고 했다. 그녀는 피해자와 눈이 마주쳤고 1400년 전에 죽은 사람인데도 마치 그날 로즈마키 거리를 거닐고 있을 것만 같은, 살아 있는 사람의 얼굴을 보는 기분이 들었다고 했다. 사람은 수세기 전에 살았던 사람이라고 해도 다른 사람의 이야기에 반드시 영향을 받을 수밖에 없고, 한때 자신이 살고 있는 지역에서 살았다는 이유만으로도 선조를 자신의 이웃으로 받아들인다는 사실이 매우 사랑스럽게 느껴졌다. 심지어 로즈마키와 주변 지역에 사는 주민들은 자신의 가족이 픽트 남자와 닮았으니 그가 자신의 조상일 수도 있다며 아들과 손자들 사진을 보내주기도 했다.

고대인을 연구하는 고고학은 한 몸이 간직하고 있는 복잡함을 드러낼 수 있다는 점에서 만족스럽지만 법의인류학자의 관점에서 볼 때는 한 사람이 겪은 일에 관해 아무리 스스로 확신을 한다고 해도 그 추론이 옳았는지를 확인해줄 사람이 없고, 우리가 틀린 방향으로 가고 있을 때 올바른 길로 이끌어줄 사람도 없다는 사실에 좌절을 느끼기도 한다. 어린 학생으로 비커 문화 연구 프로젝트에 참가했을 때 내가 처음 느꼈던 것처럼 법의인류학자로서 접근한 고고학이 절망스러운 이유는 명백한 증거가 없다는 점이다. 최근에는 고고학의 세계로 들어가면 들어갈수록, 우리가 조사하고 있는 사람의 인생을 정확하게 파악하고 훨씬 단단한 토대 위에 세워줄 기록 증거를 찾을 가능성이 훨씬 커졌다는 사실이 내가 받는 보상이 되고 있다.

1991년 런던 켄싱턴에 있는 성 바르나바 교회 지하실을 발굴하면서 만난 조금은 기이한 19세기 아일랜드인에게 내가 그토록 빠져버린 것도 바로 그런 이유 때문일 것이다. 그 지하실은 천장이 갈라지고 있어서 빨리 수리하지 않으면 무너져 내릴 것 같은 두려움이 진심으로 느껴지는 곳이었다. 우리가 그곳에 간 이유는 지하실이 매장실로도 쓰이고 있어서 건설업자들이 천장 지주 공사를 하기 전에 유해를 옮길 필요가 있었기 때문이다. 런던 교구는 우리가 관을 비우고 시신은 화장하고 재는 사제가 축성한 땅에 묻을 임무를 수행해도 좋다는 허가를 내주었다.

매장지에 있는 관은 1800년대 초반 금전적 여유가 있던 사람이 사후 세계의 안식처로 택한, 러시아 마트료시카 인형처럼 겹겹이 쌓인 삼중 관이었다. 삼중 관의 가장 바깥쪽에 있는 관은 보통 나무로 만들고 천과 독특한 손잡이로 장식을 하고 관 주인의 이름과 사망 날짜 등을 기록한 명판을 달았다. 나무 관 안에는 납으로 만든 관이 들어 있는데, 유족이 주문 제작하고 배관공이 납땜을 했으며 나무 관처럼 고인의 정보를 담은 명판이 붙어 있었다. 납 관은 체액을 담을 수 있게 설계되어 있었고 썩어서 악취가 나는 액체를 흡수할 수 있도록 겨를 채워 넣었다. 납 관은 냄새도 확실하게 붙잡았기 때문에 일요일 예배 때 냄새가 지상으로 올라가 교구민들의 섬세한 코를 찡그리게 하는 일은 전혀 없었다.

삼중 관의 가장 안쪽에는 형식적으로 넣은 가장 싼 나무 관이 있었는데, 보통 느릅나무로 만들었고 납 관의 안감 역할을 했다. 이곳에서 휴식을 취하는 고인은 소유했던 옷 가운데 가장 좋은 옷을 입고 말의 털을 채워 넣은 베개를 베고 영국 자수를 수놓은 훨씬 비싼 천을 흉내 낸 구멍 뚫린 면직물에 감싸여 있었다.

우리가 발굴하러 갔을 때는 이미 가장 바깥쪽에 있던 관은 모두 부식되어 나무 잔해와 장식품만이 남아 있었다. 하지만 오래가는 납 관은 끄떡없었다. 우리는 이 거대한 통조림 캔 같은 납 관의 봉인을 풀고 그 안에 있는 나무 관을 열어 고인의 남은 부분을 꺼내야 했다. 우리는 그곳에 누워 있는 사람이 누구인지를 기록한다는 조건으로 유해를 연구하고 사진으로 남겨도 좋다는 허락을 받았다. 19세기에 매장된 사람들에게서 DNA를 추출할 수 있는지를 알아보는 것이 우리의 연구 목적이었다. 납 관 안에서 유전 암호가 보존될 수 있는지가 우리가 알고 싶은 내용이었다.

안타깝게도 그 질문에 대한 답은 '아니다'였다. 시신이 부패하면 체액은 약산성으로 바뀐다. 납 관 안에서는 액체가 빠져나갈 수가 없기 때문에 이 체액은 내부에 있는 나무 관과 반응해 부식성 산으로 변한다. 부식성 산은 DNA 이중 나선 구조를 만드는 염기쌍의 결합을 끊어 이중 나선 구조를 해체한다. 그 때문에 유전 정보는 해체되고 체액은 초콜릿 무스처럼 보이는 걸쭉하고 검은 액체가 되어 관의 바닥에 쌓인다(해부학자는 자신이 발견한 물질을 음식에 비유하는 경향이 있다. 아주 바람직한 표현은 아니지만 아마도 아주 효과적인 비유이기는 할 것이다).

19세기 초에 매장된 사람들의 수와 성 바르나바 교회와 켄싱턴 막사와의 근접성을 고려해볼 때, 관에 붙어 있는 명판 가운데 많은 수가 군인과 관계가 있다고 해도 놀랄 일은 아니다. 그 시기에는 유럽에서 수많은 전쟁이 벌어졌기 때문에 아주 풍부한 기록 자료가 남아 있었다. 우리는 첼시에 있는 영국국립육군박물관의 직원들을 초빙해 우리가 하는 일을 지켜보고 있다가 역사적으로 의미가 있는 유해가 나오면 조언을 해달라고 부탁했다.

　　박물관 직원들은 특히 한 무덤에 관심을 보였다. 정확히는 무덤 주인인 에버릴다 체스니가 아니라 왕립 포병대 장군이었던 그녀의 남편 프랜시스 로던 체스니에게 열광한 것이지만 말이다. 체스니 장군은 여러 업적으로 칭송받는 군인이지만, 특히 인도로 가려면 희망봉을 돌아가야 하는 길고 험난한 항로를 대체할 짧은 길을 찾기 위해 증기선을 타고 유프라테스강을 거슬러 내려가는 대모험을 떠난 인물로 유명하다. 우리는 일정이 늦어질 경우를 대비해 에버릴다의 관을 마지막으로 남겨두었다. 우리에게 더 많은 시간이 필요할 경우 육군박물관 직원들의 관심이 그 시간을 벌어줄 수도 있다고 생각했기 때문이다. 그때 우리는 불과 열흘 안에 예순 개가 넘는 납 관을 열고 기록하고 유해를 옮겨야 했다.

　　슬프게도 에버릴다는 결혼하고 얼마 되지 않아 세상을 떠나 성 바르나바 교회 지하실에 안장되었다. 납 관 속에서 그녀의 유해는 거의 대부분 파편으로 변해 있었다. 온전하게 보존된 뼈는 얇은 비단 장갑을 끼고 있던 섬세한 손뼈뿐이었다. 한 손이 다른 한 손보다 상당히 큰 것으로 보아 평생 어떤 마비 증상 때문에 고생을 한 것처럼 보였다. 에버릴다 자신은 평범했지만 관에 들어 있는 부장품은 흥미로웠다. 그녀의 괴짜 남편은 자신의 결혼식 날인 1839년 4월 30일에 입었던 군복을 아내와 함께 묻었다. 에버릴다의 다리에는 바지가 두 벌 걸쳐져 있었고 가슴에는 재킷이 펼쳐져 있었으며 머리에는 육군 보병이 썼던 군모가, 발 밑에는 군화가 놓여 있었다. 군복은 국립육군박물관의 능숙한 큐레이터의 손에 넘겨졌고 에버릴다는 지하실에 있던 다른 유해들과 함께 화장됐으며 화장터에서 나온 재는 모두 사제가 축성한 땅에 묻혔다. 시간이 흐르자 나는 왠지 에버릴다의 기이하고도 조그만 남편에게 흥미가 생겼다(키가 162센티미터였던 프랜시스 로던 체스니는 군사 학교에 입학할 수 있는 신장에 맞추려고 신발 속에 코르크를 넣었다고 한다). 나는 그의 성격을 알 수 있는 책을 찾아 읽었고 그의 인생을 조사하기 시작했다. 그와 성이 같은 한 가족의 웹사이트를 발견한 나는 숨을 깊이 들이마시고 그곳에 혹시 체스니 장군이 쓴 일기장의 행방에 대해 아는 사람이 있는지 묻는 글을 올렸다. 그러자 시카고 근방에 살고 있던 체스니 장군의 직계 후손인 데이브가 정말로 멋진 이메일을 보내왔다. 그때부터 지금까지 우리는 15년이 넘는 시간 동안 이메일을 주고받는 친구로 지내고 있다. 내가 체스니 가문에 관해 새로운 내용을 찾아낼 때마다 그는 자신의 아픈 아버지에게 그 소식을 전해주었다. 데이브의 아버지는 월세를 기다리는 상가 주인처럼 "그 스코틀랜드 여자한테서는 아무 소식이 없니? 새로 찾아낸 게 없다니?"라고 아들에게 종종 물었다.

    100년도 더 전에 살았던 남자가 한 번도 보지 못한 두 사람이 우정을 맺을 수 있도록 촉매제 역할을 했을 뿐 아니라 이제는 인생의 황혼기에 접어든 또 다른 사람의 흥미를 불러일으킬 수 있다는 건 정말로 기적 같은 일이다. 과거에 살았지만 그들이 누워 있는 무덤을 넘어 현대인에게 닿을 수 있을 정도로 강렬한 개성을 지닌 사람들은 분명히 있다. 유골은 그저 칙칙하고 말라버린 오래된 유물이 아니다. 유골은 살아 있는 생명체의 각주로서 때로는 살아 있는 사람들의 상상력을 불러일으킬 수 있을 정도로 충분히 현대인과 공명할 수 있다.

    제2차 걸프전이 끝난 뒤에 체스니 장군의 이야기를 마음속에 품고 이라크에 간 나는 어느 날 문득 나 자신이 그 누구도 아닌 왕립 포병대의 경호를 받으며 유프라테스 강둑에 앉아 있다는 사실을 깨달았다. 정말로 근사한 또 다른 우연이었기에 나는 그 순간을 마음껏 즐겼다. 그리고 나도 모르게 선임 장교를 향해 "왕립 포병대도 공제 기금이 있나요?"라고 묻고 있는 내 목소리를 들었다. 갑자기 그런 질문을 왜 하게 됐는지는 나 자신도 알 수 없었고, 그 말이 내 입에서 나갔을 때 가장 많이 놀란 사람도 나 자신이었다. 내 질문을 받은 사랑스러운 젊은 장교는 당연히 있다고 했다. 그 장교가 열정적으로 공제 기금의 좋은 점을 말하는 동안 내 머릿속에서는 내가 계속 조사를 해야 한다고, 역사의 뒤에 있는 그 남자의 이야기를 글로 남겨야 한다고 재촉하는 선명한 목소리가 들려왔다. 어쩌면 언젠가는 정말로 글로 쓸 수 있을 테고 왕립 포병대에 도움이 될 수도 있을 것이다. 프랜시스도 내가 하고자 하는 일을 허락해줄 거라고 생각한다.

내가 그 작은 아일랜드 남자에게 조금은 반했고 내 관심이 조금은 집착으로 발전하기 시작했음을 인정해야겠다. 한번은 그 남자의 무덤을 찾겠다고 휴가 기간에 가족을 데리고 아일랜드로 갔고, 멀리서 쌍안경으로 그가 직접 지은 집을 살펴보기도 했다. 다행히 나에게는 우리의 결혼 생활에 또 다른 사람이 있다는 사실을 너그럽게 받아주는 이해심 많은 남편이 있다.

7장

잊히지 않기

"De mortuis nil nisi bene dicendum."
(죽은 사람에 관해서는 오직 좋은 것만 말해야 한다.)

스파르타의 킬론
그리스 현자·B.C. 600

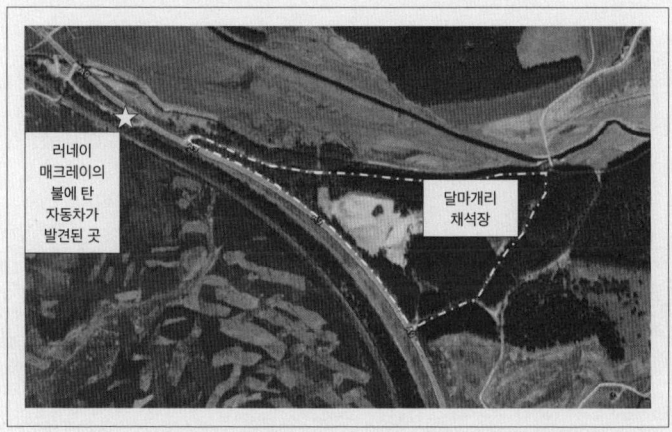

A9 도로 옆에 있는 달마개리 채석장의 위치와
러네이 매크레이의 불에 탄 자동차가 발견된 곳

고고학 유물을 살펴보는 일은 대단히 흥미롭지만, 내 심장은 지금 이곳에 머물러 있어 나에게는 고인의 신원을 확인하고 한 사람의 생명을 끝냈거나 다른 사람에게 해를 끼친 범인을 법정에 세울 수 있게 돕는 등 현생이 품고 있는 문제를 해결하는 일이 더 흥미롭다. 사별한 가족들이 구하는 답을 찾아주고 범인이 법의 심판을 받게 하거나 잘못 기소된 사람의 무고함을 밝히는 일은 매우 만족스럽다.

학생이었을 때 오래전에 죽은 사람들의 세계를 탐험하면서 그곳은 내가 머물고 싶은 곳이 아님을 깨달은 뒤로, 나는 계속해서 여러 분야를 살펴보면서 내가 언제 어느 때라도 결정을 내려야 할 때마다 즐겁게 도전하고 싶은 분야를 찾으려고 노력했다.

살아오면서 산 자와 함께 일해야겠다는 소망을 품어본 적은 한 번도 없었다. 아픈 사람을 돌보고 치료하는 일에서 얻을 수 있는 엄청난 보람도, 그 일의 중요성도 충분히 알고 있었지만 내 마음속에서는 언제나 죽은 사람보다 환자를 다루기가 훨씬 힘들 것이라는 사실을 알고 있었다. 늘 내 뜻대로 해야 직성이 풀리기도 하고 반쯤은 겁이 났기 때문에 나는 훨씬 일방적인 방향으로만 일할 수 있는 일이 나에게는 적합하다는 사실을 깨달았다. 다시 말해서 질문을 하는 유일한 사람은 내가 되는 일을 해야 한다는 사실을 깨달은 것이다.

내가 만약 의학을 선택해 한 사람의 삶에 좋지 않은 영향을 미칠 실수를 하거나 나 때문에 누군가가 죽을 위기에 처한다면, 그 순간 내가 모든 것을 포기해버리리라는 것은 분명했다. 내 의사 결정 능력을 조금도 믿지 못하고 환자에게 가장 큰 위협은 나라고 생각해버릴 것이 틀림없었다. 누군가는 그것이 의사라면 가져야 할 태도라고 말할 수도 있겠지만, 나로서는 내가 누군가에게 해가 되는 존재라면 그 일을 계속할 수 없을 뿐이다. 나는 10대 때부터 계획해 왔던 나의 길을 생각해봤다. 정육점에서부터 시체 보관소까지, 나는 언제나 죽음과 함께였다.

물론 법의인류학자들이 언제나 제대로 해내는 것은 아니다. 그런 일은 언제나 마지막에는 사건을 해결하는 영리한 과학자들이 나오는 끔찍한 CSI(과학수사대) 드라마에서나 가능하다. 우리 머릿속에 지워지지 않고 남는 기억들은, 우리의 명성으로 우리의 인식에 뚜렷하게 남는 사건들은 바로 풀지 못하고 남겨둔 사건들, 좀 더 많은 일을 할 수도 있었다는 아쉬움이 남는 사건들이다. 특히 온갖 방법을 다 동원해도 신원을 알 수 없는 시신의 이름을 찾아내지 못한다거나, 실종자가 죽었을 가능성이 아주 크다는 사실을 알고 있으면서도 시신을 찾을 수 없는 사건들이 기억에 남는다. 원이 완성되는 것을 막는 것은 그 어떤 것이라도 일을 제대로 끝내지 못했다는 느낌을 갖게 한다. 그런 느낌은 진드기처럼 피부 밑에 남아 아무리 강하게 긁어도 의문이 풀리기 전까지는 절대로 가려운 느낌이 사라지지 않는다.

    사랑하는 사람이 어디에 있는지도 모르고 어떤 일을 당했는지도 모르는 상황보다 더 끔찍한 상황은 없다. 어딘가에서 무사히 잘 살고 있을까? 끔찍한 일을 당했을까? 죽었을까? 외지고 황량한 숲속에 버려져 있을까? 누군가 밀어 빠뜨린 구덩이 속에 떨어져 있을까? 사랑하는 사람이 사라지면 이런 생각들이 실종자의 부모, 형제, 자녀, 조부모, 친구들을 끊임없이 괴롭힌다.

    분명하게 받아들일 수 있는 죽음뿐 아니라 그 어떤 상실에도 우리는 비통함을 느끼는데, 사랑하는 사람의 생사를 알지 못하는 상황은 죽음보다도 더 감당하기가 힘들어서 마치 연옥에 갇힌 것처럼 느껴진다. 가족이 실종된 사람들은 아침에 깰 때도 저녁에 잠들 때도 사라진 사람을 생각하며, 꿈속에서도 그 생각에서 벗어나지 못할 때가 많다. 겉으로 보기에는 시간이 흐르면 어느 정도 견디는 방법을 익힌 것처럼 보이지만 언제 어느 때라도 아무 경고 없이 이름이, 날짜가, 사진이, 그것도 아니면 음악 한 곡이 갑자기 사랑하는 사람을 떠오르게 하고, 그 사람이 처해 있을지도 모를 끝도 없이 존재하는 가능성의 구덩이로 내동댕이쳐진다. 사랑하는 사람의 생사를 모르는 사람들은 "상실 지향"과 "회복 지향"이라는 슬픔의 이중 처리 과정을 끊임없이 오갈 수밖에 없다. 아이가 사라진 한 부부는 자신들이 끊임없이 진동하는 세상에서 살아가고 있는 것만 같다고 했다. 머릿속에서 늘 같은 악몽이 빙글빙글 돌면서 계속해서 떠오르는 한 절대로 진정으로 치유될 수는 없다.

애도할 시신이 없는 사람들은 슬픔도 제대로 느끼지 못해 상상도 하기 힘든 고통을 겪어야 한다. 머리로는 분명히 사라진 사람이 죽었음을 알고 있지만 마음으로는 그 사실을 받아들일 수가 없는 것이다. 예를 들어 화재나 비행기 추락 사고, 자연재해로 사랑하는 사람을 잃은 사람들은 결국 시신을 찾게 되리라는 타당한 기대를 하기 때문에, 반드시 꼭 그런 것은 아니라는 사실을 받아들이는 순간 안 그래도 슬픈 마음은 더욱 비통해질 수밖에 없다.

법의인류학자들이 정확한 신원을 밝히려고 아주 작은 유골도 남김없이 살펴보는 이유는 그 때문이다. 스코틀랜드에서 있었던 화재 사건은 법의인류학자들이 영원히 신원을 알 수 없는 채로 남아 있어야 하는 사람과 이름을 찾아 매장할 수 있는 사람이라는 중요한 차이를 어떻게 만드는지를 분명히 보여준다. 외딴곳에 있던 집 한 채가 한 시간 이상 맹렬하게 타오른 뒤에야 한 농부가 멀리서 그 모습을 보고 소방서에 신고했다. 소방대가 32킬로미터가 넘는 곳에서 신속하게 출발해 차 한 대밖에 지나다닐 수 없는 구불구불한 길을 달려 화재 현장으로 달려갔을 때 이미 집은 완전히 불에 타버린 뒤였다. 지붕은 내려앉았고 지붕을 이은 타일과 다락에 들어 있던 물건들이 모두 불에 그슬려 90센티미터가 넘는 높이로 쌓인 파편 속에 묻혀 있었다.

그 집에 살던 할머니는 술을 한두 잔 마시기를 좋아했고 골초였는데, 겨울이면 내내 석탄으로 불을 때는 거실에서 소파 베드를 펴고 주무셨다고 한다. 법의인류학자들이 모인 전략 회의 때 우리는 할머니의 유해가 소파 베드 근처에서 대부분 발견되리라는 데 의견을 같이했다. 집 안으로 들어가도 좋다는 소방대의 허락이 떨어지자 우리는 집 안 배치도를 구해 중요한 증거를 흐트러뜨리지 않고 소파 베드로 갈 수 있는 가장 좋은 방법을 모색했다. 흰색 '텔레토비' 옷을 입고 검은색 고무 부츠를 신고 마스크를 쓴 채 무릎에 패드를 대고 라텍스 장갑을 두 겹으로 낀 우리는 붓과 삽, 양동이를 들고 돌무더기를 치우면서 부서진 뼈가 분명할 회색 파편을 찾아 거실 벽을 따라 소파 베드가 있는 곳까지 기어갔다.

이동 속도는 아주 느렸다. 불에 타 완전히 시커멓게 변한 집은 소방대가 뿌린 물 때문에 젖어 있었고, 아직 연기가 피어오르고 열기가 가시지 않은 상태였다. 두 시간 뒤에 우리는 동쪽 벽에 붙어 있는 소파 베드의 잔재 옆으로 다가갈 수 있었고 조심스럽게 그 위에 쌓인 파편을 치웠다. 하지만 소파 베드의 금속 틀 안쪽에서는 사람의 유해를 발견할 수 없었다. 소파 베드는 접혀 있었다. 그것은 불이 나기 전에 집주인이 잠자리에 들었을 가능성이 적다는 뜻이었다.

세 시간이 지났고 우리는 수색할 곳을 정하려고 또다시 전략 회의를 했다. 소파 베드 잔해를 치우고 나서 우리는 동쪽 벽을 따라 계속 가야 할지, 서쪽으로 방향을 틀어 거실 가운데로 나아가야 할지를 논의했다. 집 안을 둘러보던 나는 길이 3센티미터에 너비 2센티미터 정도 되는 아주 작은 회색 파편을 발견했다. 사진을 찍고 파편을 들어 올렸다. 치아가 완전히 타서 생석회가 되었거나 사실상 재가 되어 사라져버린 사람의 아래턱 파편이었다. 따라서 유해는 소파 베드와 벽난로 사이의 어디쯤에 있을 가능성이 컸다. 그리고 생각했던 곳에서 쉽게 부서지는 파편으로 변한 왼쪽 다리와 할머니의 옷이었을 나일론 물질과 엉겨 붙은 척추뼈, 빗장뼈를 발견했다.

그러니까 우리는 집주인인 할머니의 유해를 찾은 것만 같았다. 하지만 어떻게 그 유해가 할머니의 유해임을 확인할 수 있을까? 거의 재처럼 부서진 유골에서는 DNA를 추출하지 못할 것이다. 할머니에게는 의치가 있을 테지만, 이미 불에 타 녹아 버렸을 것이다. 찾아낸 유해만으로 할머니임을 확인할 수 있는 방법을 찾아야 했다. 단서는 빗장뼈에 있었다. 빗장뼈는 과거에 부러진 적이 있음이 분명했다. 일단 부러진 뼈는 치유된 뒤에는 처음과 같은 모습일 수 없다. 뼈가 낫는 과정은 패치를 붙이는 과정과 비슷해서 불행한 사건이 있었음을 알지 못할 정도로 정교하게 수리하는 경우는 거의 없다.

의료 기록에서 할머니가 10년쯤 전에 넘어져 빗장뼈가 부러졌다는 기록이 나왔다. 그 정도면 지방 검찰관에게 불에 탄 집에서 발견한 유해가 할머니임을 인정하고 그 유해를 가족에게 넘겨 매장해도 좋다는 승인을 받을 수 있다. 우리가 발견한 유골은 작은 신발 상자 하나도 채울 수 없을 정도였지만 그래도 충분히 의미는 있었다.

화재 복구 관리자들에게 이 사건은 법의인류학자가 화재 현장으로 나가야 하는 이유를 깨닫게 하는 중요한 계기가 되었다. 그들은 덩어리진 회색빛 재가 사람의 유해라는 생각은 결코 해본 적이 없다고 했다. 정확히 말하면 회색 재가 있다는 사실조차 눈치채지 못하고 그저 돌무더기와 함께 쓸어버렸다고 했다. 외진 집에서의 화재 이후로 스코틀랜드에서는 대형 화재가 난 곳에는 경찰과 소방대와 함께 법의인류학자가 출동하는 경우가 많아졌다. 그 때문에 멋진 협력 관계가 형성되었고, 우리는 당연히 과학자만이 알아볼 수 있는 신체 부위를 발견하는 일이 얼마나 가치 있는 일인지를 거듭해서 입증했다.

법의인류학자가 만나는 가장 힘든 실종자는 두 가지 유형이 있다. 단서를 하나도 남기지 않고 사라져 도대체 어디에서

부터 찾기 시작해야 하는지를 감도 잡을 수 없는 사람과 도저히 신원을 알 수 없는 시신 말이다.

신문에는 늘 토요일 밤에 늦게 끝난 파티에서 집으로 걸어오다가 사라진 젊은 남자와 여자의 이야기가 실린다. 그런 사건이 발생하면 영국 실종자 수사부에서 진행한 조사를 바탕으로 법의인류학자들은 가장 일어났음직한 일을 추론하고 적절한 조사 방향을 결정한다. 예를 들어 실종자가 집으로 돌아오는 길에 보통 강이나 운하, 호수 같은 물이 있다면 제일 먼저 그곳을 수색하는 것이다. 해마다 영국에서 물에 빠져 죽는 사람은 600명 정도다. 그 가운데 가장 많은 45퍼센트 정도는 사고사이며 30퍼센트 정도는 자살이다. 실제 범죄에 희생된 사람은 2퍼센트가 되지 않는다. 놀랍지 않게도 물에서 죽는 사람이 가장 많이 나오는 요일은 많은 사람이 유흥을 즐기고 마약과 술 소비량이 급증하는 토요일이다. 물가 가운데 사고사가 가장 많이 발생하는 사망 장소는 해변으로, 전체 사고사 가운데 30퍼센트 정도이며 27퍼센트 정도는 강이고, 바다, 항구, 운하에서 사고로 죽는 사람은 각각 8퍼센트 정도다. 자살한 사람은 85퍼센트 이상이 운하나 강에서 죽었다. 이런 놀라운 통계 자료를 고려해보면 수원水源을 제일 먼저 수색하는 것은 당연하다.

실종된 아동에 관한 조사도 강력계 형사와 그들의 전문 보좌관들에게 귀중한 정보를 제공해준다. 납치됐을지도 모른다고 우려되는 아이들 가운데 상당수(80퍼센트 이상)는 범죄에 연루되지 않고 빠른 시간 안에 무사히 찾아낼 수 있다. 그런 아이들은 보통 거리에서 그저 방황을 하거나 길을 잃어버린 것이다. 유괴되고 살해된 아이들은 언론에서 크게 다루지만, 다행히 그런 사건이 일어나는 경우는 아주 드물다. 유괴되고 살해된 아이들은 남자아이보다 여자아이가 더 많고, 다섯 살보다 어린 경우는 거의 없다. 이 같은 통계가 고통스러운 상황을 겪어야 하는 가족들에게 위로가 될 수는 없겠지만, 실용적인 정보 위주로 수사를 하려면 이런 통계 자료가 반드시 필요하다.

    아이를 빨리 찾지 못한 경우에는 수사를 하는 입장에서 살인에 무게를 싣고 조사를 할 수밖에 없지만, 가족들은 유괴됐던 아이가 수년이 지난 뒤에 안전하게 부모의 품으로 돌아왔다는 이야기에 희망을 품고 매달리기도 한다. 아주 오랜 뒤에 아이가 무사히 돌아오는 경우는 매우 드물기는 하지만, 캐미야 모블리의 경우처럼 전혀 없지는 않다. 1988년 플로리다주 잭슨빌의 한 병원에서 태어난 캐미야는 태어난 지 몇 시간 만에, 유산을 하고 괴로워하던 한 여인에게 납치됐다. 18년 뒤에 살아 있는 상태로 잭슨빌에서 480킬로미터 떨어진 사우스캐롤라이나주에서 발견된 캐미야는 자신의 진짜 신분을 모른 채 평범하고 행복한 아동기를 보냈다. 캐미야 가족의 경우와 같은 행운을 누릴 수 있는 가족은 극히 적으며, 아이를 찾았다고 해도 아이의 정체성과 소속감 같은 감정에 크게 손상을 입히는 등 치러야 할 대가가 크다. 캐미야의 경우와 달리 훨씬 사악한 의도로 납치된 경우에는 아이들이 학대받을 수 있는데, 부모에게는 그보다 더 끔찍한 악몽은 없을 것이다.

캐미야는 예외적인 경우임을 분명히 잘 알고 있다고 해도 아이를 잃어버린 부모들은 많은 경우 수십 년간 희망의 끈을 놓지 않는다. 어쩌면 그런 희망이 부모가 느껴야 하는 고통을 조금은 무디게 하는 데 도움이 되는지도 모른다. 아이의 시신을 보지 못했고, 아이가 죽었다는 분명한 증거가 없는 상황에서는 아이가 죽었다고 생각하는 것 자체가 부모에게는 자신들이 아이를 포기했다는 마음이 들게 할 테니까 말이다.

아동 실종 사건은 공식적으로 종결하지 않은 채 수사를 계속하는 것이 공공의 이득이 되는 한 -가족이 아직 생존해 있고 가해자가 아직 살아 있어 법의 심판을 받을 수 있는 상황이라면- 새로운 증거가 나타나기를 인내하며 기다린다. 한 경정이 얼마 전에 나에게 말한 것처럼 아동 실종의 경우 "그냥 덮는 미해결 사건 같은 것은 없다." 시신이 발견되고 우리가 신원을 확인했다고 해도 가족들은 그 소식을 환영하지 않는다. 이는 오랫동안 품어왔던 희망과 꿈을 짓밟고, 그들이 사랑하는 가족을 잃었음이 분명하다는 가혹한 현실을 받아들이기를 강요하기 때문이다. 우리도 수사가 진행되면서 그들에게 소중한 사람이 어떻게 죽었는지,

마지막 며칠을 어떻게 보냈는지를 밝힐수록 가족의 고통은 더욱 가중될 것임을 잘 알고 있다. 하지만 장기적으로 보았을 때는 진실을 밝히는 것이 가족을 괴롭히던 불확실성을 깨뜨리고 어느 정도는 상처를 극복하고 다시 살아갈 수 있는 치유력을 갖게 해줄 작은 친절이었음을 알게 될 것이다.

　나는 아이를 잃어버린 가족을 생각하고 내가 그들의 처지였다면 어땠을까를 생각해보는 일이 많다. 이 책에서 나는 대부분 개인의 비극적 사례들은 가능한 한 익명으로 다루려고 하지만 예외로 하고 싶은 사례도 있다. 내가 지금부터 결코 발견되지 않은 사라진 두 아이와 한 어머니의 사건을 말하려는 이유는 그들의 사례를 다시 언급함으로써 여전히 그들을 그리워하는 사람들에게 세 사람을 돌려줄 수 있는 기회를 줄 수 있을지도 모른다는 희망(그저 희망일 뿐이라고 해도)을 품고 있기 때문이다. 세 사람의 가족은 그들이 죽었다는 사실은 받아들였다. 가족들이 원하는 것은 단 하나, 사랑하는 사람이 어디에 있는지, 그들을 '집으로 데리고 올 수 있는지' 아는 것뿐이었다. 사람의 기억이나 무의식은 언제 어떤 식으로 잊힌 사건을 떠오르게 할지 모른다. 만약 이들의 이야기를 다시 함으로써 가족들이 필사적으로 알고자 하는 대답을 듣게 될 가능성이 조금이라도 있다면 내가 하는 일은 분명히 의미가 있을 것이다. 운명을 굳게 믿었던 우리 할머니는 순간의 배열들이 변화를 위한 올바른 마력으로 작용하는 순간을 우리는 결코 알지 못한다고 가르쳐주셨다.

첫 번째 실종 사건은 내가 10대였을 때 일어났는데, 그 사건이 우리 집 계단과도 관계가 있기 때문에 나도 생생하게 기억한다. 그로부터 거의 30년이 흐른 뒤에 내가 현재 영국에서 일어난 가장 오래된 실종 사건의 수사에 관여하게 되리라고는 꿈도 꾸지 못했다. 당시 서른여섯 살이었던 러네이 매크레이는 인버네스에서 세 살짜리 아들 앤드루와 함께 1976년 11월 12일 금요일에 마지막으로 목격됐다. 처음에 경찰은 러네이가 첫째 아들을 별거 중인 남편에게 데려다주고 킬마넉에 있는 언니를 만나러 가는 길에 사라졌다고 했지만, 나중에 밝혀진 바로는 4년 동안 연인 사이였고 앤드루의 생물학적 아버지로 밝혀진 윌리엄 맥다월을 만나려고 했을 가능성도 있었다.

그날 밤, 인버네스에서 남쪽으로 20킬로미터 떨어진 곳의 A9 도로 갓길에서 철도 기관사가 불에 타고 있는 자동차를 발견했다. 러네이의 파란색 BMW였다. 소방대가 차가 있는 곳에 도착했을 때는 이미 자동차가 완전히 불에 타버린 뒤였고 러네이와 아들의 행방은 어디에서도 찾을 수가 없었다. 트렁크에서 발견된 핏자국은 러네이와 같은 혈액형이었지만 자동차 안에도 두 사람은 없었다. 그러자 비행기 한 대가 불도 켜지 않고 인버네스 달크로스 공항에 착륙했으며 아랍의 석유 부호가 러네이를 중동으로 납치해 가 호화로운 삶을 살게 해주었다는 소문을 비롯해 온갖 유언비어가 떠돌았다.

　　　물론 정확한 근거가 있는 소문은 하나도 없었다. 그런 소문은 그저 태곳적부터 공동체 안에서 설명할 수 없는 충격적인 사건이 발생하면 그 충격을 완화하려고 계속해서 이야기를 만들고 그 이야기에 신화를 덧붙이면서 지역 전승으로 만들어가는 공동체의 반응일 뿐이었다. 그런 이야기들은 의도는 좋지만 사건의 본질을 흐릴 수 있는 시민들이 주로 만들어내며 주목받고 싶어 하는 사람들이 만들어낼 때도 있다. 그런 이야기를 만드는 사람의 의도가 무엇이건 간에 그것들이 수사에 도움이 되는 경우는 거의 없으며 실제로는 경찰의 귀중한 시간을 낭비하게 할 때가 훨씬 많다.

　　　어느 일요일 오후에 경찰이 우리 집으로 왔고 현관 계단에 서서 아버지와 이야기를 나누었다. 러네이와 앤드루를 찾는데 100명이 넘는 경찰이 동원됐고 수백 명이 넘는 자원 봉사자와 육군 예비역도 그들을 도왔다. 그분들은 집집마다 돌아다니며 헛간, 창고, 간이 건물을 샅샅이 뒤졌는데, A9 도로 근처에 있는 시골 마을의 모든 집처럼 우리 집도 예외 없이 수색 대상지였다. 러네이와 그녀의 아이가 사라진 사건은 어떤 식으로든 인버네스의 모든 집에 영향을 미쳤다. 경찰은 밤낮없이 움직이면서 컬로든 황야와 근처에 있는 모든 관목지와 건물을 뒤졌다. 열 감지기를 장착한 공군의 캔버라 폭격기가 하늘을 날았고 다이버들이 호수와 채석장을 뒤졌다. 어느 곳 하나 남기지 않고 샅샅이 뒤졌다.

수사에 참여했던 한 경사는 토마틴 북쪽에 있는 달마개리 채석장을 파들어 가기 시작했고, 러네이의 자동차가 발견된 곳에서 불과 몇백 미터 떨어진 곳에서 부패한 냄새가 난다고 보고했다. 하지만 어떤 이유에서인지 경찰은 채석장 밑으로 더는 내려가지 않았고 새로운 조사도 하지 않은 채 그 사건을 종결하기 시작했다. 그런 큰 사건은 공동체에 결코 치유될 수 없는 흉터를 남긴다. 실종자가 나타나지 않는 한, 가까운 가족과 친구는 물론이고 마을 전체가 그곳에서 한 발짝도 앞으로 나아갈 수가 없다. 특히 어린아이가 실종됐을 때는 한 마을이 지켜줘야 했던 아이를 잃어버렸다는 아픔이 수십 년 동안 날카로운 상처가 되어 남는다. 앤드루가 살아 있다면 지금은 40대가 되었을 것이다(러네이는 70대가 되어 있을 테고). 해마다 두 사람이 사라진 날짜가 다가올 때면 지역 신문은 그 사건을 지면에 실을 것이다. 얼핏 생각하기에는 해마다 실종 사건을 신문에 싣는 일이 아주 끔찍하게 느껴지지만, 그 덕분에 사람들은 그 사건을 잊지 않고 계속 기억할 수 있다.

2004년 A9 도로에 중앙 분리대가 있는 고속도로가 건설되면서 달마개리 채석장에서 모래와 자갈을 가져올 필요가 생겼고, 경찰은 다시 한 번 채석장과 인근 지역을 수색해 의문을 남긴 채 종결할 수밖에 없었던 사건을 이번에는 제대로 종결할 수 있는 기회를 얻었다.

달마개리 채석장은 남서쪽으로는 A9 도로와 펀택 개울의 가파른 경사지, 북쪽으로는 루스벤 도로가 삼각형을 이루고 있는 고립된 땅을 차지하고 있으며 면적은 대략 900제곱미터 정도다. 1976년부터 이 지역에서는 여러 가지 정황 증거가 나오고 있었다. 어두운 밤에 유모차 같은 것을 밀면서 A9 도로를 걷고 있는 사람을 보았다는 사람도 많았다(앤드루의 유모차는 실종된 뒤에 발견되지 않았다). 또한 어떤 사람이 양의 사체처럼 보이는 물체를 끌고 채석장으로 향하는 비탈길을 올라가는 모습을 보았다는 사람도 있었다(러네이는 실종되던 날 양가죽 코트를 입었다고 한다). 우연히도 러네이와 연인 관계였던 윌리엄 맥다월이 그 무렵에 채석장을 운영하는 회사에서 근무하고 있었다. 이런 작은 정보들이 추가되고 1976년에 채석장을 파들어 가다가 무언가 썩는 냄새가 났다는 경사의 증언이 합쳐지면서 러네이와 앤드루 사건은 강력 사건을 재검토한다는 목표 아래 새로 전반적으로 수사해야 한다는 정당성을 충분히 확보하게 되었다.

나도 영국에서 제일 저명한 법의인류학자인 존 헌터 교수와 함께 수사에 참여해 러네이와 앤드루의 유해를 찾는 발굴 현장을 지휘해달라는 요청을 받았다. 1976년 영국 공군이 찍은 항공 사진 덕분에 우리는 채석장의 여러 부분이 그 당시에 어떤 형태였는지를 재구성할 수 있었고 사건이 발생했을 때 파고 들어

갔어야 할 장소를 정확하게 찾아낼 수 있었다. 일단 필요한 장소에서의 발굴이 끝나자 우리는 사체가 묻혀 있을지도 모를 장소를 탐색해나갔다. 우리 작업에는 채석장 소유주들이 도움을 주었다. 그들이 제공해준 굴착기와 전문 다이버들은 우리 법의학팀에 없어서는 안 될 귀중한 자원이 되었다.

달마개리 채석장은 황량한 장소에 외따로이 떨어진 곳으로, 경찰이 우리를 위해 밤낮없이 보초를 서준 A9 도로의 철책을 통과해야만 갈 수 있었다. 이 사건은 언론의 과도한 주목을 끌었고 열정적인 사람들은 어떻게 해서든지 우리에게 자신들의 생각을 주입하려고 애썼다. 경찰이 정보를 숨기고 있다고 확신하는 사람들은 진행 상황을 알려달라고 우리에게 압력을 가하기도 했다(물론 경찰은 숨기는 정보가 없었다). 정말로 드론이 발명되기 전이었다는 사실이 천만다행이었다. 우리는 기자 회견을 열어 어떤 결과를 내고 싶은지 발표했고, 진척 사항이 있으면 언제라도 언론에 그 사실을 공개하겠으며 그들이 계속 행복할 수 있으려면 우리가 평화롭게 일을 하게 내버려두는 것이 가장 좋은 길이니 행운을 빌어주고 지켜봐달라고 부탁했다. 하지만 결국 발굴 속도가 느려지자 지겨워진 언론은 우리가 여전히 채석장에서 작업하고 있다는 사실을 잊어버리고 만 것 같았다.

채석장 발굴은 필연적으로 비브가 "13번 파일"이라고 부른 수많은 서신이 날아들게 했다. 음모론자들과 공공의 이득을 고민하는 일반인들은 자신들의 지론과 공상이 결국 미해결 사건을 풀게 해줄 중요한 증거를 제공해줄 수 있으리라는 잘못된 믿음을 가지고 직접 우리 수사에 참여하기를 원했다. 나는 A9 도로의 특정 위치를 파야 한다는 편지도 받았다. 그 편지를 보낸 사람은 자신이 말한 곳의 위치를 정확하게 알려주려고 실제로 도로 위에 노란색 페인트로 커다랗게 X자를 그려놓기도 했다. 그 지역에는 경찰이 운영하는 인신매매단과 소아성애자 무리가 있어서 시신을 찾지 못하는 거라고 말하는 사람도 있었다. 특정 용의자를 제보하면서 빨리 그 사람 집으로 가서 방목장을 파보라고 재촉하는 사람도 있었다. 투시력을 지녔다고 주장하는 사람들도 많은 편지를 보내왔다. 내가 할 수 있는 대답은 투시력을 가졌다는 사람들 모두 다른 주장을 하는 것으로 보아 그들을 찾아온 영혼이 그들을 놀리고 있음이 분명하다는 것뿐이었다. 물론 이 사람들이 모두 도와주려는 마음이었음은 잘 알고 있다. 하지만 솔직히 말해서 그런 편지는 대부분 시간을 잡아먹을 뿐 아니라 수사와는 아무 관계도 없으며 가치도 없다.

러네이와 앤드루가 실종된 지 30년이 흘렀고 채석장은 가득 채워져 나무가 자라는 평평한 땅이 되었다. 1970년대 지반이 있었던 곳까지 파들어 가는 데는, 그것도 러네이가 있을 가능성이 높은 곳을 모두 파는 데는 적어도 한 달은 걸릴 것이 분명했다. 그곳에서 유해가 발견된다면 수사 기간은 더 길어질 것이 분명했다.

　　　제일 먼저 해야 할 일은 2000여 그루나 되는 나무를 모두 뽑아 현대의 지반을 노출한 뒤에 예전 채석장의 모습을 현재 지형과 겹쳐 파들어 가야 할 위치를 파악하는 것이었다. 현대의 벌목기가 나무를 뽑고 껍질을 벗기고 나무를 절단하는 속도는 정말로 놀라웠다. 과거에는 몇 주나 걸릴 일이 며칠 안에 끝이 났다. 작업하는 사람들을 위한 휴식터도 만들고 A9 도로에서 고개를 내밀고 발굴 현장을 들여다보는 언론과 호기심 어린 대중에게 수사 과정을 노출하지 않도록 채석장 가장자리에 있는 나무들은 전략적으로 남겨두었다. 나는 러네이와 앤드루가 이곳에 있다면 반드시 찾아낼 수 있다고 확신했지만, 그런 나의 열의를 언론에 알리고 나서는 곧바로 후회해야 했다. 나에게는 거짓 희망을 주려는 의도는 없었기 때문이다. 우리가 성공하지 못한다면, 적어도 달마개리 채석장은 이 사건의 관심 지역에서 벗어날 수는 있을 것이다.

　　　범인이 달마개리 채석장을 1차 은닉 장소로 사용했을 가능성도 있었다. 일단 유해를 채석장에 숨겨두었다가 나중에 꺼내 2차 은닉 장소로, 심지어 3차 은닉 장소로 옮겼을 수도 있었다. 이 가설은 부패한 냄새가 났다는 보고를 제외하면 실종 무렵에 나온 정보들이 뒷받침해주고 있었다. 범인은 쉽게 갈 수 있고 범행 장소(이 사건에서는 불에 탄 자동차)와 가까운 곳을 주로 1차 은닉 장소로 택한다. 보통 1차 은닉 장소는 가해자에게 친숙한 장소다. 살인자들은 대부분 미리 계획하고 살인을 저지르지 않기 때문에 범행 직후에는 시체와 관련 증거를 처리해야 한다는 사실에 당혹해하면서 자신이 잘 아는 곳에 시신을 숨긴다. 일단 시간이 흘러 생각할 수 있을 정도로 여유가 생기면 1차 은닉 장소로 돌아와 시신을 좀 더 안전한 곳으로, 범행 장소에서 먼 곳으로 옮긴다. 이제는 차분하게 생각할 여유가 있기 때문에 2차 은닉 장소는 1차 은닉 장소보다 훨씬 더 예측하기 힘든 곳을 택하고, 3차 은닉 장소는 더욱 찾기 어려운 곳을 택한다.

나무를 제거한 뒤에는 4주 동안 채석장에서 2만 톤이 넘는 흙을 퍼 올렸고 채굴기가 흙을 퍼 올리는 동안 법의고고학자와 법의인류학자들은 뼈나 옷, 유모차 파편, 소지품 등을 찾으려고 부산하게 움직였다. 법의고고학자가 채굴기 기사에게 지시를 내리고, 그때마다 흙이 한 번씩 퍼 올려졌다. 법의고고학자가 지면을 살피는 동안 법의인류학자는 퍼 올려진 흙을 뒤지며 사람의 흔적을 찾았다. 건조할 때도 습할 때도, 추울 때도 더울 때도, 우박이 내릴 때도 살을 에는 바람이 불 때도 우리는 채석장에서 떠나지 않았다. 가끔은 하루에 이 모든 기후를 다 겪어야 할 때도 있었다.

그래서 우리는 어떤 일을 해낼 수 있었을까? 우리가 1976년 이전의 채석장 지형을 정확하게 복원했다는 사실은 알고 있었다. 방송인 지미 새빌이 홍보했던 여왕의 기념일 대회를 광고하는 문구가 새겨진 소금과 식초 맛 과자 봉지 같은, 그 당시 토양임을 알려주는 증거물도 찾아냈다. 토끼나 새를 비롯해 우리가 찾은 뼈는 작은 것 하나라도 꼼꼼하게 살펴봤으니 러네이와 앤드루가 채석장에 묻혀 있다면 그 유해를 찾았을 것이다. 우리는 썩은 냄새의 근원지일 가능성이 있는 곳도 찾아냈다. 1970년대에 A9 도로를 건설하는 동안 일꾼들 화장실에서 나온 쓰레기와 배설물을 묻어둔 장소를 찾아낸 것이다.

하지만 우리는 러네이 매크레이는 찾지 못했다. 앤드루도 찾지 못했다. 두 사람의 실종과 관계가 있는 어떠한 정황 증거도 찾지 못했다. 엄청난 희망을 가지고 대규모 수사에 동원된 우리 팀으로서는 그만큼 좌절감을 느낄 수밖에 없었다. 하지만 우리가 아무리 최선을 다했다고 해도 그 두 사람이 어디에 있었건, 그리고 지금은 어디에 있건 간에 그 장소가 달마개리 채석장은 아니라는 사실은 분명했다.

채석장을 발굴하는 데 들어간 비용은 11만 파운드가 넘었을 것이다. 우리가 러네이와 앤드루의 흔적을 찾아낼 수 있었다면 그 정도는 많은 비용이 아니었을 것이다. 실종된 지 거의 30년이나 지난 사건을 다시 수사하기로 결정한 경찰서장은 엄청난 비난을 받았지만 두 사람의 유해가 발견됐다면 오히려 영웅으로 칭송받았을 것이다. 개인적으로 나는 경찰서장의 결정은, 아무리 많은 시간이 흘러도 그런 가슴 아픈 사건은 반드시 수사해 종결하겠다는 경찰의 변함없는 의지를 보여준 용감하고 대담한 결정이었다고 생각한다.

    대학교에 있는 내 사무실로 돌아와 발굴 과정을 되짚어보면서 우리가 좀 더 할 수 있었던 일을 생각해보는 동안 한 통의 편지를 받고 깊은 감동을 받았다. 우리가 해준 일에 감사하며 러네이의 언니가 보낸 편지였다. 그녀의 소원은 살인자를 벌하는 것이 아니라고 했다. 그저 동생이 돌아와 품위 있게 묻히고 마침내 안전하게 집으로 돌아왔음을 알게 해주고 싶은 거라고 했다. 러네이 언니의 바람은, 놀랍고도 행복한 소식을 전해주러 온 사람이 현관문을 두드리는 소리를 평생 기다리고 있지만 사실은 그 사람이 전하는 소식이 오랫동안 예상해 왔던 것보다 훨씬 마음을 아프게 하리라는 것을 알면서 평생을 조마조마한 마음으로 기다리는 불행한 가족들이 대부분 품고 있는 소망이다.

    이런 탐색이 성공적으로 끝난다면 당연히 정말 기쁘다. 하지만 우리가 찾는 것이 결코 나오지 않는다면 우리는 그저 우리가 틀린 장소를 수색했음을, 처음부터 그곳에 없었던 것을 찾을 수는 없다는 사실을 받아들여야 한다. 러네이의 언니는 내가 기자들에게 했던 것보다 훨씬 유창하게 수사의 취지를 설명했다. "시간은 결코 고통을 치유해주지 않아요. 시간이 흐르면 양심의 가책이 덜어지고 살인을 저지른 사람이 처벌을 받지 않을 수 있다는 생각에 마음껏 활보하고 다니게 된다는 말도 믿지 않아요. 오래전에 벌어진 범죄 사건이 해결되는 걸 볼 때마다 나는 언제나 희망을 품게 돼요. 언젠가는 이 사건도 해결될 거라는 희망을요."

시간과 인내, 그리고 양심은 실종된 사람들의 가족에게 계속해서 희망을 심어주는 주요 요소다. 스코틀랜드 경찰은 러네이 매크레이와 앤드루 매크레이를, 그리고 두 사람의 가족을 결코 포기하지 않을 것이다. 이 세상에는 두 사람에게 어떤 일이 일어났고 지금 두 사람이 어디에 있는지 알고 있는 사람이 있다. 어쩌면 비난을 받을지도 모른다는 생각에 알고 있는 사실을, 들은 내용을 오랜 세월 발설하지 않고 침묵을 지키는 사람들도 있을 것이다. 하지만 시간이 흐르고 있고 그들이 충성해야 할 대상이 바뀌고, 가족과 지인이 계속해서 세상을 떠나고 있으니 이 사람이, 또는 이 사람들이 양심이 있다면, 아무리 자신의 죽음에만 신경을 쓰는 사람이라고 해도 이제는 반드시 고귀한 행동에 나서 한 가족의 고통을 끝내주어야 하지 않을까 싶다.

◇

내가 세상에 드러내고 싶은 또 다른 사건은 1957년 차가운 겨울날, 어머니에게 줄 생일 카드와 버터를 사러 코트브리지에 있는 할머니 집에서 나간 뒤 돌아오지 않은 열한 살 모이라 앤더슨 사건이다. 2014년 법무장관 프랭크 멀홀랜드는 일반적인 규정을 깨고 모이라가 사라진 지 49년이 되던 해인 2006년에 세상을 떠난 소아성애자 알렉산더 가트쇼어가 모이라를 죽인 범인이라고 발표했다. 가트쇼어는 모이라를 마지막으로 본 것으로 알려진 버스 기사로, 모이라를 살해한 사람으로 기소되었지만 그것이 곧 유죄 판결을 받았다는 뜻은 아니다. 사실 법정에서 유죄가 입증되기 전까지 가트쇼어는 무죄이며 이미 세상을 떠나 더는 법정에 설 수 없으니 그가 유죄 판결을 받는 일은 없을 것이다.

2002년 나는 케임브리지셔 소함에서 사라진 어린 여학생 홀리 웰스와 제시카 채프먼의 실종 사건 수사 내용을 방영하던 텔레비전 뉴스를 은퇴한 강력반 형사와 함께 앉아서 보았던 순간을 기억한다. 화면에서는 학교 경비원 이언 헌틀리가 기자를 향해 아이들이 자기 집 앞을 지나가기에 자신이 말을 걸었다고 말하고 있었다. 그 모습을 본 퇴직 형사는 "항상 실종된 사람을 마지막으로 봤다고 주장하는 사람을 철저하게 조사해야 합니다. 내가 보기엔 저 사람이 의심스럽군요"라고 했다. 이제는 모두 알려진 것처럼 헌틀리가 홀리와 제시카를 살해한 사람이었다. 범인이 밝혀진 후 나는 그 퇴직 형사의 통찰력에 감탄했다. 수년간 수사를 하면서 갖게 된 경찰의 직감은 정말로 값을 매길 수 없을 정도로 소중하다. 지금은 경찰 수사의 많은 부분을 기술을 이용해 진행하고 있지만 정말로 훌륭하고 오래된 경찰의 작업 방식은 절대로 버리면 안 된다.

  모이라 사건을 해결하는 데 핵심 역할을 한 사람은 샌드라 브라운이라고 하는, 정말로 놀라운 활동가였다. 모이라보다 몇 살 어리고 거의 같은 시기에 코트브리지에서 살았던 샌드라는 모이라에게 일어난 일을 끈질기게 밝히려고 노력했다. 그와 동시에 아동 보호 활동에 전념했던 샌드라는 2000년 아동 성폭행, 폭력, 학대 등의 문제로 고통받는 가족을 돕는 모이라 앤더슨 재단을 설립했다. 1998년 그녀는 모이라 실종 사건과 40년 전의 경찰 수사 내용을 기록한 책 『악마는 어디에 있는가 Where There is Evil』를 출간했다. 농담기 하나 없는 전형적인 래넉셔[12] 스타일로 써나간 이 책은 엄청난 역경이 있어도 반드시 정의가 구현되는 것을 보고야 말겠다는 순수한 결의를 보여주는 영감 어린 작품이자, 연민과 공감을 드러내며 아동 학대라는 가장 잔혹한 범죄에 노출된 사람들에게 미치는 파괴적인 영향력을 고찰한 작품이기도 하다.

[12] 영국 스코틀랜드 남서부 스트래스클라이드주 남동부의 옛 주명.

  샌드라는 모이라가 실종될 무렵 코트브리지에 소아성애자들을 보호하는 단체가 활동하고 있었으며, 모이라를 납치했을 뿐 아니라 살해까지 한 사람은 알렉산더 가트쇼어라고 했다. 샌드라의 폭로가 정말로 놀라웠던 이유는 알렉산더 가트쇼어가 그녀의 아버지라는 데 있었다.

나는 가트쇼어가 살아 있었던 2004년에 샌드라를 처음 만났는데, 그때 그녀는 찾을 수 있는 모든 단서를 찾으려고 애쓰고 있었다. 샌드라는 모이라를 찾기 위해 심령술사를 데리고 범행 장소였을 가능성이 높은 곳을 다녀온 뒤에 나를 찾아왔다(그렇다, 유령 얘기가 빠질 리 없다). 심령술사와 샌드라는 그곳에서 뼈를 몇 개 찾았다며 그 뼈가 모이라의 것인지 알아봐달라고 했다.

두 사람은 몽클랜드 수로 근처에서 모이라의 유해를 찾다가 그 뼈를 발견했다고 했다. 심령술사는 확실히 그 뼈가 발산하는 고통과 괴로움에 압도된 것 같았다. 그는 그 뼈가 모이라임이 분명한 한 아이의 고통과 괴로움을 발산하고 있다고 강하게 믿었다.

심령술 같은 분야에 관한 내 의견은 확고하다. 완전히 터무니없다는 것. 하지만 피해자의 가족들이 자칭 심령술사라고 주장하는 사람들에게 기대는 이유는 이해할 수 있다. 특히 그들이 한 모든 시도가 실패했고 이제는 잃을 것이 없다고 생각하는 경우에 말이다. 어떤 심령술사는 솔직하지만 판단력이 결여되어 있고 어떤 심령술사는 사기꾼이다. 나는 이런 사람들이 사랑하는 사람을 잃은 취약한 가족에게 입힐 수 있는 손상을 걱정한다. 하지만 뼈를 발견했으니 그 뼈가 사람 뼈인지 아닌지는 확인해주겠다고 했다. 일단 사람 뼈로 확인된다면 그때는 경찰이 나설 문제이니 우리가 더는 연락할 일이 없을 거라는 사실도 분명히 알려주었다. 샌드라는 내 의견을 존중해주었고 완벽하게 이해해주었다. 지금은 샌드라가 나의 아주 소중한 친구가 되었고 이런 내 말을 들으면 껄껄 웃을 것도 같지만 사실 나는 그녀가 조금은 미친 것이 아닐까 싶을 때도 분명히 있었다.

심령술사가 나에게 뼈를 보내는 일은 마치 첩보 작전 같았다. 심령술사는 던디대학교에서 근무하는 것이 분명했는데 -이건 우연이었다- 신원을 밝히고 싶지 않다는 말을 들었기 때문에 나는 뼈를 내 사무실 밖에 두고 가라고 말했다. 나는 뼈가 오기를 기다려야 했고, 어느 날 정말로 뼈가 내 사무실 밖에 놓여 있었다. 심령술사는 본인 입으로 아주 강한 힘과 고통을 발산한다고 말한 뼈를 조금도 존중하지 않는 것이 분명했다. 심령술사는 슈퍼마켓에서 받은 봉투에 뼈를 그냥 집어넣고는 그 봉투를 내 사무실 문손잡이에 걸어두고 갔다. 봉투 위에는 그저 "몽클랜드"라고 적힌 쪽지가 붙어 있었다. 봉투를 열기 전에 나는 필요한 내용을 기록하고 봉투 사진을 찍은 뒤에 혹시라도 뼈가 사람의 유해라면 내 DNA로 오염시키지 않도록 마스크와 장갑을 꼈다. 봉투에서 뼈를 꺼낼 때는 살짝 흥분하기도 했다. 하지만 몇 초 만에 나는 작은 소리로 외쳤다. "이런 망할 사기꾼 같으니라고!" 내가 내려다보고 있는 뼈는 도살된 커다란 소의 갈비뼈와 어깨뼈였다.

나는 그 소식을 샌드라에게 전했고 그녀는 노련한 배우처럼 덤덤하게 그것을 받아들였다. 그녀에게 내 소식은 한 방향의 수색이 끝나고 이제는 다른 방향으로 계속 수색을 해나가야 한다는 뜻이었다. 샌드라와 모이라 앤더슨 재단, 모이라의 가족이 계속해서 법과 수사 당국을 맹렬하게 공격하던 그다음 몇 년 동안 나는 드문드문 샌드라와 연락하고 지냈다. 2007년쯤에 샌드라는 모이라가 구舊 몽클랜드 묘지의 한 무덤에 묻혀 있을 가능성이 있다고 했다. 그녀는 프랭크 멀홀랜드 법무장관의 전임자를 찾아가 의심이 가는 무덤을 열어봐야 한다고 말했고 긍정적인 반응을 얻었다고 느꼈다.

  수사가 재개된 2008년과 2009년에 샌드라는 모이라의 두 자매의 DNA 표본을 채취해 분석하고 혹시 필요할지도 모를 때를 대비해 나에게 그 기록을 보관해달라고 했다. 그 기록은 지금도 내가 가지고 있다. 샌드라는 모이라가 실종됐을 때 입었던 코트의 단추나 신발 버클, 걸스카우트 배지 같은 물건을 찾으면 그 중요성을 알아볼 수 있도록 실종 당시 모이라의 차림새를 자세히 기록한 목록도 나에게 맡겼다. 완전히 전투태세를 갖춘 샌드라는 결국 무덤 조사에 지표 투과 레이더를 사용해도 좋다는 허가를 받아냈다. 확실히 나로서는 지표 투과 레이더에 찍힌 사진을 이해할 수는 없었지만 조금 특이한 호기심이 생기기는 했다. 어쨌거나 샌드라가 들여다보고 싶어 하는 곳은 그 밑에 구덩이를 파고 사람의 유해를 묻었을 수도 있는 무덤이었으니까 말이다.

2011년 우리 둘이 만나 오랜 시간 이야기를 나누었을 때 샌드라는 자신이 왜 그 무덤을 파보려고 했는지, 그 무덤에 있는 시신을 확인해보고 싶어 했는지 이유를 말해주었다. 그녀는 모이라의 시신이 1957년 3월 19일에 매장된 싱클레어 업턴 씨의 관 바로 밑에 묻혀 있을 거라고 믿었다.

샌드라의 추론은 이랬다. 그녀가 용의자로 의심하고 있는 소아성애자 무리는 모이라가 실종됐던 2월 23일 무렵에 모이라를 죽이고 시신을 버릴 적당한 장소를 찾아낼 때까지 잠시 어딘가(가트쇼어가 몰던 버스의 짐칸이 유력한 후보지였다)에 그것을 숨겨두었을 것이다. 가트쇼어가 모이라 살해에 가담했다면 이제 곧 12세 아이를 성폭행한 혐의로 코트브리지 주법원에 출석해야 했고, 실형을 받을 것이 거의 분명했기 때문에 가트쇼어에게는 모이라의 시신을 감추는 일이 무엇보다도 중요한 문제였을 것이다. 실제로 그는 4월 18일에 18개월 형을 선고받고 소튼 감옥에 갇혔다. 감옥에 있는 동안 그는 함께 복역하던 재소자에게 '싱키'라는 지인이 "그는 알지 못하겠지만 나에게 정말로 큰 호의를 베풀었다"라는 말을 했다고 한다.

가트쇼어가 투옥되기 한 달 전에 80세의 나이로 죽은 싱클레어 업턴 씨는 가트쇼어의 먼 친척이었다. 가트쇼어는 업턴 씨가 죽었다는 사실도, 곧 몽클랜드 묘지에 묻힌다는 사실도 알았을 것이다. 이 무고한 남자의 죽음 때문에 모이라의 시신을 숨길 안전하고 시기적절한 은신처가 생긴 것일까? 실종자를 찾으려고 묘지로 오는 사람은 없을 테니 이제 곧 고인을 묻으려고 파놓은 구덩이는 이상적인 시신 처리 장소가 될 수도 있었다. 가트쇼어는 화요일에 있을 장례식 때문에 주말이면 무덤이 될 구덩이를 미리 파놓을 것임을 알고 있었을지도 모른다. 모이라를 그 구덩이에 넣고 그 위에 흙을 얇게 덮어놓으면 업턴 씨의 관이 그 위를 덮을 테니 그 누구도 모이라가 그곳에 있음을 영원히 알지 못하게 되리라고 생각했을 수도 있었다.

    샌드라가 말해준 내용과 논리에는 설득력이 있었다. 나는 무덤을 조사할 수 있도록 허락받는 데 필요한 서류를 작성해 고등법원 형사부에 제출하고 결과를 기다렸다. 그해에 프랭크 멀홀랜드 칙선 변호사가 새로운 법무장관에 취임했다. 논쟁을 부르는 결정도 회피하지 않는 덩치 큰 프랭크는 추진력이 강한 사람이었고, 그 자신이 모이라가 실종되고 2년 뒤에 코트브리지에서 태어났기 때문에 마을과 강하게 연결되어 있었기에 그 사건을 해결해야 할 필요를 분명하게 알고 있었다. 2012년 프랭크는 강력계 형사들에게 모이라 사건을 살인 사건으로 규정하고 다시 수사를 시작하라고 명령했고, 우리는 당시 스트래스클라이드경찰서에서 근무했던 중앙정보국장 패트릭 캠벨을 미리 만나 무덤 발굴에 관해 상의할 수 있었다. 샌드라가 이 사건을 추적한 지 8년 만의 일이었다.

해당 무덤에는 청소년의 유해가 묻혔다는 기록이 전혀 없기 때문에 청소년의 유해가 조금이라도 나온다면 법의학 조사로 전환할 가능성을 염두에 두고 지방 의회와 모이라 가족의 동의 아래 발굴을 시작하기로 했다. 그 때문에 처음에는 스트래스클라이드경찰서의 감독 아래 발굴을 해나가지만 청소년 유해가 나와 발굴의 성격이 바뀌면 고등법원 형사부의 지휘를 받기로 했다. 지휘 주체가 바뀌는 순간, 우리는 가족을 위해 발굴하는 것이 아니라 고등법원을 위해 발굴하게 되는 것이었다.

우리 법의학팀은 시체 발굴은 여름에 하는 것이 좋겠다는 의견을 냈다. 여름에는 낮이 길고 비가 적게 오며 날씨가 따뜻해져, 진흙이 많아 무거운 구 몽클랜드 묘지의 흙이 건조해지면서 땅을 더 잘 파들어 갈 수 있기 때문이었다. 하지만 발굴에 필요한 서류 작업이 12월이 되어서야 모두 마무리되었다. 그러니 우리가 언제 발굴을 시작했을까? 1월 둘째 주였다. 그 뒤로는 함께 작업을 한 루시나 해크먼과 나는 경찰에게 적절한 발굴 시기를 조언할 때면 무조건 겨울이라고 하는 게 좋겠다고 생각하게 됐다. 그래야 적절하게 지연된 뒤에 원하는 시기에 발굴을 시작할 수 있을 테니까. 솔직함은 일을 하는 데 전혀 도움이 되지 않는 것 같다.

발굴할 무덤은 각 층에 관 세 개가 나란히 들어갈 수 있는 가족묘로, 우리는 거기에 모두 일곱 개의 관이 들어 있어야 한다는 사실을 알고 있었다. 무덤 왼쪽에는 비교적 최근인 1978년, 1985년, 1995년에 세상을 떠난 사람들이 묻혀 있고 가운데 공간에는 1923년에 세상을 떠난 사람이, 오른쪽에는 1976년에 묻힌 한 가족과 1951년에 묻힌 업턴 씨 아내의 관 사이에 업턴 씨의 관이 놓여 있어야 했다. 우리가 예상한 위치에서 업턴 씨의 관을 찾지 못할 경우, 필요하면 무덤의 가운데와 왼쪽도 발굴해도 좋다는 승인을 받기는 했지만 사실 우리가 무덤의 왼쪽 고인들이나 가운데 고인의 잠을 방해해도 되는 정당한 근거는 어디에도 없었다.

관이 항상 예정된 곳에 묻히는 것은 아니다. 아주 다양한 이유로 사람들은 엉뚱한 곳에 묻힐 때가 많다. 무덤을 열었을 때 미리 정해진 곳에 관을 놓을 자리가 충분하지 않아서, 혹은 완전히 엉뚱한 실수로 다른 곳에 묻힐 수도 있다. 실제로 1976년에 우리 할머니가 돌아가셨을 때 할아버지와 함께 묻어 드리려고 무덤을 열었다가 한 아이의 관을 발견했다. 우리가 아는 한 아이였을 때 죽어 그곳에 묻힌 가족은 없었다. 묘지 관리소에 확인해본 바로도 할아버지가 묻힌 뒤에 추가로 매장한 기록은 없었다. 그러니까 그 아이의 관이 그곳에 있어야 할 이유는 없는 셈이었다. 결국 우리는 아이의 관을 사제가 축성한 곳으로 이장했다. 그 때문에 기분이 좋지 않았지만 할머니도 묻히셔야 했고, 내 아버지가 돌아가시면 할머니 위에 묻힐 공간도 필요했기 때문에 어쩔 수가 없었다.

구 몽클랜드 묘지를 발굴할 때는 드림팀이 구성됐다. 루시나 해크먼은 던디대학교에서 16년 동안 나와 함께 일했고 크레이그 커닝엄은 10년 이상, 잔 비커 박사는 그가 박사 과정 학생일 때부터 알고 지낸 사람이었다. 서로를 깊이 신뢰하고 존중하는 우리는 늘 다른 사람의 작업에 맞춰 자신이 해야 할 일을 조정했고 말하지 않아도 상대방에게 필요한 것이 무엇인지를 척척 알아맞히면서 함께 일해 왔다.

묘지 발굴을 시작하기 전에 우리는 비석은 제자리에 그대로 두기로 합의했었다. 하지만 비석이 구덩이로 굴러떨어져 우리를 덮친다면 이미 구덩이에 누워 있는 사람들에게 네 구의 시신을 더 얹어줄 수도 있었기 때문에 잠시 있던 곳에서 치워야 했다. 업턴 씨의 관에 접근하려면 1976년에 묻힌 맥닐리 부인의 관 밑을 파고 들어가야 했다. 주로 진흙으로 된 흙은 아주 단단해서 맥닐리 부인의 관 윗부분까지는 기계로 흙을 긁어낼 수 있었지만 그 밑으로는 법의학 사건으로 전환될 수도 있으니 손으로 직접 파야 했다.

우리는 첫 번째 관에 있는 시신이 일흔여섯 살에 세상을 떠난 맥닐리 부인이 맞는지를 확인해야 했고, 간단하게 유해를 검사할 수 있다는 허락을 받았다. 맥닐리 부인의 관은 1976년에 흔히 쓰던 합판과 베니어판으로 만든 관으로, 습지 토양의 상태로 보아 형편없는 모습일 거라는 우리의 예상은 맞았다. 우리는 맥닐리 부인의 시신을 조심스럽게 들어 올려 새로운 관에 들어가 쉬던 장소로 다시 돌아오기 전까지 머물러야 할 묵직한 가방에 넣었다. 다행히 부인의 유해는 부인의 신원과 일치했다.

낮의 길이가 매일 여섯 시간 정도에 불과했기 때문에 정상적으로 열 시간을 작업하려면 발전기와 전등이 필요했다. 히터가 있었다면 정말 좋았겠지만 히터를 가동할 수는 없었다. 가혹한 스코틀랜드의 겨울 중에서도 특히 가혹한 겨울을 보내야 하는 서쪽 지방은 살을 에는 듯이 추울 뿐 아니라 습하기도 했다. 습기에 젖은 진흙 위에서 작업하다 보니 우리는 가라앉기 시작했다. 뒷걸음질이라도 치는 순간이면 진흙에 박힌 고무장화에서 빠져나온 맨발이 진창에 빠지기 일쑤라 우리 발은 언제나 진흙과 물기와 냉기에서 벗어날 수 없었다. 우리는 아주 길고 비참한 하루하루를 보내야 했다. 법의인류학이 정말로 매력적인 분야라고 생각하는 사람은 1월에 구 몽클랜드 묘지로 와서 찬바람이 뼛속으로 스며들고 무릎까지 진창에 빠지고 까딱 잘못하면 흙이 무너져 내려 그곳이 자신의 무덤이 될 수 있는 구덩이에 들어가 반드시 하루를 보내봐야 한다.

맥닐리 부인의 관 밑판을 들어 올리면서 우리는 이제 업턴 씨의 관 뚜껑을 발견하게 되리라고 생각했다. 우리의 기대처럼 반짝이는 금속이 얼핏 보이고 삽이 나무와 부딪칠 때 나는 소리가 들리면서 우리의 확신은 커져갔다. 나무로 만들어진 관은 업턴 씨가 사망했을 때 흔히 쓰이던 관이었고 완벽하게 보존되어 있었다. 얼핏 보인 금속은 섬세하게 만든 명판이었다. 조심스럽게 관에 붙어 있는 명판을 떼어 글자가 선명하게 보이도록 잠시 말리자 업턴 씨의 이름과 나이, 사망한 연도와 달이 분명히 보였다. 업턴 씨는 있어야 할 곳에 있었고 모든 정보와 일치했다. 우리가 모르는 것은 업턴 씨의 관 안이나 밑, 옆 혹은 그보다 6년 전에 묻힌 업턴 씨 아내의 관 안에 모이라가 과연 있을 것이냐 하는 것이었다. 모두 가능성이 있는 상황이었기 때문에 우리는 모든 곳을 다 조사하기로 했다.

     업턴 씨의 관 뚜껑을 열자 완벽하게 보존된 유해가 보였다. 우리는 업턴 씨의 유골 사이에 청소년의 유골이 있는지를 세밀하게 확인하고(그런 유골은 없었다) 업턴 씨도 다시 그곳으로 돌아오기 전까지 있어야 할 묵직한 가방으로 옮겼다. 밑판을 드러내려고 업턴 씨 관의 옆부분을 세심하게 해체했다. 샌드라의 가설대로라면 모이라가 숨겨져 있을 가능성이 가장 높은 곳은 업턴 씨 관의 밑부분과 업턴 씨 아내의 관 뚜껑 사이였다. 관의 밑판을 드러내자 우리는 업턴 씨의 관과 업턴 씨 아내의 관 사이에는 담배 종이 한 장 넣을 공간도 없음을 알게 되었다. 그러니 모이라가 어디에 있는지는 몰라도, 그곳이 업턴 씨의 관 안이나 업턴 씨와 업턴 씨 아내의 관 사이는 아닌 것이 분명했다.

하지만 두 관 사이에 없다고 해서 모이라가 무덤의 옆부분에 끼어 있을 가능성이 전혀 없는 것은 아니기 때문에 우리는 바깥쪽으로, 관의 앞쪽과 뒤쪽으로 계속해서 파보았다. 아무것도 없었다. 마지막으로 살펴볼 곳은 업턴 부인의 관이었다. 업턴 씨의 장례식을 위해 무덤을 열었을 때 업턴 씨 아내의 관을 열고 모이라를 숨겼을 가능성도 배제할 수 없었으니까. 남편의 관처럼 업턴 부인의 관도 완벽한 상태를 유지하고 있었다. 관 뚜껑을 열고 들여다본 관 속에는 나이 든 부인의 뼈만 있었다. 관의 가장자리 주변도 모두 살펴봤지만 아무것도 없었다. 모이라가 어디에 있는지는 모르지만, 어쨌거나 구 몽클랜드 묘지에 있는 그 무덤은 아니었다.

모이라의 가족과 코트브리지 공동체를 위해 사건이 해결되기를 간절히 소망하고 오랫동안 무덤이 발굴되기를 바라며 확신을 가진 채 지치지 않고 모이라 사건을 해결하려고 애써온 샌드라에게 발굴 결과를 전하는 일은 쉽지 않았다. 거의 연관이 없는 사건에 자신도 모르게 휘말린 업턴 씨의 가족에게도 그 같은 결과는 고통스러운 일이었다. 업턴 가족이 이 사건에 등장했다는 이야기는 모이라 사건 같은 강력 사건의 파장이 어떤 식으로 퍼질 수 있는지를 잘 보여준다. 그들 역시 가족의 무덤을 뒤집어엎어야 하는 상황 때문에 발생한 분노를, 모이라의 시신을 찾음으로써 가치 있는 일을 했다는 위로를 받으며 누그러뜨리고 싶어 했다. 하지만 그런 결과는 나오지 않았기에 업턴 가족도 다른 마을 사람들처럼 크게 실망했다. 그들의 가족은 다시 묻혔고, 업턴 가족은 무덤 옆에서 추도 예배를 지냈다.

열한 살 작은 소녀는 1957년 코트브리지의 허공으로 아무도 모르게 사라져버렸고 수사는 아직 종결되지 않았다. 실종된 지 60년이 흘렀음을 생각해보면 핵심 정보를 쥐고 있는 사람은 이제 얼마 남지 않았을 것이다. 모이라의 실종과 관련해 누군가를 기소할 수 있을 것 같지는 않지만 사라진 동생이 마침내 집으로 돌아와 언니들이 조금이라도 평온해질 수 있기를 바라며 수사는 계속 진행되고 있다.

바로 얼마 전에 경찰 미해결 사건팀은 누군가 밤에 수로로 자루를 던져 넣었다는 제보를 받고 몽클랜드 수로의 물을 빼고 그 일대를 수색했다. 레이더로 수로 바닥에서 이상한 물체를 확인한 경찰은 다이버를 내려보내 그 물체를 수거해왔다. 다시 우리 법의인류학자 팀이 나섰고 이번에는 독일 셰퍼드일 가능성이 큰 개의 뼈를 확인했다. 앞으로도 계속해서 다른 장소를 탐색할 것이고, 운이 좋다면 새로운 정보나 우연이 우리를 도와 문제를 해결할 수도 있을 것이다.

모이라보다 20년 늦게 사라진 러네이와 앤드루는 누군가 나서 가족의 고통을 덜어줄 수 있는 시간의 여유가 조금은 더 남아 있다. 사라진 사람의 생사를 알 수 없는 실종자의 가족은 감당하기 힘든 큰 짐을 짊어지고 살아간다. 우리가 하는 일이 그런 가족에게 조금의 위로와 위안을 줄 수 있다면 그것만으로도 큰 가치가 있다고 생각한다. 그리고 만약에 이런 미해결 사건의 가해자가 아직도 살아 있다면 법의 심판을 받게 할 수도 있을 것이다. 살인죄에는 공소 시효가 없다.

8장

Invenerunt corpus
- 몸을 찾다!

"진정한 신분 도용은 금전적인 것과는 상관없다. 가상 공간에 있는 것도 아니다. 그것은 영적인 것이다."

스티븐 코비
교육자·1932~2012

발모어에서 발견된 시신의 얼굴 복원도

시신이 없으면 실종자에게 일어난 일을 밝히기는 너무나도 어렵다. 시신은 찾았지만 그 사람의 신원을 밝힐 명백한 단서가 하나도 없는 경우에도 난감하기는 마찬가지다.

안타깝게도 앞에서 살펴본 것처럼 신원을 모르는 시신은 실종자 목록에 있을 테니 그저 시신과 실종자를 비교해보기만 하면 사건을 해결할 수 있을 거라는 생각은 현실을 지나치게 단순화한 순진한 생각이다. 시신을 찾은 경찰이 알기에는 너무나도 먼 나라에서 실종자 신고가 되어 있을 수도 있고, 이미 너무 오래전에 신고되어 기록 보관소로 넘어가 잊혔을 수도 있다. 그 사람이 실종되었다는 사실을 아무도 모르거나 그 사람이 사라진 것에 대해 염려하는 사람이 없어 애초에 실종 신고가 이루어지지 않았을 수도 있다. 이 같은 상황을 사회의 무관심이라고 슬프게 생각하는 사람도 있겠지만, 사실 다른 사람과 접촉하기를 꺼리거나 한 사회의 일원이 되기를 거부하는 사람도 있다. 그 사람이 불법을 저지르지 않는 한 익명으로 남기로 결정한 사람의 마음은 존중해주어야 한다. 아무에게도 알려지지 않은 채 홀로 살기를 택한 사람은 누구에게도 알려지지 않은 채 홀로 죽을 가능성이 높은데, 이 경우에는 신원을 밝히기가 아주 어려울 수도 있고, 안타깝게도 결국 밝히지 못할 수도 있다.

사망 시간과 시신을 발견한 시간이 다르다는 것도 상황을 복잡하게 할 수 있다. 한번은 중국 신사가 살고 있는 런던의 공영 아파트로 가야 했다. 이 신사는 18개월 동안 집세를 내지 않았기에 의회는 재산을 압류하려고 아파트 문을 따고 들어갔다. 아파트로 들어간 공무원들은 충격을 받을 수밖에 없었는데, 그도 그럴 것이 중국 신사가 고치처럼 이불에 단단히 감싸인 채 침대에 누워 있었기 때문이다. 그는 1년도 더 전에 사망해 공무원들이 발견했을 때는 거의 해골만 남아 있었다. 침대와 매트리스가 흡습제 역할을 해 시신이 부패하면서 생긴 액체를 모두 빨아들였고 남아 있던 부드러운 조직은 바짝 건조해 사실상 미라처럼 변해 있었다.

그 남자는 혼자 살았고 홀로 죽었지만 실종 신고도 되지 않았고 신원도 알 수 없었다. 이웃집들을 방문해 조사한 경찰들에게 중국 신사의 집 창문 안쪽 턱에 상당히 많은 파리가 죽어 있는 모습을 보았다거나 악취를 맡았다고 증언한 사람들도 있었지만, 그들은 보통 여름철 아주 무더울 때는 부엌 쓰레기가 썩기도 하니 중국 신사의 부재를 신고해야 한다는 생각은 들지 않았다고 했다.

침대에서 죽은 사람의 사망 원인은 밝혀낼 수 없었고, 그 아파트에 거주자로 등록되어 있는 중국 신사는 지문도 DNA도 치과 기록도 남아 있지 않아서 사망자가 중국 신사임을 확증할 수 있는 방법도 없었다. 검시관은 혈통과 나이를 근거로 그의 신원을 판단할 수밖에 없었다. 수백만 명이 넘는 사람들에게 둘러싸여 살아가는 아주 거대한 도시에서는 이렇게 자신을 완전히 숨기고 사는 일도 가능하다.

뚜렷한 출발점도 없고 고인에게 일어난 일을 어느 정도는 밝혀줄 가족이나 친구, 동료와도 즉시 연락을 할 수 없기 때문에 경찰 수사는 쉽게 속도가 붙지 않는다. 이상적인 세상에서는 경찰이 무한한 예산과 무한한 인력으로 실종자를 수색해 시신의 신원을 거침없이 밝혀낼 수 있을 것이다. 하지만 현실에서는 예산과 인력이 얼마나 부족한지를 잘 알고 있으며 사라지는 사람은 계속해서 늘고 있으니 생사를 확인할 수 없는 사람은 언제나 있기 마련이다. 최선을 다해 노력하지만 사실상 영국 경찰서에는 모두 신원 미상의 시신이 있다. 결국 수사 당국이 생전의 모습을 알아내지 못해 가족이나 친구에게 알리지도 못한 채 이름도 없이 매장해야 하는 시신이 해마다 있다는 것이다.

사람들은 대부분 신원이 불확실한 상태로 죽지 않는다. 우리는 많은 경우 집이나 병원, 요양원이나 호스피스 병원에서 의료진의 보살핌을 받으며 세상을 떠난다. 사고사 등으로 갑자기 사망한 경우에도 우리는 대부분 은행 카드나 운전 면허증처럼 우리 신분을 입증해줄 물건을 지갑이나 가방에 넣어 다닌다. 오래전에 죽은 시신을 갑자기 찾은 경우에도 사망 장소는 대부분 그 사람의 집이나 차 안이기 때문에 거의 모든 사람이 남겨두고 떠나는 여러 문서를 통해 대부분은 사망자의 이름을 알 수 있다. 이런 상황에서는 사망자의 신원을 확인해 수사에 도움을 줄 가장 가까운 가족을 신속하게 찾아낼 수 있다.

　　신원을 밝히기 가장 힘든 시신은 고립된 장소에서 아무도 예상하지 못했던 상태로 발견된 경우로, 이때는 시신이 부패해 있고 신원을 확인해줄 만한 정황 증거가 전혀 없을 때가 많다. 그런 시신은 DNA 자료도 지문 기록도 없을 수 있다. 바로 이때 법의인류학은 진가를 발휘해 고인의 살아생전 정체성을 다시 찾아줄 가장 좋은 기회이자, 가끔은 유일한 기회를 제공해준다.

　　우리는 잘 입증된 과정을 따르며, 수많은 상식과 논리적인 과학 해석, 세부 사항도 놓치지 않는 정밀함을 가지고 일한다. 2장에서 잠깐 언급한 것처럼 법의인류학자들은 시신을 접할 때 일반적인 신체 특징으로 분류하는 생물학적 정체성과 고인의 이름을 확정하려면 알아야 하는 개인의 정체성이라는 두 가지 정체성을 확보하려고 노력한다. 한 가지 정체성을 알면 다른 정체성도 알아낼 수 있을 가능성이 생기지만, 아주 오랜 시간 인내심을 가지고 기다릴 준비가 되어 있어야 한다. 물론 우리는 곧바로 신원을 밝힐 수 있을 것이라는 희망을 품고 시신을 발견하는 즉시 DNA와 지문 정보를 검색한다. 하지만 그런 기대는 몽상으로 밝혀지고 다시 발품을 팔아야 하는 오래된 인류학 수사 방식으로 돌아가야 할 때가 많다.

　　사람의 신원을 밝힐 때는 몇 가지 일반적이지만 다른 설명어descriptor 목록을 활용해 가능성의 범위를 좁힐 수 있다. 사망 시기가 가까울수록 법의인류학자들은 생물학적 정체성의 네 가지 기본 요소(성, 나이, 키, 혈통)를 좀 더 정확하게 밝힐 수 있다. 이런 특징들을 조합하면 우리는 키가 157센티미터 정도 되는 25~30세 백인 여성의 시신을 발견했다는 실종자 통지를 낼 수 있다. 큰 실수를 하게 되는 날이면 고인의 신원을 확인하지 못하거나 수사를 크게 지연시킬 수 있기 때문에 이런 개괄적인 지표들을 정확하게 밝히는 일이 중요하다. 우리는 법정에 전문가 증인으로 설 수도 있기 때문에 우리 주장을 정확한 과학으로 뒷받침할 수 있어야 한다. 추론의 영역으로 빠지고 싶은 유혹에 절대로 무릎을 꿇으면 안 된다.

◇

법의인류학에서 생물학적 정체성을 결정하는 첫 번째 요소인 성은 남성 아니면 여성이라는 두 가지 구분밖에 없기 때문에 정확하게 구별해야 한다. 법의인류학에서는 생물학적 성을 가리키는 '섹스sex'라는 용어를 아주 구체적인 의미로 쓰며 사회적 성을 가리키는 '젠더gender'와 혼동해서 쓰지 않는다. 섹스는 개인의 유전자 구조를 나타내는 용어이지만 젠더는 한 개인의 사적이고 사회적이며 문화적인 선택과 관계가 있는 용어이므로 생물학적 성과 상충할 수도 있다.

사람의 전체 유전자(게놈)는 스물세 쌍(46개) 염색체로 이루어져 있다. 각 염색체 쌍을 구성하는 두 염색체 가운데 하나(전체 유전자의 절반)는 어머니에게서 받고 나머지 하나는 아버지에게서 받는다. 전체 염색체 가운데 일반적인 정보를 가지고 있는 스물두 쌍은 (애매모호하게 짝이 맞는 검은 양말 한 켤레처럼) 서로 조금씩 다르면서 '형태'는 같은 염색체 두 개로 이루어져 있지만, 나머지 한 쌍인 성염색체는 성과 관련된 유전 정보를 간직하고 있기 때문에 쌍을 이루는 두 염색체는 (색이 다른 양말처럼) 서로 상당히 다르다.

학교에 다닐 때 우리 대부분이 생물학 시간에 배웠던 것처럼 X 염색체에는 '여자'를 만드는 설계도가 들어 있고 Y 염색체(정확히는 정소결정인자[SRY 유전자])에는 '남자'를 만드는 설계도가 들어 있다. 여성의 성염색체는 X 염색체 두 개로 이루어져 있고 남성의 성염색체는 X 염색체 하나와 Y 염색체 하나로 되어 있다. 어머니는 아이에게 무조건 X 염색체를 전해준다. 아버지가 전해준 성염색체가 X 염색체라면 그 아기는 XX 염색체를 갖게 되고 여자로 발달한다. 아버지가 Y 염색체를 준 아기는 남자가 된다. 성염색체가 제대로 조합되지 못하면 클라인펠터증후군(성염색체 유전자형이 XXY인 경우)이나 터너증후군(성염색체가 XO인 경우) 같은 장애가 나타나지만 아주 희귀한 장애이기 때문에 내가 법의인류학자로 일하는 동안 그런 염색체를 만난 경우는 없었다.

발달 중인 배아는 난자와 정자가 만나는 순간에 유전적인 성이 결정되지만, 수정 후 첫 몇 주는 외부적으로나 내부적으로 남자와 여자라는 특징이 나타나지 않아 성이 없는 것처럼 보인다. 수정 후 8주가 될 때까지도 사람의 배아라는 부드러운 조직에서는 남자가 될 것인지 여자가 될 것인지를 알 수 있는 단서가 거의 나타나지 않지만, 12주가 되면 어떤 성으로 발현할지에 관한 증거가 보이기 시작한다. 어머니가 처음으로 초음파 검사를 할 때가 되면 태아는 성별을 확인할 수 있을 정도로 외부 생식기가 발달해 있을 수도 있다.

지금은 아기의 성별을 확인해주지 않는 병원도 있는데, 그런 병원은 인력과 시간이 부족해 성별을 확인해주지 못한다는 이유를 댄다. 하지만 실제로는 진단이 틀렸을 때 소송에 휘말릴 수도 있고 아기 부모가 속한 문화에 따라 한쪽 성을 선호해 낙태를 할 수도 있기 때문에 알려주지 않는 것이다. 그 때문에 초음파가 없었던 시절처럼 태어나기 전까지는 아기의 성별을 알지 못하는 상태로 있어야 할 수도 있다. 나는 놀라는 쪽이 더 좋기 때문에 단 한 번도 내 아기의 성별을 미리 알고 싶다는 마음이 들지 않았다. 우리 시아버지의 말씀처럼 나도 머리 하나에 손가락 열 개, 발가락 열 개면 됐지 다른 것은 중요하지 않았다.

부모가 아기의 성별을 간절히 알고 싶어 하고 초음파 기사가 말해줄 준비가 되어 있다면 초음파 영상에서 출산 시 간호사나 산파 같은 사람이 아기의 성별이 법적 효율을 지닐 수 있도록 선언할 때 확인하는 외부 증거(남자 아기라면 페니스가 있고 여자 아기라면 페니스가 없는)를 확인해 가르쳐줄 수도 있다. 물론 아기의 법적인 성을 규정하는 행위는 생물학적으로나 사회 문화적으로 문제가 많다. 하지만 법적인 성은 시간의 여명기부터 우리가 의존해 온 성 결정 방법이며 지금으로서는 가장 최선의 방법이기는 하다.

아기의 성이 선언되는 순간부터 그 아기가 보내야 하는 유년기의 성격이 거의 철저하게 규정되고 만다. 아기는 남자 아기나 여자 아기 가운데 하나로 자라야 한다. 모든 문화에서 아기에게 페니스가 있느냐 없느냐를 근거로 그 아기가 되어야 할 모습을 완벽하게 정의해둔다. 우리가 제대로 알고 있는 것이라면 남자 아기는 사춘기가 되면 2차 성징이 발현해 외부 생식기(정소와 페니스)가 적절한 크기로 자라야 하며, 팔·다리·가슴·겨드랑이·두덩 부위·얼굴에 굵직한 털이 나고 목소리 역시 굵직해져야 한다. 여자 아기는 사춘기가 되면 가슴이 발달하고 엉덩이가 커지며 겨드랑이와 두덩 부위에 털이 자라고 생리를 시작해야 한다. 생애 첫 20년 동안 자신을 남자라고 생각했던 사람이 가슴이 발달하기 시작하거나, 여자라고 생각했던 사람이 자신의 가슴에서 털이 나는 모습을 본다면 정체성에 가지고 있던 확신은 과연 어떻게 될까? 사춘기는 아주 상황이 좋을 때도 자기 몸에 상당히 민감하게 반응하고 자기 몸을 매우 어색하게 생각하는 시기다. 그러니 예상치도 못했던 엄청난 변화가 어린 사람에게 미치는 영향이 그토록 파괴적인 이유를 충분히 이해할 수 있다.

     대부분의 경우 태어날 때 지정된 성별이 옳은 것으로 판명이 나지만 법의인류학자들은 다른 가능성도 반드시 염두에 두어야 한다. 남자의 뼈는 파란색이고 여자의 뼈는 분홍색이라면 아무 걱정할 일이 없을 것이다. 조금 터무니없이 들리겠지만 잠시 파란색과 분홍색을 우리 몸의 남성성과 여성성을 나타내는 색으로 활용해보자. 파란색은 정소결정인자가 있으며 테스토스테론이라는 스테로이드계 성호르몬이 분비된다는 사실을 의미하고, 분홍색은 정소결정인자가 없으며 테스토스테론이 아닌 다른 스테로이드계 성호르몬(주로 에스트로겐)이 분비된다는 뜻이다. 사실 모든 아기는 테스토스테론과 에스트로겐을 모두 가지고 있는데, 그 비율은 아기마다 모두 다르다. 남자 배아도 X 염색체가 있기 때문에, 테스토스테론이 가장 많이 분비된다고는 해도 정상적으로 생화학 작용이 일어나려면 에스트로겐도 분비되어야 한다. 여성은 Y 염색체는 없지만 난소나 부신 같은 기관에서 테스토스테론을 소량 분비한다. 그럴 리가 없다고? 여성들이여, 그런 의심이 든다면 폐경기까지 기다려보자. 에스트로겐의 분비량이 줄어들면 테스토스테론이 우위를 차지해 턱과 코 주변에서 털이 자라는 걸 볼 수 있을 테니까. 빅토리아 시대 서커스에서 총애했던 수염 난 숙녀는 자연의 이상 현상이 아니라 사람에게서 나타날 수 있는 정상적인 변이 현상이다.

성, 즉 우리가 남성성과 여성성으로 인지하는 개념은 유전자와 생화학의 상호 작용, 그리고 그것이 뇌 같은 인체의 모든 조직과 기관에 작용하는 영향이 결정한다. 유전적으로 분홍색인 배아가 테스토스테론을 지나치게 많이 생산한다거나(선천성 부신증식증인 여자에게서 이런 현상이 나타난다), 유전적으로 파란색인 배아의 정소결정인자 스위치가 꺼졌거나(선천성 부신증식증 때문이다) 테스토스테론을 제대로 만들지 못하거나 에스트로겐을 과도하게 만들어낸다면 유전적 성과 육체적 외모, 심리적 정체성이 어떤 복잡한 상호 작용을 하는지를 보게 될 것이다.

법의인류학자는 유골이 드러내고 있는 특징은 성에 영향을 미치는 유전자 청사진과 생화학 반응이 한데 섞여 나타나는 복잡한 상호 작용임을 분명히 알고, 유전적 성과 생화학 작용이 적절하게 조화를 이루고 있어 자기 성의 특성만을 많이 가진 개체들과 달리 유전적으로 남자인 개체가 여자의 특성을 보이거나 유전적으로 여자인 개체가 남자의 특성을 나타내는 회색(아니면 앞에서 제시한 색 구분에 따르면 연보라색 정도 되는) 지역을 만드는 경우도 있음을 인지하고 있어야 한다. 사람의 놀라운 점은 정말로 다양한 변이를 만들어낼 수 있다는 것이다. 한 생물종으로서의 사람을 연구하는 일이 진심으로 매혹적인 이유는 바로 그 때문이다.

사망 시점이 얼마 되지 않은 유해라고 해도 생물학적 성을 결정하는 일은 아주 어려울 수 있다. 수술 같은 외부 개입이 있을 때는 특히 그렇다. 그렇기 때문에 여성의 속옷 조각 같은 정황 증거에 영향을 받지 않는 일이 극도로 중요하며, 타고난 특성이나 수술로 바뀐 특성을 명확하게 구별할 수 있어야 한다. 자궁이 없다는 사실은 유해가 남자일 수 있음을 의미하지만 자궁 절제술을 받았거나 배아기에 기관이 제대로 발생하지 못한 무발생증agenesis 때문에 자궁 없이 태어난 여자일 수도 있다. 페니스가 없거나 가슴이 크면 고인은 여자일 수도 있지만 페니스를 절제하고 가슴 확대 수술을 받은 트랜스젠더일 수도 있다.

2004년 엄청난 지진 해일에 아시아에서 25만 명이 목숨을 잃은 뒤로 사망자의 신원을 확인하고 분류하는 일을 하는 많은 사람의 마음에 생물학적 성과 사회적 성이라는 문제가 크게 자리를 차지했다. 지진 해일의 피해가 아주 심했던 태국은 트랜스젠더의 세계 수도라고 일컬어지는 곳이다. 태국에서 남성이 여성으로 성전환을 하려고 받는 수술 비용은 미국에서 받는 수술 비용의 4분의 1 정도로, 해마다 300명이 넘는 사람이 태국에서 성전환 수술을 받는다. 태국에서는 제3의 성이라고 불리는 카토이(남자에서 여자로 성전환 수술을 한 트랜스젠더)도 사회의 완벽한 일원으로 받아들여진다. 성은 명백하게 남성과 여성으로 발현된다는 태도로 이 문제에 접근하면 트랜스젠더일 수도 있음을 예측할 수 없는 재앙을 낳게 된다. 외부 신체에 관한 평가는 반드시 내부 검사가 뒷받침되어야 한다.

시신이 부패하기 시작하면 생물학적 성을 밝히기가 한층 어려워진다. 외부 생식기는 사망 후에 빠르게 변형되며 부검으로 내부 구조를 검사하는 것도 그다지 도움이 되지 않는다. DNA를 분석해 정소결정인자를 확인하면 유해가 남자라는 결론을 내릴 수도 있지만 유해가 여자라면 전체 염색체로 구성된 핵형[13]을 알아내지 못하는 한 여자라는 결론을 내릴 수 있는 방법은 없다. 우리에게 있는 유해가 바짝 마른 채 띄엄띄엄 묻혀 있던 뼈뿐이라면 어떻게 해야 할까?

[13] 한 생명체가 가진 고유의 염색체 종류 및 그 숫자.

파란색이나 분홍색으로 나누어진 뼈가 있었으면 하는 소망은 나의 덧없는 바람일 뿐이지만 온전하게 보존된 성인의 유골에는 상당히 높은 신뢰도로 성별을 구별할 수 있는 지표가 있다. 성인의 뼈는 사춘기에 온몸을 도는 스테로이드계 성호르몬 때문에 상당히 빠르게 성장해 모양을 갖추는데, 그때 형성된 특징들이 우리에게 단서를 제공한다. 사춘기 때 가장 많이 분비되는 호르몬이 에스트로겐이라면 성인의 골격은 우리가 "여성화"라고 부를 수 있는 특징을 갖추어 나간다. 그런 특징을 갖추었다고 해

Invenerunt corpus
- 몸을 찾다!

서 그 개인을 여성이라고 단정할 수는 없다. 그저 '분홍색'으로 칠할 수 있는 특징이 있다는 것뿐이다. 태아가 제대로 성장하고 아기 머리가 아무 문제 없이 산도를 통과할 수 있게 해주는 골반은 유해가 여자임을 알려주는 가장 두드러진 사춘기 변화다.

하지만 여자라고 모두 골반이 넓지는 않다. 과거에는 임산부가 태아의 머리보다 어머니의 골반이 작은 아두골반불균형을 두려워해야 할 충분한 이유가 있었다. 아기 머리가 어머니의 골반으로 들어간 뒤에 산도를 제대로 통과하지 못하면 임산부는 아기를 낳을 수 있는 뾰족한 방법도 없이 몇 날 며칠을 고생해야 한다. 볼독에서 발굴된 로마 시대 세 아기와 어머니 이야기가 생각날 것이다. 인류의 역사에서 정말 긴 시간 동안 많은 사람이 출산을 하다가 죽었다.

아기의 생존보다는 어머니의 생명이 더 중요하다고 여겨지는 상황에서는 아두골반불균형으로 고생하는 산모를 구하려고 섬뜩한 산부인과 도구를 사용하기도 했다. 천두기穿頭器는 작은 창처럼 생긴 금속 기구로 어머니의 질에서 자궁 속으로 깊게 집어넣어 제일 먼저 닿는 아기의 신체 부위에 깊게 찔러 넣는다. 정상 분만의 경우 대부분은 아기 머리가 가장 먼저 내려와 있기 때문에 천두기는 대부분 아기 머리뼈의 대천문(앞숫구멍)을 뚫는다. 대천문은 머리뼈에서 가장 큰 '부드러운 부분'으로 아기의 머리가 어머니의 산도를 통과할 수 있도록 머리뼈를 이리저리 움직이게 해준다.

대천문으로 들어간 천두기는 끝에 있는 고리를 걸 수 있는 머리뼈 부분(눈구멍일 때가 많다)을 찾아 고리를 건다. 그 때문에 아기의 뇌 구조가 일부 파괴되면서 아기의 머리는 잡아당겼을 때 조금 더 쉽게 어머니의 산도를 통과할 수 있게 된다. 그때부터 천두기는 가위처럼 작용해 아기의 몸을 말 그대로 한 번에 한 조각씩 떼어낸다.

아두골반불균형인 산모의 비율은 현재 상당히 많이 줄어들었는데, 그 이유는 주로 건강 상태가 향상되었기 때문이지만 골반의 형태가 제대로 갖추어져 있지 않을 때는 태아도 산모도 목숨을 잃게 했던 아주 잔혹한 적자생존의 결과일 수도 있다. 하지만 지금도 지구에는 출산이 산모와 태아 모두에게 극도로 위험한 지역이 있다. 세계보건기구WHO는 해마다 사망하는 산모가 34만 명에 이르며 사산한 태아를 낳는 경우는 270만 건, 신생아 사망자 수는 310만 명 정도로 추정한다. 거의 대부분 가난한 나라에서 벌어지는 일이다. 사하라 사막 이남 아프리카에서는 산모 일곱 명 가운데 한 명이 출산을 하다가 사망하며, 산모 사망 원인 가운데 아두골반불균형이 차지하는 비율은 8퍼센트가 넘는다.

적절한 의료 혜택을 받을 수 있는 곳에서는 더는 골반의 형태나 크기가 문제가 되지 않는다. 문제가 있을 경우 아기는 성공률이 아주 높은 제왕절개로 분만하기 때문에 아기도 산모도 안

Invenerunt corpus
- 몸을 찾다!

전할 수 있다. 마취 기술과 항생제가 발달한 아주 부유한 나라에서는 제왕절개가 '밀쳐버리기에는 몹시도 우아한' 유행으로 인식되어 거의 모든 산모가 선택하는 출산 방법이 되고 있다. 더구나 자연 분만이 어머니와 아기의 행복을 책임져야 하는 병원에 재정적으로 큰 부담을 줄 수 있는 상황에서는 제왕절개가 안전한 대안으로 보일 때도 있다.

그 때문에 21세기 서양 여성들은 이제 다양한 형태와 크기의 골반을 지니고 살아갈 수 있게 되었고 모든 골반의 유전자 유산이 합법적으로 보존될 수 있게 되었다. 역설적인 점은 성공적인 출산이라는 유산을 보존하려고 획득한 성적 이형성이 점차 사라지면서, 골반뼈를 근거로 성을 밝히는 과제가 현대 법의학 표본보다는 고고학 표본에서 훨씬 정확하고 신뢰할 수 있는 해답을 내놓을 수 있게 되었다는 점이다.

몸에서 가장 많이 분비되는 호르몬이 테스토스테론이라면 이 신체가 사춘기 동안 이루어야 할 주요 목표는 근육을 늘리는 것이다. 보디빌더가 단백동화스테로이드의 형태로 남성 호르몬을 복용하면 체지방이 감소하고 근육이 늘어난다는 사실은 잘 알려져 있다. 뼈와 근육의 방정식은 단순하다. 뼈에 붙어 있는 강한 근육이 가하는 힘을 견디려면 강한 뼈가 있어야 한다. 머리뼈나 긴뼈, 어깨뼈, 골반대 같은 곳은 근육 부착점이 더 잘 발달되어 있음을 확인할 수 있다. 테스토스테론은 골격의 남성화를 유도하지만, 여기서도 강한 골격이 꼭 생물학적으로나 유전적으로 남성임을 의미하지는 않는다.

사춘기 이전의 어린아이처럼 다른 호르몬에 비해 특히 많이 분비되는 우세 호르몬이 없을 때는 보통 파란색보다는 분홍색으로 해석할 수 있는 어린아이 같은 모습이나 유형성숙[14]한 개체 같은 모습의 뼈가 보인다. 뼈로 성을 확인할 수 있는 변화는 사춘기 이전에는 생기지 않기 때문에 어린아이의 유골로는 성별을 분명하게 확인하는 일이 불가능하다.

[14] 동물이 성장을 멈추고 생식기만 성숙해 번식하는 현상.

법의인류학자들은 완벽한 상태로 발견된 성인 유골은 거의 95퍼센트 정확도로 생물학적 성을 밝힐 수 있지만 혈통마다 변이가 있을 수 있다는 사실을 고려해야 한다. 예를 들어 네덜란드인은 공식적으로 세상에서 가장 키가 큰 '민족'이지만 네덜란드 아기가 다른 서양 국가의 아기들보다 특별히 크지는 않다. 그러니 당연한 말이지만 상당히 몸집이 큰 네덜란드 산모들은 아기가 무사히 산도를 빠져나갈 수 있도록 골반을 아기에게 맞춰 변형할 필요가 없기에 산부인과 관련 합병증이 발병하는 비율이 낮다. 그와 달리 키가 작은 민족의 여자들의 경우 산도를 통과해야 하는 아기의 크기는 같기 때문에 자연은 그런 산모들이 안전하게 출산할 수 있는 방법을 찾으려고 애를 쓸 것이다. 그런 나라에서는 결국 남녀의 골반 형태가 크게 달라질 수 있다. 그것은 유골만

Invenerunt corpus
- 몸을 찾다!

으로는 네덜란드 남성과 네덜란드 여성의 골반을 구별하기가 아주 어려울 수도 있다는 뜻이다.

당연히 불에 타거나 부서져 손상되거나 망가진 유골은 성을 구별하기가 훨씬 어려워진다. 어느 정도 확신을 가지고 성을 결정하려면 아주 작은 뼛조각도 몸의 어느 부위인지를 정확하게 구별할 수 있어야 한다. 그러니까 위팔뼈 말단인지 넙다리뼈의 근위 부분인지 어깨뼈의 극상 조각인지를 제대로 구분할 수 있어야 한다는 뜻이다. 이런 뼈 부위는 남녀에서 큰 차이가 보이기 때문에 성을 결정할 때 잘 살펴보아야 한다. 골반의 큰궁둥패임의 형태, 목덜미에 두드러진 근육의 형태, 귀 뒤에 있는 꼭지돌기의 크기, 눈썹 밑 안와상 융기의 유무 등도 성별을 구별하는 아주 중요한 단서다.

뼈로 성을 구별할 때는 성적 이형성 정도가 커야만 법의인류학자들이 훨씬 정확하게 판단을 내릴 수 있다. 그러나 우리가 분석 근거로 삼는 특징들은 생화학 반응이 작용한 시간과 범위를 나타내는 지표일 뿐 그 자체로 생물학적 성이나 유전적 성을 확증하는 증표가 아님을 반드시 기억해야 한다.

우리가 찾은 시신을 실종자 명단과 비교할 때 시신의 성을 제대로 알고 있으면 반대 성인 사람을 모두 배제할 수 있어 가능한 후보자가 절반으로 줄어든다. 따라서 신원을 알 수 없는 시신은 성별을 결정하는 일이 아주 중요하다. 하지만 언제나 동전

남아 있는 모든 것
All That Remains

의 양면이 있는 것처럼 성을 틀리게 결정했을 때는 찾아야 할 사람을 완전히 배제해버린다는 아주 큰 문제가 발생한다.

◇

생물학적이거나 유전적인 성을 결정하기는 성인보다는 어린아이가 훨씬 까다롭지만 신원을 밝히는 두 번째 생물학적 요소인 나이는 성인이 어린아이보다 훨씬 밝히기 어렵다. 죽은 사람보다 훨씬 많은 단서를 주는 살아 있는 성인의 나이도 정확하게 맞히기가 상당히 어렵다는 사실을 생각해보면 유해를 보고, 그것도 뼈만 남아 있거나 더 심각하게는 부서진 뼈만 남아 있는 유골을 가지고 나이를 판단하는 일은 당연히 쉽지 않다.

사람의 나이를 정확하게 판단하는 일은 나이가 들수록 더 어려워진다. 초등학교에 가면 그곳에 있는 아이들의 나이를 상당히 정확하게 짐작할 수 있다. 틀려도 고작해야 한 살 이상은 차이가 나지 않게 나이를 맞힐 수 있다. 중학생도 비슷하게 나이를 맞힐 수 있지만 사춘기는 아이마다 다양한 신체 변화를 경험하기 때문에 대다수 아이들과 달리 훨씬 나이 들어 보이는 아이도 있고 훨씬 어려 보이는 아이도 있다. 그와 달리 어른으로 가득 찬 방에서 나이를 맞히려 한다면 우리 때문에 기분이 아주 좋아지는 사람도 있겠지만 적어도 절반 정도는 우리의 추론을 듣고 불쾌해질 가능성이 아주 높다.

　　　　인생 초반기에는 나이와 얼굴 모습, 몸집이 아주 강하게 관계를 맺고 있다. 얼굴은 늘어나는 치아를 수용할 공간을 마련하면서 성장해야 하기 때문에 나이를 알려주는 믿을 수 있는 지표다. 나는 매년 아이들 생일 때 얼굴 사진을 찍어 아이들의 얼굴이 언제 어떤 식으로 바뀌는지를 기록한다(괜찮은 과학자라면 누구나 자기 아이들을 자신만의 작은 페트리 접시로 활용하는 법이니까). 아이들 얼굴은 네 살에서 다섯 살로 넘어갈 때 가장 크게 바뀐다. 여섯 살쯤에 돋아나는 영구치(첫 번째 어금니)가 자리 잡을 공간을 충분히 마련하려고 얼굴의 절반인 아랫부분을 차지하는 턱이 크게 자라기 때문이다. 아이들 얼굴은 두 번째 어금니가 자리 잡을 공간을 충분히 마련해야 하는 사춘기 직전에도 크게 바뀐다. 그러면 사춘기 동안 지옥문이 열리면서 호르몬이 분노한 바다처럼 아이들(과 우리)의 인생을 덮치고 그때부터 아름다운 어른의 얼굴이 나타나기 시작한다.

　　　　어린아이들의 나이와 몸의 크기가 맺고 있는 관계는 아동복을 판매하는 방식을 보면 잘 알 수 있다. 아동복은 치수보다는 나이로 구별해 판매한다. 아동복 제조업자들이 거의 분명한 확신을 가지고 생후 6개월 미만인 아기는 머리부터 발끝까지의 길이가 대략 67센티미터라고 생각하기 때문이다. 부모도 104센티미터짜리 아이를 위한 드레스를 사지 않고 네 살짜리 아이가 입을 드레스를 산다. 아이가 자랄수록 옷을 구분하는 나이 간격은 넓어진다. 아기 옷은 3개월 간격으로 커지다가 나중에는 6개월 간격으로 커지고 아장아장 걷는 아기부터 열두 살까지의 어린 아이 옷은 1년이나 2년 간격으로 사이즈가 커진다. 사춘기가 되면 몸에 변화가 생기면서 나이를 가지고 몸의 크기를 예측하는 일이 훨씬 어려워진다.

따라서 태아나 아기의 유해를 살펴볼 때는 팔을 이루는 위팔뼈·노뼈·자뼈, 다리를 이루는 넙다리뼈·정강이뼈·종아리뼈 같은 긴뼈의 길이를 측정하면 몇 주의 오차로 거의 정확하게 아기의 나이를 맞힐 수 있다. 그보다 조금 더 나이가 많은 아이는 몇 달 오차로, 그보다 더 나이가 많은 아이는 2, 3년의 오차로 나이를 확인할 수 있다.

그런데 아이들의 경우 긴뼈의 길이를 측정하는 것보다 더 간단하게 나이를 확인할 수 있는 방법이 있다. 사람의 뼈 중에는 성장할 수 있도록 여러 부분으로 이루어진 뼈들이 있는데, 나이가 들어 성숙해지면 이런 뼈들이 한데 융합된다. 뼈들의 성장과 융합은 나이와 밀접하게 관련이 있기 때문에 이 뼈들의 상태를 보면 상당히 정확하게 나이를 추론할 수 있다. 예를 들어 성인의 넙다리뼈는 한 개로 되어 있지만 아이들의 넙다리뼈는 뼈몸통, 원관절말단(무릎 쪽), 근관절머리(엉덩이 쪽), 근육이 붙어 있는 뼈의 측면에 있는 큰돌기라는 네 가지 구성 요소로 이루어져 있다. 물렁뼈에서 뼈로 변하는 넙다리뼈의 첫 번째 부분이 바로 뼈몸통으로, 수정 후 7주째에 뼈가 형성되는 것을 보여준다. 무릎에서 (뼈가 처음 형성되는) 골화骨化의 중심부는 태어날 무렵이 되어야 보인다. 실제로 과거에는 X선으로 촬영해 그 부분이 보여야 아기가 완전히 자랐으니 임상적으로 어머니 몸에서 나와도 살 수 있다고 판단했다. 사산한 아기를 유기하는 것보다 분만한 아기를 유기한 어머니가 더 큰 벌을 받기 때문에 유아를 유기한 어머니를 기소할 때는 유아 무릎의 골화 중심부를 확인하는 것이 중요하다.

고관절을 형성할 넙다리뼈머리 부분에 있는 뼈는 생후 1년이 끝날 무렵에 골화되기 시작하며 중간볼기근, 소둔근, 외측광근 같은 근육이 붙는 큰돌기는 두 살부터 다섯 살 사이에 골화 중심부가 나타난다. 그때부터 넙다리뼈의 네 부위는 서로를 향해 자라 결국에는 한데 합쳐진다.

여자는 12~16세 사이에, 남자는 14~19세 사이에 넙다리뼈머리 부분이 뼈몸통과 합쳐지고 그 뒤로 1년쯤 안에 큰돌기가 합쳐진다. 가장 마지막으로 합쳐져 어른의 뼈를 완성하는 부분은 무릎 쪽에 있는 원관절말단으로, 여자아이는 16~18세 사이에, 남자아이는 18~20세 사이에 합쳐진다. 네 부분이 모두 합쳐지면 뼈는 더 이상 성장하지 않는다. 넙다리뼈를 이루는 모든 뼈가 길이 생장을 끝내는 순간 한 사람의 키가 완성된다.

성장이 우리가 기대한 대로만 이루어진다면 발달하고 있는 골격의 성장과 성숙은 나이를 예측할 수 있는 방식으로 진행되며, 몸의 어떤 부위는 다른 부위보다 나이에 관해 더 많은 정보를 제공한다. 예를 들어 어른의 손은 스물일곱 개 뼈로 이루어져 있지만 열 살 아이의 손은 최소한 마흔다섯 개의 분리된 부분으로 이루어져 있다. 이 같은 손의 구조는 살아 있을 때뿐만 아니라 죽어서도 나이를 알려주는 좋은 증인 역할을 한다. 손은 쉽게 접근할 수 있고 윤리적으로 X선 전리 방사선 노출에도 안전하다고 생각되는 신체 부위이기 때문에 청소년 이민자나 난민이라고 주장하는 사람이 정말로 미성년자인지를 확인할 때도 손을 촬영할 때가 많다.

세계 인구의 절반 이상이 출생증명서를 작성하지 않기에 그들의 정확한 나이가 기록된 서류는 없다. 지배 권력이 그런 상황을 흔한 일로 여기고 받아들이는 지역에만 머문다면 큰 문제가 없겠지만, 그런 사람들이 신분을 공식적으로 증명하는 서류에 의존하는 사회 구조를 가진 나라로 이주할 때는 해당 지역의 공권력과 충돌할 수도 있다.

유엔아동권리협약을 비준한 나라들은 아이들을 유해 환경에서 보호하고 의식주와 교육의 기회를 제공하겠다는 약속을 했다. 관계 당국에서 위조가 의심되는 이민 청구인 혹은 법망에 잡히지 않는 어린이를 적발했을 경우 우리에게 그들의 나이를 판

Invenerunt corpus
- 몸을 찾다!

단해달라고 의뢰할 때도 있다. 만약 그들이 범죄의 가해자 또는 인신매매로 의심되는 아동과 같은 피해자로 형사 법원의 의심을 사는 경우에 그러하다.

내 동료 루시나 해크먼 박사는 영국에 두 명 밖에 없는, 살아 있는 사람의 나이를 평가할 수 있는 의료계 종사자 가운데 한 명이다. 해크먼 박사는 CT나 X선 카메라, MRI 등으로 골격을 촬영해 대략적인 나이를 추정하고 그 결과로 형사상 책임이나 동의가 필요한 사건을 확인해주거나 아동의 국제 권리를 다루는 사건의 증거로 제출한다.

아동기와 청소년기를 지나면 나이와 관계가 있는 신체 특징과 실제 나이 사이의 상관관계는 약해진다. 마흔 살까지는 5년의 오차 범위로 비교적 정확하게 나이를 알아맞힐 수 있지만 마흔 살이 넘어가면 사람의 골격은 대체로 퇴행하기 시작하는데, 솔직히 말해서 사람마다 유전자나 생활 습관, 건강 상태에 따라 뼈가 퇴행하는 속도는 모두 다르다. 아마도 누구나 예순 살인데 마흔 살처럼 보이는 사람과 마흔 살인데 예순 살처럼 보이는 사람을 한 명쯤은 알고 있을 것이다. 50대나 60대인 사람의 유골을 찾으면 보통 "중년의 성인"이라는 묘사에 기댈 때가 많고 60세 이상인 사람의 유골을 찾으면 보통 "노년의 성인"이라고 묘사한다. 나는 중년의 성인이라는 말을 싫어한다. 특히 나를 가리키며 하는 말은 더 싫다. 그런 식의 표현은 정말로 충격적이다. 그것은 단지 우리가 살아 있는 개인에게, 죽은 시체에, 그리고 유골에 확신을 가지고 나이를 할당하는 것이 얼마나 안 좋은지를 보여줄 뿐이다.

우리는 어른의 성은 능숙하게 판단할 수 있지만 아이의 성은 능숙하게 판단하지 못한다. 아이의 나이는 인상적일 만큼 유능하게 알아낼 수 있지만 성인의 나이는 알아내기가 쉽지 않다. 그렇다면 또 다른 생물학적 요소인 키와 혈통은 어떨까? 대체적으로 두 요소 가운데 한 가지는 아주 잘 알아내지만 다른 한 가지는 상당히 곤란을 겪는다고 말해야겠다. 가장 이상적인 상황이라면 우리가 가장 잘 알아맞히는 요소가 고인의 신원을 밝히는 데 가장 도움이 되어야 할 것이다. 정말로 자연이 그렇게 친절하다면 얼마나 좋을까? 안타깝게도 우리가 가장 잘 맞히는 고인의 키는 네 가지 생물학적 요소 가운데 가장 중요도가 덜할 수도 있다.

실제로도 텔레비전 방송에서 고인의 키를 맞힌다고 법의인류학자들이 칭송을 받지는 않을 것이다. 당연한 일이다. 하지만 현실 세계에서 한 사람의 신원을 알아내기가 쉽지 않을 때는 네 가지 요소를 모두 살펴 경험과 전문성과 확률을 가지고 결론을 내려야 하기 때문에 키라는 요소도 분명히 중요하다. 유골의 성과 나이, 키와 혈통을 완벽한 확신을 가지고 단언하는 법의인류학자는 사람의 가변성을 이해하지 못하는 위험하고 경험이 부족한 과학자다.

◇

　　영국 성인의 키는 대부분 150~193센티미터 사이에 있다. 그 범위를 벗어나는 사람은 아주 작다거나 아주 크다는 평가를 받을 것이다. 영국 여자 평균 신장은 165센티미터이고 영국 남자 평균 신장은 178센티미터이다. 물론 키는 유전자와 환경의 영향을 크게 받는다. 부모님이 키가 크다면 당신도 클 가능성이 높고 부모님이 키가 작다면 당신도 작을 가능성이 높다. 보통 성인이 되었을 때의 키는 두 살 때 키의 두 배로 추정하거나(고작 2년을 살면 어른 키의 절반에 도달한다니, 정말 놀랍지 않은가?) 부모의 키를 이용해 평균을 낸 MPH$^{mid\text{-}parental\ height}$라는 계산 방법으로 추정한다. 남자아이라면 아버지의 키와 어머니의 키에 13을 더한 값을 2로 나누면 되고, 여자아이라면 아버지의 키와 어머니의 키에 13을 뺀 값을 2로 나누면 된다.

　　유전자가 키에 미치는 영향을 보려면 그저 세계 여러 곳에서 평균 신장이 어떻게 조성되어 있는지만 살펴보면 된다. 평균 신장이 가장 큰 네덜란드는 183센티미터이고 가장 작은 동티모르는 160센티미터이다. 키가 가장 큰 여자들은 평균 신장이 네덜란드 여자들보다 더 큰 170센티미터인 라트비아 여자들이고,

가장 작은 여자들은 평균 신장이 150센티미터인 과테말라 여자들이다.

믿을 만한 기록이 남은 사람 가운데 이 세상에서 가장 큰 사람은 스물두 살에 사망했을 때 키가 272센티미터였던 미국 일리노이주 출신의 로버트 퍼싱 워들로다. 워들로는 과도하게 분비되는 사람 성장 호르몬 때문에 고생했고, 1940년에 죽을 때도 여전히 자라고 있었다. 워들로와 정반대 기록을 가진 사람은 네팔의 찬드라 바하두르 당기로 54.6센티미터였던 그는 다른 왜소증 환자와 달리 아주 오래 살았다. 2015년에 세상을 떠났을 때 당기의 나이는 75세였다.

이런 예들에서 알 수 있듯이 성인의 키에 영향을 미치는 요인은 유전만이 아니다. 아주 희귀한 성장 장애뿐 아니라 영양 상태, 고도, 질병 부담,[15] 성장 변이, 알코올, 니코틴, 출생 시 몸무게, 호르몬 같은 아주 흔한 요인도 성인이 됐을 때 도달할 키에 영향을 미친다. 모든 환경이 좋게 갖추어졌을 때는 아이가 크게 자랄 가능성이 높고, 생애 첫 15년 동안 나쁜 환경에 노출됐을 때는 기대 키보다 작게 자랄 수도 있다.

서양 문화에서는 키가 큰 것이 바람직하고 작은 것이 불리하다고 생각하기 때문에 우리는 대부분 자신의 키를 과장해서 말한다. 그리고 다른 사람의 키를 평가할

[15] 재정 비용이나 사망률같이 환자의 건강에 영향을 미치는 지표.

Invenerunt corpus
- 몸을 찾다!

때도 이미 과장한 자신의 키에 대한 인식 때문에 그 사람의 키도 과장해서 생각한다. 나이가 들면 키가 줄어든다는 사실을 생각하지 않고 좋든 싫든 실제로 키가 줄어든 뒤에도 우리는 가장 컸을 때의 키를 자신의 키라고 주장한다. 사람은 마흔이 넘으면 10년에 1센티미터씩 키가 줄어들고 일흔이 넘으면 3~8센티미터 정도 줄어들 수 있다.

발꿈치 피부부터 두피에 이르기까지 두께와 길이를 가진 몸의 모든 구성 성분과 발꿈치뼈·목말뼈·정강이뼈·넙다리뼈·골반·엉치뼈·스물네 개 척추 마디·머리뼈 같은 모든 뼈, 뼈와 뼈 사이에 있는 관절열극, 관절을 채우고 있는 물렁뼈가 모두 합쳐져 우리의 키를 결정한다. 나이가 들면 물렁뼈가 얇아지고 관절열극이 무너져 내린다. 관절염이나 골다공증 같은 질환도 뼈와 관절을 변형해 키를 줄일 수 있다. 그리고 믿지 않을지도 모르지만 키는 하루에도 시간에 따라 바뀔 수 있다. 침대에 들 시간이 되면 침대에서 나올 때보다도 키가 1.3센티미터 정도 짧다. 잠자리에서 일어난 뒤 세 시간 정도 지나면 대부분 자면서 늘어난 길이는 사라지는데, 이는 물렁뼈가 고정되고 압축되면서 관절 사이의 간격이 줄어들기 때문이다.

유골을 가지고 한 사람의 키를 밝혀야 할 때, 발견한 뼈뿐 아니라 다른 모든 뼈와 물렁뼈, 물렁뼈 사이의 간격을 모두 추론해야 한다면 그 과제는 아주 까다로워질 수도 있다. 모든 뼈가 있어야 할 곳에 정확하게 있고 아직 부드러운 조직이 많이 남아 있다면 그저 줄자를 꺼내 누워 있는 시신의 키를 재면 된다. 시체 보관소에서는 우리가 아이의 긴뼈로 나이를 측정했던 것과 같은 방식으로 키를 추정할 수 있다. 우리는 당연히 팔이나 다리(특히 다리)가 길면 키가 크리라고 추정하고 반대로 팔과 다리가 짧다면 키가 작다고 추정할 것이다. 사람마다 두 개씩 있는 넙다리뼈·정강이뼈·종아리뼈·위팔뼈·노뼈·자뼈 같은 긴뼈를 장골계측판 위에 놓고 길이를 측정한 뒤에 그 값을 성별과 혈통에 따라 다른 값으로 키를 계산하는 회귀 추정식에 적용해 통계학적 답을 구한다. 회귀 추정식 계산을 마치면 살아 있을 때의 키를 3~4센티미터 오차 범위로 추정할 수 있다.

하지만 법의학 수사라는 현실에서 키는 특이하게 크거나 작지 않은 한 그 자체로는 신원을 파악하는 데 아주 많은 도움을 주지는 않는다. DNA 분석 결과가 신원을 분명히 밝혀주었는데도 법의학팀이 173센티미터라고 추정한 시신이 가족이 알고 있는 167.6센티미터가 아니라는 이유로 자신의 아들이 아니라고 거부하며 헛된 희망을 버리지 않은 가족도 있었다. 우리가 오차 범위를 제시하는 이유는 바로 그 때문이다.

신원을 확인하는 데 사용하는 네 번째 생물학적 요소인 혈통은 과거에는 "인종"이라고 불렸다. 하지만 "인종"과 같은 용어는 사회적 불평등을 떠오르게 하는 부정적 감정을 불러일으킬 수 있을 뿐 아니라 오해와 선입견을 부를 수 있고, 우리가 찾는 생물학적 증거는 인종으로 분류할 수 있는 것보다 훨씬 오래전에 기원했기 때문에 이제는 그런 식으로 부르지 않는다. 수사 과정에서 혈통을 밝히는 일은 아주 흥미로울 수도 있겠지만 경찰과 법의인류학자가 항상 원활하게 대화할 수 있는 것은 아니다. 경찰이 원하는 것은 시신이 어떤 말을 쓰는 사람이었는지, 다시 말해서 폴란드인이었는지 중국인이었는지를 알아내는 것이다. 하지만 안타깝게도 유골을 보는 것만으로는 생물학적으로 가까운 집단의 사람들을 명확하게 구별해낼 수 없다.

사람은 피부색, 머리카락 색, 눈동자 색, 코나 눈의 모양, 머리카락의 형태, 언어 같은 다양한 신체 특징으로 구별할 수 있다. 다양한 지역의 유전 자료를 종합하면 지역마다 다양한 특징이 나타나지만 유전적으로 인류는 크게 네 가지 기본 혈통에서 갈라져 나왔다는 전제에 동의하게 된다. 첫 번째 혈통은 사하라 사막 이남의 아프리카에서 유래한다. 인류의 '아프리카 기원설'을 단단히 지탱해주는 증거다. 두 번째 혈통은 북아프리카에서 유럽을 가로질러 중국 국경까지 뻗어 있다. 세 번째 혈통은 광대한 아시아 동쪽 지역과 북태평양, 북아메리카와 남아메리카 대륙, 그린란드까지 아우른다. 네 번째 혈통은 지리적으로 훨씬 고립되어 있는 남태평양의 섬들과 오스트레일리아, 뉴질랜드를 포함한다. 그렇게 나온 고전적인 혈통 분류 방식이 니그로이드, 코카소이드, 몽골로이드, 오스트랄로이드로 사람 집단을 나누는 것이다.

조상의 기원을 분류하는 일은 아주 쉬울지 몰라도 최근엔 상황이 더 까다로워져서 우리가 자신의 유전자 가계도를 조사한다면 많은 사람이 적어도 몇 가지는 놀라운 사실을 발견하게 될 것이다. 까마득한 옛날에는 네 혈통이 서로 교배하는 일이 지극히 드물었겠지만 우리가 살고 있는 이 좁은 현대 사회에서는 세대가 거듭될수록 다른 혈통과 섞이는 일이 흔하게 일어나고 있기 때문에 뚜렷하게 다른 네 혈통을 구분해주던 유전자 표식은 점점 더 희미해지고 있다.

유전학이 중국에서 온 남자와 한국에서 온 남자의 차이를, 영국에서 온 여자와 독일에서 온 여자의 차이를 100퍼센트 신뢰도로 밝힐 수는 없다. 따라서 인도인 외할아버지, 영국인 외할머니, 나이지리아인 친할아버지, 일본인 친할머니가 있는 후손들의 혈통을 파악하는 일을 돕는 것은 우리로서는 큰 의미가 있는 일은 아니다.

혈통마다 차이가 있어 한 개인의 고대 혈통을 알 수 있는 기본 특징들이 있는데, 특히 머리뼈의 앞면 부위에서 그런 특징을 볼 수 있다. 지금은 머리뼈의 변이를 측정해 가장 가까운 혈통을 알려주는 컴퓨터 프로그램을 활용하고 있지만, 그것을 사용할 때는 반드시 주의해야 한다. 그런 상황에서 우리가 바랄 수 있는

Invenerunt corpus
- 몸을 찾다!

것은 판단을 내리는 데 도움이 될 머리카락이나 부드러운 조직이 남아 있거나 옷이나 서류, 종교 장식품 같은 소지품이 있었으면 하는 것이다. DNA를 분석하는 것이 가장 좋은 방법이지만, 그것으로는 혈통만 알 수 있을 뿐 국적은 알 수 없다. 인도 혈통인 사람이 뭄바이에서 태어났는지 런던에서 태어났는지는 알 수 없다는 뜻이다. 한 사람이 태어나 살아가는 지역을 알 수 있는 방법은 안정동위원소 분석밖에 없다.

◇

일단 네 가지 생물학적 요소를 확인했으면 그다음에는 한 개인에게만 초점을 맞출 수 있도록 인터폴이 승인한 주요 감식 방법(DNA 분석 결과, 치과 자료, 지문 비교) 가운데 한 가지 이상을 활용해 한 사람을 제외한 다른 사람을 모두 배제할 수 있는 개별 식별자를 찾아야 한다. 유골에서는 지문을 얻기가 쉽지 않지만 가끔은 아주 심하게 부패한 시신에도 지문이 남아 있을 수 있다.

DNA 자료에 일치하는 사람이 없으면 경찰은 단서를 찾으려고 그 자료를 공개한다. 고인의 신원 -이름- 을 파악하려면 추적할 수 있는 정보가 필요한데, DNA 자료를 대중에게 공개하면 수사관이 조금 더 추적해야 하거나 제거해도 좋을 제안을 공동체에서 얻을 수도 있기 때문이다. 경찰이 고인이 30~40세 사이의 흑인 남자로 신장은 173센티미터 정도 된다는 정보를 공개하면 주변에 실종된 사람이 있는 사람들은 여자와 어린아이, 노인, 키가 그보다 작거나 큰 사람, 다른 혈통의 남자들을 당연히 배제한 채 자신이 아는 내용을 제보한다. 하지만 앞에서도 언급했듯이 경찰이 발표한 대략적인 신체 특징에 들어맞는 사람은 수천 명 존재할 수 있다.

2장에서 숲속에서 자살한 사람의 신원을 밝히는 데 도움이 될 수도 있다는 희망을 품고 몽타주를 그려 언론에 공개했던 것처럼 경찰은 시신을 복원한 얼굴을 닮은 몽타주를 그려 여러 곳에 배포한다. 법의학 예술가나 얼굴 복원 전문가는 우리가 제공한 정보에만 의지해 몽타주를 그린다. 우리가 남자를 여자로, 흑인을 백인으로, 20대를 50대로 판단한 정보를 준다면 복원한 그림은 절대로 실제 시신과는 닮은 점이 없을 것이다.

에든버러에서 있었던 사건은 몽타주가 신원을 파악하는 데 극적인 도움을 줄 수 있음을 분명히 보여준다. 2013년 에든버러 코스토핀힐의 얕은 무덤에서 훼손된 여자 시신이 발견됐다. 신원을 확인할 수 있는 단서라고는 손가락에 끼고 있던 독특한 반지 몇 개와 치과 치료를 많이 받은 흔적뿐이었다. 얼굴 복원 전문가인 캐럴라인 윌킨슨이 완성한 얼굴 복원도가 여러 나라에 배포되자 아일랜드에서 한 사람이 얼굴 복원도의 주인공이 더블린 출신의 필리스 던리비라는 자신의 친척 같다는 연락을 해왔다.

Invenerunt corpus
- 몸을 찾다!

던리비 부인은 아들과 함께 에든버러에서 살았는데, 부인의 아들은 어머니가 아일랜드로 돌아갔다고 말하고 다녔다고 한다. 시신이 발견된 지 한 달이 지나기 전에 던리비 부인의 아들은 어머니를 살해한 혐의로 기소되고 결국 유죄 판결을 받았다.

사망 시간과 매장 시기, 고인의 신원을 밝히는 시점 사이의 간격이 짧을수록 증거를 발견할 가능성은 커진다. 에든버러 사건은 시신의 신원을 아주 빨리 확인할 수 있었기에 수사를 신속하게 진행할 수 있었던 점이 범인을 기소할 수 있었던 비결이었다.

우리가 시신의 잠재적인 신원을 확보하면 뼈에서 추출한 DNA를 분석해 어머니나 아버지, 형제나 자손의 DNA 표본과 비교할 수 있다. 고인이 사용했던 칫솔이나 빗, 모근이 남아 있는 머리카락이 묻어 있을지도 모르는 머리끈 같은 곳에서 DNA를 채취할 수도 있다. 영국에서는 국민보건서비스NHS에서 보관하고 있는 거스리 카드Guthrie cards에서 DNA를 얻을 수도 있다. 1950년대부터 영국에서 태어나는 아기는 바늘로 발꿈치를 찔러 나오는 피를 검사지에 묻히는 방식으로 겸상적혈구 질환, 페닐케톤뇨증, 갑상샘 저하증, 낭포성 섬유증 같은 유전 질환이 있는지를 알아보는 검사를 받는다. 국민보건서비스에서는 거의 모두 이런 거스리 카드 검사 결과를 보관하지만, 법의학 감별 목적으로 사용하는 일에 관해서는 원래 검사지를 받을 때 보호자의 동의를 받은 내용이 아니기 때문에 어느 정도 논란의 여지는 있다. 2004년 아시아에서 지진 해일로 사망한 사람 가운데 최소한 한 명은 거스리 카드 덕분에 신원을 확인하고 가족의 품으로 돌아갈 수 있었다. 법조인들은 프라이버시 관련 문제나, 실제로 신원을 파악할 수 있다고 해도 동의를 받지 않은 자료를 무단으로 사용하는 행위가 법적으로 문제가 있는지 여부를 논의해야 한다.

1995년 설립된 영국국가범죄자유전자기록보관소^{NDNAD}는 전 세계에서 가장 규모가 큰 국가 DNA 기록 보관소로, 영국인구의 거의 10퍼센트에 해당하는 600만 명 이상의 자료를 보관하고 있으며 그 가운데 약 80퍼센트는 남성이다. 최근 통계에 따르면 이런 자료가 범죄 사건의 약 60퍼센트에서 용의자를 식별할 수 있게 해준다고 한다. 전체 영국 시민의 DNA 자료를 등록하는 절차는 비교적 쉽고 그런 자료가 있다면 신원 미상의 시신과 미해결 범죄가 크게 줄어들 수도 있다. 그러나 국가 제도가 주는 혜택이 사생활과 익명성을 보장할 권리를 넘어선다면 그런 제도를 허용해도 되는지에 관해서는 의견이 크게 엇갈린다. 이 뜨거운 논쟁거리는 아마도 오랫동안 사회적 합의에 도달하지 못한 채 계속될 것이라고 생각한다.

미해결 사건에서 그런 경우가 많은데, 가끔은 한 개인의 DNA 표본이 의도치 않게 그 DNA와 관계가 있는 범죄자를 심판하는 데 도움을 주기도 한다. 1980년대에 요크셔 남부에서 적어

Invenerunt corpus
- 몸을 찾다!

도 네 명의 여자를 강간하고, 두 피해자에게는 두 번이나 강간을 시도한 신발 강간범이 그런 식으로 붙잡혔다. 이 강간범은 여자를 공격한 뒤에는 신발을 훔쳐갔다. 강간범이 20년 동안 몸을 숨기고 사는 동안 한 여자가 음주 운전으로 붙잡혀 DNA 검사를 받았고, 이 여자의 DNA를 범죄 기록 보관소에 등록했을 때 강간범과 가까운 가족이라는 결과가 나왔다. 그 여자는 신발 강간범의 동생이었다. 경찰은 신발 강간범의 작업장을 덮쳐 강간 피해자의 신발을 비롯해 100켤레가 넘는 여자 신발을 찾았다. 신발 강간범은 기간이 확정되지 않은 부정기형을 선고받았고 판사는 적어도 15년 이상은 복역해야 한다고 판결했다.

치과 기록을 보관하는 중앙 기구는 없지만 영국 시민은 대부분 생애 한 번 이상은 치과를 방문하기 때문에 어떤 병원에서 진료를 받았는지만 알면 한 사람이 받은 치과 진료 내역을 확인할 수 있다. 많은 사람이 살면서 한 번 이상은 치과에 간다. 모든 사람이 늘 같은 치과에서 진료를 받지는 않으며 국민보건서비스로 이용할 수 없는 진료 과목도 있고 공식적으로 등록한 치과 의사가 아닌 다른 의사가 개인 치료 기록을 보관하고 있을 수도 있다. 점점 더 많은 사람이 더 싸고 더 나은 치료나 성형 수술을 받으려고 해외로 나가며, 한 나라가 아닌 여러 나라에 갈 때도 있다. 그런 자료들은 추적하기 어렵다. 많은 치과 의사가 치과 진료 기록을 보관하는 목적이 오직 회계 감사 자료로 활용하기 위해서

임을 생각해보면 그런 자료를 가지고는 수사 중인 시신의 신원을 확인하기가 어려울 수도 있다.

　재미있게도 치의학이 발달하면서 이제는 상황이 더욱 복잡해지고 있다. 내 나이대 사람들이 거의 그렇듯이 내 입 속에도 곧은 치아가 하나도 없다. 북부 유럽 혈통을 가진 사람들이 흔히 그렇듯이 내 입천장도 내 치아를 모두 담을 수 없을 정도로 좁아서 내 이는 오래된 묘지의 비석들처럼 아무렇게나 빽빽하게 들어서 있다. 열네 살 정도 되었을 때는 충전을 하지 않은 이가 단 하나도 남지 않게 되었다. 내 몸에서 은, 수은, 주석, 구리 같은 금속이 차지하는 양은 사람들 평균보다 훨씬 많을 것이다. 모두 스코틀랜드의 좋은 전통 식습관과 불소가 들어 있지 않은 우리 지방의 물 덕분이다. 그 때문에 내 입은 그다지 예쁘지는 않지만 크라운을 씌우거나 래미네이트를 하거나 사랑니를 뺀 사람처럼 보일 가능성은 거의 없다. 내 시신을 확인해야 할 일이 생긴다면 내 치과 의사는 조금도 애를 먹지 않고 내 시신을 알아볼 수 있을 것이다.

　하지만 이제는 많은 10대가 완벽한 치아를 가지고 있다. 10대 아이들은 할리우드식 표백 치아(시술을 받지 않은 치아는 흰색이 아니라 살짝 노란색이다)로 웃을 수 있도록 치아 교정기로 이를 모두 똑바로 세운다. 치료를 받은 치아에 충전을 할 때도 흰색 충전제로 채워 넣기 때문에 다른 이와 구별되지 않는다. 우리 집

치과 의사가 우리 딸들의 치열만 보고 아이들을 알아맞히기란 쉽지 않을 것이다.

영국에서는 체포되거나 범죄 혐의로 구금되거나 실제로 범죄를 저질렀을 경우 지문을 채취할 수 있다. 지문과 손금을 검색할 수 있는 Ident1 데이터베이스는 700만 개가 넘는 열 손가락 지문을 보유하고 있는데, 이 자료 가운데 범죄 현장에서 발견된 증거와 일치하는 지문은 해마다 8만 5000건이 넘는다. 이 자료는 출입국 관리소에서도 활용된다. 영국 비자국과 이민국 관리들이 이 자료를 활용해 매주 4만 명이 넘는 사람들의 신원을 확인하는 것으로 추정된다.

신체 지표를 알고, 대략적인 신원을 파악했고, 인터폴이 승인한 세 가지 식별자 가운데 한 개 이상을 활용하면 보통은 신원을 확정할 수 있다. 주요 식별자가 소용이 없을 때도 흉터나 문신, 옷, 사진 같은 소지품이 2차 식별자 역할을 해 고인과 일치하는 특정 실종자를 상당히 정확하게 찾아낼 수 있다.

이름을 찾아내지 못한 시신은 시신을 찾아내지 못한 실종자의 이름처럼 법의인류학자들의 뇌리에서 떠나지 않는다. 내가 가장 떨쳐버리기 힘든 시신은 이스트던바턴셔주 발모어에서 발견된 젊은 남자의 시신이다. 그 남자에 관한 더 많은 정보는 이 장의 끝에 실었다. 염치 불고하고 여러분의 도움을 받으려고 나는 그 사람에 관해 설명하려고 한다. 어쩌면 어딘가에는 우리를 도와 그 사람의 신원을 밝히고 그를 가족의 품으로 돌아가게 해줄 사람이 있을지도 모르니까.

    이 이야기는 2013년 1월 던디대학교 법의인류학팀이 발모어 지역에 있는 외딴 숲속에서 발견된, 심각하게 부패한 사람의 유해에 관한 소식을 들으면서 시작된다. 2011년 10월 16일에 발견되기 전까지 이 유해는 6~9개월 정도 버려져 있었고, 실종자 명단에서도 DNA 검사로도 일치하는 사람을 찾지 못했다. 유해와 함께 발견된 소지품도 신원을 확인하는 데는 아무런 도움이 되지 못했다. 지방 검찰관은 그 젊은 남자는 살해된 것이 아니라 자살한 것이라고 확신했지만 '신원 미상' 시신으로 매장하기 전에 다시 한 번 신원을 밝힐 수 있는지 알아보려고 우리에게 연락을 한 것이다. 우리는 신체 특징을 밝히고(크레이그 커닝엄 박사) 얼굴을 복원하고(크리스 린 박사) 유해와 함께 있던 소지품을 검사(잔 비커 박사)해달라는 부탁을 받았다.

    골반과 머리뼈, 사지의 긴뼈 형태로 보아 유해는 남자일 가능성이 높았다. 갈비뼈와 가슴뼈를 연결하는 부드러운 조직인 갈비물렁뼈, 오른쪽 골반과 왼쪽 골반을 앞쪽에서 연결하는 두덩부위 뒤에 있는 두덩결합, 척추뼈 밑부분에서 1번 엉치뼈와 2번 엉치뼈가 만나는 지점을 분석해 남자의 나이가 25~34세 정도임을 밝혔다. 남자는 북부 유럽 혈통인 듯했고 조금은 남아 있는 머리카락으로 금발임을 확인했다. 키는 175~185센티미터 사이였

Invenerunt corpus
- 몸을 찾다!

고 날씬했다. 지문은 남아 있지 않았고 치과에 간 흔적은 있었지만 이름을 찾을 수 있을 정도는 아니었다.

몸에 남아 있는 수많은 상처가 남자의 신원을 밝혀줄 가장 좋은 단서가 되어줄 수는 있을 것 같았다. 왼쪽 코뼈에 부러졌다 붙은 흔적이 있는 것으로 보아 남자의 코는 비틀어져 있었을 것이다. 머리뼈 아래쪽에는 외익상판의 왼쪽 부분이 부러졌다가 붙은 흔적이 있었다. 두 곳 모두 사망하기 몇 달 전에 있었던 동일한 충격의 결과처럼 보였다. 그에게 벌어졌던 일은 사고였을까, 심각한 폭행이었을까?

남자는 왼쪽 턱에도 골절된 곳이 있었는데, 처음 부검을 실시했을 때는 발견하지 못한 상처였다. 턱은 제대로 아물지 않고 계속 골절된 상태로 남아 있었던 것 같다. 병원에서 판과 나사로 턱을 고정하는 치료를 받아야 했을 테지만 그렇지 않았기 때문에 음식을 씹으려 할 때마다 극심한 통증을 느꼈을 것이다. 그 남자는 가혹한 통증을 견딜 수가 없었기에 자살을 한 것일까?

무릎뼈에 젊은 사람에게서는 흔히 볼 수 없는 퇴행성 변성이 있는 것으로 보아 남자는 걸을 때마다 지독한 통증을 느꼈을 테고, 아마도 다리를 절었을 것이다. 가운데 왼쪽 윗니도 부러졌는데, 얼굴의 다른 부위가 다쳤을 때 같이 부러진 것 같았다. 남자는 입을 열 때마다 부러진 앞니를 드러내 보였을 것이다.

그는 흰색 글씨와 스탬프가 찍힌 밝은 파란색 반팔 브이넥 폴로셔츠와 짙은 청색에 앞쪽에 지퍼가 달린 긴팔 크루넥 카디건, 지퍼 대신 단추로 잠그는 청바지를 입고 밑창이 빨간, 검은색과 회색이 섞인 트레이닝 신발을 신고 있었다. 바지 길이는 추정한 남자의 키와 일치했고 허리 사이즈도 폴로셔츠와 카디건의 작은 치수와 일치했다. 이런 옷들이 어떤 단서가 될 수 있지 않을까? 이 장 마지막에 이 남자가 입고 있던 옷의 상표와 로고, 정확한 치수 등을 자세히 실었으니 제발 꼼꼼하게 읽어주기 바란다.

이 남자는 누구일까? 어쩌면 발모어 주변 숲에서 노숙자처럼 생활했다고 알려진 사람이 그 남자일 수도 있었다. 사람들이 묘사하는 노숙자의 인상착의가 우리가 알아낸 사실과 일치했고 남자가 사망할 무렵에 노숙자도 사라졌다는 사실을 생각해보면 발모어 숲의 노숙자가 그 남자일 가능성도 있었다. 하지만 경찰도 노숙자의 이름을 알지 못하니, 더는 수사를 계속해 나갈 수 없었다.

발모어의 남자는 어쩌면 그 누구도 자신을 찾지 않기를 바랐는지도 모른다. 두려움에 떨면서 숨어 있었던 건지도 모른다. 누가 그의 턱을 부러뜨렸을까? 어째서 의술의 도움을 받기보다는 고통과 통증을 감수하면서 살아가는 길을 택한 걸까? 어째서 그는 자신의 목숨을 '앗아가기'로 결정한 걸까? 안다. 아주 이상한 표현이라는 걸. 그는 어떤 방법으로 자신의 목숨을 '앗아간' 것일까? 누구에게서 자신의 목숨을 '앗아간' 것일까? 죽음을 둘

Invenerunt corpus
- 몸을 찾다!

러싼 우리의 언어는 변덕스럽고 모호할 수도 있다. 죽음은 우리에게 많은 질문을 던져주지만 우리 혼자서는 그 질문에 대한 답을 찾을 수 없을 때가 있다.

나는 살면서 정확한 신분을 가질 권리가 있다면 죽어서도 그럴 권리가 있다고 믿는다. 그런 권리를 누리지 않겠다고 결정하는 사람도 있을 수 있지만 가능하다면 그런 권리를 박탈당한 사람에게 그것을 되돌려주려고 노력하는 것이 남겨진 우리의 의무일 것이다. 시간이 흐른다고 그런 의무가 바뀌리라고는 생각하지 않는다. 물론 시간이 흐를수록 잊힌 사람의 신분을 복원하는 일은 훨씬 어려워지겠지만, 1987년 킹스크로스 화재 때 사망하고 16년이 흐른 뒤에야 신원이 확인된 알렉산더 팰런처럼 여전히 희망은 있다.

분명히 어딘가에는 발모어에서 발견된 남자의 가족이 있을 것이다. 그들에게 가족을 돌려주는 일, 그것이 우리가 강렬하게 바라는 소망이다.

발모어에서 발견된 시신

이 장에서 언급한 젊은 남자의 신원을 밝히는 데 도움이 될 정보를 알고 계신 분은 missingpersonsbureau@nca.x.gsi.gov.uk로 연락해주시기 바랍니다.

시신 상세 정보

발견 날짜 2011년 10월 16일
    발견 장소에서 6~9개월 정도 있었던 것으로 추정
발견 장소 이스트던바턴셔주 발모어 골프 코스 근처 숲
성별 남성
나이 25~34세
혈통 북부 유럽, 금발
키 177~183cm
몸집 마른 편
눈에 띄는 특징 외모에 변화를 주었을 부상
    (부러진 뒤 아물면서 휘어진 코, 부러진 뒤 일부만 나은 턱, 빠진 앞니, 걷기 힘들었을 다리)

옷차림

폴로셔츠[1]

밝은 파란색, 반팔, 브이넥. 앞면을 모두 덮고 있는 흰색 문자 프린트와 스탬프. 오른쪽 어깨부터 왼쪽 허리선까지 길게 이어지는 검은색 줄 —

브랜드	Topman (영국에서 흔히 볼 수 있는 브랜드)
사이즈	스몰, 유럽 사이즈 48. 가슴 사이즈 35~37
재질	면 100%
제조국 표시	Made in Mauritius
라벨 표시	2224278117026, 71J27MBLE

카디건²

짙은 파란색 긴팔, 크루넥, 앞쪽 지퍼, 옆쪽 주머니. 칼라와 주머니에 이중 흰색 줄. 왼쪽 가슴의 흰색 왕관과 사자 마크 위에 'SOUTHERN CREEK PENNSYLVANIA', 아래에 'G', 'J', 'RIVIERA ADVENTURE'라는 글귀 있음

—

브랜드	Max (중동 지역에서만 유통되는 브랜드)
사이즈	스몰
재질	면 100%
제조국 표시	Made in Bangladesh

청바지

데님, 버튼 플라이

—

브랜드	Petroleum. 영국에서는 합리적인 가격으로 전 연령 대상의 Petroleum '68과 젊은 층을 겨냥한 Petroleum '79를 판매하고 있음. Officers Club, Petroleum 스토어, 온라인에서 판매
사이즈	30L
재질	면 78%, 폴리에스터 22%
다른 라벨 표시	Petroleum, 'Don't blame me I only work here'

팬티

다채로운 색상의 사각팬티. 'Urban Spirit'이라는 글귀가 쭉 프린트된 빨간색 고무 밴드

—

브랜드	Urban Spirit (영국에서 흔히 볼 수 있는 중저가 브랜드)

운동화³

끈을 매는 검은색, 회색 몸체에 빨간색 밑창. 옆부분에 'Shock X', 밑창에 'Rubber grip', 'Flex Area', 'Performance', 'Brake'라고 적혀 있음

—

브랜드	Lidl 같은 특매장 등에서 많이 판매하는 독일 브랜드 Crivit Sports로 추정
사이즈	45/11
재질	폴리에스터 100%

양말

별 특징 없음, 발목까지 오는 어두운 색 양말

9장
훼손된 몸

"불과 십자가, 짐승의 무리,
부러진 뼈와 잘린 몸이여, 나에게 오라."

이그나티우스
안티오크의 주교이자 순교자·A.D. 35~107

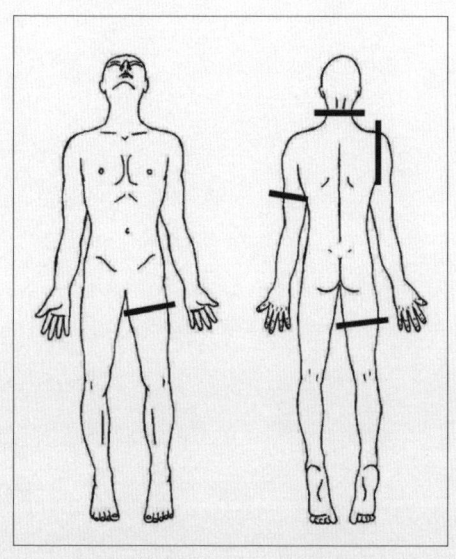

제마 맥클러스키의 절단 부위

제물로 바치거나 벌을 주려고 몸을 자르는 행위는 거의 모든 문화에서 어느 정도는 존재한다. 신대륙에서 스페인이 벌인 만행을 묘사한 목판화나 18세기 해부학자 윌리엄 헌터가 만든 풍자적인 「최후의 심판」 판화 등은 사람의 몸을 해체하는 관행을 사회가 받아들였음을 보여준다. 실제로 사람을 토막 내는 전통은 문화나 종교, 의례라는 이유를 들어 거의 모든 사회에서 그들 역사의 특정 시기에 있어 왔다. 사람을 토막 내는 행위를 불쾌하게 여기고 그런 행위를 범죄, 특히 살인과 연결하게 된 것은 비교적 최근의 일이다.

물론 신체를 훼손하는 행위가 모두 범죄와 관계가 있는 것은 아니다. 일터에서 사고를 당하거나 운동 시합 중에 문제가 생겨 다리를 잃을 수도 있고 자살을 하려고 달리는 기차 앞에 뛰어들어 온몸이 심각하게 변형될 수도 있으며 비행기 추락처럼 수많은 사상자가 발생하는 사고 때문에 신체 부위가 절단되거나 사라져버려 수색에 나서야 할 때도 있다.

해마다 영국에서 일어나는 살인 사건은 500~600건 정도 된다. 인구 10만 명 당 한 명 이하로 살해된다고 볼 수 있으며, 그 가운데 시신이 훼손되는 경우는 세 건 정도이니 시신 훼손이 흔한 일은 아니다. 하지만 훼손된 시신이 발견되면 대중과 언론의 상상력에 불을 지피고 다른 범죄보다 신문 지면을 훨씬 더 많이 차지하면서 소설과 텔레비전 드라마, 공포 영화에 풍성한 영감을 준다.

현실 세계에서라면 누구도 찾지 못하게 하고 싶을 때 시신을 어떻게 처리해야 할까? 모든 사람이 이 질문에 대한 답(많은 사람이 미국 드라마 「덱스터Dexter」에서 그런 정보를 얻었다)과 완전 살인이 어떻게 이루어지는지에 대한 이론을 알고 있다고 생각한다. 하지만 물론 살인이 완벽하려면 시신을 찾을 수 없고 가해자도 누구인지 몰라야 한다. 우리가 듣는 범죄들은 모두 불완전한 살인이다. 살인자가 분명히 일어난 일을 완전히 숨길 수 있다면 우리는 그들이 한 일을 알지 못하는 행복한 무지 상태에 머무는 것이다. 물론 시신을 찾지 못해도 기소는 할 수 있다. 그런 사건은 유죄를 입증하기가 훨씬 어렵겠지만 말이다.

상황이 가장 좋을 때도 사람의 몸은 다루기 힘들다. 그 크기와 무게를 생각해보면, 들어 올리려 할 때 전혀 협력하지 않고 축 늘어져 있는 사람(시신)을 옮기고 처리하려면 얼마나 많은 애를 써야 할지는 충분히 짐작할 수 있다. 사망한 장소가 있는 건물 안에 시신을 그대로 두지 않는 한(그럴 경우 시체는 침대 밑이나 찬장, 옷장, 욕조 패널 뒤, 다락이나 지하실, 정원, 헛간, 차고, 굴뚝, 새로 만든 테라스나 진입로에 숨긴다) 시체는 다른 곳으로 옮겨야 한다. 실제로 범인은 범죄 현장에서 빨리 시신을 치우고 말 그대로 증거가 있는 곳에서 아주 멀리 떨어져야 하는 긴급한 상황에 처한다.

시체를 처리하려면 풀어야 할 실질적인 문제가 많다. 시체를 온전한 상태로 운반할 수 있는가? 그럴 수 없다면 어디를 잘라야 할까? 어떤 도구로 잘라야 할까? 자른 시체는 어디에 담을 것인가? 장담하건대 자른 시체에서는 액체가 흘러나올 것이다. 얼마나 큰 용기에 담아야 할까? 언제 옮겨야 할까? 옮기는 모습을 다른 사람이 볼 가능성은 없을까? CCTV가 어디에나 있을 테고 지나가는 사람이 볼 수도 있다. 어떤 교통수단을 이용해 움직여야 할까? 어디로 가야 할까? 시체를 숨길 장소에 도착하면 어떤 방법으로 시체를 처리해야 할까? 혼자서 할 수 있을까? 이런 문제 말이다.

계획한 살인이라면 살인자는 시체를 처리할 방법을 미리 생각해두겠지만, 대부분은 그 순간의 분노 때문에 우발적으로 살인을 저지른다. 의도했건 의도하지 않았건 간에 가해자가 피해자가 죽었음을 인지하는 순간, 이런 질문은 이미 충격에 빠진 마음에 물밀듯이 밀려들어 온다. 그 때문에 제대로 생각하지 못하고 충동적으로 행동할 때가 많다. 사람을 살해해본 경험이 있는 사람은 거의 없다. 대부분은 일을 저지른 그때가 사람을 죽이고 시체를 훼손하는 첫 경험이자 유일한 경험이기 때문에 자신도 모르게 경찰이나 과학 수사관이 추적할 수 있는 흔적을 남긴다.

법원이 가해자를 유죄로 판결할 경우 의도적인 살인이라면 형량이 더 무겁기 때문에 계획을 미리 세웠는지를 밝히는 일이 중요한 것처럼, 시체를 훼손한 경우에도 사전에 계획된 것인지를 밝히는 일이 중요하다. 살인이 그 무엇보다도 잔혹한 범죄라면 시신을 훼손하는 행위는 고인을 모욕하고 스스로 인간이기를 포기한 행위라고 할 수 있다. 따라서 시신을 훼손한 피고인은 가중 처벌을 받는다. 영국 내 교도소에 수감 중인 무기수가 모두 살인 가중 처벌을 받은 가해자임을 생각해보면 우리 사회가 살인죄를 얼마나 심각하게 생각하는지 알 수 있다.

사체를 훼손하는 범죄는 경찰도 평생 한 번 경험하기 힘들 정도로 아주 드물다. 그렇기 때문에 그런 사건을 맡게 된 경찰은 법의병리학자나 법의인류학자처럼 이런 사건에 좀 더 경험이 많은 전문가에게 자문을 구할 때가 많다. 우리 던디대학교 법의인류학팀은 국가범죄수사국이 지명한 전문가 자문팀이 될 자격을 충분히 갖추었다고 생각한다.

시신을 훼손한 범죄는 본질적으로 가해자의 의도에 따라 다섯 가지 주요 유형으로 나뉜다. 시신 훼손 사건의 거의 85퍼센트를 차지하는 가장 많은 유형은 '방어적 시신 훼손defensive dismemberment'이다. 왠지 모르게 요상하게 들리는 방어적 시신 훼손이라는 용어는 시신을 가능한 한 빠르고 편리하게 처리한다는 기능적인 요건을 반영하고 있다. 이 유형에서 시신을 훼손하는 이유는 증거를 제거하고 범죄 행위(보통은 살인이지만 반드시 그런 것은 아닌)를 은폐하기 위해서다. 다시 말해서 범죄를 저지르기 위해 시신을 훼손하는 것이 아니라 범죄를 감추려고 시신을 훼손하는 것이다. 살인을 저지른 직후에 사체를 현장에서 효율적으로 치우고 다른 사람의 시선을 끌지 않고 죽음의 흔적을 없애려면 운반할 수 있는 크기로 사체를 토막 내는 것이 좋겠다고 생각하는 것이다.

통계적으로 보았을 때 방어적 시신 훼손은 살인자와 시신 훼손범이 피해자의 지인인 경우가 많고 살인은 대부분 피해자의 집이나 가해자의 집에서 벌어진다. 시신은 보통 사망한 장소에서 훼손되며 가해자는 부엌이나 창고, 차고에 있는 도구를 사용한다. 당연히 이런 유형의 가해자들은 시신에서 나오는 엄청난 양의 액체를 쉽게 흘려 버릴 수 있는 욕실을 시신 훼손 장소로 가장 많이 선택한다. 욕실에는 사람 몸의 크기와 형태에 맞춰 제작된 욕조나 샤워실이 있게 마련이다. 현장 수사관이 유력한 용의자를 찾으면 제일 먼저 욕실을 조사하는 이유는 바로 그 때문이다.

욕조나 샤워실 같은 좁은 공간에서 몸을 숙이고 시신을 난도질하거나 톱질하기는 아주 어려워 피와 조직이 사방으로 튄다. 가해자는 모든 일을 끝낸 뒤에 철저하게 청소를 했다고 생각하지만 벽 주위나 수도꼭지 밑, 바닥에 혈흔이 남아 있을 때가 많다. 욕조나 샤워실 표면에 톱이나 큰 식칼의 흔적이 남을 수 있는 것처럼, U자형 하수관의 내용물에서도 증거를 찾을 가능성이 있다. 톱이나 칼로 몸을 자를 때는 날이 어딘가에는 닿기 마련이다.

방어적 시신 훼손은 사람의 몸에서 가장 자르기 쉬운 여섯 부분(머리, 몸통, 좌우 팔과 다리)을 주로 자르기 때문에 해부학적으로 구별할 수 있는 특징을 보인다. 몸통은 그대로 옮기기에는 여전히 무겁고 크지만, 두 조각으로 나눌 경우 내부 장기가 잘리고 밖으로 노출되기 때문에 보통 그대로 처리한다. 뼈를 절단하는 일도 쉽지 않다. 뼈는 하루 종일 우리의 몸무게를 지탱하고 넘어지거나 딱딱한 곳에 부딪힐 때도 견딜 수 있을 만큼 강해야 하기 때문에 아주 단단해서 일반 칼로는 잘라낼 수 없다. 따라서 뼈를 자를 때는 톱이나 큰 식칼, 정원용 로퍼가 주로 사용된다. 사지는 시신을 절단할 때 가장 먼저 잘라내는 부위일 때가 많다. 한쪽 끝부분만 몸통에 연결되어 있는 팔과 다리는 시신을 옮길 때 방해만 되기 때문에, 그것을 제거할 경우 축을 이루는 몸을 다루기가 훨씬 더 쉬워진다. 사지를 자를 때는 보통 허벅지(넙다리뼈)와 팔(위팔뼈)처럼 하나의 뼈로 된 부분을 잘라내려고 한다.

  머리를 자르는 일은 더 힘들다. 목은 아이들 장난감 블록처럼 뼈가 서로 맞물려 있고 겹쳐 있기 때문에 깔끔하게 잘라내기 어렵다. 하지만 정말로 힘든 이유는 심리적인 데 있다. 가해자는 대부분 고인을 똑바로 눕히기보다는 엎어놓고 최후의 모욕을 가하는데, 그 이유는 아마도 피해자의 눈을 쳐다보면 시신을 훼손하기가 힘들어지기 때문일 것이다.

  실질적인 측면에서 시신을 훼손하는 사람은 시신을 엎어놓으면 목을 자르기가 더 쉽겠다고 생각하지만 자신이 무슨 일을 하고 있는지를 안다면 사실 똑바로 눕혀놓는 것이 목을 자르기에는 더 쉬울 것이다. 머리를 잘라내야 한다고 생각하면 많은 사람이 주눅이 들게 마련이라 아주 어렵고 불쾌할 몸통을 자르는 일이 오히려 할 만한 일이라는 생각이 들기 시작한다. 하지만 몸통을 두 조각 낸다는 결정은 치워야 할 것이 훨씬 많아져 대부분 커다란 실수임이 밝혀진다. 몸통이 그대로 있을 때는 내부 장기가 체강에 그대로 머물지만 일단 내부 장기가 외부에 노출되면 밖으로 쏟아져 나올 뿐 아니라 정말로 끔찍한 악취가 나기 시작한다.

훼손한 시신을 거주지에 숨기지 않는 한 살인자는 욕실에서 시신을 꺼내 집 밖으로 가지고 나가야 한다. 이때 살인자는 비닐봉투나 쓰레기봉투에 시신을 담는데 비닐 랩을 쓰기도 하고 샤워 커튼이나 수건, 담요처럼 비닐이나 천으로 된 다른 가정용품을 사용하기도 한다. 시신을 옮기려면 살인자는 시신을 담은 용기나 시신을 감싼 천 혹은 비닐에서 혈액이나 신체 조직이 빠져나오지 않도록 조심해야 한다. 쓰레기봉투는 잘린 뼈 때문에 찢어질 수도 있고 시신을 감싼 수건은 흠뻑 젖어 피가 밖으로 새어 나올 수도 있다.

시신을 카펫에 말아 버린다는 생각은 일링 스튜디오에서 제작한 코미디 시리즈가 인기를 끌던 시기에 생겨났다. 지금은 흔히 바퀴 달린 여행 가방이나 배낭에 담아 옮긴다. 여행 가방을 자동차나 택시에 싣거나 그것을 끌고 길을 가는 사람을 다시 돌아보는 사람은 없다. 범인은 자신에게 익숙한 장소를 시신을 처리하는 장소로 택할 때가 많다. 강, 호수, 만, 연못, 운하, 바다 같은 물이 있는 곳이 범인이 가장 많이 선택하는 곳이다.

방어적 시신 훼손도 고인의 신원을 모호하게 만들려고 노력한 흔적이 보인다. 이때도 해부학적으로 범인이 주로 훼손하는 곳이 있다. 얼굴(누구인지 알아보지 못하게 하려고), 치아(치과 기록과 비교할 수 없게 하려고), 손(지문을 없애려고)이 그런 곳이다. 문신을 없애려고 피부를 벗겨낼 때도 있고 신원을 알려줄 만한 장신구를 하고 있는 부분을 잘라내기도 한다.

다행히 그런 시도는 대부분 실패로 돌아간다. 살인자는 자신이 시신의 신원을 알려줄 수 있는 주요 단서가 되는 부분을 모두 알고 있다고 생각할 테지만, 법의학의 영역은 그들이 생각하는 것보다 훨씬 넓다. 지금까지 살펴본 것처럼 어떤 식으로든 신원을 확인하는 데 도움을 주지 않는 신체 부위는 거의 한 곳도 없다. 30년이 넘는 지난 한 세대 동안 사람의 몸은 다양한 예술을 시도하는 일종의 캔버스가 되어 법의학 전문가들에게 다양한 단서를 제공해주고 있다. 많은 사람이 몸에 문신을 새기며 가슴, 엉덩이 같은 다양한 부위의 피부를 뚫어 장식품을 달고 심지어 종아리 같은 곳까지 실리콘을 집어넣는다. 개인이 직접 한 이런 신체 교정 작업은 교정 기록이 남아 있는 한 신원을 확인할 수 있는 새로운 기회를 제공해준다.

손상되지 않은 시신을 발견하는 것이 신원을 확인할 가능성이 가장 높지만 심하게 부패했거나 훼손된 사체도 중요한 단서를 제공해줄 때가 있다. 범인이 피어싱을 모두 떼어냈다고 해도 피부가 남아 있다면, 피부에 뚫린 구멍이 귀한 단서 역할을 해줄 수 있다. 몸에 주입한 실리콘도 -운이 아주 좋아서 뚜렷하게 알아볼 수 있는 배치 번호가 남아 있다면- 어떤 병원에서 누가 시술을 받았는지를 찾을 수 있는 단서를 제공한다. 문신은 피부를 벗기거나 그 부분을 도려내 제거할 수도 있지만, 문신이 어떤 식으로 작용하는지만 안다면 약간의 해부학 지식으로도 문신의 흔적을 발견할 수 있다.

우리 피부는 표피·진피·하피라는 세 층으로 이루어져 있다. 가장 바깥쪽을 둘러싸는 표피(외부에서 보이는 부분)는 매일 4만 개 정도가 끊임없이 떨어져 나가는 죽은 세포로 이루어져 있다. 헤나처럼 일시적인 문신을 할 때면 잉크가 표피만 물들이는데, 그런 잉크는 결국 시간이 지나면 흔적도 없이 사라지고 만다. 문신 예술가들이 바늘을 들어 물들이려고 하는 곳은 표피 밑에 있는 진피층이다. 진피에는 신경 끝부분이 많이 몰려 있지만 혈관은 없기 때문에 이곳에 문신을 새기면 아프기는 해도 피는 나지 않는다. 종이에 베였을 때 피가 나지도 않는데 지독하게 아플 때가 있는 것은 모두 그 때문이다. 종이가 표피를 지나 신경이 많이 몰려 있는 진피까지 잘라냈지만 혈관이 있는 하피까지는 가지 않은 것이다.

하피를 물들이는 것은 혈관계가 잉크를 노폐물로 인지하고 몸 밖으로 배출해버릴 테니 아무 의미가 없다. 문신에 사용되는 염료는 분자 입자가 크고, 몸 안에서 분해되지 않고 면역계와 반응하지 않도록 하는 비활성 물질이기 때문에 문신 잉크는 샌드위치에 끼운 치즈처럼 표피와 하피 사이에 있는 진피층에 머물 수 있다. 하지만 문신 잉크도 어느 정도는 분해가 되는데(시간이 흐르면 문신이 흐려지는 건 그 때문이다), 분해된 잉크는 림프계가 흡수해 처리한다.

진피 속을 흐르는 림프관은 말단 부위가 부풀어 오르면서 결국 서로 연결된다. 림프관이 연결된 이런 림프절은 온몸에 분포한다. 팔과 다리에는 림프절이 아주 많은데 사타구니와 겨드랑이에 특히 많다. 림프절이 많이 모여 있는 곳은 샤워실에서 머리카락을 모으는 수챗구멍 역할을 한다. 잉크 분자가 림프절을 빠져나갈 수 없을 정도로 큰 경우에는 림프절 안에 쌓인다. 그 때문에 문신을 한 사람의 림프절은 결국 문신에 사용된 모든 잉크 색을 품게 된다.

해부학을 배우는 학생일 때부터 우리는 이 기이하지만 해롭지는 않은 림프절의 특징이 생기는 이유를 알고 있었다. 침묵의 스승이었던 친애하는 헨리의 겨드랑이를 해부했을 때, 그의 림프절은 빨간색은 거의 흔적도 찾을 수 없을 만큼 파란색으로 물들어 있었다. 헨리의 팔뚝에는 옛날 방식으로 그린 파란색 돛 그림이 문신으로 새겨져 있었다. 지금은 문신이 누구나 하는 필수 액세서리가 되었다(미국의 경우 20~30세 사이의 젊은이 중 거의 40퍼센트가 문신을 적어도 한 개 정도는 하고 있다). 이제는 문신을 한 사람도 많고 문신 예술가들이 쓰는 색도 다양해져 현대인들의 림프절은 정말로 만화경처럼 다채로워졌을 것이다.

팔을 떼어낸 몸통을 발견했다고 생각해보자. 몸통이 아직 심각하게 부패하지 않았다면 우리는 겨드랑이에 있는 림프절을 조사해볼 수 있다. 그 안에 염료가 조금이라도 들어 있다면 두 팔 가운데 문신을 한 곳이 있는지, 어떤 색을 사용해 문신을 했는지를 알아낼 수 있는 것이다. 물론 그 문신이 돌고래 그림이었는지 가시 달린 철사였는지 단순히 '엄마'라는 글귀였는지는 알아낼 수 없다. 하지만 일말의 단서를 찾았으니, 수사는 이제부터 시작이다.

애석하지만 우리 딸 한 명도 문신을 세 개 했고(내가 아는 한은 그렇다), 피어싱도 여러 개 했으며, 아마도 엄마가 몰라야 하는 여러 가지 교정도 한 것으로 안다. 나도 언젠가 전적으로 실용적인 이유로 몸에 작은 문신을 해놓을까 싶었던 적이 있다. 나는 손목에 뱀을 문신했었다는 랜돌프 처칠의 부인처럼 '영국, 블랙'이라는 문구와 국민 보험 번호를 쉽게 눈에 띄지 않는 손목에 새겨두면 어떨까 하는 생각을 했었다. 혹시라도 내가 많은 사상자를 내는 사고에 연루되어 목숨을 잃은 뒤에 한동안 시체를 찾지 못한다면, 손목에 새긴 문신으로 인해 감식반이 조금은 쉽게 내 신원을 확인할 수 있지 않을까 싶어서였다. 하지만 아직 용기를 내지 못하고 있다. 열다섯 살 생일에 나는 나 자신에게 주는 생일 선물로 귀를 뚫으려고 인버네스에 있는 액세서리 가게에 들어간 적이 있다. 그때 나는 가게 주인에게 나에게 예약을 하고 오라고 하면 분명히 용기를 잃고 다시는 오지 않을 테니, 지금 당장 귀를 뚫어야 한다고 말했었다. 그러니 문신은 내가 가기에는 너무나 먼 길인지도 모른다.

방어적 시신 훼손을 하는 사람들은 화학 약품을 쓰거나 불에 태워 시신을 완전히 처리하려는 시도를 할 수도 있다. 몸을 녹이는 일은 사람들이 생각하는 것처럼 단순하지 않다. 강산이나 강염기는 다루기 힘든 위험한 액체로, 그런 액체를 다량 구입하면 의심을 살 수밖에 없다. 더구나 시신을 녹일 수 있는 용기를 확보하는 일도 쉽지 않다.

한번은 영국 북부에서 장모를 죽이고 시신을 유기했음을 시인한 남자 사건을 조사한 적이 있다. 장모를 식초와 가성소다(수산화나트륨)를 섞은 액체로 녹여 배수구로 흘려 보냈다는 남자의 주장은 그의 화학 지식이 얼마나 미천한지를 보여준다. 식초는 산성이고 가성소다는 염기성이라 둘을 섞으면 두 성질은 상쇄

되어 중성이 된다. 더구나 그저 그 위에 붓는 것만으로 사람의 뼈와 이, 물렁뼈를 액체로 만들 수 있을 만큼 강한 화학 물질은 시중에서는 구할 수 없다. 또한 일반 가정집 배수구가 사람을 녹일 만한 강력한 산을 견딜 수 있는 확률은 거의 0퍼센트에 가깝다.

피고인은 자백할 때도 정말 믿을 수 없을 정도로 무지하게 어처구니없는 범행 방식을 꾸며내기도 한다. 장모를 죽인 남자는 이번에는 자신이 장모의 시신을 마구 잘라서 도시 곳곳에 있는 쓰레기통에 나누어 버렸다고 했다. 하지만 그 어디에서도 시신은 찾을 수가 없었고, 고인의 시신이 그 남자가 운영하는 케밥 집에 있었다는 동네 주민들의 도시 괴담을 입증해줄 증거도 나오지 않았다.

살인자가 두 번째로 많이 선택하는 시신 훼손 방법은 "지나치다"라는 표현이 붙기도 하는 '공격적 시신 훼손aggressive dismemberment'이다. 공격적 시신 훼손은 흔히 살해까지 저지르게 한 맹렬한 분노가 꺼지지 않고 시신을 훼손하는 순간에도 이어져 흥분을 가라앉히지 못하고 시신을 심각하게 난도질하게 되는 상황이다. 살인자는 논리적으로 차분하게 행동하지 못하고 거의 충동적으로 행동한다. 피해자가 사망하기도 전에 이미 신체를 훼손하기 시작하는 경우도 많아서 절단이 사망의 원인이 되는 경우도 있다. 공격적 시신 훼손은 시신에 상처가 난 패턴을 보면 알 수 있는데, 유명한 영국 토막 연쇄 살인범 잭 더 리퍼의 경우가 공격적 시신 훼손의 전형적인 예라고 할 수 있다. 잭은 빅토리아 시대에 런던 화이트채플 거리에서 적어도 다섯 명의 여자를 살인한 토막 살인자로, 어쩌면 열한 명이 넘는 여자들이 잭에게 희생됐을지도 모른다.

토막 살인자 잭 더 리퍼일 가능성이 있는 후보는 100명이 넘게 나왔다. 하지만 실망스럽게도, 자신의 아내를 살해하고 시신을 훼손한 혐의로 던디에서 교수형에 처해진 마지막 인물인 윌리엄 베리가 잭이라는 주장을 입증해줄 증거는 거의 없다. 베리는 잭이 활동하던 무렵에 화이트채플에서 가까운 보^{Bow}에 살았다. 만약 베리가 잭이라면 나는 교수실 선반 위에 토막 살인자 잭 더 리퍼의 목뼈를 가지고 있는 것이다.

시신을 훼손하는 세 번째 방법은 '모욕적 시신 훼손 offensive dismemberment'이다. 보통 가해자에게 성욕을 충족한 뒤에 살해하는 성향이 있거나, 피해자가 살아 있는 상태로 고통을 주거나 시신을 훼손하는 가학 취향이 있는 경우에 모욕적 시신 훼손이 일어난다. 이 경우 피해자는 생식기 부위가 훼손되는 경우도 많은데, 생식기를 훼손하는 것이 살해의 주요 목적일 가능성도 있다. 다행히 이런 시신 훼손 사건은 상당히 드물다.

가장 적게 일어나는 시신 훼손 방법은 '시체 애호적 시신 훼손 necromanic dismemberment'이다. 시체 애호적 시신 훼손은 그 폭력성과 끔찍함을 잔혹하고 끔찍할 정도로 폭넓게 묘사할 수가 있기 때문에 영화나 소설에서 지나칠 정도로 과도한 관심을 보이는 방법이기도 하다. 트로피나 상징 혹은 페티시[16]로서의 신체 일부를 간직하겠다는 열망이 시체 애호적 시신 훼손으로 이끈다. 식인 행위도 일종의 시체 애호적 시신 훼손이다. 이러한 훼손은 반드시 직접 살인을 저지르지 않은 경우에도 일어날 수 있다. 이미 죽은 사람에게 접근하거나 땅에서 시체를 파내 시신을 훼손하는 경우도 이 범주에 속한다. 고인의 인격과 품위, 종교 신념을 존중해 우리는 고인이 영원히 평화롭게 쉴 수 있기를 기대하며, 우연한 사고나 정당한 대의명분을 위해 계획된 개입은 어쩔 수 없다고 해도 고인을 학대하는 것은 우리 사회가 받아들일 수 없는 행위다.

　　마지막 시신 훼손 방법은 잔인한 범죄 조직이나 서로 맞서는 두 집단에서 적의 일원에게 특별히 정해진 어떤 행동을 하지 못하게 하거나, 소속이 없는 사회 구성원들이 자기 집단이 아닌 다른 경쟁 집단에 들어가지 못하게 하려고 위협하는 의미로 행하는 '의사 전달 시신 훼손 communication dismemberment'인데, 피해자는 주로 젊은 남자다. 의사 전달 시신 훼손 방법이 전하는 바는 분명하다. 우리가 원하는 일을 하지 않으면 이런 일을 당하게 되리라고 협박하는 것이다.

　　1999년부터 2000년까지 나는 대부분의 시간을 코소보에서 지냈다. 옛 유고슬라비아 지역에서 벌어진 전쟁 범죄를 수

> [16] 특정한 신체 부위를 통해 성적 쾌감을 얻는 것.

사하려고 파견된 국제형사재판소 영국 법의학 수사팀의 일원이었기 때문이다. 그곳에서 우리 팀은 '의사 전달 시신 훼손' 사례를 많이 목격했다. 훼손된 시신은 주로 납치되고 살해된 뒤에 토막 난 알바니아계 젊은 남자였다. 훼손된 사체는 코소보 인민 해방군에 입대하지 말라는 경고로서 알바니아계 젊은 남자가 사는 집 앞에 주로 버려졌다. 사람들은 가해자들이 원하는 대로 반응하기도 했지만 그와 달리 오히려 민족주의에 불을 붙여 더 많은 사람이 세르비아 민병대와 맞서 싸울 군대에 자원하는 효과를 낳기도 했다.

◇

국가가 지명한 전문가 팀으로서 우리 대학교 법의인류학 팀은 시신 훼손 사건을 해결하는 데 도움을 달라는 부탁을 받을 때가 많다. 훼손된 시신이 두 개의 자치주에 걸쳐 흩어져 있으면 사건은 상당히 복잡해진다. 2009년에도 그런 사건이 있었다.

첫 번째 자치주의 경찰은 하트퍼드셔 시골 길가에서 비닐봉투에 담겨진 왼쪽 다리와 발을 발견했다. 아직 부패하기 전이었고 고관절 부위를 깔끔하게 잘라낸 것이 근처 병원에서 절단 수술을 받은 사람의 신체 일부일 가능성이 있었다. 경찰은 하트퍼드셔 부근에 있는 모든 병원을 상대로 폐기물 소각 과정에서 문제가 발생할 가능성이 있는지를 조사했지만, 병원들 모두 단호하게 그런 일은 일어날 수 없다고 대답했다. DNA 검사에서도 시신과 일치하는 사람은 없었다. 왼쪽 다리와 발은 백인 남자 성인의 것임이 분명했다. 다리 길이로 키는 추정할 수 있었지만, 한쪽 다리로 얻을 수 있는 정보만으로는 하트퍼드셔에서 실종된 사람 목록이나 실종자 수사부에서 보관하고 있는 실종자 목록에서 시신과 일치하는 사람을 찾기는 힘들었다.

다리가 발견되고 7일이 지났을 때 팔꿈치와 손목이 잘린 왼쪽 팔이 발견됐다. 이번에도 비닐봉투에 담겨 있던 유해는 왼쪽 다리가 발견된 지점에서 32킬로미터 떨어진 또 다른 도로변의 배수로에 버려져 있었다. 팔의 DNA와 다리의 DNA는 일치했다. 그로부터 이틀 뒤에 레스터셔의 한 농부가 소를 치는 곳에서 사람의 머리를 발견하고 공포에 질렸다. 그 머리는 다른 자치주의 경찰에게 신고가 되었기 때문에 앞서 발견된 팔과 다리 사건을 이 사건과 연결 짓는 데는 조금 시간이 걸렸다. 레스터셔 경찰은 시신이 그 무렵에 그 지역을 떠들썩하게 했던 실종자와 관계가 있는지를 알아보았다. 피해자가 살해된 시점은 얼마 되지 않았지만 피부와 부드러운 조직이 완전히 사라져 있었다. 그 때문에 얼굴은 식별할 수 없었지만 경찰은 피해자가 여자일 수도 있다고 생각했다. 레스터셔 병리학자는 피부와 부드러운 조직이 사라진 이유가 동물에게 먹혔기 때문이라고 믿었다. 하지만 우리는 그 머리가 남성일 가능성이 높다고 분석했고, 실종자 사진과 머리뼈를 겹쳐 비교한 결과에서도 농부가 발견한 머리는 최근에 실종된 사람이 아니라는 결론이 나왔다.

레스터셔 경찰도 DNA 기록을 뒤졌지만 아무 소득이 없었다. 며칠 동안 두 경찰서는 각자 자신의 지역에서 누락된 신체 부위를 찾으며 시간을 보냈다. 다시 한 주가 지났고, 이번에는 다시 하트퍼드셔의 시골길 갓길에서 오른쪽 다리가 발견됐다. 다리는 무릎이 두 토막으로 잘려 있었고 비닐봉투에 싸인 채 여행 가방에 담겨 있었다. 마지막으로 다시 나흘이 지났을 때 오른쪽 팔이 달린 몸통이 발견됐다. 오른쪽 팔은 손목이 잘려 있었고 왼쪽 팔 윗부분도 몸통에 달려 있었다. 범인은 유해를 수건으로 싸고 가방에 넣어 또다시 하트퍼드셔에 있는 시골 밭 배수로 부근에 버리고 갔다.

발견된 모든 부분의 DNA는 일치했지만 국가 DNA 자료에는 일치하는 사람이 없어 희생자의 신원을 확인하고 사망 원인을 조사하고 그를 사망에 이르게 한 사람(혹은 사람들)을 찾는 일은 상당히 어려울 수밖에 없었다. 발은 두 다리에 붙어 있었지만 잘려 나간 손은 어디에 있는지 알 수 없었으니 전형적인 여섯 조각 시신 훼손 방식을 따른 범행은 아니었다. 하지만 잘라낸 부위는 가장 일반적인 절단 이유를 따르고 있었다. 잘라내기 쉬운 부위를 잘라낸 것이다. 손을 없애고 얼굴을 훼손한 이유는 피해자의 신원을 감추려는 방어 의도일 수도 있었다.

시신을 여러 곳에 퍼뜨려놓으면 수사를 진행하는 데 여러 가지 어려움이 생긴다. 수사 주체는 누가 되어야 할까? 머리를 찾은 지역의 관할 경찰서? 아니면 처음 시신을 찾은 곳? 가장 많은 유해를 발견한 곳? 큰 사건을 관할 지역이 다른 두 경찰서가 함께 수사를 진행하는 일은 병참학적으로 결코 작은 문제가 아니다. 특히 예산과 인력을 배정하는 문제가 쉽지 않다. 하지만 하트퍼드셔경찰서와 레스터셔경찰서는 보기 드물게 서로 적극적으로 협력해 사건을 해결하려고 노력했다.

나는 루시나 해크먼 박사와 함께 수사를 도우려고 하트퍼드셔로 내려갔다. 이동 시간이 길 때면 우리는 많은 이야기를 나눈다. 수다가 올림픽 종목이었다면 당연히 우리 두 사람이 금메달을 딸 것이다. 물론 영국 북부에서 벌어지는 마약 조직들의 세력 싸움에 관한 이야기나 얼굴이 손상된 시신 이야기처럼 가끔은 다른 주제를 언급할 때도 있었지만, 거의 대부분은 협조 요청을 받고 떠나는 해당 사건을 집중적으로 논의했다. 우리 두 사람이 세운 가설은 경찰의 추론과는 달랐기 때문에 일곱 시간 동안 이동하면서 우리 두 사람의 생각을 구체적으로 검토하고 논의할 필요가 있었다. 우리 추론이 틀렸다면 우리는 트위드강 저편에서 온 이 세상 둘도 없는 똥멍청이 2인조가 될 테지만, 우리가 옳다면 하트퍼드셔와 레스터셔를 뛰어다니는 분주한 경찰들이 많아질 것이 분명했다.

우리가 생각하는 시신 훼손 절차는 경찰의 의견과 달랐다. 경찰의 의견에는 몇 가지 점에서 우리가 납득할 수 없는 부분이 있었고, 우리는 의심 많은 늙은 노파처럼 의문을 제기하지 않을 수가 없었다. 무엇보다도 범인이 시신을 절단한 부위가 이상했다. 물론 잘린 부위는 전통적인 방어적 시신 훼손 방법에 해당했지만 어딘가 이상한 점이 있었다. 시신을 한 번도 잘라본 적이 없는 사람은(아마도 대다수 사람들이 그럴 텐데) 주로 톱으로 사지의 긴뼈(팔은 위팔뼈, 다리는 넙다리뼈)를 자르려고 시도한다. 우리 연구소에서 실시한 조사에 따르면 사람의 몸을 잘라야 할 상황에 처하면 사람들은 대부분 날카로운 부엌칼을 가져와 시신을 절단하기 시작한다. 부엌칼로는 피부나 근육 같은 부드러운 조직은 잘라낼 수 있지만 뼈는 자를 수 없다는 사실을 깨달은 뒤에야 창고나 차고로 가서 톱(보통 나무 자르는 톱이나 금속 절단용 쇠톱)을 가져온다. 요리를 잘하는 사람은 고기 자르는 가위나 별채에서 가져온 도끼를 절단 도구로 사용하기도 한다. 그런데 이번 사건의 범인은 시신을 톱으로 조각낸 것이 아니라 살부터 뼈까지 덩어리째로 잘라냈다. 이런 경우는 거의 드물었다. 사실 우리로서도 처음 보는 광경이었다. 범인이 시신을 절단할 때 사용한 도구를 파악하려면 뼈의 표면을 살펴볼 필요가 있었다. 분명히 이상한 점이 있었다.

두 번째로 이상한 점은 머리를 몸의 나머지 부분과 다른 식으로 처리했다는 것이다. 무엇보다도 머리는 몸의 다른 부분이 발견된 곳과는 다른 지역에 버려져 있었다. 비닐봉투에 담기지 않았을 뿐 아니라 유일하게 부드러운 조직이 모두 제거되어 있었다. 머리뼈에는 가축이건 야생 동물이건 간에 포식자가 남기고 간 이빨 자국이 없었기 때문에 동물이 먹었다는 병리학자의 가설은 옳다는 확신이 들지 않았다.

절단 도구가 남기고 간 자국을 분석하는 일은 적어도 이론적으로는 아주 간단하다. 두 물체가 부딪치면 단단한 물체는 부드러운 물체의 표면에 흔적을 남긴다. 예를 들어 톱니 같은 빵칼로 치즈 덩어리를 자르면 단단한 물체(칼)의 톱니 자국이 부드러운 물체(치즈)의 표면에 남는다. 뼈도 마찬가지다. 뼈가 칼이나 톱, 동물의 이빨처럼 날카로운 물체에 부딪히면 뼈에는 물체의 흔적이 남기 때문에 그 흔적을 분석하면 뼈를 절단한 도구를 알아낼 수 있다. 고인의 머리에서 부드러운 조직이 모두 사라진 이유가 청소동물의 먹이 활동 때문이라면 -우리로서는 상당히 의심이 가는 가설이었지만- 당연히 이빨 자국이 뼈에 남아 있어야 했다.

고인의 머리에는 피부와 근육이 조금도 남아 있지 않았다. 눈도 사라졌고 혀도 없었으며 입속 아랫부분과 귀도 남아 있지 않았다. 이빨 자국을 조금도 남기지 않고 시체를 뜯어 먹으려면 포식 동물이 정말로 애를 써야 했을 것이다. 우리는 여러 근육

남아 있는 모든 것
All That Remains

이 뼈에 붙어 있는 부위에서 날카로운 칼날 자국을 찾게 되리라 기대했다. 정말로 근육이 붙어 있는 부위에 칼날 자국이 남아 있다면 오소리 같은 동물이 갑자기 하룻밤 사이에 진화해 칼을 자유자재로 쓰게 되는 기적이 일어나지 않는 한 부드러운 조직을 떼어낸 것은 사람이라고 생각하는 것이 옳을 것이다. 사람이 아니라 동물의 행위였다면, 그것을 입증할 수 있는 다른 설명들이 필요하다. 머리는 3번 목뼈와 4번 목뼈 사이를 깔끔하게 절단했는데, 범인이 그곳을 절단 부위로 택한 것도 평범한 선택은 아니었다.

  우리는 머리를 살펴볼 수 있을 때까지 이런 생각을 입 밖으로 꺼내지는 않았다. 수사 진척 사항을 짧게 전해 듣는 자리에서 우리는 얌전하게 청소동물이 머리 조직을 먹었으리라는 설명을 들었다. 하지만 이야기를 듣는 내내 나나 루시나의 눈썹은 어처구니없다는 듯이 위로 올라가고 있었다. 우리 두 사람은 눈썹 표정이 아주 풍부하다는 말을 자주 듣는데, 동의할 수 없는 말을 들을 때면 우리의 눈썹은 털이 난 블라인드처럼 위아래로 정신없이 움직인다. 한번은 우리 두 사람이 피고 측 전문가 증인으로 재판에 출석한 적이 있는데 검사가 제시하는 증거가 너무나도 터무니없었지만, 배심원들이 계속 우리를 쳐다보고 있다는 사실을 심각하게 의식하고 있었기 때문에 계속해서 움직이려고 하는 눈썹을 제자리에 붙잡아두느라 이마가 얼마나 아팠는지 모른다.

나나 루시나는 절대로 포커 게임을 잘할 수 있는 사람이 아니다.

우리는 설명을 듣는 동안에는 아무 말도 하지 않고, 그저 시신을 가까이에서 살펴볼 수 있는 시체 보관소에 갈 때까지 최선을 다해 눈썹을 제자리에 붙잡아두었다. 시신의 머리에서 부드러운 조직을 모두 제거한 존재는 놀라운 솜씨의 소유자가 분명했다. 우리는 예상했던 바로 그 부위(머리 뒤쪽과 옆쪽, 턱 밑)에서 칼자국을 찾아냈다. 부드러운 조직은 모두 사라지고 없었다. 머리 가죽을 완전히 떼어내 버린 것이다.

놀라운 점은 그것이 다가 아니었다. 몸의 다른 부분을 살펴본 우리는 범인이 정확히 손목뼈와 아래팔뼈인 노뼈와 자뼈 사이의 관절열극을 내리쳐 손목을 한 번에 잘라버렸음을 알 수 있었다. 엉덩이도 절구에서 넙다리뼈를 정확하게 떼어냈고, 왼쪽 팔꿈치에서 위팔자관절 부위를 떼어낸 솜씨는 우리가 감탄의 비명을 지를 수밖에 없을 정도로 완벽한 전문가의 솜씨였다. 시신을 절단한 사람이 누구건 간에 해부학을 잘 아는 사람임이 분명했다. 그것도 사람 해부학을 잘 아는 사람이며, 이번이 처음이 아닌 것도 분명했다.

시신을 훼손하는 범죄에서 톱이나 큰 식칼을 사용하지 않는 경우는 극히 드문데, 이 범인은 거의 모든 단계에서 묵직한 도구나 톱니가 있는 도구를 전혀 쓰지 않고 그저 날카로운 칼만으로 모든 부위를 절단해냈다. 정말로 엄청난 기술이었다. 머리를 떼어낼 때도 톱을 썼다거나 거칠게 내려친 흔적이 전혀 없었다. 실제로 시신은 메스와 호들갑과 노력만으로 깔끔하게 시신을 절단하는 해부학자, 시체 보관소 기술자, 외과 의사의 방식으로 잘려져 있었다. 그 방식이 무엇인지 말하지 못하는 점은 양해해 주시길 바란다!

루시나와 나는 손과 눈썹을 열심히 움직여가면서 우리 둘만 알 수 있는 신호를 주고받았다. 우리를 지켜보던 경찰은 무언가 잘못됐음을 눈치채기 시작했고 점점 초조해했다. 완전히 확신이 생긴 뒤에야 우리는 경찰에게 회의를 하자고 제안했고, 우리가 알아낸 사실을 발표했다. 언제나처럼 처음에는 경찰이 우리의 의견을 받아들이지 않았다("하지만 병리학자의 의견은······"이라고 입을 떼는 것이다). 하지만 반박할 수 없는 증거를 들이밀면 그들은 마침내 항복하고 휴대 전화로 어딘가에 전화를 걸어 쉴 새 없이 떠들기 시작한다.

시신을 이렇게 깔끔하게 절단할 수 있는 전문가라면 누가 있을까? 수의사? 정육업자? 외과 의사? 사냥터 관리인? 법의병리학자? 해부학자? 설마 동료 법의인류학자는 아니겠지? 범인이 누구건 간에 시신을 절단하는 뛰어난 실력과 유해를 처리하는 솜씨 사이에는 엄청난 간극이 있음이 분명했다. 아직까지도 찾지 못한 손을 제외하면 피해자의 시신은 너무나도 빨리 발견됐다.

사인은 분명했다. 피해자는 10센티미터쯤 되는 칼로 등을 두 번 찔렸다. 두 상처 가운데 하나는 폐를 찔렀는데, 칼에 찔리고도 피해자는 얼마 동안은 살아 있었을 것이다. 병리학자는 시신을 모두 절단하는 데 열두 시간이 걸렸으리라고 추정했지만 우리 생각은 달랐다. 시신을 절단한 솜씨로 볼 때 그것은 한 시간도 되지 않아 끝났을 테고 시신을 포장하고 범행 장소를 청소하는 데는 한 시간 이상 걸렸을 것이다.

분석을 끝낸 뒤 우리는 사진을 찍고 보고서를 제출했다. 수사 결과를 알려면 우리도 계속 신문을 주시해야 한다. 우리는 전국을 돌며 일해야 하기 때문에 사람들이 텔레비전 범죄 드라마 같은 데서 보고 기대하는 것과 달리 언제나 경찰과 가까운 관계를 유지할 수는 없다. 이번 시신 토막 사건에서도 그랬듯이 몇 달 뒤 법정에 나가 증언을 할 때까지 어떠한 소식도 들을 수 없을 때도 있다. 경찰이 무엇을 찾았는지, 수사에서 어떤 결론을 내렸는지 알지 못한다. 우리는 우리가 발견한 증거만을 가지고 법정에 나가며, 그 증거가 어떤 식으로 쓰이는지 알지 못할 때도 많다.

나는 법정에 나가는 게 싫다. 나로서는 전혀 알지 못하는 곳에서 무언가를 해야 한다는 건 과학자의 일 가운데 정말로 스트레스를 받는 부분이다. 법정에서는 우리가 규칙을 정하지도 않고 전략을 듣게 되는 경우도 거의 없다. 적대적인 우리 법체계에서는 한쪽은 우리가 전 세계를 이끄는 전문가임을 입증해 보이기를 원하며, 다른 한쪽은 우리가 완벽한 바보로 판명 나기를 원한다. 나는 전문가도 바보도 되어봤고, 그 사이의 어디쯤이 되어본 적도 아주 많다.

언론에서 "직소 퍼즐 살인"이라고 불렀던 이 사건은 모든 신체 부위를 검사한 뒤에 경찰이 런던 북부 지역에서 사라진 남자가 피해자임을 밝혔고 치과 기록으로 신분을 확정했다. 피해자의 아파트 침실과 욕실, 자동차 바닥에서 피가 발견됐지만, 아주 작은 방울들뿐이었다. 살인자와 공범(남자와 여자가 재판을 앞두고 있었다)은 아주 깨끗하게 흔적을 치웠다.

피고들은 살인과 기타 절도와 사기 관련 혐의로 기소되었다. 그 말은 증인이 변호사들의 질문에 세 차례 답변해야 한다는 뜻이고, 검사의 반대 신문도 받을 수 있다는 뜻이었다. 그러니 모두 네 번의 신문에 대비해야 했다. 세상에나. 낯선 도시, 낯선 법정에서 작업한 지 거의 1년이나 지난 사건을 증언해야 하는 건 정말 하나도 반갑지 않고 그저 긴장되고 떨리기만 할 뿐이다. 증거를 제시해달라는 요구를 받았다는 것은 재판이 진척될 만한 가치 있는 무언가를 보여달라는 뜻일 테지만 도대체 그런 증거가 무엇인지도 알 수 없고 법조인들의 질문이 증인을 어떤 방향으로 이끌지도 알 수 없다.

전문가 증인으로 나가면 언제나 증언을 요청한 쪽에서 먼저 질문을 하는데, "직소 퍼즐 살인" 사건에서 나를 증인으로 요청한 사람은 검사였다. 이때는 대부분 무난한 질문을 받지만 왠지 나는 항상 내 나이를 묻는 질문에는 제대로 대답하지 못한다. 그 이유는 내가 내 나이를 받아들이지 못해서가 아니라 그저 나이가 중요하지 않아서 기억을 못 하고 있을 뿐이기 때문이다. 몇 살이냐는 질문을 받을 때면 나는 곧바로 대답하지 못하고 항상 곰곰이 생각해야 한다. 그 때문에 법정에서는 어김없이 킬킬거리는 웃음소리가 들린다. 내가 주저하는 시간은 몇 초에 불과하지만 나를 무장 해제시키기에는 모자람이 없다. 그럴 때마다 나는 미리 내 나이를 생각하지 않고 온 나에게 잔소리를 퍼붓지만, 미리 생각하고 들어온다는 내 각오는 늘 잊히고 만다. 법정에서 증언을 앞둔 상황에서는 내 나이 따위는 정말 머릿속에 들어올 여유가 없다.

검사는 전문가 증인으로서 내가 충분히 자격이 있음을 언급하고 내가 가져온 증거를 법정에 제시했는데, 그 과정은 아주 수월하고 원만하기는 했지만 오전 시간을 거의 다 소비할 정도로 오래 걸려서 결국 판사는 점심을 먹자며 휴정했다. 그 말은 일단 법정에서 나갔다가 한 시간 뒤에 돌아오면 이제는 피고 측 변호사들에게 두 번에 걸쳐 반대 신문을 받게 되리라는 뜻이었다. 그때부터는 법정에서 나에 대한 적의가 나타나면서 정말 힘들어진다. 이틀 연속으로 증인석에 서야 할 때는 신경이 완전히 곤두서는데, 특히 그 사이에 사건에 관해서 그 누구에게도 말을 하면 안 될 때는 정말로 난감하다.

처음으로 나를 신문한 피고 측 변호사는 매력적이었다. 그건 시작이 참으로 걱정스럽다는 뜻이다. 일단 전문가로서의 나의 자격을 인정한 변호사는 시신을 절단한 사람이 해부학을 제대로 알고 있다는 우리 의견에 관해 이야기를 나누고 싶어 했다. 그는 자신의 의뢰인은 퍼스널 트레이너이자 전직 나이트클럽 경비원이라고 했다. 해부학 교육을 받은 적도 없고 정육점에서 일한 적도 없으며 시골에서 살았던 적도 없고 시골에서의 활동도 즐기지 않는다고 했다. 피고는 확실히 외과 의사도 아니고 수의사도 아니며 해부학자나 법의인류학자는 더더욱 아니라고 했다. 그러니 어떻게 내가 범인이 했다고 주장한 깔끔한 절개를 피고가 할 수 있었겠으며 범인이 보유하고 있다는 고급 기술을 피고가 어떻게 구사할 수 있었겠느냐고 물었다.

이런 질문을 받으면 목덜미 어딘가에서 식은땀이 나기 시작하며 그것이 등줄기를 타고 내려가기도 한다. 내가 정말로 뭔가 잘못 생각한 것일까? 이런 질문을 하고 또 해보지만, 아무리 생각해도 다른 결론은 내릴 수가 없다. 이번에는 변호사가 살인 도구에 관해 묻기 시작했다. 변호사는 이런 범죄를 저지르려면 당연히 전문가가 사용하는 도구가 있어야 하는 것 아니냐고 물었다. 나는 자신이 하는 일을 정확하게 알고 있다면 날카로운 식칼을 가지고도 충분히 잘라낼 수 있다고 대답했다.

"하지만 집에는 사람을 잘라낼 수 있을 정도로 날카로운 식칼은 없을 텐데요."

변호사의 말에 대답하는 동안 나는 내가 하는 말 때문에 점점 더 곤란해지고 있음을 깨달았다.

"대단히 외람된 말씀이지만 변호사님, 우리 집 식칼로도 충분히 자를 수 있습니다."

내 말에 변호사는 즉시 반격했다.

"이런, 박사님이 집에서 식사하실 때는 그 근처에 가면 안 되겠네요."

법정에 있는 사람들이 웃음을 터뜨렸고 나는 어리벙벙해졌다. 그때까지 법정에서 농담을 하는 경우는 단 한 번도 본 적이 없었다. 더구나 살인은 물론이고 시신 훼손까지 다루는 법정에서 웃음이라니. 하지만 사실 그렇게 놀랄 이유는 없었는지도 모른다. 결국 죽음과 유머는 언제나 가까이에서 함께하는 동반자이고, 벌써 며칠째 힘든 재판이 진행되고 있었으니 약간의 경솔함은 어느 정도 긴장을 떨쳐버릴 수 있는 고마운 선물인지도 몰랐다. 나도 간단한 농담으로 응수하고 싶었지만 감히 그럴 수는 없었다. 똑똑해 보이려고 노력하는 것이야말로 말 잘하는 변호사와 문제를 일으키는 가장 빠른 길이다. 그래서 정말 현명하게도 나는 입을 꾹 다물었다.

그리고 갑자기 모든 게 끝나 버렸다. 두 번째 변호인단의 교차 질문도 없었고 검사의 재소환도 없었다. 내가 최악이 될 거라고 예상하고 마음을 다잡고 있었던 과정이 눈 깜짝할 사이에 끝나 버렸다. 그건 법정에서는 일이 어떻게 진행될지 전혀 예측하지 못한다는 사실을 보여주는 예였다. 특히 법정에서 펼쳐지는 전술에 가담할 자격이 전혀 없을 때는 말이다.

재판이 시작되기 전부터 줄곧 무죄를 주장했던 피고와 공범은 어떠한 조짐도 없이 갑자기 자신들이 유죄라며 극적으로 입장을 바꾸었다. 남자는 자신이 사람을 죽였다고 시인했고 그의 여자 친구는 자신이 살인을 사주하고 방조했으며 재판을 방해했다는 사실을 인정했다. 피고는 살인에 시신 훼손이라는 가중 처벌이 더해져 무기 징역형을 선고받았다. 재판이 거의 마무리될 때까지도 피고가 무죄를 주장했고 범죄가 워낙 위중해 자백했다는 사실은 선고에 별다른 영향을 미치지 않았다. 피고는 최소 36년형을 선고받았다.

피고는 형을 선고받고 곧바로 당연히 망연자실한 자신의 변호사에게 우리의 피해자 말고도 최소한 네 남자를 더 죽이고 시신을 훼손했다고 고백했다. 그 때문에 경찰은 발칵 뒤집어졌지만 피고는 다른 피해자들의 신원도, 시신을 버린 장소도 털어놓지 않았다.

기소된 남자는 합법적으로 고용된 나이트클럽의 문지기였지만 런던의 악명 높은 갱단에서 전문적으로 훈련받은 '절단자'이기도 했다. 갱단이 경찰 정보원이나 조직에 문제를 일으킬 수 있는 사람을 죽여 한밤중에 나이트클럽 뒷문으로 시체를 가져오면 '절단자'는 시신을 자른다. 자른 시신은 '폐기자'가 받아 처리하는데, 에핑 숲에 묻을 때가 많다고 했다. 우리의 살인자도 피해자의 손을 에핑 숲에 버렸다고 했다.

그는 선배 절단자의 도제가 되어 가장 효율적인 방식으로 사람을 절단하는 방법을 배웠다. 하지만 시신을 버리는 일은 피고는 갖지 못한 다른 전문 기술을 담당하고 있는 그의 동료의 몫이었다. 피고의 갱단은 철저하게 분업이 이루어지고 있었다. 그것이 피고가 그토록 능숙한 '절단자'였으면서도 완벽하게 무능한 '폐기자'였던 이유였다. 시신을 자르고 버리는 일이 누군가에게는 실제 업무일 수 있다니, 정말 생각도 못 했다. 이력서에 그런 경력을 적을 수 있을까?

루시나와 내가 옳았다는 사실에 그때보다 안도한 적은 없었다. 남자가 피해자의 얼굴에서 부드러운 조직을 모두 떼어낸 이유는 법의학 증거를 없애기 위해서였다. 처음에 두 피고인은 자신이 아닌 공범이 살인을 저질렀다고 주장했고, 살해 방법도 서로 다르게 진술했다. 얼굴과 머리에 있는 부드러운 조직을 검사해야만 두 사람 가운데 어느 쪽이 진실을 말하고 있는지를 알수 있었기에 두 사람은 만약 잡혔을 경우를 대비한 보험으로 머리의 피부와 근육을 모두 떼어냈던 것이다. 두 사람은 우리가 그들이 거짓을 말하고 있음을 입증하지 못한다면 재판은 결론이 나지 않으리라고 생각한 것이 분명했다. 하지만 그 두 사람이 왜 거의 마지막에 무죄를 번복했는지는 결코 알지 못할 것이다.

두 사람이 살인을 저지른 이유는 금전적인 문제임이 분명해 보였다. 두 사람은 피해자의 신분을 훔쳐 피해자의 소지품을 모두 팔았고 은행 계좌에서 돈을 모두 인출했다. 피해자는 피고들이 갈 곳이 없을 때 지낼 곳을 제공한 선량한 사람이었지만, 두 사람은 그의 목숨을 빼앗고 그의 몸을 자르는 것으로 호의에 보답했다.

법정에서 나는 절대로 법정의 배우들에게 정신을 빼앗기지 않는다. 내가 눈을 마주치는 사람은 법정 변호사와 판사뿐이다. 절대로, 결코 피의자는 쳐다보지 않는다. 우연히 거리에서 마주쳤을 때 절대로 알아보고 싶지 않기 때문이다. 특별히 배심원에게 설명하라는 요청을 받지 않는다면 배심원의 얼굴을 보는 일도 없다. 배심원들의 표정 때문에 내가 받은 질문에 집중하지 못하는 일이 생기기를 원치 않기 때문이다. 그래서 나는 거의 대부분 배심원석 한가운데 앉아 있는 배심원의 어깨를 쳐다본다. 괴로워하는 가족을 보면 당연히 집중력이 흐트러질 수밖에 없으니 방청석으로도 눈이 가게 내버려두지 않는다. 하지만 피해자 가족의 극기는 정말로 놀랍다. 특히 살인 사건을 다룰 때는 말이다. 피해자 가족은 때때로 너무나도 개인적이고 잔혹한 이야기를 들어야 한다. 그럴 때면 나는 그들이 어떻게 그 모든 이야기를 참고 들을 수 있을까 하는 생각을 떨쳐버릴 수가 없다. 기자들이 그 즉시 온라인 신문에 게시하고 다음 날 신문에 내려고 세세하게 모든 내용을 적는 공개 법정에서 말이다. 피해자의 가족도 피해자일 수밖에 없고 그들의 고통이 뚜렷하게 느껴질 때가 많다.

죽음을 보도하는 것이 언론의 일이지만, 그 일에서 즐거움을 찾는다거나 고인과 가족을 존중하지 않는 기사 제목을 볼 때면 불쾌해진다. 신문은 자극적인 제목을 붙일수록 더 많이 팔린다. 하지만 그렇게 가학적으로 사람을 착취하는 기자도 가족의 사생활이 모두 노출되는 법정에서 피해자의 가족으로 앉아 있어야 한다면 분명히 편하지는 않을 것이다. 그렇지만 끔찍한 죽음에 얽힌 이야기를 알고 싶어 하는 사람들이 있는 한 그런 몰지각한 기자는 늘 있을 것이다.

내가 피해자나 가해자의 가족이라면 방청석에 앉아 있을 만큼 강할 수 있을지 자신이 없다. 목숨을 잃은 피해자가 내 딸이고 내 딸을 죽인 가해자가 내 아들이라면 나는 분명히 법정에 나갈 수 없을 것 같다. 2012년에 있었던, 사람들의 이목이 쏠렸던 사건이 바로 그런 경우였다. 그 사건은 피해자가 텔레비전 드라마에 출연하는 배우였기 때문에 더 관심을 받았다.

제마 맥클러스키가 마지막으로 목격된 뒤 이틀이 지나 실종 신고를 한 사람은 그녀의 오빠 토니였다. 토니는 동생이 무사히 돌아오기를 바란다고 했고 수색팀과 함께 동생을 찾으러 다니기까지 했다. 수색이 진행되는 동안 제마가 어디에 있는지를 아는 유일한 사람이 본인이었는데도 말이다.

　　오빠와 함께 살고 있는 런던 동부의 집으로 돌아오는 모습이 찍힌 CCTV 화면이 제마의 마지막 모습이었다. 제마가 마지막으로 전화를 건 곳도 자신의 집이었다. 그로부터 5일 뒤, 제마의 집에서 1.5킬로미터 떨어진 리젠트 운하에서 젊은 여자의 몸통이 담긴 여행 가방이 발견됐다. 몸통에 새겨져 있는 문신과 DNA 분석 결과 몸통은 제마임이 밝혀졌다. 그로부터 1주일 뒤 같은 운하에서 비닐봉투에 담긴 제마의 팔과 다리가 발견됐고, 6개월 뒤에는 운하 상류에서 역시 검은색 비닐봉투에 담긴 제마의 머리가 발견됐다. 머리를 발견한 뒤에야 비로소 사망 원인을 밝힐 수 있었다.

　　경찰은 스컹크 대마 중독자였던 제마의 오빠를 급히 체포했다. 그는 늘 예측하기 힘든 사람이었고 가끔은 폭력도 휘둘렀다고 알려졌으며 제마는 오빠의 무책임함과 점점 더 심해지는 마약 중독 상태를 참아내기 힘들어했다고 한다. 토니는 자신이 수도꼭지를 제대로 잠그지 않아 물이 샌 문제로 제마와 다툰 사실은 인정했다. 하지만 그는 자신이 화를 내기는 했지만 동생을 때린 것도 죽인 것도 시신을 훼손한 것도 기억이 나지 않는다고 했다.

제마의 사인은 머리뼈에 생긴 둔탁한 힘에 의한 외상이었다. 토니의 살인과 시신 훼손 과정은 다음과 같았다. '마약 때문에 격렬하게 싸웠고 가해자와 피해자가 서로 아는 사이였으며 피해자의 집에서 살인이 일어났고 사전 조사나 계획 없이 시신을 여섯 군데 절단했고 비닐봉투에 담은 시신을 여행 가방에 넣고 살인 장소에서 가까워 쉽게 갈 수 있는 물에 버림.' 이것은 정확히 방어적 시신 훼손의 교과서적 예라고 할 수 있었다. 첫 번째 도구로 시신을 절단하는 처음 시도가 실패로 끝난 뒤에야 다른 도구를 사용했고, 두 도구 모두 집에 있는 부엌에서 찾았을 일반 식칼과 고기용 식칼이었다는 것도 전형적인 방어적 시신 훼손의 특징이었다. 그 모든 특징이 범인은 그러한 범죄를 저지른 경험이 없음을 의미하고 있었기 때문에 경찰은 토니 맥클러스키를 가장 강력한 용의자로 지목했다.

토니가 무슨 일이 있었는지 기억나지 않는다는 주장을 고수했기 때문에 이제부터의 이야기는 사실인 부분도 있고 추론인 부분도 있다. 분명한 사실은, 밝히지도 못했고 찾지도 못한 둔탁한 미지의 물체로 제마가 적어도 한 번은 머리에 치명적인 타격을 받았다는 것이다. 바닥에 쓰러졌을 때 제마는 죽어 있었을 가능성이 높다. 마약에 취해 잔뜩 흥분해 있던 토니는 동생이 죽었다는 사실을 깨달았을 때 공포에 질렸고, 자신이 한 일에 책임을 지기보다는 살인을 은폐하고 모르쇠로 일관하기로 결정해버렸다.

두 사람의 집은 작아서 경찰이 수색에 나설 경우 시신을 찾을 수 없게 숨길 만한 장소가 없었다. 토니는 동생의 시신을 집 밖으로 가져가야 했다. 다른 사람 눈에 띄지 않고 시신을 밖으로 가져가려면 자르는 수밖에 없었다. 토니는 제마를 어디에서 절단했을까? 아무도 알지 못한다. 가장 유력한 장소인 욕조에서는 핏자국을 발견하지 못했다. 더구나 욕조에는 먼지가 두툼하게 쌓여 있기까지 했다. 어쩌면 토니는 바닥에 비닐을 깔고 수건으로 피를 닦아가면서 제마를 잘랐는지도 모른다. 어떻게 했는지는 모르지만 제마가 잘린 곳에는 피가 묻지 않았다.

어느 순간 토니는 제마의 속옷까지 벗겨야 했을 것이다. 사람을 토막 내려면 도대체 어디부터 시작해야 하고 어떻게 해야 하는 걸까? 다른 사람도 아니고 자기 동생을 절단하려면? 정신이 멀쩡한 사람이라면 너무나도 끔찍하다는 생각이 들 테고, 결국에는 포기해버릴 것이다. 토니는 부엌을 살펴보았을 테고 칼이 꽂혀 있는 곳으로 다가가 그 가운데 하나를 골랐을 것이다. 실제로 토니의 집에서는 칼이 하나 사라졌다.

토니는 제마의 오른쪽 다리 앞쪽부터 시작했다. 톱니 날이 있는 칼로 골반과 무릎 사이 3분의 1 지점을 자르려고 시도했다. 당연히 첫 번째 시도는 실패로 끝났지만, 결국 패배를 인정하기 전까지 쉰여섯 번을 내리쳤다. 그 뒤에 토니는 좀 더 무거운 도구를 가져왔다. 아마도 고기용 칼이었을 것이다. 첫 번째 도구보다 훨씬 효율적이었기에 토니는 그 칼로 마지막까지 작업했다. 몸의 한 부분에만 서툰 칼질 자국이 있는 것으로 보아 점차 칼 쓰는 법을 알게 됐음이 분명하다. 토니는 적어도 아흔다섯 번 칼질을 했는데, 가는 칼로 낸 쉰여섯 개 자국 위에는 좀 더 무거운 칼로 다시 자른 곳이 서른아홉 곳 있었다.

    토니는 바퀴 달린 여행 가방에 제마의 몸통을 넣었다. CCTV에는 토니가 택시 트렁크에 무거운 가방을 넣는 모습이 찍혔다. 토니를 태운 택시 기사는 자신이 그날 손님을 운하 근처에 내려주었는데, 그 승객이 토니임을 확인해주었다. CCTV에는 찍히지 않았지만 토니는 다시 몸통을 버린 곳으로 돌아와 팔과 다리와 머리를 버렸을 것이다. 사지와 머리는 몸통처럼 크지 않기 때문에 택시를 타지 않고 걸어왔을 수도 있다.

    나는 토니 사건의 전문가 증인으로 법정에 출석했다. 내가 법정에 어떤 사실을 더해줄 수 있을지 잘은 몰랐지만 검사는 시신을 절단한 방법과 절단 횟수를 과학적으로 묘사하는 것이 가해자가 시신을 오랜 시간에 걸쳐 냉혹하게 처리했음을 보여주는 좋은 방법이라고 생각하는 것 같았다. 법정에 피해자의 가족이 있음을 잘 알고 있기 때문에 증언할 때는 정말로 신중하게 말을 고르게 된다. 충분히 괴롭고 힘든 사람들에게 절대로 또 다른 고통과 슬픔을 더해주고 싶지는 않기 때문이다. 우리는 감정을 불러일으키는 단어는 사용하지 않으려고 애쓰지만 사실 시신 훼손 같은 극단적인 범죄를 묘사할 때 사용할 수 있는 부드러운 단어는 거의 없다.

법정에서 나는 제마의 사지와 머리가 어떤 순서로 잘려 나갔는지, 그녀가 똑바로 누워 있었는지 엎드려 있었는지와 같은 제마의 몸에 일어난 일을 솔직하게 증언해야 했다. 흐느껴 울기도 하고 고통에 차 비명을 지르기도 하는 제마의 가족 앞에서 제마에게 일어난 일을 명확하게 설명하는 일은 정말로 쉽지 않았다. 나를 증인으로 요청한 검사의 질의가 끝나면 보통 피해자 변호사가 교차 질의를 하고, 그때 피해자의 가족은 더 자세한 상황을 알게 된다. 그러니 토니의 변호사가 내 증거를 받아들이고 반대 신문을 하지 않기로 했을 때는 정말 안도했다.

내가 증인석을 들락거리는 모든 일은 한 시간 안에 끝났다. 법정을 나서려는데 피해자 가족을 담당하고 있는 대민 연락관이 다가오더니 제마의 아버지를 만나줄 수 있는지 물었다. 제마의 아버지는 딸의 사건을 수사하는 모든 사람을 만나 직접 감사하다는 말을 했고, 나 역시 만나고 싶어 한다고 했다.

우리 세계에서는 일하는 동안에는 냉담하고 무심한 자세를 유지하려고 노력하며 슬픔과 고통에 빠져 있는 피해자 가족과는 만날 일이 거의 없다. 해외에 파견 근무를 나갔을 때는 피해자 가족을 만난 적이 있지만 영국에서는 한 번도 없었다. 자신의 아이가 자신의 또 다른 아이를 죽여서 절단한 사건의 피해자 가족이자 가해자 가족인 사람은 더욱. 도대체 그런 사람을 만나면 무슨 이야기를 해야 할까? 무슨 말을 할 수 있을까? 나는 그 아버지의 고통을 견뎌낼 수도 없었고 견뎌내고 싶지도 않았다. 그 가족의 고통을 덜어줄 수 있는 말을 나는 단 한마디도 알지 못했다. 하지만 그 아버지가 나에게 바라는 것은 없었다. 그는 그저 자신이 해야만 한다고 느끼는 책임을 완수하려는 것뿐이었다.

  증인실에서 맥클러스키 씨가 오기를 기다리는 동안 내 마음은 널뛰었다. 마침내 증인실 문이 열리고 키 작고 건장한 남자가 당당하게 걸어 들어왔다. 맥클러스키 씨는 이스트엔드의 술집을 먹여 살릴 것 같은 남자였다. 다른 상황이었다면 사교를 즐기고 활기찰 것이라고 확신할 수 있는 사람이었다. 그는 나와 악수를 하더니 아무 말 없이 의자에 앉았다. 한눈에 보기에도 그 아버지는 무너져 있었다. 완전히 정신이 나가 있었고 두 눈에는 슬픔이 가득했다. 그는 사랑하는 딸을 위해 마지막 의식을 치르고 있었다. 자기 아들의 죄를 입증할 수 있도록 각자 역할을 맡아 진실을 드러내준 모든 사람에게 감사의 인사를 전하고 있었다. 놀라운 의지로 자신을 다독여 운하 밑에서 딸의 시신을 가져와 준 다이버들에게, 과학 수사관들에게, 경찰들에게, 그리고 이제는 법의인류학자에게까지도 고맙다는 말을 하고 있었다. 그 존엄함과 고귀함과 의무를 다하겠다는 의지 앞에서 나는 정말로 의미 없는 말들만을 더듬거리며 길게 늘어놓았을 뿐이다.

내가 살아 있는 한 그 아버지의 딸에 대한 -그리고 아들에 대한- 깊은 사랑은 가장 끔찍한 역경 속에서도 인간성과 연민이 승리할 수 있음을 알게 해준 등불로 내 마음속에서 꺼지지 않을 것이다.

10장

코소보

"비인간적인 일은 자연보다
인간 자신이 더 많이 저지른다."

자무엘 폰 푸펜도르프
정치 철학자 · 1632~1694

코소보에서의 첫날

이 세상은 날이 갈수록 점점 더 좁아지는 것 같다. 전 세계에서 일어나는 일을 실시간으로 알고 싶다는 우리의 끊임없는 갈망은 급격하게 발전하는 기술 덕분에 계속해서 채워지고 있다. 매일 아침에 배달되는 신문과 정해진 시간에 나오는 라디오나 텔레비전 방송이 세상 소식을 전해주던 시간은 이미 오래전에 지나가고, 한때는 전 세계였던 공간이 이제는 우리 지역이 되어버린 것처럼 느껴진다.

우리가 24시간 내내 뉴스를 보는 습관을 처음으로 들이게 된 것은 케이블 방송 때문이다. 재난 현장이나 습격 현장에서 텔레비전 방송국 직원들이 사건이 일어난 지 몇 분 이내에 찍어서 전 세계로 송출하는 영상은 빠르게 정보를 얻고자 하는 사람들의 욕구를 쉽게 충족해준다. 2014년 우크라이나 상공에서 말레이시아 항공기가 추락하자 사랑하는 가족이 추락한 비행기에 타고 있었다는 소식이 승객과 승무원의 가족들에게 알려지기도 전에 추락한 항공기 잔해에서 연기가 피어오르는 영상이 전 세계 사람들에게 전달됐다. 그 당시 엄숙한 얼굴로 모자를 옆구리에 낀 경찰이 가족에게 비극적인 소식을 전하려고 -보통은 밤에- 문을 두드리던 모습을 뉴스에서 본 일이 기억난다.

21세기가 되었고, 이제는 24시간 내내 뉴스를 방영하는 텔레비전 채널도 우리의 욕구를 충족해주지 못하고 있다. 뉴스는 끊임없이 반복되며 시간이 지나면 새로운 소식은 거의 없는데도, 우리는 제공되는 모든 정보를 마지막 한 방울까지 다 짜내어 알아내려고 애쓴다. 이제는 SNS와 스마트폰이 늘 새로운 소식을 전해주기 때문에 최신 소식을 따라잡으려고 방 한구석에 있는 네모난 상자를 줄곧 쳐다보고 있을 필요도 없다.

물론 변화는 끝이 없고 대부분의 경우 바람직하며 새로운 기술은 우리의 삶을 좀 더 나은 쪽으로 급격하게 바꾸어주지만, 나로서는 가끔은 오래전에 이 세상을 떠난 무시무시했던 하일랜드의 여자 대장부(우리 할머니다)가 우편 체계가 바뀌어 평일이면 늘 하루에 한 번씩은 우편물이 집으로 배달된다는 사실을 알게 된다면 정말로 끔찍해하리라는 생각을 하지 않을 수가 없다. 그분은 분명히 이렇게 한탄할 것이다. "끔찍한 소식은 1주일에 한 번만 받는 걸로도 충분히 나쁘지 않니? 그걸 어떻게 매일 감당하라는 거니?"

가끔은 단순한 인생도 그 나름의 장점이 있음을 잊을 때가 있다. 우리는 우리가 알고자 하는 많은 소식이 사실은 그다지 흥미롭지 않으며 우리 일상에 직접 영향을 미치는 일이 아님을 알면서도 여전히 세세한 내용까지 알기를 원한다. 이제 우리는 바깥에서 들려오는 소식을 수동적으로, 심지어는 아무 감정 없이 그저 받아들이고 있다. 나는 이런 정보에 둘러싸여 무감각해지다 보면 더는 어떠한 세상일에도 놀라지 않게 될까 봐 걱정된다.

대규모 죽음은 당연히 신문의 머리기사를 장식하겠지만,

전쟁에서 벌어진 비정한 약탈이나 기아, 자연재해, 사람이 만든 참사 때문에 수많은 사람이 죽어가는 곳에서는 죽음이 사랑받고 존경받는 사람들을 무작위로 선택해 데려가고 있는 게 아닌가 하는 생각이 든다. 죽음이 자신에게 주어진 몫보다 훨씬 많은 사람을 데려갔다는 느낌이 우리 모두를 강타한 2016년, 수많은 기사가 죽음을 나쁘게 다루었지만, 사실 그해 사망률은 여느 해와 다르지 않았다. 하지만 일단 그런 생각이 마음속에 뿌리를 내리면 사람들은 그 뒤로 일어나는 비슷한 사건들을 잘못 세운 이론을 뒷받침해주는 증거로 보는 경향이 있다. 이는 법의학에서 "확증편향"이라 부르는 것으로 이미 존재하는 가설에 맞는 증거를 찾으려는 경향이다.

    2017년에는 전 세계적으로 단순하고 복잡하지 않은 방법으로 무고한 일반인을 살해하고 상해하는 테러 방식이 점점 더 확산하면서 죽음이 무작위 테러 공격이라는 방식으로 영국을 스토킹하는 것만 같았다. 런던 웨스트민스터와 런던 브리지 등에서 발생한, 자동차로 보행자들을 덮치거나 평범한 식칼로 사람들을 공격하는 등의 행위는 2013년 퓨질리어 리 릭비의 충격적인 살해 사건부터 시작됐는데, 이런 공격 유형은 정보기관에서 미리 예측할 수 없기 때문에 예방하기도 힘들다. 테러의 목적은 공포를 불러일으키는 데 있다. 런던 브리지 교량에 보안 장벽을 설치하는 등의 대응 반응은 어느 정도 효과가 있을 수 있겠지만, 테러를 계획하는 자들은 그저 자신들의 방법을 조정해 새로운 방식으로 다시 공격해올 뿐이다. 우리가 할 수 있는 일은 그저 그런 폭력에는 굴복하지 않겠다는 의지를 계속 보여주면서 폭력적인 사람들보다 한발 앞서 나가도록 노력하는 것뿐이다.

뉴스에 나오는 사건이 우리에게 직접 영향을 미치지 않는 한 대체로 언론이 보도하는 죽음은 우리의 일상에 깊고 지속적인 인상을 남기지 못한다. 지난주에 우리의 이목을 사로잡았던, 먼 나라에서 일어난 전쟁, 군사 독재 국가에서 벌어지는 잔혹한 일들은 화면에 뜬 새로운 광고, 새로운 상품, 유명 인사들의 최근 소식, 실제로 벌어지는 스캔들, 정치인들의 실수에 밀려 사라져버린다. 정말로 어딘가에서 우리의 시각을 바꿀 일이 벌어지기 전까지는 말이다. 세상에는 너무나도 실제적이고 개인적이라 우리가 깨닫기도 전에 벌써 인생의 방향을 결정해버리는 이야기도 있다.

1999년 6월의 어느 오후, 나에게도 그런 순간이 찾아왔다. 그때 나는 피터 바네지스 교수의 전화를 받았다. 피터는 내가 법의인류학을 자문해주는 글래스고대학교 영국의학위원회의 법의병리학자였다. 사실 피터하고는 여러 해 알고 지내는 사이였고 전화를 받는 것도 이상한 일은 아니었다. 피터는 나에게 주말에 특별히 할 일이 있는지 물었다. 바보같이 그가 저녁을 함께 먹자는 제안을 하리라고 생각한 나는 아무 계획이 없다고 대답했고,

피터는 "좋아, 그럼 코소보에 가면 되겠네"라고 말했다.

그때부터 나는 코소보에서 일어나는 비극을 알리는 모든 기사를 찾아 글자 하나 빠뜨리지 않고 읽었고, 부끄럽지만 어디에 있는지 몰라 지도에서 그 위치를 찾아봐야 했던 지구촌 한 곳에 있는 장소에 관한 정보를 모두 빨아들이려 애썼다.

1990년대 내내 나도 다른 사람들처럼 보스니아에서 잔혹 행위가 일어나고 있음을 알았고 지금과 같은 시기에 유럽의 문턱에 있는 나라에서 그런 일이 일어나고 있다는 사실에 충격을 받았다. 게다가 내가 전해 듣는 소식은 분명히 도저히 그대로는 방송에 내보낼 수가 없어서 정말로 충격적인 부분은 걸러냈을 거라는 사실도 알고 있었다. 그저 간접적으로 보고 듣는 이야기가 충격적이라면 실제 현장에서는 그보다 훨씬 끔찍한 일이 일어나리라는 데 전 재산을 걸어도 좋을 것이다. 그래도 여전히 그 일은 '어딘가 다른 곳', 그러니까 이 나라가 아닌 다른 나라에서 자신이 아닌 다른 사람에게 일어난 일이었다.

오늘날의 기준으로 볼 때 신뢰할 수 있는 상세한 정보는 느린 속도로 전해졌고, 끔찍한 영상과 사진이 보도되고 난 뒤에야 사람들은 무고한 사람들에게 가해지는 끔찍한 일들에 진심으로 공포를 느끼기 시작했다. 제2차 세계 대전이 끝난 뒤로 유럽에서 그런 식의 대규모 학살과 약탈이 벌어진 적은 없었다.

국제 위기로 법의인류학자들이 필요해질 경우 사전에 도

움이 필요하다는 통고를 해오는 경우는 거의 없으며, 실제로 파견을 나가야 할 경우에도 얼마나 머물러야 하는지 알지 못한다. 1970년대 마티니 광고 슬로건("Any time, any place, anywhere 언제 어디서나 어떤 곳에서도")에 경의를 표하며 우리 법의학팀은 팀 이름을 "마티니 걸스"라고 지었다(우리 팀 이름을 듣고 무엇이라도 떠올릴 수 있으려면, 그 오글거리던 광고를 기억할 수 있을 정도로 나이가 많아야 할 것이다).

상황이 점점 더 나빠졌기 때문에 만약의 경우에 대비해 우리는 믿을 만한 언론을 참고하고 인터넷을 다방면으로 뒤져 예비지식을 축적해두려고 애썼다. 대량 학살이 벌어진 곳에서 예측할 수 있는 일은 그 무엇도 예측할 수 없으리라는 사실뿐임을 알고 있었기 때문이다.

1998년이 되자 코소보에서 나온 정보에 따르면 그 나라의 인권 상황이 최악으로 치달았음이 분명해졌다. 국제연합UN은 세르비아 대통령 슬로보단 밀로셰비치와 세르비아 정부와 협의 중이었으며, 코소보에서 세르비아 군대와 민병대를 철수시키려 노력하고 있었다. 유럽안보협력기구OSCE는 코소보에서 인도주의 범죄가 전례 없는 규모로 자행되고 있으며, 피해자는 주로 노인과 아이, 여자 들이라고 했다. 외부 세계에서 볼 때는 외교적이고 정치적인 협상이 끔찍하게 지루하고 느린 과정처럼 보일 수도 있지만, 언제, 어디서, 어떻게, 무엇 때문에 사건이 일어났는지를 알게 되고 그 이야기 속에서 자신이 차지하는 아주 작지만 새로운 위치를 인식하기 시작하면 그 과정은 매혹적으로 느껴진다.

코소보 국경 지대에 주둔하고 있는 국제연합평화유지군은 코소보에서 일어나는 살인과 강간, 고문 행위를 잘 알고 있었고 국경을 넘어도 된다는 명령을 절실하게 기다리고 있었다. 하지만 결국 모든 평화 시도가 무산됐다는 국제연합의 합의가 나오기 전까지는 할 수 있는 일이 아무것도 없었다. 국제 규약은 당연히 준수해야 하고, 그래야 하는 분명한 이유도 있지만 손을 놓고 있는 동안 무고한 사람이 살육되고 거주지에서 쫓겨나는 일이 매일 반복되고 있을 때는 이런 규약에 묶여 있는 상황이 어처구니없을 뿐이다. 그러니 생존하려고 분투하는 사람들이 게릴라 부대를 결성하고 게릴라전을 벌이는 일은 전혀 놀랍지 않다. 코소보 사태는 끔찍할 정도로 복잡했고, 쉽게 해결할 수 있는 상황이 아니었다.

◇

발칸반도는 언제나 분쟁이 끊이지 않는 지역이다. 1389년 중세 세르비아 왕국이 오스만 제국의 침입에 끔찍하고 처참하게 패배한 악명 높은 코소보 전투 이후, 정치적으로나 종교적으로 늘 긴장이 고조되어 있던 이 지역은 이슬람교도와 기독교도가 수

세대 동안 맞붙은 격전지였다. 수세기에 걸쳐 이들 사이의 증오와 불의는 점점 더 깊어졌고, 두 진영은 정기적으로 잔인한 전투를 벌였다.

군사적 성공에 도취된 오스만 제국은 코소보를 비롯한 여러 세르비아 기독교 공국을 합병했지만, 그때 이후로 이곳은 분쟁이 끊이지 않는 지역이 되었다. 20세기 중반부터 유고슬라비아 사회주의 연방 공화국 대통령 요시프 티토가 오랜 철권 정치로 민족주의를 억압한 결과, 한동안 이 지역에 불안한 평화가 찾아왔다.

하지만 민족주의를 향한 열정은 양측 모두 사그라지지 않았다. 두 공동체 모두 거의 표면에 드러날 정도로 격한 감정을 지속적으로 가지고 수세기를 살아올 수 있었다는 것은 두 집단의 서로를 향한 적개심이 유전자에 거의 각인되어 있다는 뜻이었다. 세르비아의 강렬한 민족주의와 코소보는 세르비아인의 땅이라는 권리 의식은 1953년에 세워진 코소보 전투 기념비의 다음과 같은 글귀에도 잘 나타나 있다. 그 기념 시는 사실 중세 세르비아 왕국을 이끈 라자르 왕자에게 바치는 헌시였을 텐데도 말이다.

세르비아인이, 세르비아에서 태어난 사람이
세르비아의 피와 유산을 지닌 사람이
코소보 전투에 참전하지 않는다면

결코 그의 심장이 원하는 자손을 얻지 못하리라!

아들도 딸도 얻지 못하고
그의 손으로 뿌린 것은 아무것도 자라지 않으리라!
검은 와인도 하얀 밀도 없을 테고
대대손손 만대에 걸쳐 저주받을 것이다!

 1974년에 제정된 유고슬라비아 헌법으로 코소보는 광대한 자치를 누리게 됐는데, 코소보를 통치한 사람들은 인구의 대부분을 차지하고 있는 무슬림이자 오스만 제국의 후손이었던 알바니아계 코소보인이었다. 거의 대부분이 기독교도였던 세르비아계 코소보인들은 자신들의 영적 중심지를 무슬림이 통치하는 데 분개했고, 이슬람교도들의 존재와 권력을 참을 수 없는 모욕으로 받아들였다.

 1980년 티토가 사망하자, 그와는 생각이 달랐던 사람들이 위태로웠던 평화에 도전하고 평화 상태를 흐트러뜨렸다. 1989년 슬로보단 밀로셰비치는 법을 제정해 코소보의 자치를 무너뜨리기 시작했다. 그해 3월, 밀로셰비치가 폭력으로 시위를 진압한 것은 앞으로 일어날 일을 암시한 명백한 최초 징후였다. 코소보 전투 600주년 기념일에 밀로셰비치는 세르비아의 미래 국가 발전을 위해 "무장 전투"도 불사할 수 있다고 선언했다. 그리고 머지않아 유고슬라비아 연방 공화국은 붕괴하기 시작했다.

양측 모두 처음부터 살인을 염두에 두었던 걸까, 아니면 전투가 격렬해지면서 야만성이 고조된 것일까? 어쨌거나 세르비아인들의 임무는 자신들의 성스러운 땅에서 기반을 잡고 살아가는 "기생충"(나도 들은 단어를 그대로 인용한 것이다)을 몰아내는 것이 되었다. 집단 학살을 자행한 것이다. 600년 이상 끓어오른 비통함은 서서히 불꽃을 키워 결국에는 맹렬한 화염으로 폭발해버렸고, 어떠한 자비도 용납되지 않았다.

코소보에서의 첫 번째 중대한 분쟁은 1995년에 시작되었고 1998년에는 세르비아계 코소보인과 알바니아계 코소보인들이 전투를 벌였다. 그 이유는 부분적으로는 1997년 알바니아에서 있었던 무장 봉기 결과 70만 구에 달하는 전투 무기가 널리 흩어져버렸기 때문이다. 그 무기 가운데 많은 수가 코소보의 젊은 알바니아계 남자들에게 건너가 코소보 내 유고슬라비아 관료들을 공격하는 일이 주 임무인 코소보 해방군을 결성하게 했다. 코소보의 질서 유지를 위해 정규군이 보강 투입됐고, 세르비아 불법 민병대가 코소보 해방군과 그 조력자들을 공격하면서 2000명에 달하는 사람이 죽었다.

1998년 3월, 코소보 해방군 지도자의 거주지에서 벌어진 총격전에서 세르비아 반테러 특수 부대는 여자 열여덟 명, 아이 열 명을 비롯해 알바니아계 코소보인 예순 명을 살해했다. 이 사건은 국제적인 공분을 샀고, 그해 가을 국제연합안전보장이사회는 민간인이 정부의 지나친 무력 때문에 거주지에서 쫓겨나는 상황에 심각한 우려를 표했다. 코소보 사태를 종식하기 위한 외교 노력이 계속되는 동안, 집을 잃고 거주할 곳이 없어진 난민들이 겨울을 제대로 이겨내지 못하리라는 걱정이 대두되면서 북대서양조약기구NATO는 확실히 휴전을 할 수 있도록 코소보 상공에서 공습을 제한하고 공중전을 단계적으로 폐지하라는 활성 명령을 내렸다. 세르비아 군대는 10월 말부터 철수하기로 합의했지만 작전은 처음부터 효력이 없었고 휴전은 한 달도 지속되지 못했다.

1999년 첫 3개월 동안 특히 국경을 넘어 알바니아로 탈출하려는 난민을 겨냥한 폭격, 매복, 살해 행위가 목격됐다. 1월 15일, 코소보 중부에 있는 라차크 마을에서 알바니아계 농민 마흔다섯 명이 냉혹하게 살해됐다는 보도가 나간 뒤 국제 참관인들은 그 지역에 접근할 수가 없게 되었다. 라차크 학살은 나토에 분수령이 된 사건이었다. 나토는 공습을 강화했고, 그 공습의 유일한 결과로 알바니아계 코소보인들에게 가해지는 폭력이 더욱 가혹해지는 것처럼 보였다. 공습이 거의 두 달 동안 누그러지지 않고 지속된 뒤에야 밀로셰비치는 마침내 국제 압력에 무릎을 꿇고 국제 평화안을 받아들였다.

공군의 군사 작전을 유예한 지 며칠 만에 국제연합평화유지군 코소보 부대가 코소보로 들어갔고, 전 유고슬라비아 국제

형사재판소 검사장 루이즈 아버는 모든 나토 회원국에 법의학팀을 파견해줄 것을 요청했다. 텔레비전 뉴스를 통해서만 간접적으로 그 끔찍했던 실상을 접했던 내가 갑자기 그 비극의 현장 한가운데로 들어가게 된 것이다.

6월에 피터 바네지스의 전화를 받았을 때만 해도 나는 코소보로 파견 나가는 일이 내 인생을 어떤 식으로 바꾸게 될지 상상도 하지 못했다. 그때까지 나는 한 번도 영국이 아닌 지역에서 법의인류학자로 활동해본 적이 없었고, 그런 작전에 참가하면 현장에서 어떤 식으로 작업해야 하는지도 전혀 알지 못했다. 당연히 조사하고 신원을 밝혀야 할 시체가 아주 많으리라는 사실은 알고 있었지만, 정확히 내 역할이 무엇인지, 코소보에는 어떻게 가야 하는지, 얼마나 가 있어야 하는지, 그 모든 일이 정확히 어떤 의미가 있는지 알지 못했다. 하지만 이제는 그런 질문에 대한 답을 모두 알고 있으며, 다시 나에게 그런 요청이 온다면 그 즉시 받아들일 거라는 사실도 안다.

그때 나는 거절해야 한다는 생각은 하지 못했다. 나의 남편 톰도 내가 그 일을 맡아야 한다고 했고, 내가 가야 한다고 말했다. 톰은 정말로 놀라운 사람이다. 학창 시절부터 친구로서 그를 알았다는 사실이 나에게는 정말로 축복이었다고 생각한다. 그는 가족의 삶이 크게 바뀌는 사건에 정말로 멋지게 대처했다. 그때 베스는 10대였고 그레이스는 이제 막 네 살이 됐으며 애나는 두 살 반이었다. 우리는 여름에 아이들을 돌봐줄 보모를 고용했고 나는 어떤 일이 기다리고 있는지도 모르는 채 일생일대의 경험을 맞이할 준비를 했다. 정말로 나는 코소보 파견 근무가 우리 모두에게 미치게 될 장기적인 영향에 대해서는 조금도 짐작하지 못했다.

피터를 비롯한 영국 법의학팀은 6월 19일에 1차로 코소보로 들어갔고 나는 6일 뒤에 합류했다. 내가 런던을 떠날 때 알고 있던 것은 마케도니아 스코페 공항까지 가면 누군가 나를 데리고 어딘가에 있는 호텔로 가리라는 사실뿐이었다. 그러면 다음 날 어딘가에서 국제연합 직원을 만나 코소보 국경을 넘어 정확히 말하면 여전히 군사 관리 지역인 어딘가로 가게 되고, 그곳에서 6주 정도 머물 것이었다. 그것이 내가 알고 있는 세부적인 내용 전부였다.

스코페 공항 출구를 빠져나왔을 때 나는 그 뜨거운 열기와 소음, 엄청난 인파와, 지인을 찾거나 택시를 타려는 사람들의 혼잡함을 맞을 준비가 전혀 되어 있지 않았다. 나는 누가 나를 마중 나왔는지, 어디로 가게 될 것인지에 관한 단서가 전혀 없었고, 그 사실은 나를 상당히 무섭게 만들기에 충분했다. 나는 흰 카드를 들고 승객을 향해 손을 흔드는 사람들을 뚫어지게 쳐다보면서 그 가운데 내 이름이 적혀 있는 카드가 있기를, 어쨌거나 나를 향한 게 분명한 것 같은 카드가 있기를 간절히 바랐다. 나로서는 아무 말도 알아들을 수 없고 휴대 전화조차 터지지 않는 외국에 나와 있다는 사실이 비로소 실감이 나고 걱정되기 시작했다. 누군가가 잃어버리고 찾지도 않는 애처로운 짐처럼 그곳에 홀로 버려진다면 어떻게 해야 할지 도무지 알 수가 없었다. 어머니가 이 사실을 아셨다면 나를 살려두지 않을 게 분명했다. 어머니는 내가 코소보에 가는 걸 당연히 반대하셨을 테니 우리 가족은 내가 도착할 때까지 어머니께는 아무 말도 하지 않기로 했다. 울고 걱정하는 일 외에 어머니가 어떻게 할 방도가 없을 때야 내가 코소보에 있다는 사실을 말씀드리기로 했다. 그리고 어머니는 정말로 6주 내내 내 걱정을 하며 울면서 지내셨다.

 마침내 나는 단 한 개의 영어 단어를 마커로 아무렇게나 흘려 적은 흰색 카드를 발견했다. 어쨌든 그 영어는 나에게는 아주 친숙한 단어였다. "블랙". 드디어 시작이었다. 나는 카드를 들고 있는 남자에게 다가가 대화해보려고 애쓰면서 혼잣말을 했다. 안타깝게도 나에게는 마케도니아어가, 사실은 남슬라브계 언어 전부가 존재하지 않는 것처럼 그 남자에게는 영어가 존재하지 않았다. 우리는 프랑스어로도 대화를 나눌 수 없었다. 그렇다면 나에게 남은 언어는 스코틀랜드 게일어뿐인데, 당연히 그 언어로 대화가 될 리가 없었다. 우리는 서로의 말을 단 한마디도 알아들을 수가 없었고 결국 몸짓을 주고받기 시작했다. 그는 나에게 자신을 따라오라는 시늉을 했고, 내 마음속에서는 낯선 남자의 차는 절대로 타면 안 된다는 평생 동안 받았던 충고가 떠올랐다. 그전까지는 바짝 경계를 하고 있었던 상태였다면 그때부터는 나의 신경이 완전히 넝마가 되어 속으로 "이 일이 내가 살면서 저지른 가장 멍청한 일일 것"이라며 나에게 소리치고 있었다. 내가 한적한 마케도니아 도로 어디쯤에서 살해되거나 소지품을 모두 빼앗기거나 훨씬 나쁜 일을 당해도 탓할 수 있는 사람은 나밖에 없었다.

    그 남자는 나를 데리고 낡은 택시로 갔다. 엄청난 소음을 내는 택시의 엔진은 닫힌 문 안으로 유독한 연기를 뿜어냈다. 창문을 열지 않고 달리는 이유는 거리의 매연이 들어오지 못하게 하기 위함이겠지만, 택시 내부 공기가 바깥 공기보다 좋을 것 같지는 않았다. 더구나 남자는 담배를 연달아 세 개비나 피우고 있었다. 왠지 나는 쩌지는 동시에 훈제가 되고 있는 것만 같았다. 우리는 수 킬로미터는 족히 넘을 거리를 말 한마디 하지 않고 달렸다. 도시를 벗어나 짙은 매연을 뒤로 내뿜으며 산으로 난 흙길을 따라 한참 달렸다. 나는 달리는 차 밖으로 몸을 던지면 얼마나 다칠지 생각해보았다(내 여권이 내가 움켜쥐고 있는 가방 안에 들어 있다는 사실이 묘하게 위로가 되었다. 어쨌거나 택시 밖으로 튀어 나갈 때 여권도 함께 가지고 나갈 수 있다는 의미였으니까). 택시가 곡선 길을 돌자 전성기로부터 10년쯤 지난 베이츠 모텔[17]을 그대로 옮겨놓은 것 같은 건

17 영화 「싸이코 3」에 나오는 모텔.

물이 어렴풋이 눈에 들어왔다.

　　　건물 창문은 먼지와 검댕으로 덮여 있었고 지붕 슬레이트는 사라지고 없었다. 현관 밖에 있는 나무에는 꼬질꼬질한 개 한 마리가 묶여 있었고, 현관문은 바람을 맞으며 덜컹거리고 있었다. 이제는 내 마음속에서 살해 의도를 가진 범죄자로 확고하게 자리를 매긴 택시 운전사는 아무 말도 없이 나에게 택시 안에 있으라는 몸짓을 하더니 혼자 밖으로 나가 건물 안으로 사라져버렸다. 나는 지금이 아니면 영원히 기회가 오지 않으리라고 생각했다. 갑자기 운전사가 튀어나올지도 모를 현관문을 뚫어지게 쳐다보면서 어떤 식으로 도망쳐야 할지, 어떻게 트렁크 안에서 짐을 꺼낼지를 고민했다.

　　　나름 결정을 하고 택시 밖으로 나가려고 문손잡이를 잡는 순간 누군가 내 쪽 창문을 두드렸고, 누군가가 큰 소리로 꺄악 하고 비명을 질렀다. 비명 소리는 차 안에서 들렸고 차 안에는 나밖에 없었으니 비명을 지른 사람은 왠지 나인 것만 같았다. 나는 창문을 내리고 웃고 있는 낯선 두 사람을 쳐다보았다. 부유한 영연방 사람들의 말투로 그들은 나에게 수 블랙이냐고 물었다. 그들은 자신들을 영국 대사관 직원이라고 소개하면서 내가 그들의 차에 옮겨 타는 게 좋을 것 같다고 했다. 자기들 생각에 저 낡은 베이츠 모텔은 내가 머물기에 적당한 숙소가 아니며, 나도 그 말에 동의한다고 대답했다.

남자 대사관 직원이 나를 데리고 온 택시 운전사를 상대하러 갔을 때 나는 부지런히 짐을 옮기면서 나 자신이 해머 필름 프로덕션의 공포 영화가 아니라 제임스 본드 영화의 주인공이 됐다는 사실을 확신하기는 했지만, 어쩌면 프라이팬에서 나와 불구덩이로 뛰어들고 있는지도 모른다는 의구심도 들었다. 그들은 자신들이 대사관 직원이라고 했지만, 그 사실을 입증해줄 증거는 어디에도 없었고 여전히 나는 내가 어디로 가게 될지 알지 못했다. 하지만 적어도 그 사람들이 나를 죽이려고 한다면 영어로 계획을 주고받을 테니, 그 정도만 해도 상황이 크게 개선된 거라는 생각이 들었다.

　　다행히도 그들은 가학적인 살인범이 아니라 몹시도 매력적인 커플이었고, 정말로 나를 스코페에 있는 아주 근사한 호텔로 데려다주었다(내가 네 시간쯤 전에 떠난, 공항 바로 옆에 있는 호텔로 말이다). 멋진 사람들과 맛있는 저녁을 먹은 뒤에야 나는 긴장이 풀렸고, 너무나도 지쳐서 더는 조금도 무서운 생각이 들지 않았기에 아기처럼 푹 잤다. 그다음 날 아침에는 반드시 작성해야 하는 서류를 처리하느라 오랜 시간을 보냈고, 검문소 앞에 길게 늘어선 긴 화물차 행렬과 코소보를 빠져나가려는 트럭들 때문에 한참 혼돈의 시간을 보낸 뒤에야 국경을 넘을 수 있었다.

　　그렇게 어수선한 도로를 달려본 적은 한 번도 없었기에 달리는 내내 나는 극도로 불안했다. 오직 허가받은 사람만이 출입할 수 있는 국경 교차로에서는 군인들이 삼엄한 경계를 서고 있었고, 우리는 우리가 가는 길에 급조 폭발물뿐 아니라 저격수도 있다는 사실 역시 알고 있었다. 우리 일행은 엘레즈의 한 검문소를 통과해 코소보로 들어갔고 가장 웅대한 산을 가로지르며 남쪽에 있는 프리즈렌을 향해 달려갔다.

코소보에서 이동하는 일은 도로 상태 때문에 느리기도 했고 위험하기도 했다. 도로에는 달에 있는 크레이터보다 훨씬 큰 구덩이들이 군데군데 있었다. 운전수들은 모두 무장했고 무전기로 긴박하게 이야기를 주고받았다. 세르비아 군대가 아직 모두 철수하지 않았고 코소보인들은 세르비아 군대가 언제라도 반격해올 수 있다고 믿고 있었다. 한번은 난감한 도로 사정에 비해 너무나도 빨리 달리는 바람에 엄청난 속도로 모퉁이를 도는 순간 우리 차가 탱크 뒤꽁무니를 거의 들이박을 뻔했다. 나는 또 한 번 꺄악 하고 비명을 질렀던 것 같다. 그때까지 나는 내가 다른 여자들처럼 새된 비명 소리를 낼 수 있으리라고는 단 한 번도 생각해본 적이 없었다. 코소보가 내 안에 있는 비명 지르는 능력을 이끌어내고 있는 것만 같았다. 왠지 조금은 바보처럼 들리는 이야기지만 정말로 탱크는 아주 컸고 거기에 부딪칠 수도 있었다는 생각에 너무나도 무서웠다. 하지만 탱크의 녹색 위장색 사이로 빨간색과 흰색, 파란색으로 작게 그려진 국기가 눈에 들어온 순간, 내 두려움은 사라졌다.

국기가 나에게 불러온 느낌은 안도감이었다. 국기는 '우리가 함께' 있음을 의미했다. 자부심 강한 스코틀랜드인으로 살아온 나는 유니언잭이 내 정체성을 상징하는 기호라고는 생각해본 적이 한 번도 없었다. 하지만 그날, 그 황량한 풍경 속에서 탱크의 묵직한 엉덩이에 새겨져 있는 유니언잭을 보았을 때 느낀 감정은 평생 잊지 못할 것이다. 그 순간, 정말로 필요했던 순간에 나에게 찾아온 유니언잭을 나는 기꺼이 진심으로 나를 보호해주고 안전을 지켜주는 내가 속한, 나의 두려움을 잠재워주는 영국 국기로 인정할 수 있었다.

내가 지내게 될 숙소에 들를 시간은 없었다. 우리는 팀원들이 기다리고 있는 첫 번째 '기소 지역 indictment site'으로 곧바로 달려갔다. 안전선이 표시된 길 끝에는 거대한 탱크가 또 서 있었다. 이번에는 독일 탱크였다. 독일군은 유능했고 정중했다. 그들이 목숨을 걸고 우리를 지켜주었기에 우리는 방해받지 않고 임무를 수행할 수 있었다. 트럭을 주차한 저지선에는 수많은 차가 서 있었다. 금욕적이고 집요한 기자들이 옛 캠프 추종자들처럼 우리와 함께 움직였다. 감식반이 작업을 해야 할 곳은 경찰 저지선으로 입구와 출구가 표시되어 있었고, 우리 본부는 감시 카메라가 미치지 않는 길을 따라 설치된 범죄 수사용 흰색 텐트였다. 현장 모습과 분위기는 여느 범죄 현장과 다르지 않았고, 그 익숙함에 묘하게 안심이 되었다.

텐트 안에서 우리는 현장에서 입는 흰색 감식복을 입고 라텍스 장갑을 이중으로 끼고 묵직한 검은색 고무장화를 신었다. 바깥 기온은 섭씨 38도였다. 런던 경찰청이 현장 치안을 담당했고 그 당시에는 SO13이라고 불리던 대테러 부대가 보안 고문을 맡았다. 지금 생각하면 신기하게도 그때는 북아일랜드 상황이 잠잠해지고 알카에다와 소위 이슬람국가IS라고 불리는 단체의 테러 활동이 활발해지기 전이어서 대테러 부대가 코소보에 주둔해 있을 수 있었다.

우리가 파견된 범죄 현장에서 벌어진 일은 끔찍했다. 3월 25일 나토 공습이 시작된 다음 날, 세르비아 특수 경찰대가 코소보 제2의 도시이자 알바니아로 넘어가는 마지막 주요 국경 도시인 프리즈렌에서 가까운 벨리카크루사 마을을 급습했다. 인근 숲으로 도망친 마을 사람들은 집이 약탈되고 불에 타는 모습을 속수무책으로 지켜볼 수밖에 없었다. 마을 사람들로서는 피난 가는 도중에 강도를 만나거나 고문받거나 강간을 당하고 살해될 수도 있음을 충분히 알고 있었지만 난민 호송대에 섞여 알바니아 국경을 넘는 방법 외에는 다른 선택지가 없었다. 하지만 무장한 남자들이 마을 사람들을 막아섰고, 남자들을 따로 데려가 방 두 개짜리 버려진 건물에 몰아넣었다. 마을 남자들이 방으로 들어가자 무장한 남자들이 칼라슈니코프 자동 소총을 발사해 그들을 몰살하고 창문으로 석유에 담근 짚을 던져 넣어 건물에 불을 붙였다.

그날 밤 그 건물에서 죽은 벨리카크루사 마을 남자들은 마흔 명이 넘는다고 했다. 여자와 아이들은 어떻게 되었는지 알 수 없지만, 어떤 식으로 끝이 났건 간에 우리는 그들이 생존해 있으리라는 결론은 내릴 수 없었다.

놀랍게도 생존자가 한 명 있어 심각한 국제 전쟁 범죄가 일어났음을 증언할 수 있었고, 전 유고슬라비아 국제형사재판소는 그곳을 법의학 증거를 찾는 현장으로 지정했다. 범죄 현장을 기소 지역으로 지정하려면 기본적으로 신뢰할 수 있는 증인이 제시하는 범죄 시간과 장소, 범죄 가담자들의 주요 신상, 실제로 일어났으리라 추정되는 사건에 관한 강력한 정보가 있어야 한다. 현장에 파견된 법의학팀은 결론을 내리는 데 도움이 되는 정보를 모두 취합해 기록하고 분석한 뒤에 보고서를 작성해야 한다. 법의학팀이 목격자의 증언이 옳다는 결론을 내리면 그 사건은 밀로셰비치와 그 동료들의 전쟁 범죄 혐의를 뒷받침하는 강력한 증거로 사용될 것이다.

그때는 모르고 있었지만 피터 바네지스가 나에게 전화를 해야겠다고 생각한 건 벨리카크루사 마을에 도착한 뒤라고 했다. 자기 앞에 펼쳐져 있는 현장을 본 피터는 상당히 고맙게도 분명히 이렇게 말했다고 한다. "나는 이걸 할 수 없지만, 할 수 있는 사람을 알고 있어요." 그러니 나로서는 부담을 가질 필요가 전혀 없었다!

하얀 감식 가운을 입고 세 치수나 큰 검은 고무장화를 신고 마스크를 쓰고 두 개나 되는 라텍스 장갑을 끼고 작열하는 열기 속에서 일하는 건 절대로 매력적이지 않다. 그런 복장을 하고 나는 까맣게 타버린 건물의 문 앞에 서서 도저히 무어라고 묘사할 수 없는 끔찍한 현장을 들여다보았다. 현관을 지나면 짧은 복도가 있고 곧 방이 두 개 나왔다. 한 방에는 적어도 서른 구는 되는 시신이 있었고 다른 방에도 열 구가 넘는 시신이 있었는데, 대체로 안쪽 문 반대편 구석에 서로 쌓아 올려져 있었다. 심하게 타버린 시신은 모두 끔찍하게 부패해 있었고 떨어진 지붕 타일에 묻혀 있었다.

코소보의 여름이 깊어질 동안 시신은 세 달이나 그곳에 방치되어 있었기에 곤충, 설치류, 들개 떼가 다녀간 것은 당연했다. 시신은 구더기가 끓고 있었고 청소동물들 때문에 잘려 나가고 찢겨져 있었다. 그런 공간을 치울 수 있는 방법은 단 하나, 무릎 보호대를 착용하고 기어서 문부터 안쪽을 향해 체계적으로 작업을 해나가며 모든 파편을 들어 옮기는 것뿐이다. 시신뿐만 아니라 가족과 친구들이 알아볼 수 있는 옷이나 신분증, 보석 같은 개인 소지품도 모두 회수해야 하고, 총알과 탄피 같은, 범죄 현장에 남아 있는 증거도 전부 수거해야 한다. 그래야 나중에 총알을 발사한 무기를 특정하고, 그 무기를 사용한 사람과 지휘자를 찾아 결국에는 그런 지시를 내린 진짜 책임자까지 찾을 수 있기 때문이다. 총알과 탄피는 '증거의 사슬'이었다. 모두 알고 있듯이 사슬은 그것의 가장 약한 고리만큼만 강할 뿐이다. 우리 법의학팀은 우리가 수집한 증거가 사슬의 가장 약한 고리가 되는 상황은 정말로 원치 않았다.

이런 현장을 조사할 때는 어쩔 수 없이 보지 못하는 부분은 느낄 수 있어야 하기에 두툼한 고무장갑은 낄 수 없다. 뼈는 정확히 뼈처럼 느껴지지 다른 물체처럼 느껴지지 않는다. 신체 부위는 찾아내자마자 처리해야 했다. 모든 것이 뒤죽박죽 엉망이 되어 있는 현장이지만, 우리는 한 번에 한 사람씩 분리해 한 개인의 형태를 맞추어 나가야 했다. 맹렬한 열기와 참을 수 없는 악취, 등을 타고 흘러내리고 장갑 속으로 들어가고 이마를 지나 눈으로 들어가 계속 따끔거리게 하는 땀 때문에 기분은 극도로 불쾌해졌다.

우리는 급조 폭발물이 터질 수도 있다는 경고를 들었다. 과거에는 전쟁 범죄 수사 현장에서 폭발물이 발견되기도 했고 실제로 내가 도착하기 전에 현장에서도 인계 철선에 연결된 폭발물이 발견됐다. 사람을 죽이기보다는 불구로 만드는 폭발물이었다. 살면서 폭탄을 본 적이 한 번도 없으니 내가 먹을 포리지 안에 폭탄이 들어 있어도 그게 폭탄인지 모를 것 같았다. 나는 현장의 보배처럼 소중했던 SO13 부대 폭발물 전문가에게 이런 걱정을 털어놓았다. 그는 걱정스러운 물건을 발견했을 때 내가 할 수 있는 일은 그저 일어나서 전문가를 부른 뒤에 그 자리를 떠나는 것밖에 없다고 했다. 그러면 전문 폭발팀이 장비를 갖추고 와서 점검할 거라고 했다. 그는 면도칼이나 피하 주사기가 들어 있을지도 모르는 옷 주머니에 깊숙이 손을 넣지 말라고 했다. 그런 물건을 넣어두는 이유도 목숨을 앗는 것보다는 부상을 입히는 게 그 목적이라고 했다. 그는 내 눈을 똑바로 쳐다보면서 아주 느리고 분명한 말투로 "어떤 일이 있어도 절대로 파란색 전선은 자르지 마세요"라고 했다. 그건 정말 무서운 말이었다. 마치 내가 정말로 무언가를 잘라낼 것만 같은 말이었다. 정말 그보다 끔찍한 말은 있을 수 없었다.

  한번은 이런 일이 있었다. 얼굴 위로, 라텍스 장갑 안으로 땀을 흘려가며 돌무더기를 헤치고 가던 나는 수많은 구더기와 썩어가는 조직을 보다가 갑자기 반짝이는 금속을 발견했다. 그때 나는 용감하게 행동했을까? 아니! 전혀, 조금도 용감하지 못했다. 내 등 뒤로 날카롭고 짜릿한 공포가 두 줄기 통과했고 나는 서둘러 폭발물 해체반을 불렀다. 전문 장비를 갖춘 사람들이 달려와 몇 시간이나 현장에 머물면서 조사했다. 조사가 끝난 뒤 우리 팀이 먼지를 걷어차며 서 있던 곳을 지나 자신들의 기지로 돌아가는 폭발물 해체반의 표정은 사뭇 엄숙했다. 부대원들이 보호장비를 벗는 동안 부대장이 나에게 다가왔다. 입술이 내 귀에 닿을 정도로 바짝 몸을 기대고 그는 아주 분명한 목소리로 연장자로서의 일말의 연민도 없이 "젊은 숙녀분은 지금 자신이 살아 있는 게 얼마나 행운인지 절대 모를 겁니다"라고 하더니 내 눈높이까지 그 금속 물건을 들어 올렸다. 그건 반짝이는 수프용 스푼이었다.

　　내가 어떻게 알았겠는가? 어쨌거나 그 뒤로 우리 팀 사람들은 며칠 동안 가차없이 나를 놀려댔다. 식사 시간에 수프가 나올 때면 내 접시에 스푼을 네 개 놓거나 여행 가방에 넣기도 했다. 심지어 스푼을 침대 위에 올려놓을 때도 있었다. 그렇게 나는 코소보의 식기 여왕이 되었다. 하지만 나는 그런 놀림을 재미로 받아들였다. 그건 내가 우리 팀의 일원으로 받아들여졌다는 징표였으니까. 우리 팀 사람들은 친절하고 좋았다. 그 사람들이 나를 기꺼이 놀린다는 것은 나를 좋아한다는 뜻이었다.

　　그때 나는 팀의 유일한 여자였다. 그런 상황을 힘들어하는 사람도 있겠지만 나에게는 전혀 문제가 되지 않았다. 세 아이의 엄마로서 어머니의 역할을 맡는 건 쉽기도 하고 자연스럽기도 했다. 나는 팀원들의 고민을 들어주었고 술에 취해 정신이 없는 사람을 침대에 눕혀주었고 조언을 해주었으며 누군가에게 위협이 되는 일은 하지 않았다. 우리 팀은 모두 별명이 있었다. 존 번은 "끈적이"였고 폴 슬로퍼는 "재치"였다. 그러니 나를 "어미 닭" 같은 사랑스러운 애칭으로 불러줬다면 정말로 행복했을 텐데. 안타깝게도 나에게 주어진 애칭은 내 입이 떡 벌어질 만큼 상당히 모욕적인 별명이었다. 뭐, 놀랄 일은 늘 있는 거니까.

첫 번째 방을 모두 정리하고 두 번째 방을 수습할 무렵에 방송국에서 촬영을 나왔다. 그날은 영국 외무장관 로빈 쿡을 비롯해 각국 외무장관이 현장을 시찰하러 온 날이었다. 쿡 외무장관과 수행원은 헬리콥터를 타고 현장에 도착해 호기롭게 흰 가운으로 갈아입더니 불에 탄 건물을 향해 걸어갔다. 그때 나는 쿡 외무장관은 정치인이니 그를 싫어하기로 마음먹었었다. 나는 그를 존경하기는커녕, 내가 그에게 진정으로 호감을 갖게 될 것이라고는 전혀 예상하지 못했다. 카메라 앞에서 쿡 장관은 사람들의 시선을 끌기 위한 행동을 했다. 하지만 카메라가 꺼지고 마이크가 제거되자, 그는 내가 서 있던 두 번째 방 문 앞에 서더니 자기 눈앞에 펼쳐진 모습을 보고는 내가 느낄 수 있을 정도로 온몸을 바들바들 떨었다. 분명히 몇 달 전에 이곳에서 남자들과 소년들이 느꼈을 공포를 생각하며 끔찍해하고 있음이 분명했다. 장관은 나에게 "눈을 감으면 비명 소리와 그들의 고통이 느껴집니다. 도대체 어떻게 이런 일이 있을 수 있을까요?"라고 했다. 장관은 우리 팀이 억누르고 있던 감정을 그대로 드러내 보이고 있었다. 그는 피해자들의 고통을 생생하게 느끼고 있었고 나는 그의 인간성과 정직함이 마음에 들었다.

불에 탄 건물에서 나와 흙길을 따라 제독소를 향해 걷는 동안, 저지선 뒤로 쭉 늘어선 카메라들이 보였다. 그 긴 카메라 행렬은 모두 우리를 향하고 있었다. 나는 런던 경찰청 고위 간부인 내 동료를 돌아보면서 경솔하게도 지금까지도 그가 나를 부를 때 사용하는 별명을 짓게 하는 말을 하고 말았다. 범죄 수사 현장에서 입는 작업복을 벗으면서 내가 법의학팀의 유일한 여자이니 저 기자들에게 "막사 매춘부 camp whore" 같은 표정을 지어 보이면 어떨까 라는 말을 해버린 것이다. 그때부터 그는 크리스마스카드를 보내건 전화를 하건 간에 늘 나를 "CW"라고 불렀다. 나에게 붙은 그런 별명에 남편은 질색했지만, 그런 터무니없는 헛소리들 덕분에 우리는 가장 침울한 순간에도 우리 일을 해나갈 수 있었다. 죽음을 다룰 때는 기분 나쁜 농담이 긴장을 떨쳐내 줄 때가 많다. 더구나 더 나쁜 별명을 얻게 될 수도 있다. 조금 더 나중에 우리 팀에 합류했고 정확히 누구라고는 말할 수 없는 병리학자 한 명의 경우, 그 사람에게 대놓고 말하지는 않았지만 모두 그를 "대거넘"이라는 별명으로 불렀다. 그는 거의 미친 것 barking 같은 상태였기 때문이다.[18]

> 18 바킹앤드대거넘은 런던의 지역구 가운데 한 곳이다.

우리 팀은 불에 탄 건물의 두 방을 모두 비우고 가능한 한 최선을 다해 신체 부위를 맞추려고 애썼고, 뚜렷하게 구별되는 특징들을 기록했다. 우리가 밝힌 사망 원인은 목격자의 증언을 확증해주었다. 피해자 중 많은 사람이 총상으로 죽었다. 가장 나이가 많은 피해자는 80대였을 것이며 가장 어린 피해자는 열다섯 살 정도 되었을 것이다. 살인자들의 눈에는 그 아이가 그저 어린 소년이 아니라 나이가 들면 자신들을 향해 총을 쏠, 지구에서 사라져야 할 적으로 보였음이 분명했다.

시신은 저마다 번호가 붙은 시신 보관백에 담고, 개인 소지품을 모으고, 뼈 표본을 DNA 분석실로 보냈다. 시신은 심하게 부패하고 불에 타 있었을 뿐 아니라 세르비아군에 신분증을 빼앗긴 사람이 많았기에 피해자의 신원을 확인하는 일은 쉽지 않았다. 소지품과 옷은 실종자 가족이 살펴보고 잠정적으로 신원을 확인할 수 있도록 깨끗하게 빨아 보관했다. 가족이 사전에 확인해준 신원은 DNA 분석 결과와 비교해야 확정할 수 있었지만, 결과가 나오기 전에 시신은 고유 식별 번호를 부여받고 장례를 치를 수 있도록 가족에게 인계했다.

현장에는 부검을 할 수 있도록 스테인리스스틸 탁자가 놓인 텐트가 있었지만, 일단 시신은 불에 탄 건물의 뜰에 놓고 증거를 기반으로 분류했다. 뜰에 있는 우물 가장자리와 트랙터 뒤쪽에 긴 나무판 두 개를 올려놓고 분류 탁자로 활용했다. 전기도 수도도 전등도 화장실도 휴게실도 없는 작업실이었다. 현장에서 우리는 임시로 급조한 방법으로 감식을 해나갔지만 정말로 기발함을 발휘했다. 나에게 선택권을 준다면, 절대로 헤치고 들어갈 수 없는 불필요한 요식의 서류들이 방해하는 안락한 환경보다는 물자는 부족해도 내 일을 마음껏 할 수 있는 이런 현장에서 작업하는 쪽을 택할 것이다. 현장에 있던 시간 내내 우리 마음속 최전선에 자리 잡고 있던 생각은 증거의 질이 가장 중요하다는 것이었다. 그리고 우리 영국 법의학팀이 제출한 법의학 증거 관련해서는 국제형사재판소에서 단 한 번도 의문을 제기하지 않았다.

우리에게 가장 중요한 것은 증거의 질임이 분명했지만, 고인의 존엄을 유지하고 살아 있는 사람들의 슬픔을 존중하는 일도 그 못지않게 중요했다. 이 원칙은 우리가 프리즈렌 북서쪽에 있는 세르세의 버려진 곡물 창고를 임시 시체 보관소로 사용하기로 했을 때도 중요한 역할을 했다. 감식 작업을 시작한 초기에는 우리 활동에 관심을 갖는 사람이 거의 없었지만, 알바니아로 탈출했던 사람들이 돌아오면서 우리가 제대로 일을 하기 위해 필요했던 프라이버시는 지속될 수 없었다. 결국 우리는 범죄 현장에서 동시에 일하는 방법이 아닌, 시신을 수습해 오는 복구팀과 건물 안에서 은밀하게 검사를 할 수 있는 부검팀으로 나누어 일하는 것이 더 나은 상황이 되었다.

그 무렵에 우리 팀은 X선을 활용할 수 있는 형광 투시기를 얻었고 머리 위에는 호화로운 지붕이 있었으며 정원의 호스에서는 물이 나왔다. 자주 꺼지기는 했지만 발전기(지구상에 있는 가장 기묘하고 시끄러운 장치)도 확보하고 있었다.

부검을 기다리며 늘어서 있는 시신을 검사하는 일은 공장 생산 라인에서 일하고 있는 것 같은 기분을 느끼게 했다. 더구나 공동 장례식이 예정되어 있었기 때문에 마감 시간도 정해져 있었다. 장례식이 열릴 토요일까지 우리는 밤낮없이 일했다. 그 장례식은 코소보에서 열릴 첫 번째 공동 장례식이 될 테니 수많은 기자가 몰려오리라는 사실은 알고 있었지만, 우리의 작은 시체 보관소로 쳐들어와 차를 세워놓고 밤새 진을 치고 있을 그 엄청난 기자들의 침범에는 조금도 준비가 되어 있지 않았다. 사진과 기사에 실을 논평이 필요했던 기자들은 아무것도 나오지 않자 견딜 수 없는 더위 속에서 점점 더 인내심을 잃어갔다. 우리 팀원들은 기자들은 여자에게 친절할 테니 내가 희생양이 되어 기자들 앞에 나서 그들의 좌절감을 충분히 누그러뜨릴 수 있을 만큼만 정보를 제공하고 오라는 임무를 나에게 부여했다.

시신은 장례식을 위해 가족들이 시체 보관소로 들어와 직접 수습하기로 되어 있었다. 피해자의 가족은 대부분 트랙터나 잔디 깎는 기계를 닮은 운반차에 수레를 연결해 왔다. 가족이 수습한 시신은 벨라세르브카에 있는 언덕 위 매장지로 옮겨졌다. 시신이 아주 많았기에 가족들에게 시신을 넘겨주는 작업은 오랜 시간 끝이 나지 않았다. 세르세의 치안은 그곳에서 멀지 않은 라호베크의 버려진 양조장에 주둔하고 있던 네덜란드 군대가 맡고 있었는데, 기자들이 몰려와 있다는 사실에 대해 우리가 몹시도 걱정했기 때문에 그들은 자원한 지역 주민들과 함께 시체 보관소 경계를 한층 강화해주었다. 첫 번째 가족이 도착하기 전에 나는 기자들을 만났는데, 맹렬하게 퍼붓는 질문과 나와 우리 팀을 향한 공격에 겁을 먹지는 않았지만 무척 놀랐다.

어느 순간 한 기자가 소리쳤다. "저기 어린아이도 있습니까?"

나는 정중하게 그렇다고 대답했다. 그 기자는 또다시 시체 보관소 어디에 어린아이가 있는지 아느냐고 물었다. 나는 다시 한 번 그렇다고 대답했다. 그러자 그 기자는 어린아이의 시신을 보여달라고 요구했다. 나는 공손하지만 단호하게 그 부탁을 거절했다. 그때부터 그 기자는 공개적으로 나의 부모 역할에 의문을 제기하더니 내 성 역할에 관해 언급하기 시작했다. 그 순간 내가 기자들에게 품고 있던 동정심이 완벽하게 사라졌다는 말도 그때의 내 기분을 상당히 절제해서 표현한 것이다. 나는 다짐했다. 우리는 계속해서 시신의 존엄성을 지켜나갈 것이며 우리와 다르게 생각하는 사람은 그 누가 됐든 오랫동안 기다리게 하리라고.

이 다짐을 반드시 지키려고 나는 전문가의 선을 넘어 한 개인으로 행동했다. 그건 분명히 잘못된 행동이었겠지만, 그런 상황이 된다면 나는 또다시 같은 일을 했을 것이다. 우리가 조치를 취한다면 기자들은 어린아이들이 시체 보관소를 떠나는 모습을 절대로 사진에 담지 못할 것이다. 우리는 아이들 시신을 담당하기로 한 친척들에게 연락해 상황을 설명하고 아이들 시신은 그날 늦게 옮기는 것이 좋겠다고 말했다. 아이들의 가족은 모두 그렇게 하겠다고 했다. 그 말은 아이들 시신은 시체 보관소에서 멀리 떨어져 있는 묘지에 사람들이 많이 모여 있을 오후가 되어서야 시체 보관소 밖으로 나가게 되리라는 뜻이었다. 그렇게 되면 슬픔에 가득 찬 부모가 작은 관을 들고 시체 보관소에서 나오는 모습을 찍으려면 묘지에서 치러질 대규모 장례식 사진은 찍을 수 없는 기자들을 난감하게 만들 것이 분명했다. 물론 아이들 사진을 찍겠다고 시체 보관소 밖에 남아 있어도 기자들이 받을 보상은 없었다. 아이들 시신도 어른과 동일한 관에 넣을 것이었고 가족 외에는 그 사실을 아는 사람은 없었으며 누구보다도 아이들 시신은 늦게 시체 보관소에서 나가게 될 테니까 말이다. 그날 묘지에서 기자들은 수많은 사진을 찍었지만 어떤 관에 아이가 누워 있는지는 아무도 알 수 없었다. 그건 우리가 이룬 아주 조그만, 하지만 완벽한 승리였고, 정말로 중요한 승리였다.

우리에게 매우 고마워했던 피해자의 가족들은 우리도 함께 장례 행렬에 참석해주기를 바랐다. 마지막 수레를 따라가는 동안 가족들의 슬픔이 생생하게 느껴져 정말로 마음이 아팠다. 함께 걷는 우리에게 가족들은 차와 차가운 물을 대접했다. 차는 끓였기 때문에 기꺼이 마셨지만 찬물은 그저 마시는 시늉만 했다. 마을에 있는 많은 우물이 시신 때문에 오염되어 있었고, 우리 팀은 인원이 많지 않았기에 단 한 명도 병에 걸리지 않는 것이 중요했기 때문이다. 하지만 우리는 절대로 그분들의 호의를 저버리고 싶지 않았다. 그분들은 자신들이 줄 수 있는 유일한 선물을 우리에게 기꺼이 주었다.

우리 팀은 다음 2년에 걸쳐 코소보 기소 지역에서 일하며 그 같은 공동 장례식을 수없이 보게 될 테지만, 벨라세르브카에서 본 첫 번째 장례식보다 내 마음을 울린 장례식은 없었다.

1999년에도 나는 코소보로 두 번 파견되어 각각 6주와 8주를 보냈고, 2000년에도 네 번 코소보에 갔다. 나는 코소보에서 활동한 첫 번째 봉사팀의 일원이었고 마지막으로 철수하는 봉사팀의 일원으로도 활동하는 영예를 누렸다. 코소보에서 영국 법의학팀은 하루에 열두 시간에서 열여섯 시간씩 교대로 근무했고 1주일 내내 일할 때도 있었다. 6주라는 기간이 끝날 무렵이 되면 누구나 기꺼이 집으로 돌아가야겠다는 마음이 생겼다. 그런 마음이 생기지 않는다면, 그것은 반드시 집으로 돌아가야 한다는 명백한 신호임이 분명했다.

나머지 세상과 단절되는 경험은 기이하기도 하지만 매혹적이기도 하며, 직업 생활도 사생활도 행복하지 않았던 사람에게는 어쩌면 탈출구가 되어줄 수도 있다. 코소보에서 우리는 나머지 세상에서 일어나는 일은 전혀 알지 못했다. 누가 죽었는지, 사람들이 어떤 유행을 좇고 있는지, 어떤 흥미진진한 사건이 벌어지고 있는지 전혀 알지 못했다. 여정이 끝나갈 무렵이 되면 나는 정말로 빨리 집으로 돌아가 가족을 만나고 내 생활로 돌아가고 싶다는 간절한 바람을 품게 된다.

가끔 위성 전화를 쓸 수 있었는데, 이는 우리가 아끼는 사람들과 충분히 자주 접촉할 수 있게 해줌으로써 우리가 미치지 않고 버틸 수 있게 해주었다. 하루는 밤에 집 생각이 너무 나서 톰에게 전화를 걸어 그와 아이들에게서 너무 멀리 떨어져 있다며 신세 한탄을 했다. 톰은 나에게 지금 내가 지나고 있는 밤은 어떤 밤이냐고 물었다. 나는 아름답고 장엄한 밤이라고, 하늘은 맑고 달은 정말 밝다고 대답했다. 톰은 자신은 지금 스톤헤이븐에 있는 우리 집 마당 벤치에 앉아 내가 보고 있는 달을 쳐다보고 있다고 했다. 그러니까 우리는 완전하게 갈라져 있을 수는 없는 거였다. 나는 보름달을 사랑하고 내 남편을 정말로 사랑한다.

우리 법의학팀은 늘 다른 상황을 겪었다. 우리에게는 따라야 할 규정이 있었지만 매일같이 새로운 난관에 부딪혔고 생각지도 못한 사건이 생겼다. 지붕 덮인 시체 보관소가 있다고 해서 모든 부검을 그곳에서 할 수는 없었다. 범죄 현장이 자동차가 들어갈 수 없는 외진 시골이라 거친 길을 터덕터덕 걸어가야 할 때도 많았다. 시체 보관소로 옮겨올 수 없는 시신이 있을 때는 보관소를 시신이 있는 곳으로 이동해야 했다. 야외에서 부검을 실시해야 했다는 뜻이다.

하루는 정말로 외진 곳까지 가야 했다. 한 시간 동안 거친

숲을 지나 언덕 위에 있는 초지까지 걸어가야 하는 여정이었다. 그곳에서는 피난을 가던 사람들이 붙잡혔고, 가해자들이 남자들을 여자들과 노인들, 아이들에게서 분리해내 그들의 운명이 기다리고 있을 다른 곳으로 데리고 갔다고 했다. 가해자들은 또다시 어린아이들과 어머니들을 따로 떼어내 목초지 양쪽에 나누어 서게 한 뒤에 아이들에게 어머니를 향해 달려가라고 명령했다고 한다. 두려움에 떨던 아이들이 어머니를 향해 달려가는 동안 공포에 질려 아이들을 지켜보던 어머니들과 조부모들 앞에서 가해자들은 아이들에게 총격을 가했다. 아이들이 모두 죽자 가해자들은 어머니와 노인들에게 총구를 돌려 모든 사람을 학살했다.

  무고한 사람을 향해 냉정하게 계획된 이런 잔혹하고도 비인간적인 만행을 어떻게 묘사해야 할지 도무지 모르겠다. 우리 팀원들은 모두 그런 비극을 받아들이는 일은 누구에게나 힘들다는 사실을 알고 있었기에 현장으로 걸어가는 동안 마음이 점점 더 무거워졌다. 심각한 상황에서는 마음을 조금은 가볍게 해줄 농담이 필요할 때도 있지만, 그때는 그 누구도 경솔하게 입을 열 마음이 들지 않았다. 야만적인 사람들이 말로는 표현할 수 없는 비열한 만행을 운동 경기 하듯이 저지른 곳으로 갈 때는 그 어떤 우스갯소리도 떠오르지 않는 것이다.

  우리는 땅 위에 비닐 시트를 펼쳐놓고 공동 무덤에서 시신을 한 구씩 꺼냈다. 땅에 묻힌 시신의 경우 지면보다 땅속이 온도가 낮고 곤충이 적게 오며 부패 속도가 늦고 포식자에게 먹힐 가능성이 낮기 때문에 땅 위에 있을 때보다 보존 상태가 좋을 수 있다. 하지만 시신의 상태가 좋을 때는 또 다른 어려움에 직면할 수 있다. 시신의 보존 상태가 훨씬 좋을 때는 개인의 모습을 알아보기가 좀 더 쉽기 때문에 법의학팀이 갖추어야 할 냉정함을 지니기가 훨씬 어려워진다는 것이다.

땅속에서 옮겨와 비닐 시트에 눕힌 아이 가운데는 잠옷을 입고 빨간색 고무장화를 신은 두 살짜리 여자아이도 있었다. 나는 그 아이의 옷을 벗겨 증거로 채택될 수 있도록 경찰에 넘기고, 그 아이의 몸을 샅샅이 뒤져 총알이 그 작은 몸을 어떤 식으로 망가뜨렸는지를 자세히 기록했다.

그런데 갑자기 현장 공기가 완전히 뒤바뀌었음을 느끼는 순간이 있었다. 그날은 누구나 처음부터 거의 아무 말도 하지 않았지만 그 순간에는 낯설고 좀 더 무거운 침묵이 현장을 내리눌렀다. 이상한 기분을 느낀 나는 고개를 들어 주위를 둘러보았다. 경찰들이 신는 검은 장화와 하얀색 현장 감식복이 울타리를 치듯 길게 늘어서 있는 모습이 보였다. 잠시 동안 사람들이 어째서 그렇게 길게 늘어서 있는지 이해할 수 없었다. 영문을 몰라 앉아 있던 몸을 일으켰을 때야 사람들의 행동을 이해할 수 있었다. 우리 팀원 가운데 한 명이 내가 살펴보고 있던 아기에게 자신의 어린 딸의 모습을 대입하는 중대한 정신적인 실수를 저질렀고, 그 때문에 자신을 수습할 방법이 없었던 것이다. 우리 팀의 남자 동료들이 그 사람을 도울 수 있는 방법은 오직 하나, 마음을 추스르며 정신을 차릴 때까지 그 팀원이 죽은 아이를 보지 못하도록 담을 쌓아주는 것뿐이었다.

하지만 팀원들의 어머니였던 나로서는 그런 식으로 상황을 수습할 수는 없었다. 나는 아무 말도 하지 않고 장갑을 벗고 작업복을 허리까지 내린 뒤 남자들 앞으로 걸어가 마음껏 큰 소리로 울 수 있도록 그 팀원을 꼭 안아주었다. 그날 우리 남자 팀원들은 언제나 강할 필요는 없음을 알게 됐으리라고 생각한다. 무고한 사람의 끔찍한 주검을 만났을 때 누군가는 분명히 눈물을 흘려주어야 하며, 그것이 우리 가운데 한 사람이 되어서는 안 될 이유는 없다. 단단한 갑옷이 뚫린다는 것이 반드시 약함을 의미하지는 않는다. 오히려 사람임을 나타내는 증표일 때가 많다.

2000년, 코소보에서 보내는 마지막이자 아주 긴 여정이 끝날 무렵 경찰이 정신과 상담팀을 현장에 파견했다. 그때까지 우리 법의학팀은 8주 동안 함께 동고동락해왔다. 그렇게 오랫동안 바짝 붙어서 생활하다 보면 서로를 매우 잘 알게 되고 결국 또 다른 가족이 된다. 공동의 목표와 경험으로 끈끈해졌고 필요한 순간이면 서로를 지탱해주던 우리 팀에게 외부 간섭은 아무리 의도가 좋다고 해도 환영받을 수 없었다.

상담팀은 별다른 특징이 없는 방으로 우리를 모두 부르

더니 원형으로 앉으라고 했다. 그들은 우리에게 서로 친밀감을 느끼게 해준다며 이름표를 달라고 했다. 하지만 우리 팀은 서로 이름을 알고 있었으니, 이름표를 다는 이유는 전적으로 그들의 편리함 때문이었다. 당연히 우리는 분개했다. 우리에게 그들은 우리를 알지 못하는 사람들이었으며, 우리가 공유하는 경험을 이해할 수 없는 사람들이었다. 우리는 함께 살았고 서로 싸웠으며 고함을 질렀다. 함께 술을 마셨고 지칠 때까지 함께 일했다. 하지만 우리는 우리의 의무를 다하려고 노력했다. 적어도 우리 대부분은 그랬다. 우리는 얌전하게 원을 이루고 앉아 자신의 이름이 적힌 이름표를 가슴에 달았다.

그 상담가들은 우리에게 "기분"이 어떤지 물었다. 어떻게 그런 무감각한 질문을 할 수가 있을까? 우리는 모두 지쳤고 집에 가고 싶었다. 온몸으로 기어다니며 남자, 여자, 아이 할 것 없이 무차별 살육을 자행한 전쟁의 흔적을 수거해 증거를 찾던 우리로서는 우리 머리를 헤젓고 다니려는 외부인에게 도저히 호의를 보일 수 없었고 지독하게 짜증이 났다.

거침없이 말하는 글래스고 사람 스티브(우리 시체 보관소 기술자였다)가 특히 주목을 받았다. 우리 모두 진짜 이름을 적은 이름표를 자랑스럽게 내보이고 있을 때 스티브는 "알프"라고 적힌 이름표를 달고 있어야 했는데, 그 때문에 몇 사람은 계속해서 웃음을 터뜨렸다. 사실 스티브는 아주 재미있는 사람으로 우리는 대부분 장난치기 좋아하는 그의 희생양이 되었다. 한번은 그가 새로 산 밝은 분홍색 플라스틱 알람 시계(모기처럼 생겼고 일반적인 알람 소리가 아닌, 이슬람교도들은 일어나 기도하라고 소리치는 무에진muezzin의 외침 소리가 들리는)의 알람을 새벽 4시로 맞춰놓고 믹이라는 이름의 경찰관 침대 밑에 숨겨놓았다. 무에진이 고함을 지르기 시작하자 믹은 벌떡 일어나 침대에서 내려오다가 부츠를 밟고 앞으로 넘어졌고, 당연히 복수를 다짐했다. 그러니까 스티브가 "알프"가 된 이유는 검은 펜으로 모든 사람의 이름을 적을 임무를 믹이 맡았기 때문인 것 같았다. 그런데 왜 하필 "알프"였을까? 알프는 "Annoying Little F**ker^{짜증나는 망할 자식}"의 준말이었다. 당연히 불쌍한 상담가가 "그래서, 알프. 그때 기분이 어땠나요?" 같은 질문을 할 때마다 한바탕 소동이 벌어졌는데, 그건 우리가 할 수 있는 당연하고도 절묘한 복수였다. 상담팀이 이 죽음의 조를 통제할 수 있으리라는 희망을 완전히 버렸음은 말할 필요도 없다.

    이런 순간들이야말로 일상의 공포를 상쇄해주는 순간이며, 언제나 우리와 함께하는 순간들이다. 함께했던 사람들만이 이해할 수 있는 동지애라는 은밀한 언어로 공유할 수 있는 순간들이다. 아주 진지하지만 몹시도 소중한 순간이며, 그 무엇을 준대도 바꾸지 않을 소중한 경험이다. 그 경험들은 내가 나의 능력을 얼마나 깊이 활용할 수 있는지를 알려줌으로써 나를 시험했다. 그 때문에 그 이야기들을 정리하는 지금, 나는 내가 얼마나 깊이 파고들어 갈 수 있는지를 잘 알게 됐다. 그런 경험을 하면서 우리는 20년 이상 지속되는 우정을 쌓을 수 있었다. 아무리 많은 시간이 흘러도 우리에게는 반드시 지켜야 하는 불문율이 있다. 코소보 동료가 부르면 언제라도 달려간다!

발칸 전쟁처럼 세계를 바꾼 사건이 자기 자신의 경험이 되면 절대로 사라지지 않는 흔적이 남는다. 자신이 받은 축복에 더욱 감사하게 될 수도 있고 대의명분을 받아들여 정치적인 사람이 될 수도 있으며 새로운 문화에 완전히 몰입하게 될 수도 있다. 어떤 사람이 되건 한 가지는 분명하다. 절대로 그전과는 같은 사람이 될 수 없다는 것. 그 시간을 생각하면 바꾸고 싶은 일들이 아주 많지만 내가 바꿀 수 있는 일은 없다. 그 경험을 통해 나는 인생에 대해, 죽음에 대해, 내 직업과 한 사람으로서의 나 자신에 대해 많은 것을 배웠다. 그리고 언제나 나를 지켜줄 아주 중요한 교훈도 하나 얻었다. 절대로, 어떤 일이 있어도 파란 전선은 자르면 안 된다는 것 말이다.

11장
재난이 발생하면

"한 나라가 고인을 대하는 태도를 보면
그 나라 사람들의 자비심과 준법정신, 높은 이상을 추구하는
마음을 정확하게 측정할 수 있다."

윌리엄 E. 글래드스턴 경의 말이라 추정됨
전 영국 수상·1809~1898

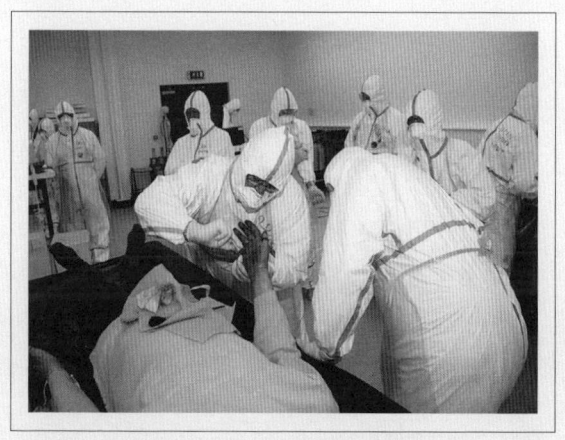

재난 피해자 신원 확인 훈련 중 지문 채취 과정

2004년 복싱 데이(12월 26일)에 전 세계 사람들은 공포에 질린 채 태국과 인도네시아, 스리랑카, 인도 해안을 덮친 지진 해일을 목격해야 했다. 그전까지 전 세계 사람들은 대부분 거대한 해일을 뜻하는 '쓰나미'라는 일본어를 거의 입에 담을 일도 없었지만, 그 뒤로는 몇 달 동안, 인류가 역사를 기록하기 시작한 이래로 유례없이 끔찍했던 그 재난을 떠올리며 쓰나미라는 단어를 입에 달고 살았다.

    자연재해, 사람의 잘못이나 기업의 부주의로 일어난 우연한 사고, 테러리스트들이 고의적으로 저지른 악행까지 그 원인은 다양할 수 있지만 이 세상 그 어떤 나라도 한꺼번에 많은 인명을 잃는 일을 피할 수는 없다. 고인은 품위 있고 건강하고 정의롭게 다루어져야 한다. 재난 피해자 신원 확인Disaster Victim Identification, DVI 과정은 그런 목표를 제대로 구현하는 피해자 식별 과정이다. DVI를 제대로 진행하려면 무엇보다도 제대로 준비해야 하고 고급 통신망을 갖춰야 하며 여러 기관이 협력해야 한다. 또한 위기관리 능력이 있어야 하고 비상 계획안을 효율적으로 운영하며 훈련받은 인력이 신속하게 대응해야 한다. DVI는 복잡하고 어렵고 시간과 비용이 많이 드는 작업이다. 언제라도 수많은 인명이 희생되는 재난을 겪을 수 있는 이 세상 모든 정부는 수많은 사람이 희생된 사건은 신속하고 값싸고 쉽게 처리할 수 없음을 분명하게 인지해야 한다. 역사는 우리에게 마땅히 받아야 할 품위와 고귀함을 가지고 고인을 대하지 않는다면 반드시 그 책임을 묻는 사람들이 나오고, 결국 정부가 전복되고 만다는 사실을 분명히 보여준다. 고인을 마지막으로 떠나보내는 작업은 당연히 진지하고 어려울 수밖에 없다.

대량 사상 사건은 재난 지역에서 단독으로 부상자와 사망자, 훼손된 시신을 처리할 능력이 없는 위급 상황이라고 정의된다. 사상자 수를 정확히 밝힐 노력을 하지 않는 이런 편리하고도 유연한 정의는, 어떤 지역은 다른 지역보다 마음대로 쓸 수 있는 자원이 훨씬 많아서 자기 지역의 일상적인 요구를 충족할 수 있는 동시에 재난에 대처할 능력도 보유했다는 사실을 반영한다. 영국도 수많은 사람이 사망하는 재난이 늘 있었지만, 다행히도 대부분의 지역이 그런 사건을 감당할 수 있을 정도로 사상자 규모가 크지 않았다. 하지만 지금도 사람들이 기억하는, 사망자가 100명이 넘는 사건들은 몇 번 있었다. 1934년 웨일스 북동부 그레스포드 탄광에서 폭발이 일어나 남자와 소년 266명이 사망했고, 1943년에는 클라이드만에 정박해 있던 군함 대셔호에서 원인을 알 수 없는 연료 폭발 사고가 일어나 379명이 사망했다. 1966년에는 애버판 탄광에서 무너진 석탄 슬러리에 초등학교가 파묻히는 참사가 발생해 학교에 있던 아이들 144명 가운데 116명이 사망했다. 1988년에는 스코틀랜드에서 참담한 재난이 두 번 있었다. 파이퍼알파노스시오일앤드가스사 폭발 사고로 167명이 죽었고, 여행 가방에 폭탄을 숨겨 탄 테러리스트 때문에 팬암 여객기가 록커비 상공에서 폭발해 103명이 세상을 떠났다.

수많은 나라 사람이 뒤섞여 살아가는 오늘날, 어디에서든 대량 사상자를 초래할 만큼 큰 사건이 다른 나라의 시민들과 관련이 없다는 것은 상상할 수 없는 일이다. 2017년 그렌펠 타워에서 발생한 끔찍한 화재 역시 마찬가지였다. 따라서 대규모 사상자가 나오면 국제적인 재난으로 여기고 여러 나라가 협력해서 해결해야 한다. 일반적으로 사건이 발생한 국가가 주도적인 역할을 하고, 각 나라에서 파견된 사람들은 관할 지역의 적절한 관습과 법률을 인지하고 있어야 한다. 이런 상황에서 법의학 전문가들은 언제라도 팔을 걷어붙이고 열심히 일할 준비가 되어 있다. 제정신을 가진 사람이라면 당연히 원치 않을 일이다. 외국 땅에서 사망한 자국 시민의 시신을 빨리 수습하고 고국으로 데려오는 일은 시급하지만, 그전에 먼저 외교, 정치, 법적 문제를 극복해야 한다. 코소보에서 일할 때 알게 된 것처럼 그런 문제들을 신속하게 처리하지 못하는 나라들도 있는데, 그런 상황에서는 정말 좌절하게 된다.

역사상 가장 잔혹했던 지진 해일은 수마트라섬 북부 해상에서 발생한 지진(기록된 지진 가운데 두 번째로 강한 지진이었다) 때문에 발생했다. 바다에서 몰려온 강력한 파도는 인도양에 접해 있는 열네 개 국가에 끔찍한 죽음과 파괴를 불러왔다. 늘 지진과 화산 폭발의 위험을 안고 있어 조기 경보 체계를 갖추고 있는 태평양 연안 지역과 달리, 인도양 연안 지역은 대규모 해일이 밀려오는 일이 아주 드물기 때문에 경보 체계를 갖추지 못하고 있었다. 해일 때문에 25만 명이 넘는 사망자가 나왔고 4만 명이 실종됐으며 수백만 명이 집을 잃고 난민이 되었다. 사망자 가운데 절반 이상이 인도네시아인이었고 겨울 여행 시즌에 태국에서 휴가를 보내던 유럽인 사망자도 아주 많았다.

복싱 데이 때 함께 텔레비전을 보다가 처음 태국 소식을 접한 톰이 나에게 말했다. "짐을 싸둬야 할 것 같은데. 당신이 가야 할 거 알잖아." 장차 밝혀지지만, 나는 그래야 한다는 걸 알지 못했다. 영국 전역에서 법의학 종사자들은 언제라도 당장 비행기에 탈 준비를 한 채 자신과 자신의 기술을 그 끔찍한 현장으로 데려가 줄 전화를 기다리고 또 기다렸다. 하지만 귀가 먹먹해질 정도로 정부에서는 아무 소식이 없었다. 그러다 아주 조그맣게 언론에 보도가 나왔다. 런던 경찰청에서 지문 채취 담당자 몇 명을 태국으로 보내기로 했다는 소식이었다. 뭐라고?

나로서는 마지막 지푸라기라도 잡을 수밖에 없었다. 나는 곧장 책상에 앉아서 영국 수상 토니 블레어에게 보내는 한 통의 편지를 썼다. 그것은 '화를 잘 내는 빨간 머리 켈트족 중년 여자'가 법의학자들과 경찰은 재난 피해자 신원 확인 대응 능력이 어쩌면 필요할지도 모를 능력이 아니라 반드시 필요한 능력임을 깨달을 때가 아주 많았음을 상기시켜주는 내용이었다. "재난이 발생한 순간 영국이 거기에 대응할 준비를 갖추는 일은 중요합니다. 그런데도 영국 정부는 4년 전 코소보에서 그랬던 것처럼 강력한 신원 확인 기술이 필요한 상황에 몇 안 되는 경찰만을 보내려고 합니다. 제 보잘것없는 생각으로는 영국의 조치를 보고 세상 사람들이 당혹스러워할 것이 분명합니다." 내 편지는 이런 내용을 담고 있었다.

나는 블레어 수상에게 이 문제는 국가적으로 아주 시급하게 처리해야 할 문제이기 때문에 정부가 즉시 적절한 대응을 하지 않는다면 다른 두 주요 정당의 지도자들에게 내 의견을 담은 편지를 보낼 의향이 충분히 있음을 피력했다. 침묵은 점점 더 커졌다. 나는 계속해서 편지 사본을 보수당과 자유민주당 당수인 마이클 하워드와 패디 애시다운에게 보냈다. 당연히 누군가 내 편지를 언론에 흘렸고 지옥문이 활짝 열렸다. 그때 나는 막 영국을 빠져나가고 있었다. 정부 전화만 기다리고 있기에 너무나도 지쳤던 나는 민간 DVI 회사(케넌인터내셔널)의 초대를 받아 가여운 톰이 신문과 방송국에서 걸려오는 전화를 처리하게 내버려두고 태국으로 날아가고 있었다.

2005년 새해는 스위스 상공에서 맞았다. 탑승객들은 거의 모두 재난 때문에 방콕으로 날아가는 사람들이었다. 많은 사람이 실종된 가족을 찾으러 가고 있었다. 정말로 으스스하면서도 슬픈 일이었다. 2005년이 밝자 자신이 모는 비행기에 승객이 가득 찬 이유를 잘 알고 있던 기장은 평소라면 샴페인을 터뜨리며 새로운 한 해를 축하하겠지만 오늘은 그저 잔을 높이 들어 세상을 떠난 이들을, 사랑하는 사람을 잃은 이들을, 그런 사람들을 도우려고 가고 있는 이들을 위해 조용히 건배하자고 했다. 너무나도 슬프고 감동적인 순간이었다.

      태국은 완벽한 혼돈 그 자체였다. 기자들과 넋이 나간 가족들이 재난 현장으로 몰려왔고 지역 관료들은 그 사람들을 통제하는 데 애를 먹고 있었다. 해일은 아무렇게나 힘을 휘두른 것이 분명했다. 완전히 파괴되어버린 땅도 있었고 아주 멀쩡한 곳도 있었다. 주변 건물이 모두 무너져 돌덩이로 변했는데도 멀쩡하게 서 있는 호텔도 보였다. 보통 재난 현장에서 일할 때면 군용 간이침대나 캔버스 막사 밑에서 잠을 자는데, 태국에서는 낮에는 임시로 만든 시체 보관소에서 절망하고 박탈감을 느끼다가 저녁이 되면 식당과 술집, 수영장이 있는 호화로운 호텔로 돌아갔다. 그런 상황이 어딘지 모르게 당혹스러웠다. 왠지 모르게 옳지 않다는 기분이 들었다. 호텔 세탁 서비스를 이용할 것인지 묻는 질문을 받고서 나는 터무니없는 사치처럼 보이는 것이 무엇인지 고민했고, 태국 경제는 여전히 마비되어버린 관광 사업으로 수입을 창출하는 것이 절실하게 필요하다는 사실을 깨달았다. 그때 우리는 그 슬펐던 시기에 태국이 간절하게 원했던 관광객에 가장 가까운 사람들이었다.

짐을 막 풀었을 때 전화가 왔다. 코소보에서 함께 작업했던 내 오랜 경찰청 친구였다. 그는 대뜸 "CW, 여전히 문제를 일으키고 있는 거야?"라고 말했다. 나는 "그러기를 바라"라고 대답했다. 그는 내가 진심으로 영국 DVI 대응팀을 태국에 파견해야 한다고 생각하는 것인지, 그저 분란을 일으키는 것뿐인지를 파악해달라는 공식 요청을 받았다고 말했는데, 그런 말을 하는 그의 목소리는 상당히 즐거운 것 같았다. 질문을 던진 내 경찰청 고위 간부 친구는 대답을 기다리지 않았다. 그 대신에 몇 분 안에 수상의 개인 비서가 전화를 할 거라는 경고를 하고 전화를 끊었다.

아니나 다를까, 곧바로 전화가 왔다. 수상의 개인 비서는 나에게 영국 DVI 대응 능력을 토론하는 비공개 회의에 참석해야 한다고 말했다. 다우닝 스트리트의 관료는 정중하게 회의 시간은 내 일정에 맞춰 결정할 수 있다고 했다. 이런 세상에. 나는 정부의 머리를 아프게 할 의도도, 코피를 터뜨리게 할 의도도 전혀 없었으며, 신중하지 않으면 그 반동이 나에게 돌아올 수 있다는 사실도 잘 알고 있었다. 나는 필요할 때 국가의 원조를 제공하는 것이 수많은 사망자가 발생한 사건을 다룰 수 있는 기술을 가진 사람들의 의무라고 믿는다는 나의 확고한 신념을 전달했다. 사고와 자연의 힘, 악의적인 의도를 가진 사람들이 눈 깜짝할 사이에 우리가 사랑하는 사람들을 앗아갈 수 있는 세상에서 우리는 신속하고 전문적으로 재난의 여파를 처리할 수 있도록 완벽하게 교육을 받고 준비가 되어 있어야 한다. 차이와 이기주의는 일단 한쪽으로 치워놓고 모두가 공공의 선을 위해 협력해야 한다.

하지만 태국의 열기와 습도는 너무나도 지독했다. 요즘에는 그 계절이면 나는 빨간 머리에게 훨씬 적합한 기후를 찾아 추운 나라로 떠난다. 영국 DVI팀 초대 팀장이 된 그레이엄 워커는 우리 직업이 갖는 가장 광적인 측면은 열기와 탈진으로 동료가 쓰러지는 상황을 완벽하게 정상이라고 생각하는 것이라고 했다. 실제로 우리 동료가 탈진해 쓰러진다면 나머지 사람들은 어떻게 반응할까? 분명히 그 동료가 등을 기댈 수 있는 벽으로 데려가 물을 주고, 기분이 나아졌다는 소리를 들으면 그가 다시 현장으로 돌아가 일을 하도록 내버려둘 것이다. 우리는 특이한 환경에서 상상도 할 수 없을 만큼 헌신적으로 일하는 정말 독특한 사람들이다.

덥고 습한 나라에서 피해자의 신원을 파악하는 일을 방해하는 가장 큰 적은 너무나도 빠른 부패 속도다. 따라서 신속하게 반응하고 최선을 다해 시신을 보존하는 일이 무엇보다 중요하다. 시신을 발견한 장소를 기록한 문서도 신원 확인 과정을 빠르게 진행할 수 있게 해주는 상당히 중요한 단서다. 특히 그 사람이 거주지나 등록한 호텔처럼, 그 무렵에 있었을 것으로 예상되는 장소에서 사망했다면 신원 확인에 크게 도움이 된다. 태국에서는 부패 속도도 빨랐고 시신을 발견한 장소도 기록해두지 않았기 때문에 신원을 확인하는 일이 너무나도 힘들었다.

　　태국 사람들은 도시에서 발견한 시신들을 인근 사원으로 옮겨놓았다. 우리의 첫 목표지였던 카오락 사원의 전경은 너무나도 암울했다. 조금이라도 도움이 되고 싶었던 태국 사람들은 전국에서 시신을 수습해 와 각 도시의 사원 앞에 높이 쌓아두었다. 시신을 어디에서 누가 발견했는지에 관한 기록은 전혀 없었다. 낡은 평상형 트럭으로 싣고 와 시신이 분류되고 가족이 수습해가기 전까지 그저 사원 정문 앞에 쌓아둘 뿐이었다. 트럭에서 내릴 때는 시신의 얼굴 사진을 찍고 그 사진을 사원 안뜰에 있는 컴퓨터에 저장해두기는 했다. 하지만 사망한 지 1주일이 지나면 시신이 부풀어오르고 피부색이 바뀌고 지독하게 부패한다는 사실을 명심해야 한다.

　　필사적으로 사랑하는 사람을 찾아 헤매는 가족들은 가장 먼저 벽에 실종자 사진을 꽂으며 어느 병원에라도 누워 있을지 모른다는 희망을 버리지 못한 채 혹시라도 그 사람을 본 이가 있으면 연락해달라는 문구를 적어놓는다. 그런 다음에는 사원 뜰에 있는 컴퓨터 앞으로 걸어가 사랑하는 아들을, 딸을, 어머니를, 아버지를, 남편을, 아내를 찾아 알아보지도 못할 정도로 부패한 시신 사진 수백 장을 넘겨보고 또 넘겨본다. 너무나도 혼란스럽고 지독하게 고통스럽고 어처구니없을 정도로 비효율적이었다. 초기에는 이런 사진들 속에서 가족의 모습을 확인할 수 있다는 생각에 가족들이 지목하는 시신을 넘겨주었다. 하지만 놀랄 것도 없이 조금 더 과학적인 체계를 갖추고 작업하기 시작하자, 많은 경우 신원이 잘못 파악되었음이 드러나 시신을 다시 돌려받아야 했다. 당연히 그런 일은 무슨 수를 써서라도 막아야 했다.

사원에 도착한 우리는 곧바로 세 가지 일을 했다. 첫째, 시신을 서늘하게 하고 부패를 멈추려고 냉장 시설이 갖춰진 트럭을 불렀고, 둘째, 가족이 더는 부패한 얼굴 사진을 보지 못하게 했고, 셋째, 과학적으로 분명하게 신원을 확인하기 전까지는 더는 시신을 가족에게 인도하지 못하게 했다.

냉장 트럭이 도착하기 전에 사원 앞뜰에 시신을 쭉 늘어놓았다. 태국팀이 햇빛을 차단하려고 텐트처럼 생긴 가림막을 세웠다. 온도를 낮추려고 시신 주변에 드라이아이스를 뿌리기도 했다. 하지만 가장자리에 있던 시신이 드라이아이스 때문에 화상을 입었고 그 시신을 만진 우리 팀도 마찬가지로 화상을 입었기 때문에 드라이아이스는 쓸 수가 없었다. 시신에서는 말로 표현할 수 없는 지독한 냄새가 났다. 날이 갈수록 시신은 부풀어올랐고 갇혀버린 기체와 액체 때문에 팔다리는 보기 애처로울 정도로 끔찍하게 팽창했다. 일렬로 쭉 누워 있는 시신을 내려다보면 마치 시신이 우리의 시선을 끌기 위해 팔과 다리를 들어 올리려고 애쓰는 것만 같았다. 수돗물은 거의 나오지 않고 더위에 숨이 막히고 전염병이 창궐한 곳처럼 파리와 설치류가 들끓었다. 단테의 지옥이 지상에 있다면, 재난 초기의 태국은 정말로 그 지옥에 아주, 아주 가까웠다.

하지만 그런 상황에 비난을 받아야 할 사람은 없다. 어떤 재난이든 초기 단계는 아주 힘들고 혼란스럽다. 특히 이렇게 엄청난 재난이 발생하면 실질적으로 아주 심각한 어려움이 발생할 수밖에 없다. 결국 노르웨이에서 모든 절차를 한 곳에서 처리할 수 있는 임시 시체 보관소를 지을 자금을 대면서 상황이 정리되었다. 하지만 시체 보관소를 짓기까지는 조금 시간이 걸렸기에 그동안은 제한된 자원과 다량의 수평적 사고와 임시변통 능력을 가지고 최선을 다해 해나갈 수밖에 없었다. 너무나도 힘든 시간이기는 했지만 내가 가장 사랑하는 단계이기도 했다. 관료주의와 정치가 개입하기 전에 경험과 독창성이 중요한 역할을 하는 단계, 내가 엄청난 차이를 만들 수 있을 것 같은 기분이 드는 시간 말이다. 나는 시스템을 가동하고 운영하는 일을 좋아한다. 모든 일이 너무 수월하게 진행되면 나는 쉽게 지루해진다. 관료주의는 너무나도 빠르게 모습을 드러냈지만 나는 우리가 태국에서의 처음 며칠 동안 차이를 만들었다고 믿는다.

영국을 비롯한 여러 나라에서 온 법의학팀은 생명을 잃은 사람들의 신원을 밝히고 이름을 찾아주려고 애쓰면서 완전히 파괴된 지역에서 거의 1년 정도 머물렀다. 많은 시신이 가족들에게 성공적으로 돌아갔지만 집요하게 자신을 밝히지 않겠다고 고집을 부리는 시신도 있었다. 태국에서만 5400명이 사망했고, 한 가족이 모두 사망해 실종자 신고도 되지 않고 비교해볼 수 있는 생전 정보 역시 제공받지 못한 시신도 있었다. 한 마을이 완전히 파괴되고 거주민 기록도 사라져 실종자도, 슬퍼할 사람도 없는 곳도 있었다. 태국에는 죽은 모든 사람을 기념하는 추모 벽이 세워졌고, 그 비문으로만 남은 사람들도 있다. 태국에서의 재난 피해자 신원 확인 과정은 국제팀과 정부가 함께 협력하면 엄청난 일을 해낼 수 있음을 보여준 혁명적인 사례였다.

영국으로 돌아오자 영국 DVI 대응 전략을 논의하는 회의에 참석하라는 초대를 받았다. 회의는 애드미럴티 아치에서 열렸다. 차가 막히는 바람에 나는 모두가 기다리고 있는 회의실에 늦게 들어갔다. 분명히 좋은 출발은 아니었다. 정부, 경찰, 과학 정책 부서의 고위 관리들이 모여 있었는데, 낯익은 얼굴도 있었고 반갑지 않은 얼굴도 있었다. 상당히 어색하고 경직된 나는 아이들이 마음껏 만져도 되는 동물원의 코뿔소처럼 눈에 띄었다. 정부는 나를 골칫덩어리로 규정하고 나를 회유하라고 그 사람들을 보낸 것이 분명했다. 하지만 그곳에는 내 오랜 경찰청 친구가 있었다. "막사 매춘부"에게 용기를 내라는 듯 웃고 있는 내 친구가 있다는 사실은 회의실에 적어도 한 명은 내 편이 있다는 뜻이었다. 그리고 그 회의는 정말로 긍정적인 회의임이 밝혀졌다. 그곳에 모인 사람은 모두 영국에 경찰과 정부와 과학계가 함께 협력해 구축해야 하는 국가 대응 능력이 필요하다는 사실에 동의했다. 만약이 아니라 다음에 우리를 동원해야 할 일이 생긴다면 그때는 대응 능력을 갖추고 있으리라는 합의를 내렸다. 마침내 말이다!

효과적인 대응 능력이 필요하다는 증거는 얼마 되지 않아 명확히 드러났다. 실제로 우리의 논의는 그보다 더할 수 없을 정도로 필요한 시기에 이루어졌다. 회의는 2005년 2월에 열렸는데, 그해에는 우리가 예측하지 못한 국가적이고도 국제적인 상황이 전개됐다. 우리가 여전히 태국에서 문제를 해결하려고 씨름하고 있는 동안, 2005년 7월 7일 한창 붐비는 아침 출근 시간에 런던 대중교통망을 마비시킨 테러가 자행됐고, 곧이어 이집트 휴양도시 샤름엘셰이크에서 자살 폭탄 테러가 발생했다. 8월에는 허리케인 카트리나가 미국 남부 지역을 완전히 파괴해버렸고, 10월에는 파키스탄에서 지진이 발생했다. 2005년은 영국뿐 아니라 전 세계 모든 나라에서 재난 피해자 신원 확인 기술이 상당히 중요한 의미를 갖게 된 한 해였다.

2006년 마침내 팀장 그레이엄 워커의 지휘 하에 영국과 해외에서 발생한 재난 피해자의 신원을 파악할 법의학 전문가, 경찰, 정보기관 관리, 대민 연락관, 기타 전문 인력으로 구성된 DVI팀이 발족했다. 잉글랜드 남부 데번에서 파견된 경찰이 스코틀랜드 북부 케이스네스에서 파견된 경찰과 동일한 규정과 절차대로 작업할 수 있으려면 영국 DVI 훈련 프로그램이 반드시 필요했다. 동일한 절차와 방법으로 작업을 해나가는 일이 전혀 어렵지 않은 것처럼 느껴질 수도 있지만, 한 경찰관이 나에게 한 말처럼 그건 쉬운 일이 아니다(그 경찰관은 "영국에 있는 경찰서는 마흔 개가 넘습니다. 이 사람들은 일하는 방식은커녕 서로 제복도 통일할 생각이 없단 말입니다"라고 했다). 다행히 던디대학교는 2007년부터 2009년까지 영국 전역에 있는 경찰서의 인력을 대상으로 DVI 시체 보관소 훈련을 성공적으로 진행할 수 있었다. 재난 피해자 신원을 파악하는 데 필요한 절차와 과학 정보를 배울 수 있도록 영국 전역에 있는 경찰서에서 550명이 넘는 경찰관을 우리 대학교로 보냈다.

◇

재난 피해자 신원을 확인하는 과정은 로켓 과학이나 뇌수술 같은 복잡한 과학을 요구하지는 않는다. 원칙적으로 재난 피해자 신원 확인 과정은 그저 일치하는 요소가 있는지를 확인하는 과정이다. 한 가족이 정부가 운영하는 비상 통신망에 전화를 걸어 자신이 사랑하는 사람이 사망자가 다수 발생한 재난 현장에 있었다고 믿는(사실은 두려워하는) 이유를 말한다. 그 이유를 듣고 신고를 받은 사람은 실종자가 실제로 재난 현장에 있었을 가능성의 경중을 따져 신고 내용을 분류한다. 태국에서 그랬던 것처럼 해일로 완전히 파괴된 호텔에 머문 것으로 확인된 사람은, 세계 여행을 떠났지만 재난 지역에 있었는지는 명확히 알지 못하며 그저 가족이나 친구들에게 며칠 동안 연락을 하지 않은 것일 수도 있는 사람보다는 사망 가능성을 더 높게 잡는다.

우선순위에 따라 사망 가능성을 구별하는 일은 아주 중요하다. 경찰이 접수한 모든 사건을 똑같이 중요하게 다루는 일은 불가능할 뿐 아니라, 가장 가능성이 높은 경우부터 우선적으로 처리하는 체계는 반드시 있어야 한다. 이제는 누구나 휴대 전화를 가지고 있기 때문에 큰 사건이 발생하면 그 순간부터 경찰과 관계 당국으로 수많은 전화가 걸려온다. 2005년 런던에서 폭탄이 터졌을 때는 수천 건이 넘는 전화가 걸려왔다. 2004년 아시아 해일 때는 해당 지역에 영국인이 2만 2000명이나 있다는 제보가 들어왔다. 최종 사망자 수는 149명이었다.

재난 피해자 신원 확인 훈련을 받은 대민 연락관은 재난 지역에 있었을 가능성이 가장 높은 실종자의 가족과 친구들을 만나 실종자의 개인 정보(키, 머리카락 색, 눈동자 색, 흉터, 문신, 피어싱, 일반 의료 기록, 치과 기록 등)를 가능한 한 많이 모은다. 실종자의 집에서 지문을 채취하고 어머니나 아버지, 형제, 친척들의 DNA도 채취하고 가능하면 실종자의 DNA도 수집한다. 그 같은 소동은 분명 가족을 힘들게 할 테지만 대민 연락관은 한 번 방문했을 때 수집할 수 있는 모든(혹은 필요한 것보다 더 많은) 정보를 모으려고 애쓴다. 그래야 가족을 또 방문해 다시 괴롭히는 일을 피할 수 있기 때문이다. 한 번에 자료를 제대로 모으지 못하면 가족의 신뢰를 얻지 못하고 가족과 관계 당국의 관계를 약화시킬 수도 있다.

대민 연락관이 모은 자료는 모두 노란색 AM^{antemortem, 생전 정보} DVI 용지에 기록한다. 해외에서 일어난 재난이라면 DNA 표본과 AM DVI 용지를 해당 국가에서 작업하고 있는 부검팀에 보낸다. 현장 부검팀도 피해자에게서 동일한 정보를 수집해 분홍색 PM^{postmortem, 사후 정보} 서류 용지에 기록한다. 한번은 DVI 훈련을 하면서 아주 기발한 질문을 받은 적이 있다. 그 질문을 한 사람은 노란색 용지는 아침에 사용하고 분홍색 용지는 저녁에 사용해야 하느냐고 물었다. 가끔은 일 자체가 아니라 다른 문제 때문에도 힘들 수 있다!

노란색과 분홍색 양식을 작성하면 대조팀이 두 자료를 받아 비교한다. 두 용지를 비교했을 때 신원을 확인할 수 있는 상황이 가장 좋지만 DNA, 지문, 치과 진료 기록이 존재하지 않거나 불충분할 때는 2차적인 방법을 사용해야 할 때도 있다. 신원 확인 과정은 아주 느리게 진행되며 작업의 질을 관리하는 일이 중요하다. 우리가 실수를 하면 두 가족에게서 사랑하는 사람을 빼앗게 된다. 물론 신원을 빠르게 파악하지 못하면 온갖 비난을 받게 되리라는 사실을 잘 알지만 실수를 하기보다는 우리 시간을 빼앗기는 게 낫다.

그때만 해도 던디 DVI 훈련 같은 교육 프로그램은 없었다. 2007년 1월에 교육 과정을 개설한다는 계약을 맺은 우리는 강의를 하려면 학습에 필요한 교과서를 제작해야 한다는, 그것도 단기간에 만들어내야 한다는 사실을 깨달았다. 우리는 부활절(4월 12일) 전까지 21장[후]으로 이루어진 교과서를 출간해 교육을 받으러 온 경찰들에게 나누어줄 수 있었다(정말로 애나 데이와 던디 대학교출판부에 감사한다). 온라인 원격 수업 프로그램도 부활절까지는 업로드할 수 있었다. 대중 공개강좌가 보편화된 지금이야 별다른 업적이 아닌 것처럼 보이지만, 그때는 온라인 원격 강의가 정말 최첨단 혁신이었다. 온라인 강의 덕분에 경찰들은 언제 어디서라도 자신들이 편리한 시간에 컴퓨터를 켜고 수업을 들을 수 있었다. 21장으로 이루어진 교과서 구성대로 온라인 강의 역시 한 번에 한 편씩 차례대로 수강할 수 있었다. 각 장 수업이 끝나면 경찰들은 온라인 다문항 선택(수강생들은 선택이 아니라 추측이라고 불렀지만) 시험을 치렀고 점수가 70점 이상이어야만 다음 장 강의를 들을 수 있었다. 70점 미만인 수강생은 통과할 때까지 매번 다른 문제로 다시 시험을 치러야 했다. 모든 강의를 다 들으면 이번에는 전체 과정을 통합한 종합 시험을 봐야 했다. 그때쯤이면 중요한 정보를 모두 습득하고 있기 때문에 수강생들은 사실상 모두 첫 번째 시험에서 통과한다. 강화형 기계 학습은 정말로 놀라운 일을 해낸다.

  온라인으로 이론 수업을 완전히 마친 경찰관만이 우리가 대량 사상자가 나온 상황을 재현해놓은 실습 현장에 들어올 수 있다. 우리는 대부분 은퇴한 노인이 타고 있던 크루즈 여객선이 기상 악화로 아우터헤브리디스제도 동쪽 해안에서 좌초되었다는 상황을 설정했다. 승객 대부분이 건강하지 못했기 때문에 생존자는 많지 않았다. 우리는 해부학과 감독관의 승인을 받아 우리 해부학과에 자기 몸을 기증한 사람들의 시신을 훈련 프로그램 피해자로 설정하고 배치해두었다. 그때까지 재난 피해자 신원 확인 대응팀의 훈련을 위해 실제 시신을 투입한 곳은 어디에도 없었고 우리 경찰관들은 그 때문에 정말로 정신이 번쩍 드는 시간을 보냈다. 경찰들은 모두 자기 몸을 기증한 테이사이드주 주민들을 존경하게 되었고, 심지어 해부학과에서 매년 여는 추모식 때 참석해도 되는지를 묻는 경찰도 있었다. 그런 경찰들은 늘 완전 제복 차림을 하고 추모식에 참석했다.

  경찰들은 시신을 우리 학교 시신 보관소에서 임시 시체 보관소로 옮기는 방법, 사진을 찍는 방법, 소지품과 시신을 기록하고 검사하는 방법, 지문을 채취하고 그 밖에 다른 정보를 취득하고 신원을 확인하는 방법을 배웠다. 법의병리학자, 법의인류학자, 치의학자, 방사선 촬영 기술자가 하는 일도 배웠다. 인터폴 공식 DVI 양식인 분홍색 PM 용지의 복잡한 항목을 모두 채우는 법도 배웠고, 우리가 미리 채워둔 노란색 AM 용지를 샅샅이 뒤져 PM 용지와 일치하는 부분을 찾는 법도 배웠다. 그 과정이 끝나면 자신이 알아낸 내용을 실제 심리 중에 증거를 제출하듯이 진짜 검시관에게 제출해 자신들의 신원 판단 결과를 평가받았다.

우리는 뛰어난 동지애를 느꼈고 여러 지역에서 온 많은 경찰과 상호 작용하면서 정말 기억에 남는 많은 (때로는 가슴 아프고 때로는 재밌고 때로는 매우 소중한) 순간들을 경험했다. 실습 주간에는 각 팀에 다양한 과제를 부여하고 과제 수행 능력에 점수를 매겼다. 수업 도중에 갑자기 시끄럽고 짜증나는 백파이프 소리로 전화벨이 울릴 때도 있다. 그럴 때면 혈기 왕성한 영국 사람들은 가능한 한 빨리 전화를 끊으려고 애쓰지만 적절한 대응 반응은 빨리 전화기를 찾아 화면에 뜬 발신자 전화번호를 적어두는 것이다. 그래야 전화를 건 사람에게 다시 전화를 걸어 그가 누구와 통화하려고 했는지를 알아보고 고인의 신원을 조금이라도 더 빨리 파악할 수 있기 때문이다.

경찰들은 법의학 테스트가 끝나기 전까지는 휴대 전화를 만질 수 없었기에 우리는 벨을 울렸다가 그들이 전화를 발견하자마자 끊어버리는 식으로 그들을 놀려댔다. 그런 다음에는 휴대 전화가 증거물 봉투에 담길 때까지 기다렸다가 다시 걸었다.

전화번호가 사라지기 전에 적으려고 애쓰는 경찰들 모습을 보는 일은 즐거웠다. 분명히 좌절하기도 했겠지만 그들의 대응 능력을 향상시키는 데는 효과적이었다.

우리는 또한 남자 바지에 립스틱을 넣어두거나 머리카락이 하나도 없는 남자의 바지에 빗을 넣어두는 등, 성별이나 나이로 봐서는 고인의 소지품이라고 믿기 어려운 물건들도 주머니에 넣어두었다. 본인들보다 먼저 우리 프로그램에 참가했던 동료들에게 속임수가 난무한다는 경고를 받고 자만심에 찬 경찰들이 좀 더 영리하게 대처하게 된 뒤로, 우리는 훨씬 더 창의력을 발휘해야 했고 경찰들이 쌍안경을 들고 살펴봐야 할 정도로 먼 곳에 덫을 놓아야만 했다. 예상하지 못한 일을 사람들에게 훈련시킬 수는 없지만, 훈련에 예상하지 못했던 요소들을 도입할 수는 있다.

한 조에는 시신 보관백에 가짜 수류탄을 넣어두기도 했다. 은퇴한 노인들이 주로 탄 크루즈 여행에는 어울리지 않는 설정이었지만 그런 세부 내용은 중요하지 않았다. 중요한 것은 주의를 산만하게 하는 요소를 도입하고 그에 반응하는 방법을 평가하는 일이었다. 우리는 의자에 앉아 수강생들의 모습을 지켜보았다. 수류탄을 발견한 수강생들이 우리에게 그 사실을 알리자 우리는 온갖 경적과 종을 울렸고, 시체 보관소에 있던 모든 사람은 시끄러운 소리를 들으며 보관소 밖으로 빠져나가야 했다. 흰 감식복을 입고 건물 밖에 모인 사람들은 처음에는 어설픈 장난이라고 생각하고 태연하게 '폭탄 제거반'이 도착하기를 기다린다. 하지만 경찰들은 우리의 기만술을 얕잡아 보면 안 된다. 시간이 흐르자 그들은 점점 더 초조해하기 시작했다. 과제는 마감 시간이 정해져 있었고 그들은 평가받고 있었기 때문에 그들이 모은 정보의 질을 위해 절차를 무시할 수는 없었다. 조금 더 시간이 지나자 경찰들은 발을 동동 구르면서 초조한 듯 손목시계를 톡톡 두드리고 땀을 흘렸다.

이제는 충분히 서성거리게 했다는 생각이 들었을 때 우리는 모든 안전 사항을 점검했으니 다시 실습실로 돌아가도 좋다고 말했다. 경찰들은 주어진 시간 안에 과제를 마무리하려고 신음 소리를 내면서 서둘러 출발했다. 경찰들의 과제 처리 방식에는 안일한 부분이 없었다. 그들은 집중했고 스트레스를 받았다. 이제는 한 가지 교훈을 더 배울 차례였다. 우리 대학교 시체 보관소 최고 관리자인 마이크가 경찰들을 막으며 지금 어디로 갈 생각이냐고 물었다. 경찰들은 한목소리로 "시체 보관소로 가야죠"라고 대답했다.

"아니, 그럴 수 없을 겁니다."

마이크가 말했다.

"여러분의 작업복은 모두 오염됐습니다. 깨끗한 곳으로 가기 전에 모두 벗어야 합니다."

그 말에 경찰들은 분통을 터뜨렸다("하지만 이 밑에 팬티밖에 없단 말입니다!"). 이런, 세상에. 분명히 자부심 강할 경찰 마흔 명이 건물 밖에서 옷을 벗어 던지고 팬티와 티셔츠 차림으로 건물을 향해 달려가는 모습을 보면서 우리는 빙긋 웃었다(다행히 속옷을 입지 않은 사람은 없었다. 그런 사람이 있었다면 우리도, 경찰들도 얼굴을 붉히지 않도록 전략을 바꿨을 것이다). 그 뒤로 경찰들은 우리를 다시는 과소평가하지 않았다. 그런 훈련은 대규모 사상자가 발생한 재난에서 예측할 수 있는 일은 오직 하나, 즉 미리 예측할 수 있는 것은 하나도 없다는 사실도 알려줄 수 있다. 이들은 비행기가 추락한 현장에, 열차가 충돌하고 테러가 일어나고 자연재해가 발생한 현장에 파견될 경찰관이고, 끔찍한 사건과 그 여파를 전문적이고도 효율적으로 수습해야 할 사람들이다. 결국 경찰들은 그 모든 과정을 좋게 받아들였다. 우리가 술집에서 맥주를 사준 뒤에 말이다.

DVI 훈련 프로그램의 세 번째 과정은 수료 자격증을 따려면 써야 하는 논문 작성 과정이다. 우리는 대규모 사상자가 나온 역사적 사건을 하나 택해 제대로 작동한 DVI 요소는 어떤 측면이 있으며, 어떤 측면이 제대로 작동하지 않았는지, 그때 현장에 있었다면 신원 확인 작업을 개선하려고 무엇을 했을지, 무엇을 할 수 있었는지를 논하라고 했다. 여러분이 경찰들의 원성을 들었어야 하는데. 도대체 논문은 왜 써야 하나요? 더는 학교에 다니는 것도 아닌데. 경찰들은 투덜댔다. 하지만 일단 논문을 쓴 뒤로는 그 과정이 실제로 상당히 가치가 있는 시간이었음을 인정해주었다. 논문을 쓰면서 경찰들은 읽어서 배운 내용과 실습으로 배운 내용을 통합할 수 있었고, 이미 자신들이 헌신하고 있는 주제에 관한 귀중한 학문적 자격을 갖추게 되었다. 그 모든 것에 경찰들은 엄청난 재미를 느꼈고 많은 경찰이 지금도 훈련 과정이 정말 좋았다고 말한다.

정말 연구를 잘하고 쓴 논문도 있었기에 그런 논문은 모아 두 번째 교과서(『재난 피해자 신원 확인: 경험과 실습Disaster Victim Identification: Experience and Practice』)를 출간했고, 교과서 판매로 얻은 인세 수익은 모두 경찰 자선 단체인 경찰생존자보호단체에 기부했다. 사우스웨일스경찰서의 마크 린치와 나는 1966년에 있었던 애버판 탄광 참사를 주제로 논문을 썼다. 애버판 탄광의 비극은 파이퍼알파[19]와 템스강 여객선 충돌 사건과 함께 경찰이 가장 많이 논문 주제로 택한 사건이었다(분석할 여지가 거의 없는 베수비오 화산 폭발을 논문 주제로 택한 사람도 있었다!).

> 19 1988년 당시 영국 최대 석유 및 가스 추출 플랫폼이었으나 안전 관리 미비로 폭발이 일어나 수많은 사상자를 냈다.

애버판 탄광 참사는 그 당시에 얼마나 훌륭하게 사건을 수습했는지를 보여주는 탁월한 예이자, 정교한 현대 과학 기술이 없어도 뛰어난 작업을 할 수 있음을 보여주는 완벽한 예이기도 하다. 애버판 탄광 참사는 지금도 지켜야 하는 표준 원칙을 수

립하게 한 사건이었으며, 이 사건을 논문 주제로 택한 경찰(특히 탄광 지대에서 온 경찰)들의 마음을 울렸다. 애버판 탄광 참사는 재난 피해자 신원 확인 과정이 새로 생겨난 절차가 아님을, 재난 현장에서 피해자의 신원을 확인하는 일은 우리보다 앞서 실용성과 효율성, 연민을 가지고 끔찍한 과제를 처리해야 했던 사람들의 발자취를 따라가고 있는 일임을 말해준다.

애버판 탄광 참사는 웨일스 남부에 있던 조그만 탄광촌 애버판의 산등성이에 쌓아둔 폐석 더미가 무너지면서 발생했다. 석탄을 거를 때 생기는 '선광 부스러기'가 많이 섞여 있던 7번 더미 밑에는 의도치 않게 지하수가 흐르고 있었다. 1966년 10월 21일 오전, 지하수는 며칠 동안 내린 폭우로 크게 불어났고 물기를 흠뻑 먹은 15만 세제곱미터의 선광 부스러기들이 더미 위에서 분리되어 시속 80킬로미터의 속도로 산등성이를 타고 흘러내리기 시작했다. 오전 9시 15분, 방학을 하루 앞두고 학교에 모여 있던 팬트글라스초등학교 학생과 선생님들은 9미터 높이로 학교를 덮친 걸쭉한 석탄 슬러리 밑에 파묻혀버리고 말았다.

오전 10시. 엄청난 사이렌 소리를 울리며 경찰과 응급구조대가 학교에 도착했고, 인근 광부들이 모두 각자 도구를 들고 현장으로 달려왔다. 구조대가 도착했을 때는 이미 마을 주민들이 학교에 모여 있었다. 많은 수가 학부모였던 마을 주민들은 맨손으로 흙을 파헤치며 필사적으로 아이들을 찾고 있었다. 애버판 탄광 참사는 역사상 처음으로 실시간으로 방송 카메라에 담긴 재난이었다. 오전 10시 30분 BBC 방송국 기자들이 도착했고 다른 언론들도 현장에 모였다. 한 구조자는 그때를 이렇게 기억했다. "흙속에서 어린아이들을 구조하고 있을 때 어느 사진 기자가 한 아이에게 죽은 친구들 이야기를 물어 울게 만들었습니다. 그 덕분에 엄청난 사진을 건질 수 있었죠. 그때 나는 침묵이 갖는 의미를 배울 수 있었습니다." 그 증언을 다시 읽으면서 나는 코소보에서의 시간을 떠올렸다.

머서티드빌경찰서는 신속하게 책임을 맡아 수색과 구조 작업을 펼쳤다. 머서티드빌경찰서가 맡은 재난 수습 단계는 사망자보다는 생존자를 우선적으로 찾아야 하는 단계로, 재난의 성격에 따라 며칠 내지는 몇 시간, 몇 분 정도 지속될 수 있다. 현대에 법의인류학자가 처음 개입하는 단계는 두 번째 단계인 시신 발견 단계다.

팬트글라스초등학교에서 230미터쯤 떨어진 곳에 있는 베사니아 예배당에 긴급 의료실이 마련됐다. 하지만 그날 오전 11시 이후로는 생존자를 전혀 발견할 수 없었고, 의료실은 곧 임시 시체 보관소로 전환됐다. 예배당 제의실은 자원봉사자들과 실종자국에서 파견된 직원들의 본부이자 200개 관을 보관하는 장소가 되었다. 사망 원인이 분명했기 때문에 부검은 필요 없었지만, 당연히 빠른 속도로 신원을 확인해야 했다. 검시관들이 지역

의사 두 명과 함께 사망 사실을 확인하고 생존한 교사들에게 연락해 사망했을 가능성이 높은 아이들 명단을 작성했다.

슬러리에서 꺼내어진 시신은 모두 들것에 실려 베사니아 예배당으로 옮겨졌다. 그런 다음 임시 시체 보관소에 안치된 뒤 고유 식별 번호를 부여받았다. 이 번호는 장례식이 열릴 때까지 시신이 입고 있는 옷에 고정되었다. 고유 식별 번호는 성별과 연령 같은 세부적인 특징을 기록한 식별 카드에도 기록됐다. 116명 아이들 시신은 남자아이와 여자아이로 나뉘어 담요가 덮인 채 신도석에 눕혀졌다. 교사 세 명이 아이들의 이름을 1차로 확인해주었고, 시체 보관소 보조 직원이 식별이 가능하도록 사망자들의 얼굴을 씻어주었다. 예배당 밖에는 들어올 수 있는 차례를 기다리며 가족들이 줄을 서 있었다. 가족들은 한 번에 한 가족씩 예배당으로 들어와 사랑하는 가족을 찾아 신원을 확인해주었다. 신원이 확인된 시신은 장례를 위해 밖으로 나갈 때까지 칼뱅파 감리교 예배당으로 옮겨졌다. 신원 확인이 힘든 시신은 심각한 부상을 입은 열다섯 구뿐이었다. 이들은 결국 치과 기록으로 신원이 확인됐다.

재난이 발생한 직후에 취하는 행동은 생존자 구조, 시신 발굴, 신원 확인, 더 많은 사망 방지에 초점을 맞추지만, 그런 활동이 남긴 유산은 기억해야 할 피해자가 있고 관심을 갖는 사회가 있는 한 사라지지 않고 지속된다. 애버판 탄광 참사가 일어나고 50년이 흐른 뒤에도 외상 후 스트레스 장애 때문에 힘든 삶을 사는 사람이 많다. 그때는 당연하게 여겨졌던 노동자 계급의 극기 문화에서는 생존자들이 그저 묵묵히 '이겨내는 것'이 미덕이었다. 상담과 치료의 가치를 알게 된 현대에 와서야 충격을 억누르고 참는 일은 몸과 마음의 건강에 지워지지 않는 영향을 미친다는 사실을 이해하게 되었다. DVI 실무자들도 생존자와 사랑하는 사람을 잃은 가족이 필요 이상으로 고통받지 않도록 노력해야 한다는 사실을 그 어느 때보다 잘 알고 있다.

1989년 두 선박이 충돌한 마셔니스호 참사가 벌어진 뒤에 검시관이 진행한 신원 확인 절차를 검수한 케네스 클라크 법관은 그런 노력이 반드시 있어야 한다는 사실을 분명하게 명시했다. DVI 절차를 개선할 수 있는 서른여섯 가지 권고 사항과 제안을 실은 클라크 법관의 보고서가 2001년에 출간되자, 수세기 동안 바뀌지 않았던 검시 체계를 검토해보는 계기가 마련되었다. 클라크의 보고서가 불러온 가장 큰 변화는 경찰 내부에 신원 확인 과정을 전반적으로 책임지는 "신원 확인 담당 관리자"라는 직책이 생긴 것이다.

마셔니스호 참사의 피해자들은 유람선 마셔니스호를 타고 생일 파티를 하고 있었다. 템스강을 떠다니던 마셔니스호는 준설선 보벨호와 두 번 부딪쳤다. 두 번째 충돌 때 마셔니스호는 물밑으로 가라앉았고 갑판 밑에 갇힌 사람들이 생존할 가능성은 거의 없었다.

　　　강과 마셔니스호에서 시신을 모두 수습하는 데는 이틀이 걸렸다. 처음에 시신은 경찰서로 옮겨졌고, 가족과 가까운 친구들이 신원을 확인해준 시신 스물다섯 구는 가족에게 인계됐다. 가장 오래 물속에 있었던 시신은 부패가 진행됐기 때문에 검시관은 가족이 직접 시신을 보고 신원을 확인해주는 일을 하지 못하게 했다. 그 대신에 그는 시신의 지문과 (그 당시에는 막 시작 단계였던 DNA 감식과) 치과 기록, 옷, 장신구, 신체 특징을 비교해 신원을 확인했다. 시신은 모두 완전 부검을 받았다. 지금이었다면 마셔니스호 참사도 애버판 참사처럼 사인이 분명했기 때문에 부검을 한다는 결정에 의문이 제기되었을 것이다.

　　　지문 감식을 할 수 있도록 웨스트민스터 검시관은 필요한 경우 희생자의 손목을 잘라도 좋다는 허락을 해주었다. 클라크 법관은 그 결정을 강하게 비난했고, 안타깝게도 그 때문에 전체 DVI 절차가 주목받게 되었다. 관습법상 검시관만이 시신을 소유할 권리를 가지기 때문에 그가 그런 결정을 내릴 수 있었던 것이다. 결국 쉰한 명의 희생자 가운데 스물다섯 명의 손목이 잘렸고, 거의 3주에 걸쳐 모든 시신의 신원이 확인된 뒤에야 비로소 유해가 가족에게 인계되었다. 유족은 사랑하는 사람을 볼 수 없다는 사실에 괴로워했다. 몇몇 유족의 경우 신원이 잘못 파악됐다는 의구심까지 제기하며 결국 관계 당국을 완전히 불신하게 되었다. 유족들은 신원 확인 절차가 제대로 진행되었는지를 공개적으로 수사해달라고 요구했고, 유족의 요구는 참사가 일어난 지 11년 만인 2000년에 받아들여졌다.

조사 중에 나온 중요한 권고 사항 가운데 몇 가지는 불필요하게 시신의 손을 잘라내고 유족의 의사를 묻지도 않은 채 일방적으로 유족이 시신을 볼 수 없게 한 관계 당국의 부당한 처사에서 비롯됐다. 유해를 안장할 때 손을 함께 묻지 못한 시신도 세 구 있었다. 그 가운데 한 구는 참사가 일어난 지 4년째 되던 1993년 한 시체 보관소 냉동실에서 두 손이 발견됐지만, 가까운 가족의 허락도 없이 폐기 처분돼버렸다. 유족은 사랑하는 사람의 시신을 보지 못했기 때문에 배를 가르는 사후 부검이 있었다는 사실도 알지 못했다. 10여 년이 흐른 뒤에야 이런 소식을 들은 가족들은 당연히 경악했다.

더 나아가 클라크 법관은 유족에게는 오직 진실하고 정확한 정보만을 전해야 하며 그것도 정기적으로, 가능한 한 이해하기 쉬운 방식으로 전달해야 한다고 했다. 마셔니스호 참사 진실 규명 위원회의 변호인 찰스 해든케이브는 "닫힌 문 뒤에서는 당연히 많은 일이 은밀하게 진행됩니다. 그렇기 때문에 시신의 신원을 확인하는 사람들과 그 사람들을 감독하는 관계 당국은 시신이 특별히 존중받고 배려받을 수 있도록 신원 확인 절차를 진행할 막중한 책임이 있습니다. 유족과 그들의 사랑하는 사람들은 당연히 그런 배려를 기대할 자격이 있으며 우리 사회는 그런 책임을 요구할 권리가 있습니다"라고 했다.

던디대학교에서 진행한 DVI 훈련 과정에서 경찰들은 과거의 사건으로부터 무엇을 배울 수 있는지, 어려운 상황에서는 어떻게 하는 것이 훌륭한(또는 미심쩍은) 대처인지, 지금 동일한 사건이 벌어졌을 때는 어떤 식으로 대처해 더 나은 결과를 만들어낼 수 있는지를 고민하는 기회를 가졌다. 애버판 탄광 참사가 DVI의 훌륭한 예라면 마셔니스호 참사는, 특히 시신의 손을 잘라내기로 한 결정으로 인해, 과거에 일어난 대량 사망 사건의 교훈을 제대로 받아들이는 측면에서 가장 배울 것이 많은 예라고 할 수 있다. 클라크 법관은 모든 DVI 요원에게 분명하게 각인될 말을 했다. "분명하게 명심할 점은 사망자의 신원을 확인할 때는 가능한 한 불필요한 절개, 시신 훼손, 시신 변형 행위를 지양해야 하며 최후의 수단으로 반드시 필요하다는 판단이 서지 않는 한 신원을 확인한다는 목적으로 신체 부위를 절단하는 일은 절대로 없어야 한다는 것입니다."

법의학 종사자들은 언제나 최선이라고 생각하는 일을 하려고 노력하며, 유족에게 끔찍한 광경은 보여주지 않으려고 할 때도 있다. 과거에는 시신이 부패하기 시작했거나 화재나 폭발로 신체가 훼손됐거나 잘려 나갔다면 가족에게 보이지 말 것을 권고받기도 했다. 하지만 법의학 관계자들에게는 유족이 무엇을 볼 수 있고 무엇을 볼 수 없는지를 제한할 권한은 물론이고, 유족을 대신해 결정을 내릴 권리가 전혀 없다. 시신은 우리 소유가 아니며, 어떤 상황에서도 가족과 친구들이 사랑하는 사람의 유해를 보고 어떤 식으로 반응할지를 예측할 수 있는 능력이 우리에게는 없다. 어머니는 죽은 자녀를 직접 보고 손을 잡아주기를 바랄지도 모르며, 남편은 아내의 잘려 나간 몸에 입을 맞추고 싶어 할지도 모른다. 또 형제는 평온한 마음으로 침묵하면서 자기 형제와의 마지막 시간을 보내고 싶어 할지도 모른다. 우리가 할 수 있는 일은 가족이 대면해야 할 일을 준비하고 그 순간을 맞을 수 있도록 돕는 것뿐이다.

현재 애버판 탄광 참사 같은 사건은 "닫힌" 사건이라고 한다. 사망자의 이름을 모두 알고 있으며 신원을 확인하지 못한 사람은 전혀 없기 때문이다. 하지만 마셔니스호 참사 같은 사건은 "열린" 사건이라고 한다. 재난 피해자 신원 확인 과정이 훨씬 복잡하고 처리 절차도 어렵기 때문이다. 마셔니스호 참사는 처음부터 사망자가 누구인지, 얼마나 많은 사상자가 있는지 알지 못하고, 생존자들도 많은 수가 자신의 신원을 확인해줄 수 없을 정도로 중태에 빠진 상태였기 때문에 신원 확인 과정이 쉽지 않다. 마셔니스호는 명확한 탑승자 명단도 없었기 때문에 참사 초기에는 실종자 수도 파악하기 힘들었다.

"열린" 사건의 원인이 테러일 경우에는 우선순위가 바뀐다. DVI 절차는 완전히 동일하지만 시신과 증거를 찾는 과정은 아주 다를 수 있다. 2005년 7월 런던 대중교통망이 테러 공격을 받았다. 자살 폭탄 테러범이 런던 지하철 세 곳과 이층 버스 한 대에서 연달아 폭탄을 터뜨렸다. 테러범 네 명을 비롯해 쉰여섯 명이 목숨을 잃었고 784명이 부상을 입었다. 이 사건에서는 사망한 사람의 신원을 확인하는 일도 분명 중요하지만 그보다는 생존자를 돕는 일이 가장 중요하며, 그다음으로 중요한 것은 테러범의 신원을 확인하는 일이었다.

그런 절차가 이상하다고 느껴질 수도 있지만, 그때 관계 당국은 영국에서 처음 발생한 이슬람 자살 폭탄 테러 사건을 테러에 의한 대량 사망 사건이 발생했을 때 따르기로 결정한 규정대로 처리한 것이다. 이 경우 범인들이 테러 현장에서 사망한 것이 분명한지 확인하는 일이 중요하다. 해당 사건이 이미 계획되어 있는 연쇄 테러 모의 가운데 일부라면 모든 수단을 동원해 더 많은 사상자가 나오는 일을 막아야 하기에 무엇보다도 범인의 신원을 파악하는 일이 중요한 것이다. 2005년 런던 자살 폭탄 테러는 실제로 연쇄 테러 활동이 분명했지만, 불행하게도 테러 실행 간격이 너무나도 짧았기 때문에 추가 테러를 막을 수는 없었다.

2005년 영국은 DVI 능력에서 전 세계 순위권 안에 들지 못했지만, 2009년에 우리는 세계 최고의 DVI 능력을 보유한 나라가 되었다. 아시아를 덮친 해일을 보고 여기저기 마구 편지를 보낸 내 행동이 어떤 결과를 불러올지 그때는 알 수 없었고, 그런 행동이 DVI 대응팀을 만드는 결과로 이어지게 되리라는 것 역시 상상도 하지 못했다. 나는 영국 DVI 요원들이 해내는 엄청난 일들과 영국 DVI 능력이 지금도 국제 사회에서 최고 수준으로 평가받고 있다는 사실이 정말로 자랑스럽다.

재난은 정말로 '발생할 것인가'의 문제가 아니라 '언제 발생할 것인가'의 문제임을 절대로 잊지 말아야 한다. 그것이야말로 내가 진심으로 믿고 있고 여러 차례 지치지 않고 언급하는 말이다. 중요한 것은 다음번에 사건이 일어났을 때는 그 사건의 규모에 상관없이 우리가 최상의 대응을 할 준비가 되어 있어야 한다는 것이다. 무분별한 폭력이 증가하는 현대 사회에서 영국 초대 DVI팀 팀장 그레이엄 워커는 테러범들이 테러를 저지르려면 운이 좋기만 하면 되지만 수사팀은 절대로 운을 기대할 수가 없다고 했다. 우리의 안전을 지키려면 수사팀은 언제나 이겨야 한다. 이 세상에 선한 의지가 있다고 해도 매번 이길 수는 없기에, 우리는 만일의 사태에 대비해 훈련해야 하며 훈련 내용을 실전에서 사용하지 않기를 기도하는 수밖에 없다. 하지만 실전에 투입되어야 할 때는 호모 사피엔스 종과 자연이 가할 수 있는 가장 사악한 악의를 우리의 인류애가 초월할 수 있음을 입증해 보여야 한다.

12장

운명과 두려움, 그리고 공포증

"남자는 어린아이들이 어둠 속에 들어가기를
두려워하는 것처럼 죽음을 두려워한다."

프랜시스 베이컨
철학자, 과학자 · 1561~1626

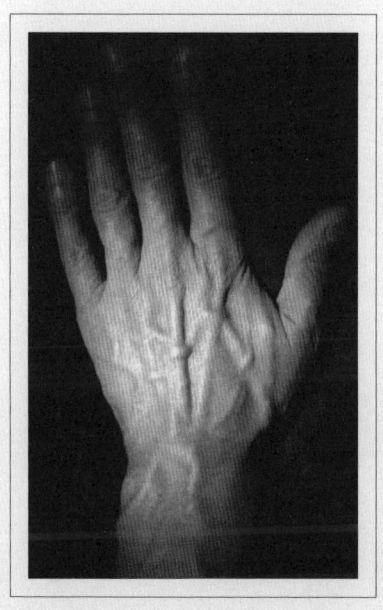

손의 구조: 다양한 정맥의 형태

나는 신원 확인에 대한 열정을 친구이자 멘토인 루이즈 쇼이어와 나누어 가졌다. 그녀 덕분에 나는 런던에 있는 세인트토머스병원에서 처음으로 진짜 세금을 내는 직업을 갖게 되었다. 아직 박사 학위 논문을 쓰고 있던 어느 날, 루이즈가 전화를 걸어와 세인트토머스병원에 해부학 교수 자리가 났다며 내가 지원해 보면 좋겠다고 했다.

세인트토머스병원의 해부학 교수가 되었을 때 가장 놀란 사람은 다름 아닌 나였다. 최고 면접관이었던 근엄한 신경과학과 교수는 분명히 생화학 학위를 받은 인재를 원했고 "학위도 없는 인류학자"는 무시했기 때문이다. 내가 면접에 통과한 이유는 최고 면접관이자 신경과학과 학장인 마이클 데이 교수가 한 마지막 질문 때문임을 잘 알고 있다. 그는 나에게 그날 오후에 해부학실로 가서 완신경총brachial plexus을 가르칠 수 있는지 물었다. 나는 당연히 할 수 있다고 대답했고 해부학 교수 자리는 내 차지가 되었다. 그 뒤로 나는 내가 면접관이 됐을 때도 이 경험을 그대로 활용하고 있다. 하지만 내 경험을 근거로 좀 더 발전된 전략을 구사한다. 던디대학교 해부학 교수가 되려고 면접을 보러 온 사람들에게 나는 일단 완신경총에 관해 강의할 수 있는지 묻는다. 그 사람들이 강의할 수 있다고 대답하면 완신경총을 그려보라고 부탁한다. 완신경총이 무엇이냐면 목과 겨드랑이 사이에 있는 신경다발로 마치 스파게티 다발처럼 생겼다. 심술궂다고? 그렇다. 마이클이 나에게 완신경총을 그려보라고 하지 않아서 정말 다행이다. 그랬다면 나는 세인트토머스병원에서 일할 수 없었을 것이다. 지금이야 당연히 그릴 수 있지만 그때는 아니었다.

내가 해부학 교수가 될 자격이 없다고 생각했던 남자는 몇 년 뒤 가이병원과 세인트토머스병원의 학과가 통합됐을 때 내 상사가 되었다. 마이클 데이 교수 밑에서 나는 몇 년 동안이나 즐겁게 해부학을 가르쳤지만, 1992년 내가 병원 생활을 마무리하고 떠날 때 고맙다고 하면서 나를 "세라"라고 부른 것으로 보아 그는 끝내 거짓말을 한 나를 용서하지 않은 게 분명했다. 하지만 세인트토머스병원에서는 정말 운이 좋아서 지금까지도 친구로 지내는 멋진 동료를 여러 명 만났다. 무엇보다도 중요한 것은 해부학에 관해서는 그 누구보다도 박식하며 30년 이상을 친구로, 영감을 주는 원천으로, 나의 스승으로 함께해줄 한 여성과 길고도 생산적인 관계를 시작하게 되었다는 것이다.

1986년 나와 함께 영국 최초로 법의인류학 교육 과정을 준비하던 루이즈는 끊임없이 앓는 소리를 냈다. 어린아이의 유골을 분석할 때마다 루이즈는 "어째서 우리를 도와줄 교재가 한 권도 없는 거지?"라며 분통을 터뜨렸다. 그때마다 나는 그녀가 직접 쓰는 게 어떠냐고 말했고 루이즈는 정색하면서 나에게 엉뚱한 소리 하지 말라고 했다. 루이즈에게는 잘못을 한 아이를 혼내는 가정교사 같은 목소리로 말하는 놀라운 재주가 있었다("이런, 세상에, 제발 좀!"이라고 말하는 거다). 이런 대화를 4년쯤 했을 때 나는 드디어 반항하면서 다른 전략을 구사했다. "우리가 같이 쓰는 게 어때요?"라고 말한 것이다.

　우리가 함께 한 엄청난 글쓰기 프로젝트는 그렇게 시작되었다. 우리는 사람의 뼈를 모두 조사해 처음 형성될 때부터 완전한 상태로 자랄 때까지 인체 골격의 발달 과정을 알려주는 교재를 만들고 싶었다. 그런 책은 『선데이타임스』의 베스트셀러가 될 수도 없고 우리를 부자로 만들어주지도 않을 테지만, 법의인류학이라는 학문 분야에 크게 뚫려 있는 구멍을 막아줄 것이 분명하다고 생각했다. 그때까지 법의인류학 분야에서 우리가 필요한 수준으로 어린아이의 뼈를 상세하게 다룬 교재는 한 권도 없었기에 우리는 정말로 완전히 처음부터 모든 것을 시작해야 했다.

　교재를 완성하는 데는 거의 10년이 걸렸다. 우리가 제일 먼저 해야 했던 일은 지난 300년 동안 뼈에 관해 집필되고 출간된 모든 자료를 모으는 일이었다. 자료를 모은 뒤에는 우리가 설명하고자 하는 내용을 구체적으로 보여줄 수 있는 표본을 찾아내고 설명이 충분히 되지 않은 곳은 우리가 직접 연구해 메워 넣어야 했다. 작업을 시작하고 얼마 안 되어 우리는 어째서 그런 교재를 만들려고 시도한 사람이 아무도 없었는지를 알게 되었다. 그 작업은 보상도 없는 순수한 열정을 요구했고 진행 속도는 너무나도 느렸다. 실제로 교재를 만드는 10년 동안 집필 작업이 우리 삶을 지배해버렸다.

작업 결과물은 2000년에 출간됐다. 『유아 골격 발생학 Developmental Juvenile Osteology』은 아주, 아주 두꺼운 책으로 200개가 넘는 뼈를 다루었다는 사실만 생각해봐도 당연히 책장이 술술 넘어가지는 않지만, 집필한 사람에게는 매우 흥미롭고 뿌듯한 책이며 학자로서의 우리 삶에도 정말 중요한 기념비가 되어주었다. 나는 루이즈로부터 흥분된 전화를 받는 순간들이 정말 좋았다. 그때 루이즈는 "…… 라는 걸 알고 있었어?" "마침내 나는 ……을 이해했어" 같은 말을 잔뜩 했다. 책을 쓰는 동안 우리는 즐거운 발견을 여럿 했다. 그 가운데는 우리의 기존 이론을 물 밖으로 날려버려야 했던 발견도 있었지만, 아주 천천히 모든 발견은 우리 두 사람이 정말로 자랑스러워하게 된 우리의 대표작으로 묶여 들어갔다.

1999년 내가 처음으로 코소보에 가게 됐을 때, 우리의 작업은 거의 막바지에 이르렀지만 삽화 한 장이 우리를 매우 성가시게 했다. 아무리 노력해도 어깨뼈 하방각에 있는 성장점을 보여줄 수 있는 표본을 찾지 못했기 때문이다.

한번은 코소보에서 정말 귀하게 얻을 수 있는 위성 전화를 쓸 수 있는 기회가 왔을 때 나는 톰과 우리 딸들이 아닌 루이즈에게 전화를 건 적이 있다. 벨리카크루사 마을의 임시 시체 보관소에서 정확히 우리가 찾던 표본을 발견했기 때문이다. 당연히 우리 두 사람은 엄청나게 흥분했다. 나는 교재에 표본으로 실을 수 있도록 사진을 찍어도 좋다는 허락을 받았지만 안타깝게도 그 당시에는 내가 알아채지 못한 결함이 이 표본에 있었다. 우리가 교재에 실은 사진은 모두 조직을 깨끗하게 제거하고 씻어서 말린 뼈를 찍은 것이었다. 하지만 이 표본의 경우 뼈에 조직이 조금 남아 있었다. 지금 보면 사진이 컬러가 아니어서 정말 다행이라고 생각한다. 컬러 사진이었다면 조금은 섬뜩했을 것이다. 하지만 교육이라는 관점에서 보면 그 사진은 정말 가치를 매길 수 없을 정도로 소중하다.

    그 책이 완성됐을 때 나는 스코틀랜드로 돌아간 지 몇 년 정도 됐고 루이즈는 은퇴한 뒤였다. 더구나 나는 곧 두 번째로 코소보에 가게 될 것 같았다. 그 무렵에 나와 루이즈는 지구상에 있는 그 누구보다도 나이 듦에 따라 나타나는 아이들 뼈의 변화를 잘 아는 사람이었을 것이다. 나를 운명을 믿는 사람으로 만들어준 우리 할머니는 우리가 특정 시기에 특정한 장소에 있게 되는 데는 모두 이유가 있으며, 종종 그것은 우리 자신의 계획이나 선택, 욕망과는 무관하다는 말씀을 하셨다. 그러니까 나는 운명이 나에게 다른 사람을 도우라고 했기 때문에 이 자리에 와 있는 것이다. 코소보에서 내 인생의 소중한 순간을 경험했을 때도 정말로 확신했다. 나는 이곳에 올 수밖에 없었던 운명이라고 말이다.

    2000년에 우리가 감식을 진행한 기소 지역에서는 사실상 모든 가족이 학살되는 일도 있었다. 세르비아인과의 전쟁 기간 동안 마을이나 도시를 벗어나 지낼 수 있었던 알바니아계 코소보 사람들은 세르비아군을 만나지 않도록 그들이 왕성하게 활동하던 인구 밀집 지역에서 되도록이면 멀리 떨어져 있었다. 1999년 3월의 어느 날 아침, 이 가족은 숨어 있던 시골 지역에서 나와 가까운 마을로 생필품을 구하러 갔다. 아버지가 트랙터를 몰았고 다른 가족은 트랙터에 연결된 트레일러 위에 옹송그리고 앉아 있었다. 세르비아군은 어떠한 경고도 없이 박격포를 발사했고, 트레일러는 산산조각이 나버렸다. 트레일러에 타고 있던 사람은 어머니와 할머니, 아버지의 여동생, 여덟 아이들까지 모두 열한 명이었다. 가장 어린 아이는 어머니가 안고 있던 두 살짜리 아기였고 가장 큰 아이는 열네 살 쌍둥이 소년이었다. 트레일러에 타고 있던 가족은 모두 사망했다.

  아버지가 트레일러가 떨어져 나간 트랙터에서 나올 때 저격수가 아버지의 다리를 총으로 쏘았다. 부상을 당해 피를 흘리던 아버지는 가까스로 몸을 막아줄 덤불 밑으로 기어들어 갔다. 가족이 모두 죽었음을 확신한 아버지는 피가 흐르지 않도록 벨트로 상처를 묶은 뒤에 해가 지고 침묵이 찾아오기를 필사적으로 기다렸다. 해질녘이 되어 날이 어두워지면 저격수가 아직 그 자리에 있다고 해도 아버지의 모습을 제대로 보기는 불가능할 테니까. 아버지는 자신이 가족들의 시신을 수습하지 않으면 들개가

운명과 두려움,
그리고 공포증

분명히 먹어치울 것임을 알았다. 가족에게 그런 일이 벌어지게 할 수는 없었다.

이제는 안전하다는 생각이 들었을 때 아버지는 덤불에서 기어 나와 가족들의 유해를 찾기 시작했다. 박격포는 조금도 훼손된 부분이 없었던 아기를 제외한 나머지 가족을 산산조각 내 버렸다. 아버지의 증언은 세르비아군의 행위가 얼마나 잔혹했는지, 가족의 시신을 찾으려는 아버지의 의지가 얼마나 컸는지를 분명하게 보여준다. 그 아버지는 아내는 오른쪽 부분만 찾을 수 있었고 열두 살 난 딸은 아랫부분만 찾을 수 있었다고 했다. 나의 남편 톰이 놀라움을 감추지 못했던 것처럼 어떤 의지와 마음이 있어야만 그와 같은 일을 해낼 수 있을까? 사랑하는 사람들을 위해서라면 발휘되는 그런 용기와 기백과 헌신은 도대체 사람의 몸 어디에 놓여 있는 것일까? 톰은 자신이라면 더는 살고 싶지 않아서 그곳에서 삶을 끝내고 말았을 거라고 했다. 당연히 이해할 수 있는 생각이다. 하지만 이 아버지는 그러지 않았다. 자신도 피를 흘려 계속 약해지는 상황에서도 가족의 유해를 찾아 사그라져 가는 햇빛을 받으며 풀숲을 뒤지는 아버지의 결의는 정말로 놀라웠다.

최선을 다해 가족의 유해를 모은 아버지는 산산이 부서진 트레일러에서 찾은 삽으로 가족을 묻었다. 아버지는 특징 있는 나무를 하나 선택해 다시 돌아왔을 때 가족이 묻힌 장소를 알아볼 수 있는 징표로 삼았다. 아버지는 모든 가족의 유해 위에 막내 아이를 올려놓고 흙을 덮어 매장한 뒤 가족의 영혼을 위해 기도하는 것으로 몇 시간이나 계속된 고된 작업을 마무리했다.

그로부터 1년 넘게 지났을 때 전 유고슬라비아 국제형사재판소 수사관들은 가족의 비극이 벌어진 지역을 슬로보단 밀로셰비치와 유고슬라비아 고위 관리들이 자행한 범죄 현장으로 기소했다. 수사관들은 세르비아군이 자행한 공격은 합법적인 전쟁 행위가 아닌, 자신을 방어할 수 없는 한 남자와 그의 가족 전부를 고의적으로 공격한 제노사이드 행위가 명백하다고 믿었다. 간신히 살아남은 아버지는 사랑하는 가족이 묻혀 있는 나무 밑으로 수사관들을 데려갔고 시신을 발굴해도 좋다고 허락해주었다. 그 아버지가 그런 결정을 내린 이유는 가족을 위해 정의를 구현하고 싶다는 바람도 있었지만, 다른 알바니아계 코소보 사람들이 모두 그렇게 믿는 것처럼 가족의 몸이 한데 뒤섞여 있으면 신이 그들의 영혼을 제대로 찾아내지 못할 수도 있다는 두려움 때문이기도 했다. 가족이 모두 신의 곁에 안전하게 있다는 걸 알기 전까지 그 아버지는 평온해질 수 없었다. 신이 가족의 영혼을 확인하고 잔혹한 이 세상에서 구해줄 수 있으려면 그 아버지는 어떻게 해서든지 빨리 가족이 모두 그 자신들의 무덤 안에서 쉴 수 있게 해주어야 했다.

나는 시신 발굴 현장에 있지 않았지만 엄청난 과제가 우리 팀을 기다리고 있음은 분명히 알고 있었다. 심각하게 훼손되고 부패한 채로 마구 섞여 있는 시신 열한 구를 국제 기준에 맞는 증거 능력을 갖출 수 있도록 분리하고 신원을 확인해야 했을 뿐 아니라, 모든 것을 잃어버린 용감한 남자의 바람과 소망을 분명하게 명심하고 작업해야 했다.

시체 보관소에서 우리가 맞게 되리라고 예상했던 건 유해 열한 구가 들어 있는 시신 운반백이었지만, 우리에게 온 것은 시신 백을 한 개 반 정도 채운 적은 유해뿐이었다. 그 끔찍했던 날에 비통한 아버지가 찾아서 묻을 수 있었던 유해는 그뿐이었다. 유해는 심하게 부패해 있었고 연조직이 일부 남아 있기는 했지만 대부분이 뼈 사이에 있는 액화된 덩어리에 지나지 않았다. 그런 유해를 분류하고 감식하는 일은 너무나도 어렵고 힘들 뿐 아니라 난감한 일이기도 했다. 그렇다고 팀원 전부가 그저 멀뚱하게 쳐다만 보고 있는 건 아무 소용이 없었다. 작업 첫날이니 나를 포함해 시체 보관소 기술자, 사진사, 방사선 촬영기사만 남아 우리가 할 수 있는 일을 살펴보기로 하고 나머지 사람들은 모두 쉬기로 했다.

우리는 바닥에 흰색 시트를 열두 개 깔았다. 피해자 나이에 맞는 특징대로 유해를 나누어 놓을 시트 열한 장과 별다른 특징이 없는 유해를 따로 모아 놓을 시트 한 장을 깔아둔 것이다. 모두 한 가족의 유해였고 따로 비교해볼 수 있는 DNA 분석 자료도 없었기 때문에 이 경우에는 DNA가 그다지 도움이 되지 못할 것이 분명했다. 더구나 비교할 수 있는 DNA 표본을 구한다고 해도 유해들이 한데 뒤섞여 교차 오염이 일어났기 때문에 신뢰할 수 있는 DNA 표본을 구할 가능성도 아주 희박했다. 따라서 우리는 해부학을 이용한 오래된 방식으로 가족들의 신원을 확인하기로 했다. 아이들 유해가 많았기 때문에 그 당시에는 나와 루이즈가 이 세상 누구보다도 그 일을 하기에 적임자였을 것이다. 그때 나는 코소보에 있었고 루이즈는 런던으로 돌아가 있었지만 내가 필요로 할 때면 루이즈는 어김없이 전화를 받았고, 그런 루이즈 덕분에 내 자신감은 끝도 없이 높아졌다.

시체 보관소에 남은 사람들은 먼저 예상치 못한 무기가 숨겨져 있지는 않은지 확인하려고 시신 백을 X선으로 촬영했다. 무기는 들어 있지 않았다. 하지만 X선 사진을 보는 순간 정말 정신이 번쩍 들었다. 시신 백을 찍은 X선 사진은 사람의 몸을 아무렇게나 잘라 만든 음울하고도 무자비한 직소 퍼즐 같았다. 첫 번째 시신 백을 열자 여전히 파란색 잠옷을 입고 가장 위에 누워 있는 아기가 보였다. 아기는 심하게 부패해 있었지만 형태를 그대로 유지하고 있었기에 6개월 아기라고 적힌 흰색 시트 위에 똑바로 눕혔다.

나머지 유해는 유골을 차례대로 꺼내 부패한 조직은 모두 떼어내고 나이를 추정해 각자 나이를 붙여놓은 시트 위에 올려놓았다. 여자들도 구별할 수 있었다. 치아가 없고 관절염과 골다공증이 진행된 여자는 아이들의 할머니가 분명했다. 두 젊은 여자는 구별하기가 힘들었지만, 두 사람 가운데 좀 더 나이가 많고 아버지의 증언처럼 오른쪽밖에 남지 않은 유해가 아이들의 어머니일 가능성이 높았다.

아이들은 모두 나이가 달랐기 때문에 우리가 제대로 분석한다면 열네 살 쌍둥이를 확인하기 전까지는 서로 겹치는 아이는 없을 터였다. 아버지가 열두 살 여자아이는 아랫부분만을 발견했다고 했기 때문에 비교적 쉽게 신원을 확인할 수 있었다. 세 살, 다섯 살, 여섯 살, 여덟 살 아이들은 많은 유해가 남아 있지 않았지만 일반적인 조직 덩어리가 아닌 아이들의 유해가 확실하다고 판단할 수 있을 정도로는 남아 있었다.

아홉 개 시트는 모두 채워졌고 이제 남은 것은 쌍둥이를 각각 분류해놓을 시트 두 장뿐이었다. 쌍둥이 아이들에게 남은 것은 부분적으로만 남은 몸통 두 개, 팔꿈치까지만 남은 팔들뿐이었다. 유골은 열네 살 정도의 아이들이 분명했기 때문에 남은 유해가 쌍둥이의 것임은 알 수 있었다. 하지만 어떻게 두 아이를 분리해낸단 말인가? 한 아이의 팔은 미키마우스가 그려진 조끼를 입고 있었다. 우리는 수사관과 통역관에게 부탁해 어떤 아이가 미키마우스 조끼를 입고 있었는지를 아버지에게 물어봐달라고 했다. 하지만 그 아이가 쌍둥이 가운데 한 명이라는 것과 심지

남아 있는 모든 것
All That Remains

어 남자아이라는 사실도 말해주지 않았다. 아버지는 쌍둥이 가운데 한 아이의 이름을 말하면서 그 아이가 미키마우스를 정말 좋아했다고 말했다. 아버지의 답변 덕분에 우리는 쌍둥이를 구별할 수 있었다.

그날은 몹시도 긴 하루였다. 거의 열두 시간 동안 쉬지 않고 일했고 결국 우리는 가족들의 신원을 모두 확인할 수 있었다. 열한 개 시트 위에 각자 뚜렷한 특징을 지닌 유골들을 분류해 올려놓을 수 있었다. 우리는 아버지에게서 나이에 따른 가족들의 이름 목록을 받았고 시신 백에 그 가련한 유해들을 담기 시작했다. 관계 당국이 쌍둥이 아이들을 각자의 시신 백에 나누어 담는 데 반대하자 나의 동료인 스티브 와츠는 맹렬하게 항의했다. 우리는 그보다 더 확실할 수 없을 정도로 쌍둥이의 유해를 구분할 수 있었음을 설명하며 논리적으로 대응했고, 결국 그들을 굴복시켰다.

그로써 우리는 생존한 아버지에게 모든 시신 백을 건네주었고, 통역관은 아버지에게 시신 백에 들어 있는 가족의 이름을 얘기해줄 수 있었다. 마을 공동체가 우리를 받아들여 준 데는 현장에 나와 있던 통역관들의 역할이 컸다. 그들은 정말로 놀라운 일을 해주었다. 가족과 대화를 하고 가족의 말을 우리에게 전하고 우리가 찾은 내용을 다시 가족에게 전하는 사람은 통역관이었다. 코소보에서 일하는 동안 매일같이 그들은 양쪽 모두와 대화를 했고, 자신들이 들은 끔찍한 이야기를 가족에게 전할 때는 언제나 그들이 받을 충격을 완화할 수 있는 방식으로 전하려고 애썼다.

어떠한 일이 있어도 내 작업을 개인적으로 받아들이지 않는다는 원칙을 세우고 있지만(그렇지 않았다가는 내 일을 제대로 해내지 못할 테니까) 이 가족의 비극을 다룰 때는 우리 모두 아슬아슬하게 그 선을 넘어선 게 아닐까 생각한다. 쌍둥이 신원 확인 문제를 다룰 때 말이다. 하지만 우리는 이 가족의 신원을 확인하는 일에 깊게 개입했고 책임감을 느꼈다. 그 이유는 아마도 피해자가 거의 대부분 아이들이었으며 그토록 고통받고 있던 아버지가 보여준 용기와 존엄한 극기 때문인지도 모르겠다. 가족의 신원을 분명하게 확인해주는 것이야말로 우리가 그 아버지에게 줄 수 있는 최소한의 위로였고, 과학을 이용한 더 정교한 검사를 했다고 해도 전문가로서 우리의 견해를 더 향상시킬 수는 없었을 것이다.

아직 끝이 아니었다. 우리는 통역관을 통해 그 아버지에게 시신 백을 제대로 채우지 못한 이유와, 유해가 섞여 있는 열두 번째 시신 백이 있을 수밖에 없는 이유를 조심스럽지만 솔직하게 전해야 할 의무가 남아 있었다. 그 아버지는 믿을 수 없는 품위를 가지고 이 세상에 속하지 않은 것 같은 차분함으로 우리의 말을 받아들였다. 너무나도 슬픈 날이었다. 우리는 몸과 마음이 완전히 지쳐버렸다. 그 아버지는 우리 모두에게 악수를 청하며 고맙다고 했다. 그 아버지가 우리에게 그토록 진심으로 고마워할 수 있는 이유를 나로서는 잘 알 수 없었다. 하지만 우리 할머니 말씀처럼 우리의 편의를 봐주려고 운명이 존재하는 건 아니다.

우리는 깔끔하게 나누어진 열한 구의 유해를 그 아버지에게 돌려주지 못했다는 사실에 마음이 무거웠다. 완벽하게 유해를 확인하고 나눌 수 있었다면 그 아버지는 정말로 안심할 수 있었을 텐데 말이다. 하지만 우리가 해야 할 일은 박애주의를 실천하는 것이 아니라 전쟁 범죄 현장에서 법의학을 이용해 감식하는 일이다. 깔끔하게 일을 처리하려고, 그 아버지를 위로해주려고 유해를 완벽하게 열한 개 시신 백에 나누어 담는 일은 법의학 전문가로서는 절대로 하면 안 되는 잘못을 저지르는 것이다. 먼 훗날 이 증거가 다시 조사된다고 할 때, 우리가 각 시신 백에 넣은 유해가 정말 우리가 믿은 대로 한 사람의 것이라고 판정되리라는 확신을 가지고 작업해야 한다.

어린아이의 뼈가 발달하는 과정을 교재로 만들려고 애쓴 10년 동안 쌓은 지식이 없었다면, 그 가족의 유해를 분리하는 일은 해내지 못했을 것이다. 그 가족의 신원을 확인하던 날 나는 10년 동안 교재를 집필하면서 루이즈와 내가 알게 된 모든 지식을 실전에 쏟아부었고, 우리가 얼마나 중요한 프로젝트를 진행해 왔는지를 절절하게 깨달았다. 그날 코소보에는 나 혼자 있었지만 하루 종일 내 머릿속에서는 루이즈가 떠나지 않았다. 내가 유해를 점검하고 또 점검하며 기록하고 목록을 작성하고 이제는 만족한 상태에서 다른 작업으로 넘어가도 되겠다는 결정을 내릴 때, 늘 내 머릿속 루이즈는 내가 세부적인 내용까지 제대로 확인할 수 있도록 이끌어주었다.

우리가 코소보에서 했던 일은 막대한 책임이 따랐지만 그만큼 보상도 아주 컸다. 이런 특별한 사건에 내가 도움을 줄 수 있을 가능성이 얼마나 될까? 그 문제에 관해서는 우리 할머니의 견해를 따르는 것이 옳을 거라는 생각이 든다. 그건 가능성의 문제가 아니다. 그저 그때까지 내가 했던 모든 행동(세인트토머스병원에서 근무하고 루이즈와 함께 일하고 함께 교재를 만들게 된)이 나를 이 순간으로 이끈 것이다. 어쩌면 우리 책이 언젠가 또 다른 끔찍한 상황 속에서 누군가에게 조그만 위로를 건넬 수도 있다고 생각한다. 우리가 책에 담은 그 모든 정보를 다시는 소환할 필요가 없다고 해도, 우리가 책을 출간한 2000년 코소보의 수도 프리슈티나의 한 시체 보관소에서는 중요한 역할을 했다는 사실만으로도 우리 책은 충분히 존재할 가치가 있다고 믿는다. 루이즈와 함께 쓴 책을 꺼내 들춰보고 코소보에서 찍은 어깨뼈 사진을 볼 때마다 나는 그 아이들의 아버지를 떠올리며, 우리 책이 그곳에서 얼마나 적절한 공헌을 했는지를 생각한다.

◇

　　법의인류학에 관해 가장 많이 받는 질문 가운데 하나는 어떻게 끔찍한 시신을 보고 그것을 처리할 수 있느냐는 것이다. 그런 질문을 받으면 나는 보통 술과 불법 약물을 잔뜩 먹는다는 농담을 하지만, 사실 살면서 내가 불법 약물을 복용한 적은 없다고 생각하며 술을 한두 잔 하기는 했지만 지금은 그조차도 마시지 않는다. 밤에 자다가 땀을 흘리면서 내가 벌떡 일어난 일이 있었나? 잠들지 못해 힘들어한 적은? 현장에서 본 모습이 머릿속에 계속 떠올라 괴로워했던 적이 있었던가? 이 모든 질문에 대한 답은 정말 지루하고도 평범하지만 '아니다'이다. 조금 더 구체적인 대답을 강요받을 때면 내 일은 전문가로서 편견 없이 진행해야 하며 증거에 초점을 맞추어야지 개인적인 견해나 감정을 내세우면 안 된다는 진부한 이유를 댄다. 하지만 정말로 솔직하게 말하면, 나는 단 한 번도 죽은 사람 때문에 무서웠던 적이 없다. 나를 무섭게 만드는 것은 살아 있는 사람이다. 죽은 사람은 훨씬 더 예측하기 쉽고 협조적이다.

　　얼마 전에는 완전히 다른 분야에 종사하는 동료 한 명이 믿을 수 없다는 듯이 이렇게 말했다. "당신은 그런 말들을 차 한 잔 만드는 일처럼 아무렇지도 않게 무심하게 하는 거 같아요. 하지만 우리 나머지 사람들한테는 정말 놀라운 일이란 말입니다."

운명과 두려움,
그리고 공포증

하지만 누군가의 식량이 누군가에게 독이 되는 건, 인생에서는 당연한 일 아닐까? 어쩌면 법의인류학자는 다른 사람은 불쾌하고 끔찍해서 절대로 하지 않을 일을 대신 해주는, 현대판 제사 음식을 먹는 자일 수도 있다.[20] 물론 그렇다고 우리에게 약점이 전혀 없는 것은 아니다.

[20] 옛날 영국에서는 죽은 사람의 죄를 떠맡기 위해 제사 음식을 먹도록 고용된 사람이 있었고, 그렇게 함으로써 고인의 영혼이 깨끗해진다고 믿었다.

두려움을 느끼지 못하는 사람은 없다. 어쨌거나 두려움은 사람이 품는 가장 오래되고도 강력한 감정 가운데 하나니까. 사람은 저마다 자신이 두려워하는 것이 있다. 법의인류학자로 살아가면서 나도 내가 가지고 있는 엄청난 공포증이 고개를 들 때가 여러 번 있었다. 이 공포증은 어렸을 때부터 나와 함께 있던 것으로 아무리 극복해보려고 노력해도 한 번도 그것을 이겨낸 적이 없었다. 하지만 자신을 진정으로 이해하려면 자신의 불안과 단점을 받아들이고 자신의 두려움을 인정해야 한다. 내가 병적으로 두려워하는 존재는 설치류다. 어떤 설치류냐고 물을 필요도 없다. 생쥐, 쥐, 햄스터, 저빌, 카피바라 할 것 없이 설치류는 모두 무서우니까.

바로 얼마 전에는 우리 해부학과를 후원하는 지역 자선단체에서 정말 친절하게도 크리스마스 선물을 보내왔다. 그들은 우리를 위해 쥐를 한 마리 후원하기로 결정한 것이다. 체와(맞다, 그 쥐의 이름이다)는 31b 아프리카 자이언트 캥거루쥐로, 냄새를 맡아 결핵을 찾는 일을 했다. 체와는 마흔 명이 넘는 사람을 살린 영웅이었다. 나는 깊은 감명을 받았다. 당연히 감명을 받을 수밖에 없었다. 하지만 체와가 아무리 나에게 감동을 주고 나를 감탄하게 한다고 해도 나로서는 어쩔 수가 없다. 아무리 영웅이래도 쥐는 쥐니까!

쳐다보는 것만으로도 많은 사람의 속을 뒤집어놓는 시체와 잘리고 부패한 시신을 매일 처리하는 법의인류학자에게 설치류 공포증이라니, 터무니없는 것처럼 들릴지도 모르겠다. 나도 그렇게 생각한다. 하지만 이해한다고 해서 위로가 되는 것도 아니고 설치류 공동체를 덜 두려워하게 되는 것도 아니다. 이것은 내가 살아가는 동안 거듭해서 되풀이된 문제였고, 여러모로 내 직업을 선택하는 데 구체적인 도움을 준 문제였다.

내 설치류 공포증은 우리 부모님이 내가 열한 살이 되어 인버네스로 돌아오기 전까지, 스코틀랜드 서부 해안에 있는 목가적인 캐론 호수 옆에서 스트롬페리 호텔을 운영했던 시절부터 시작됐다. 어느 여름에 그 지역 청소부들이 파업을 하자 호텔 뒤에는 검은색 쓰레기봉투가 하염없이 쌓였다. 여름이 한창이던 시기라 서른 개 객실이 있는 호텔에서 시큼한 냄새가 나는 데는 그다지 오랜 시간이 걸리지 않았고, 우리의 털 달린 설치류 친구들도 고약한 맛이 나는 공짜 음식을 즐기려고 모여들기 시작했다. 그

운명과 두려움,
그리고 공포증

때 나는 아홉 살이었고, 화창한 오후에 아빠와 함께 호텔 뒤쪽을 부지런히 돌아다니던 순간을 선명하게 기억한다. 아버지는 차분한 목소리로 벽에 기대어 놓은 빗자루를 달라고 하셨고 나는 조금도 망설이지 않고 아버지의 말을 따랐다.

  아버지는 그다음에 일어난 일은 절대로 다시는 일어나지 않을 거라고 맹세했지만 아니, 나는 알았다. 정말로 알고 있었다. 그때부터 그 사건은 매일 나를 쫓아다니면서 내가 털 달린 설치류 친구들을 만나야 할 때마다 늘 떠올랐으니까. 아버지는 벽 한쪽 구석으로 달려가는 쥐를 발견했다. 정말로 끔찍했다. 나에게는 정말 커다란 쥐였다. 그 쥐는 잔뜩 겁에 질려 있었지만 싸우겠다는 투지에 차 있었다. 지금도 눈을 감으면 빛나던 빨간 눈, 입 밖으로 드러난 노란 이빨, 마구 흔들어대던 꼬리가 선명하게 떠오른다. 그 쥐는 으르렁거리기까지 했다. 정말이다. 공포에 질린 쥐는 아버지에게 죽어라고 맞는 동안 필사적으로 도망가려고 펄쩍펄쩍 뛰다가 나에게 달려들어 나를 물어버렸다. 그 쥐는 콘크리트 바닥이 시뻘건 피로 물들 때까지 몸부림쳤지만, 결국 경련을 멈추고 완전히 뻗어버렸다. 아버지가 그 쥐를 주워 들어 쓰레기통에 버린 기억은 전혀 나지 않는다. 아마도 너무 충격을 받아 잊어버렸을 것이다. 어쨌거나 그 뒤로는 나 혼자서 절대로 호텔 뒤로 가지 않았고, 그때부터 내 마음속 깊은 곳에서는 모든 설치류에 대한 건강하지 못한 두려움과 혐오가 서서히 자라났다.

남아 있는 모든 것
All That Remains

설치류 공포증은 인버네스 부근에 있는 시골 지역으로 이사를 온 뒤에도 줄곧 문제가 됐다. 우리가 살았던, 벽이 두꺼웠던 오래된 집은 한쪽 옆으로는 개울이 흘렀고 다른 쪽 옆으로는 들판이 있었다. 그것은 겨울이면 작고 부산스러운 악당들이 추위를 피해 집 안으로 들어와 우리 식료품 저장실을 습격한다는 뜻이었다. 밤마다 나는 쥐가 펄쩍 뛰어올라 내 발목을 움켜잡을지도 모른다는 두려움에 떨면서 침대로 들어갔다. 침대에 누워 있을 때면 작은 악당들이 내 머리 위에 있는 서까래 위에서 부산하게 움직이는 소리가 들렸다. 거리를 잘못 판단해 서까래 사이를 훌쩍 뛰다가 벽에 난 틈으로 떨어지는 쥐도 있었다. 그럴 때면 그 쥐가 내 방으로 들어올 거라 확신하고 이불을 머리까지 뒤집어쓰고 작은 짐승들이 내 이불 속으로 들어오지 못하도록 힘껏 움켜잡았다.

밤에 침실에서 화장실로 가야 할 때면 맨발로 어두운 복도를 걸어야 했다. 그러니까 어느 날 밤 층계참을 따라 걷고 있을 때 털 달린 동물이 나를 향해 달려오면서 찌익 하는 소리를 냈을 때 내가 얼마나 무서웠을지를 생각해보라. 나는 기겁을 했고, 그때부터 몇 달 동안이나 아무리 화장실에 가고 싶어도 밤이면 절대로 내 방에서 나가지 않았다.

학생 때는 동물학 시간에 쥐를 만나야 했다. 그곳에서 만난 쥐는 내가 해부해야 할 실험 대상이었다. 다른 동물이었다면 아무 문제없이 해부할 수 있었을 것이다. 하지만 그 어떤 말로도 내가 자발적으로 쥐를 만지게 할 수는 없었다. 죽은 쥐들이 담긴 용기에서 한 마리를 꺼내는 일도 할 수 없었다. 나는 해부학 파트너였던 그레이엄에게 나를 위해 쥐를 한 마리 꺼내 해부대 위에 핀으로 고정해달라고 부탁했다. 그레이엄은 나를 위해 휴지 두 장으로 쥐의 머리와 작고 뾰족한 이빨, 꼬리를 가려주었다. 나는 그 세 부분 가운데 어느 하나도 똑바로 쳐다볼 수가 없었다. 세 부분을 모두 가린 뒤에야 나는 메스로 쥐의 가슴과 배를 열어 간과 위나 콩팥 같은 내부 장기를 꺼낼 수 있었다.

해부를 다하고 쥐를 치워야 할 때면 그레이엄이 나 대신에 쥐를 고정하고 있던 핀을 모두 빼고 다시 쥐를 용기에 넣어주었다(그레이엄은 정말 좋은 친구였다). 말할 필요도 없이 나는 그 뒤로 동물학자가 되려는 시도는 절대로 하지 않았고, 마찬가지 이유로 연구소에서 근무할 생각도 버렸다. 앞에서 말했듯이 학위를 따기 위해 반드시 연구 프로젝트를 진행해야 했을 때 내가 사람 신원 확인 프로젝트를 택한 이유도 모두 죽은 설치류를 다룰 필요가 없었기 때문이다.

템스강 남쪽 둑을 따라 위치한 세인트토머스병원에서 설치류 공포증이 문제가 되리라는 점은 분명했다. 출근 첫날 교수실까지 걸어가면서 쥐덫과 독약이 놓인 작은 그릇이 건물 벽을 따라 쭉 놓여 있는 걸 보며 이곳에서의 일이 즐겁게 끝나지는 않으리라고 생각했다. 상황이 이렇다면 털 달린 작은 동물을 보는 것은 시간문제였기 때문이다. 그리고 정말로 어느 날 아침, 교수실에 도착해 창문 옆에 있는 책상으로 걸어가다가 바닥 한가운데 죽어 있는 어마어마하게 큰 설치류를 보았다. 실제로는 10센티미터쯤 되는 생쥐였지만, 내가 느끼기에는 충분히 체와만큼 컸다.[21]

> 21 아프리카 자이언트 캥거루쥐는 1미터까지도 자란다.

나는 우리 기술자 존에게 전화를 걸어 당장 내 방으로 올라와 도와달라고 소리쳤다. 내가 끔찍한 공격을 받고 있다고 생각한 존은 한걸음에 달려와 의자에 앉아 몸을 부들부들 떨면서 울고 있는 나를 보았다. 나는 죽은 생쥐를 가리키며 저런 게 방 한가운데 있으면 나는 어디로도 움직일 수 없을 거라고 말했다. 생쥐 때문에 교도소에 갇힌 수감자처럼 꼼짝도 할 수가 없었다. 내 모습을 보면서 존은 분명히 어처구니없다고 비웃었겠지만, 그는 매우 친절한 사람이었기에 조용히 생쥐를 들고 밖으로 나갔고 그 뒤로는 단 한 번도 나에게 그 일에 관해 말한 적이 없었다. 내가 아는 한 그 누구에게도. 더구나 존이 정기적으로 내 방에 들러 주었기 때문에 더 이상 생쥐가 나온 적은 없었다. 설치류 때문에 그 난리를 치다니, 조금은 바보처럼 느껴졌지만 그때쯤에는 이미 설치류 공포증이 내 안에 확고하게 자리 잡고 있었다.

그리고 코소보가 있었다. 세르세에 있던 시체 보관소는

원래는 곡물 창고였던 곳이라 설치류를 자석처럼 끌어당기는 곳이었다. 그것도 무더기로 말이다. 아침마다 나는 우리 팀의 치안을 담당했던 네덜란드 병사들에게 제발 나 대신에 시체 보관소 문을 열고 시끄러운 소리를 내면서 들어가 설치류들을 쫓아달라고 정중하게 간청했다. 설치류가 건물 안에 있다는 사실을 알고 있는 한, 나는 한 발짝도 발을 안으로 들일 수가 없었다. 군인들이 들어가면 작은 생명체들이 재빨리 달아나면서 자신들을 방해한 사람들에게 불평을 터뜨리는 소리를 들을 수 있었다. 네덜란드 군인들은 정말로 친절해서 내 부탁을 받고 투덜댄 적이 단 한 번도 없었다. 어쩌면 그 군인들은 내가 내 일을 어떤 식으로 준비하는지를 보고 내가 일에 있어서만큼은 완전한 바보도 멍청이도 아님을, 내 두려움이 어처구니는 없을지언정 거짓은 아님을 이해해주었는지도 모른다.

하지만 코소보에서 겪었던 가장 끔찍한 경험은 세르세 시체 보관소가 아닌 프리슈티나 북동쪽에 있는 포두예보에서 있었다. 이곳은 1999년 초 세르비아 불법 민병대 '전갈'이 대부분이 여성과 아이였던 알바니아계 코소보 사람 열네 명을 학살한 곳이다. 세르비아인들은 피해자들의 시신을 그 지역 고기 시장 밑에 묻었다고 했다. 사람들 시신 위에 소나 말의 사체가 쌓이면 현장에 나와 땅을 파본 수사관이 동물 뼈만 발견하고 더는 파들어 가지 않은 채 수사를 종결하게 하려는 의도에서 그렇게 한 것이다.

고기 시장을 파들어 가던 날은 찌는 듯이 더웠다. 사람이 직접 다가가 자세히 살펴볼 만한 것이 나오기 전까지는 일단 굴착기로 천천히 가장 위층에 있는 흙을 아주 조금씩 떠냈다. 나는 굴착기가 파들어 가는 구덩이에서 조금 떨어져 있었다. 우리 차 트렁크를 열어서 만든 그늘 밑에서 기다리고 있었는데, 갑자기 구덩이 근처에 있던 사람들이 웅성거리기 시작했다. 무슨 일인지 보려고 구덩이로 걸어가고 있는데 갑자기 한 군인이 급하게 내 이름을 부르더니 그 자리에서 멈추라고 했다. 내 시선을 끈 그 군인은 나에게 손가락을 쭉 내밀면서 소리쳤다. "멈춰요! 보면 안 됩니다!" 나는 그의 말대로 했다.

사건의 전모는 이랬다. 땅을 파들어 가던 굴착기가 말 사체를 건드렸다. 그건 있을 수 있는 일이었다. 문제는 그때 사체를 먹이 자원으로 활용하던 쥐 굴도 함께 건드렸다는 것이다. 굴착기가 굴을 무너뜨리자 굴에 거주하고 있던 주민들은 도래하는 위험을 피해 말 그대로 "쥐 꼬랑지 빠질 정도로" 미친 듯이 탈주하기 시작했다. 쥐가 모두 사라진 뒤에야 나를 멈춰 세운 군인이 웃으면서 말했다. "됐습니다. 이제 와서 구덩이를 보시죠, 숙녀분." 으, 냄새가 정말 지독했다. 그렇다, 나는 썩은 말의 핏속에서 작업을 해야 하는 거였다. 그래도 쥐가 없는 건 분명했으니, 나는 충분히 행복했다.

군인들은 나와 나의 예민함을 보살펴주었다. 필요할 때

면 나약한 여자처럼 굴었다는 사실에 죄책감을 느끼지는 않는다. 그렇다고 군인들이 나를 과잉보호하지는 않았으니까. 나는 그런 군인들을 존경했다. 확실히 우리 팀은 과잉보호라는 말이 들어설 여지가 거의 없었다. 썩어서 흐물흐물해진 말 사체가 당연히 좋은 냄새를 풍길 리는 없었지만, 그 구덩이에서 맡은 냄새는 장담하건대 나로서도 거의 맡아본 적이 없을 만큼 지독했다. 점심시간이 되었을 때 나는 아주 정중하지만 단호하게 혼자 바람 부는 방향으로 앉아 있으라는 요청을 받았다. 아, 정말 치욕적이었다.

◇

코소보에서의 극단적인 작업과 생활 환경을 생각해보면 누구든지 자기가 품고 있던 두려움과 취약함을 드러내 보이는 순간이 어쩔 수 없이 오게 마련이다. 우리 모두 제대로 해내지 못하는 순간이 와도 괜찮았다. 중요한 것은 동료가 그런 문제를 겪고 있을 때 우리 모두 서로를 보살펴주었다는 사실이다.

대량 사망 사건이나 사람이 사람에게 저지른 극악한 범죄를 접한 사람은 당연히 지워지지 않는 흔적이 인생에 남는다. 나는 베스트셀러 작가 발 맥더미드와 함께 많은 공공 행사에 참석했고, 우리 두 사람은 좋은 친구가 되었다. 아주 영리하고 다른 사람의 기분을 감지하는 능력이 탁월한 발은, 내가 공공 행사에 참석할 때는 아주 별나고 사람들을 웃게 하고 기묘한 웃음을 터뜨릴 수 있는 사람이지만 코소보 이야기만 시작하면 베일이 하나 내려와 아주 멀리 가버리는 것만 같다고 했다. 코소보 이야기만 하면 내 목소리가 생각에 잠긴 것처럼 변하고 아련한 슬픔이 느껴진다고 했다. 나로서는 깨닫지 못하고 있던 일이지만, 그렇다고 놀랍지는 않았다.

아마도 그것은 균형을 유지하려는 필요에서 생겨나는 무의식적인 반응이라고 생각한다. 여러 일이 머릿속에서 섞이지 않도록 구획화하는 것은 인지 선택 과정으로, 이는 훈련을 해야지만 얻을 수 있는 능력이다. 나는 내가 무신경하고 차가운 사람이라고는 생각하지 않는다. 하지만 공정하고 냉정하다고는 생각한다. 그럴 필요가 있다고 생각할 때 나는 못처럼 단단한 사람이 된다. 특히 일을 할 때면 본능과 감정이 반응하지 못하게 하고 내 머릿속에 있는 냉정하고 무심한 상자의 문을 열어두려고 최선을 다한다. 법의인류학자가 자신이 만난 사람의 엄청난 고통을 계속해서 곱씹거나 끔찍한 광경에 매몰되어버리면 제 일을 제대로 해내는 효율적인 과학자가 될 수 없다. 우리는 죽은 사람의 고통을 떠안을 수 없다. 그것은 우리가 해야 할 일이 아니다. 우리가 해야 할 일을 제대로 하지 않으면, 우리는 누구도 도울 수 없다.

의사소통 과학communicating science을 지지하는 배우 앨런 알다는 위대한 일은 문지방에서 일어날 때가 많다는 말을 했다. 마음속에서 의식적으로 그 문지방을 넘으면 한 세계에서 다른 세계로 옮겨갈 수 있다. 각 문지방 너머에는 독자적인 공간이 있는데, 나는 그 공간을 방이라고 생각한다. 나는 이 방들을 매우 잘 알아서 그날 내가 해야 할 일에 맞춰 자연스럽게 가장 어울리는 방으로 들어간다.

부패한 시신을 다뤄야 할 때면 냄새가 나지 않는 방을 찾는다. 살인이나 시신 훼손 사건, 충격적인 외상을 입은 시신을 다루어야 할 때면 차분하게 안정을 느낄 수 있는 부드러운 공간에서 그날 하루를 보낸다. 아동 학대와 관계가 있는 사건을 다룰 때면 도무지 이해할 수 없는 폭력에 관해 보고 들은 일들이 내 개인적인 영역으로 넘어오지 못하게 하려고 가장 멀리 떨어져 있어 감정이 거의 작용하지 않는 방으로 들어간다. 각 방에 들어가 있는 동안, 과학 훈련을 받은 내용을 사전에 계획한 대로 관찰에 적용하기는 하지만, 반드시 감정적으로 깨어 있는 참가자가 아닌 어떠한 역할도 하지 않는 관찰자가 되려고 의식적으로 애쓴다. 그러니까 거의 분석적 자동화의 한 형태라고 할 수 있다. 진짜인 나는 상자 안에서 일어나는 감각 충격에서 벗어나 초연한 채로 상자 밖 어딘가에 머무는 것이다.

해야 할 일을 점검하고 기록하고 의견을 정리하고 맡은 일을 모두 끝내고 나서 내가 해야 할 일은 다시 방문을 열고 밖으로 나가 일상으로 돌아가는 것이다. 그때부터는 집으로 돌아가 다시 엄마이자 할머니, 아내이자 평범한 사람인 내가 된다. 평범한 나는 앉아서 영화를 보고 쇼핑을 하고 정원에서 잡초를 뽑고 케이크를 만든다. 문은 반드시 잠가놓아야 한다. 그래야 누구도 그 상자 안을 헤집을 수 없고 한 세계가 다른 세계를 침범하는 일도 일어나지 않는다. 두 세계는 완벽하게 분리되어야 하며, 두 세계 모두 완벽하게 보호되어야 한다.

그 문을 여는 암호는 나만이 알고 있다. 그 상자 안에서 벌어지는 일은 오직 나만이 경험할 수 있다. 그 상자 안에는 온갖 악령이 숨어 있다가 내가 일을 할 때면 내 뒤에서 나를 지켜본다. 법의학 세계에 머물 때는 평온하게 그런 악령들과 함께할 수 있다. 하지만 법의학 세계에서 나올 때는 반드시 그 악령들은 상자 안에 가둬두고 와야 한다. 절대로 그것들을 밖으로 풀어줄 수 없다. 악령들에게 말을 걸 필요도 없고 그 악령들에 관해 이야기하려고 상담을 받을 필요도 없다. 내 법의학 공책에는 그 악령들에 관해 적겠지만, 논문에도 공식 기록에도 그 악령들 이야기는 남기지 않을 것이다. 경우에 따라서는 기밀을 유지해야 할 때도 있지만 그렇지 않은 경우에도 살아 있는 사람이든 죽은 사람이든 타인의 취약함은 당연히 보호하며, 비밀을 누설하지 않을 책임을 나 자신에게 부여한다. 내가 보고 내가 하는 일 가운데는 나의 가족과 친구들이 알 필요도 없고 알아서도 안 되는 일이 있다. 내가 이 책에서 언급한 일들은 이미 대중에게 공개가 되어 있다. 개인

운명과 두려움,
그리고 공포증

상자에 넣어 은밀하게 감춰야 하는 사건들이 아니다.

비밀을 지키는 것은 나를 보호하기 위함이기도 하다. 판도라의 상자처럼 언젠가는 내 상자도 붕괴할지 모른다는 두려움은 현실이 될 수도 있다. 문을 제대로 닫아두지 않으면 누군가 초대받지 않은 곳을 기웃거리다 악령을 일부, 어쩌면 전부를 풀어놓을 수도 있기 때문이다. 다행히 지금까지는 두 세계를 완벽하게 분리해 관리할 수 있었다. 두 세계의 경계가 무너지면 나는 수많은 외상 후 스트레스 장애의 희생자가 되어 더는 내 일을 할 수 없게 될 것이다. 왜냐하면 더 이상 공정한 관찰자로서 효과적으로 일할 수 없을 거라는 걸 알기 때문이다.

우리는 우리 일이 우리 자신에게 미칠 수 있는 영향력에 주의를 기울여야 하며, 아무 경고 없이 갑자기 덮쳐 우리를 뒤흔들 수 있는 충격을 과소평가해서도, 우리에게 그런 충격을 이길 힘이 있으리라고 확신해서도 안 된다. 크고 작은 여러 사건이 그런 상황을 야기할 수 있지만 그런 상황이 자신을 덮칠 것임을 예측할 수 있는 사람은 없다. 내 주변에도 자신이 경험했던 일을 뇌리에서 떨쳐버리지 못하고 끝내 파괴적인 외상 후 스트레스 장애를 겪으며 일도 할 수 없고 인생도 인간관계도 직업도 모두 잃어버린 동료들이 있다. 정신 건강을 유지하려면 자주 주의를 기울여야 한다. 우리는 경계를 늦추지 말고 감금된 악령이 튀어나오지 못하도록 경계를 서야 한다. 하지만 그런 악령이 튀어나와 참사가 벌어질 때마다 그런 결과가 생긴 이유를 두고 그 사람이 지닌 약점 때문이라고 탓할 수는 없다.

　　나는 죽음을 두려워해야 할 이유가 전혀 없다고 믿기 때문에 내 경우에는 은밀하게 숨어 있는 악령이 여전히 살아 숨 쉬는 범죄자들의 행위와 관계가 있다고 생각한다. 내가 일하면서 겪은 경험이 나의 삶으로 들어와 내 개인적인 삶을 위협한다고 느낀 적이 딱 한 번 있는데, 그런 위협을 불러일으킨 자극제는 죽은 사람의 유령이 아니라, 사람이 다른 사람에게 저지를 수 있는 끔찍한 행위에 내 영혼이 무의식적으로 지독한 영향을 받았기 때문이라고 생각한다.

　　그 일은 한 소년이 우리 막내딸 애나에게 학교 댄스파티에 함께 갈 파트너가 되어달라고 부탁하면서 시작됐다. 긴 드레스를 입고 어른처럼 머리를 치장한 애나는 정말 매력적이었다. 그 댄스파티는 아주 큰 행사였기 때문에 톰과 나는 보호자 자격으로 파티에 참석해 규칙은 제대로 지켜지고 있는지, 아이들이 술을 마시는 것은 아닌지, 연기는 바비큐 연기뿐인지를 감시하고 있었다. 그러다 문득 댄스 플로어에서 춤을 추는 애나를 보았다. 애나는 내가 모르는 중년 남자와 춤을 추고 있었다. 애나는 작은 학교에 다니고 있었기 때문에 나는 내가 학교와 관계된 사람은 모두 알고 있다고 생각했다. 하지만 나를 비롯해 아무도 그 사람이 누구인지 몰랐다.

갑자기 심장이 거칠게 뛰기 시작하며 내 스트레스 수치가 하늘 위로 치솟았고 얼굴이 화끈거릴 정도로 달아올랐다. 그 사람에게 달려가 도대체 누구냐고, 누구이기에 내 딸과 춤을 추고 있느냐고 묻고 싶은 충동을 꾹 눌러 참으려고 마지막 남은 의지까지 끌어모아야 했다. 딸 옆으로 가지 않으려고 애쓰면서 나는 두 사람의 행동을 하나도 놓치지 않고 응시했다. 두 사람이 빙글빙글 돌면서 왈츠를 추는 동안 나는 그 남자의 손이 어디에 가 있는지, 그 남자가 우리 딸에게 얼마나 가까이 다가가는지, 두 사람이 웃으며 말할 때 그가 어떤 육체 반응을 보이는지를 면밀하게 살폈다. 그 불쌍한 남자는 발걸음 하나, 손놀림 하나 잘못하는 동작이 없었지만 그래도 내 머릿속에서 울리고 있는 경고음은 도무지 꺼질 줄을 몰랐다.

그런 내 반응이 내 성격과는 전혀 어울리지 않으며 너무나도 지나치다는 사실을 인정하면서도, 심장은 여전히 미친 듯이 뛰었고 나는 나에게 침착하라고, 빨리 다시 정상으로 돌아가는 게 옳다고 말했다. 이 행사는 학교에서 제대로 준비했고, 이곳에 있는 어른은 모두 선생님 아니면 학부모일 테고, 내 딸은 나에게서 고작 몇 미터밖에 떨어져 있지 않으며 저 애가 위험하다는 징후는 전혀 보이지 않는다며 나 자신을 타일렀다. 하지만 그런 생각도 두 사람의 춤이 끝나자마자 내가 곧바로 애나에게 달려가 질문하는 걸 막지는 못했다. 애나에게 서둘러 달려간 나는 즐거운 시간을 보냈는지, 함께 춤을 춘 사람은 누구인지 물었다. 그 사람은 애나를 댄스파티에 초대한 아이의 아버지였다. 나는 바보가 된 기분이었지만 지금도 그때를 생각하면 몸이 파르르 떨린다.

외상 후 스트레스 장애를 겪는 사람들은 그런 느낌을 받는 걸까? 나로서는 잘 모르겠다. 하지만 고맙게도 그때 느낀 공포와 위협을 그 전에도, 그 후에도 느껴본 적이 없었다. 내가 느낀 기분을 아이를 과보호하는 엄마의 마음이라고 말하고 싶은 사람도 있겠지만, 나는 확실히 제정신이 아니었고, 그건 전혀 나답지 않은 일이었다. 정말로 미쳐버릴 것 같은 순간이었지만 그 때문에 그런 감정이 이 세상에 존재한다는 사실을 알게 되었고, 내가 그런 감정을 느낀다는 사실을 즉시 알아챘다는 것은, 혹시라도 나에게 외상 후 스트레스 장애가 온다면 그것을 충분히 인지할 수 있을 거라는 뜻이기도 했다.

어쩌면 그 주에 우리가 소아성애자 네 명의 신원을 확인하는 작업을 하고 있었기에 내가 나답지 않게 그런 기분을 느꼈던 것인지도 모른다. 당연히 우리는 대부분 죽은 사람을 다루지만, 법의인류학의 역할은 살아 있는 사람의 신원을 확인하는 일로 확장될 수도 있다. 우리가 해낸 한 가지 중요한 혁신은 던디대학교의 우리 법의학팀이 영국에서도 영국 밖에서도 아동 학대 사건을 수사하는 데 도움을 줄 수 있게 되었다는 것이다. 모두 한 가지 특별한 사건을 수사할 때 나온 질문에 답하려고 애쓰다가 만들어낸 결과물이었다.

신원을 확인하려고 조사를 하다 보면 전적으로 새로운 영역을 탐구할 수 있는 흥미로운 기회를 제공하는 그런 질문들을 만날 때가 종종 있다. 신원 확인에 사용되는 기술들은 상당수가 초기에 개발되어 100년 넘게 사용되어 왔기 때문에 새로운 기술이 탄생하는 진귀하고 멋진 사건은 쉽게 일어나지 않는다. 그런 사건의 한 가지 예가 DNA 감식법이다. 레스터대학교 알렉 제프리스 경이 발명하고 개발한 DNA 감식법은 결국 법의학 세계의 표준으로 자리 잡았고 법의학의 영역을 영원히 바꿔버렸다. 그런데도 우리는 1980년대까지는 우리 법의학 도구 상자에 DNA 감식법이 없었다는 사실을 너무나도 쉽게 잊어버린다.

경찰이 까다로운 사건을 해결하는 데 도움을 달라고 요청했을 때 나에게도 그런 길이 열렸다. 사건을 수사하는 데 활용한 방법론이나 기본 원리는 새로울 것이 없었지만 우리는 그런 기본 도구를 새롭게 적용하는 방법을 찾아냈다. 가끔은 사회 환경이 바뀌어 사라진 옛 기술이 다시 살아나거나 특별한 해결 방법이 '자신의 때'를 만날 때가 있는데, 내 분야에서도 실제로 그런 일이 일어났다.

2006년 나는 닉 마시의 전화를 받았다. 그는 그 당시 런던 경찰청 사진과 과장이었고 코소보에서 함께 일한 동료였다.

닉은 도저히 어떻게 해결해야 할지 모를 문제가 생겼는데, 나에게는 해결책이 있지 않을까 싶어 전화했다고 했다. 그 당시에 런던 경찰청은 10대 딸이 아버지를 성추행 혐의로 신고한 사건을 조사하고 있었다. 경찰은 유력한 증거가 될 수 있는 영상을 확보했지만 그 영상에서 증거를 찾을 방법을 전혀 모르고 있었다. 솔직히 말하면 나도 마찬가지였다.

    그 아이는 한밤중에 아버지가 자기 방으로 들어와 만지면 안 되는 곳을 만진다고 주장했다. 딸은 어머니에게 그 사실을 알렸지만 딸을 믿을 준비가 되어 있지 않았던 어머니는 딸이 관심을 끌려고 거짓말을 한다고 생각해버렸다. 이 영리하고 용감한 어린 소녀는 그대로 포기하지 않고 자신이 사실을 말하고 있음을 입증하려고 밤새 컴퓨터 카메라를 켜두었다. 오전 4시 30분 아이의 컴퓨터 카메라는 방으로 들어온 한 성인 남자의 팔과 오른손이 아이가 누워 있는 침대로 다가가 아이를 만지는 모습을 찍었다. 아이가 말한 그대로였다.

    주위가 어두울 때 카메라는 자동으로 적외선 촬영 모드로 전환되기 때문에 영상은 흑백으로 찍혀 있었다. 적외선 촬영 모드로 살아 있는 사람의 신체를 촬영하면 피부 가까이 있는 정맥을 타고 흐르는 탈산소화된 혈액이 근적외선 광선을 흡수한다. 아이의 방에서도 침입자의 정맥이 근적외선을 흡수해 침입자의 손은 지도 위에 그려진 검은색 전철 노선도처럼 정맥의 형태를 뚜렷하게 드러내고 있었다. 우리가 궁금한 점은 이거였다. 손과 팔에 나타난 정맥의 형태로 신원을 확인할 수 있을까? 그에 대한 답은 알지 못했지만 그 문제에 관해 생각해보고 이미 있을지도 모를 연구 문헌들을 찾아보기로 했다.

인체 구조의 변이를 다룬 문헌은 아주 많다. 일반의학, 외과, 치과의 세계에서 인체의 변이를 다룬 문헌은 아주 중요하지만, 그것은 사람의 신원을 파악하는 법의학의 세계에서도 충분히 중요한 역할을 할 수 있다. 1543년 안드레아스 베살리우스는 사람의 말단부(손과 발)에 있는 정맥은 사람마다 위치와 형태가 상당히 다를 수 있고, 당연히 있으리라고 예상하는 팔에서 정맥을 찾을 때도, 팔오금과 손가락 끝 사이에는 분명한 확신을 가지고 그 위치를 찾을 수 있는 정맥이 하나도 없음을 알고 있었다. 베살리우스 시대에서 350년이 지나 20세기가 밝아 올 무렵, 또 다른 법의학자인 파두아대학교의 아리고 타마시아 교수는 손등의 두 정맥이 같은 형태로 뻗어 있는 사람은 아무도 없다고 주장했다.

타마시아는 인체의 특징을 기록하고 범죄 상황을 판단하는 수단으로 각광받기 시작한 인체 측정학 분야의 '베르티용식 인체 식별법Bertillon system'에 비판적이었다. 베르티용식 인체 식별법은 지문 감식과 함께 그 당시 가장 많이 활용된 과학적 범죄수사 방법이었다. 정맥의 형태는 위장할 수 없으며 나이를 먹어도 바뀌지 않고 파괴할 수도 없기 때문에 타마시아는 정맥의 형태를 이용하면 범죄자의 신분을 확인할 수 있으리라고 생각했다. 그 같은 가정 아래 그는 지문 감식 기술을 익히려면 오랜 시간 훈련을 받아야 하지만 정맥의 형태는 기본적으로 크게 여섯 가지로 나뉘며 그 밑에 하위 패턴이 여러 개 있고 사진을 찍거나 종이에 그리기만 하면 비교해볼 수 있기 때문에 법을 집행하는 사람들이 정맥 감식법을 훨씬 쉽게 활용할 수 있다고 주장했다.

미국은 타마시아의 신기술을 재빨리 받아들였다. 1909년에는 『빅토리아콜로니스트』가, 1910년에는 『뉴욕타임스』와 『사이언티픽아메리칸』이 타마시아의 신기술을 혁명이라고 부르며 환호했다.

타마시아는 상당한 열의를 가지고 정맥의 형태는 "지워지지 않고 파괴되지 않는, 믿을 수 있는 확실한" 신원 확인 수단이라고 말했다. 그런 타마시아의 표현은 성급한 면이 없지 않았지만, 작가 아서 B. 리브가 미국판 셜록 홈스라고 불리기도 하는 크레이그 케네디 교수를 내세워 만들어낸 탐정 소설 시리즈 덕분에 타마시아의 선언은 불멸을 얻게 되었다. 1911년 작품 『독 묻은 펜 The Poisoned Pen』에서 케네디 교수는 "당신이야 그 사실을 알지 못했겠지만 손등에 나 있는 정맥의 형태는 사람마다 다르지요. 따라서 지문이나 귀의 형태처럼 지워지지 않고 파괴되지 않는, 믿을 수 있는 확실한 증거가 됩니다"라는 말로 범인에게 맞섰다.

하지만 왜인지 모르지만 정맥 형태와 과학의 사랑은 끝

이 나버렸고 정맥 감식법의 영광도 사그라져버렸다. 하지만 모든 좋은 생각이 그렇듯이 정맥 감식법도 죽지 않고 우연이 기회를 만들어주면 깨어날 준비를 한 채로 잠들어 있었다. 1980년대 초 영국 코닥사에서 자동 조절 기술자로 일하던 조 라이스는 자신이 정맥의 형태로 사람을 구별하는 법을 발견했다고 믿었다. 물론 그런 방법을 발견한 사람은 라이스 이전에도 베살리우스와 타마시아가 있었으니 라이스의 믿음은 잘못된 것이었다. 라이스는 적외선 기술을 활용해 자신의 정맥 형태와 더 나아가 다른 사람의 정맥 형태를 저장할 수 있는 생체 인식 혈관 바코드 판독기를 만들었다. 그가 판독기를 만든 이유는 은행 카드와 신분증을 도난당했기 때문인데, 라이스는 자신이 만든 정맥 판독기가 비밀번호보다 훨씬 더 안전하게 개인 정보를 지킬 수 있는 방법이라고 주장했다.

　　라이스는 정맥 판독기로 특허를 받았지만 세상은 여전히 지문 감식에 매달렸고, 그의 발명품은 타마시아의 발명품처럼 사용하는 사람이 거의 없었다. 그러다 21세기가 되었고, 사람들은 생체 인식 기술과 보안에 열광하기 시작했다.

　　라이스의 특허 기간이 만료되자 히타치사와 후지츠사는 정맥 형태가 가장 일정하며 뚜렷하게 식별 가능하고 정확한 인체의 특징이라고 선전하면서 정맥을 이용한 생체 인식 보안 제품을 출시했다. 현재 보안 전문가들은 정맥은 나이가 들어도 변하지 않고 파괴되지 않으며 모방할 수 없기 때문에 정맥 형태 인식 기술을 가치 있는 생체 인식 기술이라고 생각한다. 역사가 늘 반복된다는 건 정말 멋진 일이다!

정맥의 형태를 신원 확인 수단으로 쓰려면 먼저 검색할 수 있는 자료를 구축해야 한다. 그런 뒤에 사람이 손을 정맥 감식 판독기 위에 올리면 자동적으로 그 사람의 정맥 형태와 자료에 담긴 모든 정맥의 형태를 비교해 일치하는 정맥을 찾아낼 수 있어야 한다. 손은 늘 밖으로 드러나 있기 때문에 건강에 문제가 될 위험도 없고 검사를 한다고 해서 불편하거나 오염될 염려도 없다.

사람마다 정맥의 형태가 다르다는 사실을 확인해보고 싶으면 그저 왼손과 오른손의 손등을 비교해보고, 자신의 손과 다른 사람의 손을 비교해보면 된다. 손등에 털이 많이 났거나 살이 많아 정맥이 잘 보이지 않는다면 안쪽 손목을 지나는 정맥을 살펴보면 된다. 정맥은 사람이 태어나기 전에 각자 독특한 방식으로 형성되기 때문에 일란성 쌍둥이도 정맥의 형태는 다르다. 태아의 몸에서 혈관은 조그맣게 고립된 혈구 '웅덩이'들이 발달해 만들어진다. 심장이 펌프질을 시작하고 이완되면 따로 떨어져 있던 웅덩이들이 서로 연결되어 동맥과 정맥을 만든다. 동맥은 위치나 형태가 거의 분명하게 정해져 있다. 하지만 정맥은 좀 더 가변적인데, 심장에서 멀어질수록 더 많이 변한다. 베살리우스가 관찰한 것처럼 팔이나 다리보다 손과 발의 정맥 형태에 변화가 많은 이유는 그 때문이다.

 2006년에는 베살리우스(해부학 표본이란 측면에서)와 타마시아(법의학 연구라는 측면에서)가 확립한 기본 이론과 라이스와 히타치사, 후지츠사가 개발한 생체 인식 기술을 한데 합쳤을 때 얻는 이득을 활용할 수 있게 되었다. 정맥 형태 생체 인식 기술은 10대 딸이 아버지를 고소한 성추행 사건을 수사하는 경찰들이 제시한 의문에 답을 줄 수 있지 않을까?

 하지만 우리에게는 수학적 알고리즘에 근거해 미리 구축되어 있는 정맥 형태 자료와 우리가 10대 딸의 컴퓨터 영상에서 확보한 정맥 형태를 비교해볼 수 있는 방법이 없었다. 따라서 구치소에 수감되어 있는 아이의 아버지의 팔과 손을 찍어 비교해야 했다. 이 같은 방법은 정맥 형태 생체 인식 기술을 만든 후대인들이 아니라 타마시아의 신원 확인 방법에 더 가까웠다. 만약 딸의 컴퓨터 영상에 찍힌 팔과 손의 정맥 형태가 구금되어 있는 아버지의 것과 다르다면, 범인과 아버지는 동일 인물이 아니니 경찰은 아버지를 풀어줘야 했다. 하지만 두 인물의 정맥 형태가 같다고 해도 정맥의 형태가 얼마나 다양한지, 이 세상에 정맥 형태가 동일한 사람이 정말로 없는지에 관한 정확한 통계 자료가 없기 때문에 완벽한 확신을 가지고 영상 속 인물과 구금된 아버지가 동일 인물이라는 결론을 내릴 수는 없다. 현대에 살고 있는 우리가 500년 전에 죽은 베살리우스나 거의 100년 전에 사망한 타마시아에게 조언을 구할 수는 없으니, 결국 우리가 해야 할 일은 본질적으로 아이의 아버지를 용의선상에서 제외할 것인지를 알아내는 일이었다. 이런 문제에 베살리우스나 타마시아가 명확한 답을 줄 수 있었을까? 해부학에 관해서는 우리가 기억하는 것보다 더 많은 내용을 집단적으로 잊어버리는 것은 아닐까 하는 생각이 가끔 들 때가 있다.

    법의학에서는 어떠한 기술이 되었든지 그 기술이 갖는 능력을 과대평가하지 않는 것이 중요하다. 한 사람이 무죄인가 유죄인가를 결정하는 것은 우리 일이 아니다. 공정하게 증거를 살피고, 우리가 증거를 살필 때 사용한 방법과 발견한 사실이 갖는 신뢰도와 정확성, 반복 정밀성을 설명하고, 정직하고 투명하게 전문가로서 명확한 의견을 제시하는 것이 우리가 맡은 의무이며 책임이다.

    우리는 아이의 방에 들어간 범인의 오른손과 팔의 정맥 형태를 아이 아버지의 것과 비교했고, 그 결과를 들고 우리의 의견을 말하려고 법정에 출두했다. 법정에 그런 증거를 제출한 경우가 한 번도 없었기 때문에 판사와 법률팀은 우리가 제시한 증거를 채택할지를 놓고 많은 시간 논의했다. 판사는 증거 채택 여부를 결정하는 예비 심문 과정이 필요하다고 보고 일단 배심원들을 법정 밖으로 내보냈다. 예비 심문 과정에서는 생체 인식 기술 산업이 아직 역사가 짧고 검증 과정을 거치지 않았지만 우리

운명과 두려움,
그리고 공포증

가 제출한 증거는 믿을 만한 해부학 지식을 근거로 정맥의 형태를 분석했음을 인정하고 증거로 채택하겠다는 결론이 내려졌다. 우리는 다시 법정으로 돌아와 우리가 알아낸 사실을 증거로 제출할 수 있었다. 당연히 피고 측 변호인단은 강하게 반발했지만 결국 우리가 들고 온 증거는 살아남았다.

배심원단이 아이의 아버지가 무죄라는 결론을 내렸을 때는 상당히 놀랐다. 오전 4시 30분에 그 아이의 아버지와 정맥 형태가 아주 비슷한 다른 사람이 10대 아이가 혼자 자고 있는 방에 들어갈 가능성이 얼마나 될까? 하지만 배심원이 우리 의견을 따르게 하거나 배심원의 의견에 의문을 제기하는 것은 전문가 증인으로서 우리가 할 수 있는 일이 아니다. 판사에게 권한을 받아 진실을 선별하고 최종 결론을 내려야 하는 사람은 배심원들이었다.

우리가 할 수 있었던 일은, 그리고 정말로 우리가 했던 일은 법정 변호사에게 우리가 제출한 과학 증거에 무슨 문제가 있었는지, 혹은 그것을 전달하는 방식에 문제가 있었는지를 물어보는 것뿐이었다. 우리가 정보를 배심원에게 분명히 전달하지 못한 것은 아닌지 궁금했다. 하지만 법정 변호사는, 배심원들이 내가 제출한 증거를 그다지 신경 쓰지 않은 것 같다는 놀라운 대답을 했다. 그녀가 보기에 배심원들은 증거가 아니라 단순히 그 아이의 말을 믿지 않은 것 같다고 했다. 배심원들의 눈에는 아이가 충분히 화가 나지 않은 것처럼 보였고, 그런 태도가 그들로

하여금 아이가 거짓말을 하고 있다고 생각하게 했을 수도 있다. 결국 피의자는 풀려나 자기 아버지를 성추행범으로 고소한 아이가 살아가는 바로 그 집에서 무고한 사람으로 살아갈 수 있게 되었다.

그 뒤로 그 아이가 어떻게 되었는지 결코 알 수 없을 테지만, 내가 더 많은 일을 할 수 있었을지도 모른다는 생각이 오늘날까지 나를 불안하게 한다. 우리가 법정에 제시하는 증거의 질과 중요도를 향상시킬 수 있는 방법은 단 하나, 과학의 타당성과 견고성을 높이는 것뿐인데 그것이 바로 지금 우리가 하려는 일이다. 타마시아의 원 연구에는 분명히 몇 가지 장점이 있는데, 우리는 그 장점을 현대 사회로 가져와 아동 성 학대 영상을 분석하는 데 활용할 수 있기를 바란다.

아동 성 학대 영상은 어른들에 대한 아이들의 신뢰를 잔혹하게 배신하는 행위일 뿐 아니라, 그런 영상을 소유하고 공유하는 행위는 21세기 들어 가장 빨리 확산하는 범죄 가운데 하나이기도 하다. 우리는 베살리우스와 타마시아의 발자취를 따라 손등의 정맥 형태에 나타나는 변이를 처음부터 연구하기로 했다. 아동 성 학대 영상에서 가장 많이 보이는 가해자의 신체 부위는 손이다. 2007년부터 2009년까지 던디대학교에서 재난 피해자 신원 확인 훈련 과정을 진행하면서 영국 전역에서 550명이 넘는 경찰이 우리 학교로 오게 된 것은 전적으로 굉장한 행운이었다.

우리는 경찰들에게 정맥의 형태 변화를 조사할 자료를 구축하는 데 도움을 줄 수 있는지 물었고 경찰들은 거의 모두 그렇게 하겠다고 동의해주었다.

우리는 단순히 정맥만을 살펴보지 않았다. 그때부터는 손에 난 상처, 사마귀 형태, 주근깨와 관절에 나타나는 주름처럼 생체 인식이 가능한 부분을 모두 살펴보기로 했다. 이런 독립 변수들을 모두 합쳐 분석하면 한 개인을 특정해 지목할 수 있을 정도로 상당히 정확하게 신원을 확인할 수 있다. 우리는 모든 경찰의 손과 팔, 발과 다리, 허벅지를 적외선과 가시광선 카메라로 촬영했다. 그 덕분에 우리 연구의 유효성을 확인하는 데 중요한 역할을 해줄 독특한 검증 자료를 확보할 수 있었다.

연구비를 확보한 우리는 연구를 진행했고 논문도 썼으며 아동 성 학대 사건을 수사하는 경찰을 도운 횟수도 이제는 100여 차례가 넘는다. 우리는 무고하게 기소된 사람은 풀려나고 죄를 범한 사람은 그 죄를 입증하는 데 도움이 될 증거를 찾아냈다. 현재 우리는 영국 내 모든 경찰서와 협력해 일하고 있고, 많은 유럽 경찰은 물론이고 저 멀리 오스트레일리아와 미국 경찰과도 협력하고 있다. 사건이 우리에게 올 때쯤이면 경찰은 보통 강력한 용의자를 추정하고 충분히 기소할 수 있는 증거를 다량 확보해놓은 상태다. 하지만 많은 경우 피의자는 무죄를 주장하거나 변호사의 충고대로 취조하는 내내 '묵비권'을 행사한다. 하지만 우리가 분석한 추가 정보를 제공했을 때 무죄를 주장하던 피의자가 자신의 주장을 번복한 경우는 80퍼센트가 넘었다.

이런 결과가 의미하는 바는 아주 중요하다. 이제 더는 3심까지 가는 재판을 하지 않아도 된다는 뜻이었다. 재판이 조기에 결론 날 수 있다면 재판 비용을 아낄 수 있을 뿐 아니라 피해자가 자신의 아버지나 어머니의 남자 친구, 그 밖에 자신이 아는 누군가일 수도 있을 학대자의 행위를 입증할 증거를 제출하지 않아도 된다(첫 번째 이유보다 두 번째 이유가 훨씬 중요하다). 우리 사회에서 가장 약한 사람들에게 범죄를 저지른 가장 잔혹하고 비열한 자들에게 종신형을 비롯해 모두 합하면 수백 년이 넘는 형량을 부과하는 재판에 조금이나마 기여했다고 생각하면 정말로 기분이 좋아진다. 그 어떤 어른도 순수한 어린 시절을 훔칠 권리가 없다.

이런 성공은 자기 몸을 기증한 사람들뿐 아니라 유산이 된 업적을 통해 교훈을 주는 베살리우스와 타마시아처럼 세상을 떠난 사람들이 살아 있는 사람들에게 끊임없이 가르침을 주는 해부학에 적지 않은 신세를 지고 있다.

13장
이상적인 해결 방법

"장담하건대 나는 책이 아니라 해부로,
철학자들의 교조가 아닌 자연이라는 직물로 해부학을 배우고
가르치는 방법을 익혔다."

의사 윌리엄 하비의 『동물의 심장과 혈액의 운동에 관한
해부학적 연구 De Motu Cordis』(1628) 중에서

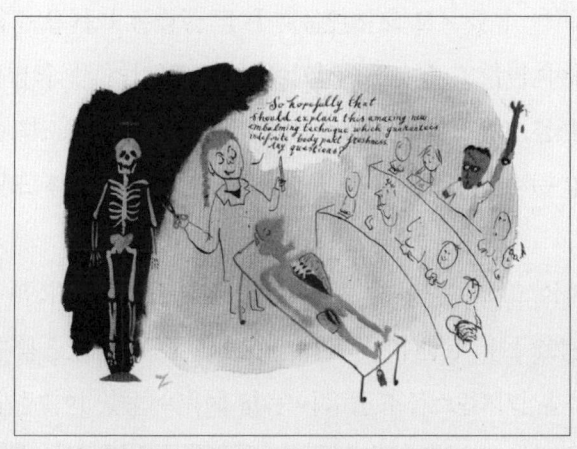

'시체 보관소 건립을 위한 100만 파운드'
모금 운동에 재능 기부된 카툰

사망한 사람의 몸은 마지막 휴식 장소로 옮겨지기 전까지는 어디에서든 거주해야 한다. 우리 해부학과에 몸을 기증한 사람들은 돌보는 사람들이 가득 찬 조용한 대기실을 자신의 몸이 잠시 머물 장소로 택한다. 해부학과의 많은 직원 역시 우리가 하는 일에 대한 믿음을 보여주려고 때가 되면 다시 자신이 일했던 작업장으로 돌아와 스승으로서의 역할을 수행하겠다며 시신 기증서에 서명한다(내 바람은 그분들이 오랫동안 행복하게 은퇴 생활을 즐긴 뒤에 돌아왔으면 하는 것이다). 그분들의 결정은 어느 정도는 살아 있을 때 지켰던 일의 원칙을 죽어서도 지킨 것이라 할 수 있겠다.

우리가 죽음의 장소에서 벌이는 거래가 섬뜩해 보이는 사람도 있겠지만, 사실은 전혀 그렇지 않다. 우리 기증자 중에는 정말로 멋진 유머 감각을 지닌 사람도 많다. "당신같이 젊은 여자가 여전히 내 늙은 몸을 원하다니"라고 말했던 노신사분의 농담이 이곳에서는 전혀 낯설지 않다. 많은 기증자가 자기 몸이 아주 가치 있는 일에 쓰일 거라는 강한 믿음을 가지고 있다. 퍼스샤이어의 강직한 농부인 자기 아버지에 대해 우리에게 편지를 쓴 테사 던롭의 말을 들어보자.

우리 아버지는 4년 넘게 말기 골수암으로 고생하셨습니다. 건장했던 몸은 어느새 흔적도 없이 사라지고 말았죠.

남아 있는 모든 것
All That Remains

솔직히 아버지가 과학에 필요할 거라는 생각은 그다지 들지 않았어요. 과학이 여전히 사람의 몸을 쓰고 있을 거라는 생각도 하지 못했고요. 몸이 부족하다고 말하는 사람도 전혀 없는 것 같았죠. 요즘에는 시신이 아니라 컴퓨터를 사용한다고 하지 않았나요? 하지만 아버지는 확고부동했어요. "죽은 몸은 전혀 매력적이지 않아. 너도 내 몸을 간직하고 싶지는 않을 거 아니니? 난 장례식은 못 견딘다. 그러니 의과대학에서 가져가 주면 얼마나 좋겠니?" 아버지는 몇 가지 서류를 작성하고 증인 서명을 받아 보냈고, 1주일 뒤에 고대하던 답장을 받았어요. 던디대학교에서…… 아버지의 "관대한 제안"을 받아들이겠다고 한 거죠. 아버지는 정말 입이 찢어질 정도로 웃으셨어요.

평생 열심히 일한 던롭 씨가 사후에도 열심히 일하기로 결정한 것은 그에게는 적절한 결정인 것처럼 보였다. 하지만 시신을 기증한다는 것은 기증자에게는 전적으로 쉬운 결정일 수 있어도 남은 가족들에게는 받아들이기 힘든 일일 수도 있다. 자신의 몸을 우리 해부학과에 기증하기로 한 남편의 결정도, 그런 결정을 한 이유도 이해할 수 없었던 한 부인은 우리에게 남편을 잘 돌봐달라고 간청하기도 했다.

사랑하는 사람의 몸을 전혀 알지 못하는 사람들에게 건

네는 일은 분명히 힘든 일일 수밖에 없다. 그러니 우리는 최선을 다해 그 몸을 돌봐야 한다. 우리는 사람 해부학과 시신의 세계에서 모든 일을 하기 때문에 매일같이 우리가 해야 하는 가장 중요한 일은, 우리가 사람의 몸을 더욱 잘 알 수 있도록 돕고 자신이 죽은 뒤에도 사회의 귀중한 가치가 지속되기를 바라는 마음으로 자신의 몸을 기증하기로 한 분들을 최선을 다해 보호하고 지키는 것이다. 남편의 몸을 잘 돌봐달라고 부탁했던 그 부인은 우리가 하는 일을 보고 우리 일에 어떤 의미가 있는지 이해하게 된 것이 분명했다. 남편의 장례식을 치를 시간이 되자 그 부인은 자신의 몸 역시 우리 해부학과에 기증하겠다는 서류에 서명했다. 이런 고무적인 일은 사실 상당히 자주 일어난다.

던디대학교에 부임하면서 내가 받아낸 약속은 해부학과 학생들에게 완벽한 해부학 실습수업을 보장한다는 것이었다. 대부분의 대학교 학장들은 해부학을 더는 재정 보상도 받을 수 없는 죽은 학문이며 쓸데없이 예산을 낭비하는 사치라고 여긴다. 그 때문에 많은 의과대학에서는 해부학 실습수업에 투자를 하지 않는다. 더구나 대학 행정관들은 요즘처럼 학생들이 집중하는 시간이 짧아졌을 때는 증강 현실이나 가상 현실 같은 현대 기술을 활용한 해부학 수업이 훨씬 더 낫다는 생각을 하기도 한다. 하지만 해부학에서 더는 새로 배울 내용이 없다거나 실습 과정을 개선하거나 수정할 방법이 없다고 치부하는 것은 여러 학문 분야의 중요성을 오해하는 일이다. 게으른 세상에서는 한 학문이 활기를 회복하고 확장하는 데 필요한 조치를 살펴보기보다는 그 학문이 죽었다고 선언하는 것이 훨씬 덜 귀찮을 테니까.

  컴퓨터도 책도 모형도 시뮬레이션도, 가장 중요한 표본을 가지고 모든 감각을 이용해 배우는 과정을 대체할 수는 없다. 현재 많은 해부학과에서 그렇듯이 학생들이 진짜 사람의 몸을 탐구할 수 있는 기회를 박탈해버리는 일은, 내 견해로는 대학에서 해야 할 경험을 하지 못하게 하는 것일 뿐 아니라 각자의 분야에서 전문가가 되려고 노력하는 장래의 의사, 치과의사, 과학자 들이 당연히 누려야 할, 가장 훌륭한 교육 자료로 공부할 수 있는 기회를 빼앗는 것이다. 해부실에서 공부하는 학생들은 모든 몸이 저마다 구조가 다름을 배운다. 사람 몸의 형태는 매우 다양한데, 학생들이 그 같은 사실을 배우고 이해하지 못한다면 그들이 미래에 만날 환자들은 그 때문에 고통받게 될 것이다. 의료 사고로 법정 소송이 발생하는 문제 가운데 10퍼센트 정도는 인체 해부학에 존재하는 변이를 제대로 모르기 때문에 발생한다고 생각한다.

  1832년부터 해부학은 법의 관리를 받게 되었다. 첫 번째 법은 에든버러 웨스트포트 지역에서 발생한 버크와 헤어의 살인 사건[22] 때문에 얼 그레이[23]의 휘그당[24] 정부가 거의 반사적으로 제정했다. 불법 시신 거래를 막고 해부학 교수들의 직업 윤리를 고치하려고 제정한 법에 따라, 해부학 교수들은 범죄자나 무연고 시신을 해부할 수 있으며 기증과 기부를 받을 수 있었다.

하지만 이 해부학 법은 역설적이게도 (잉글랜드에서는 2004년에, 스코틀랜드에서는 2006년에) 개정되기 전까지 외과 의사들이 죽은 사람의 몸을 가지고 실습을 하거나 실험을 하는 일을 불법으로 만들어 버렸다. 그들은 해부실에 들어갈 수 있고, 시신의 피부를 자르고 근육을 벌리고 넙다리뼈를 잘라낼 수도 있지만, 넙다리뼈를 인공 보철물로 대체하는 일은 '수술'에 해당했기 때문에 할 수 없었다. 그런 제한은 외과 의사와 해부학자 사이의 역사적인 관계를 지속적으로 날카롭게 상기시킨다. 아주 오래전에 세상을 떠난 버크와 헤어에게는 여전히 대답해야 할 것이 많이 남아 있다.

많은 해부학자, 외과 의사, 임상의가, 170년 동안 불법 시신 거래를 금지해 온 법이 이제는 더 이상 효력이 없다는 사실을 입증하는 증거를 정부위원회에 제출했다. 외과 의사들은 자기들이 신뢰를 받아야 하며, 불행한 환자가 아니라 사람의 시신을 가지고 기술을 연마할 수 있어야 한다고 주장했다. 외과 수술과 해부학의 오랜 인연은 다시 한 번 활기를 띠게 되었지만 그러려면 먼저 한 가지 극복해야 할 작은 장애가 있었다. 법이 바뀐 뒤 외

22 에든버러 의과대학에 해부용으로 시체를 판매하기 위해 1828년 약 10개월에 걸쳐 윌리엄 버크와 윌리엄 헤어가 열여섯 명을 살해한 사건.

23 찰스 얼 그레이(1764~1845). 영국의 정치인. 1830년부터 1834년까지 총리직을 역임했으며, 얼 그레이라는 차 이름이 그에게서 유래한다.

24 17세기 후반 상공업 계급을 기반으로 성립된 영국 최초의 근대적 정당.

과 의사들은 곧바로 해부학에 등을 돌려버렸다. 우리가 시신을 방부 처리할 때 쓰는 포르말린은 사람의 몸을 너무 단단하게 굳히기 때문에 외과 의사들이 실습수업에 쓰기에는 부적절했기 때문이다. 외과 의사들은 살아 있는 환자의 조직과 느낌에 좀 더 가까운 상태를 원했기 때문에 "신선한 상태로 냉동한" 시신이라는 선택지를 더 선호했다.

하지만 나는 해부학이 외과 의사들이 선호하는 방향으로 변해가는 것에 심각하게 반대한다. 그 이유는 이렇다. 외과 의사들이 선호하는 방식으로 시신을 처리하려면 시신을 기증하기로 한 사람이 호스피스 병동이나 병원 같은 곳에서 사망한 순간, 시신을(어깨와 머리, 팔과 다리 같은 부위를) 적절한 크기로 잘라내야 한다. 그것은 분명히 시신을 절단하는 행위로, 시신을 함부로 훼손해 고인을 모욕하면 안 된다는 형사법에 저촉된다. 잘라낸 시신은 냉동실에 넣어 얼리고, 필요할 때마다 냉동실에서 꺼내와 녹인 뒤에 학생이나 외과 전문의의 훈련에 활용한다. 일단 해동하면 어느 모로 보나 "신선한" 것이 가장 중요한 이 절단 부위들은 며칠만 지나면 더는 신선한 냄새가 나지 않으며, 다른 모든 유기물처럼 반복되는 냉동과 해동 과정에 적절하게 반응하지 않는다. 따라서 첫 번째 그룹이 해부 수업을 마치면 두 번째 그룹이 같은 표본을 가지고 수업을 할 수는 있다고 해도 첫 번째 그룹과 같은 학습 효과는 내지 못할 수도 있다. 더구나 시신을 냉동했을 경우 병원균이 죽지 않고 그저 동면해 있다가 조직이 해동되면 다시 활동을 시작할 수도 있는데, 감염의 우려가 있기 때문에 수업을 받는 사람들은 자기 몸을 자르지 않도록 조심해야 할 뿐 아니라 예방 접종도 빠짐없이 해야 한다.

    법이 바뀌면서 외국에서 영국으로 신체 부위를 수입하는 일도 합법이 되었다. 그 같은 사실은 정말로 걱정스럽다. 미국 회사에 건강 보증 증명서가 있는 다리 여덟 개를 주문하는 상황은 정말로 좋지 않다. 외국에서 수입한 신체 부위를 다 쓴 다음에는 병원 폐기물처럼 소각한다는 사실도 용납할 수 없는 무례한 행위라고 생각한다. 사람이 마치 죽었다는 이유 하나로 배려받지 못하고 일회용품처럼 취급되고 있는 것 같은 기분이 들게 하기 때문이다.

    몇몇 연구소에서 실시하는, 이제 막 사망한 사람을 신선한 상태로 냉동하는 과정은 분명히 귀중한 자원을 낭비하는 동시에 윤리적으로도 문제가 있는 방법처럼 느껴진다. 더구나 나로서는 건강과 안전을 해칠 수 있는 위험을 감수할 준비가 되어 있지 않다. 외과 의사나 학생이 해부를 하다가 자기 몸에 상처를 내고 감염된다면 담당 교수나 의사는 의료 전문가로서의 삶을 더는 영위할 수 없는 고소를 당할 수도 있다. 던디대학교 경영진이 주축이 되어 신선 냉동법의 타당성을 조사하고, 우리 대학교에서는 그 방법을 채택하지 않겠다고 발표했을 때 얼마나 기쁘고 안심이 됐는지 모른다. 던디대학교에서 신선 냉동법을 채택했다면 나는 학교를 그만두었을 것이다.

하지만 포르말린을 계속 사용하는 것은 여러 가지 이유로 문제가 있다. 무엇보다도 거기에는 비용이 든다. 외과 수련의 생활을 하면서 알게 된 것처럼, 포르말린으로 방부한 사람의 조직은 수련의에게 필요한 모든 기술을 익히는 데 있어 그리 이상적인 재료는 아니다. 그리고 건강과 안전이라는 중요한 문제는 의학과 평판의 보장에 있어 가장 중요하다. 해부 실습실에서 다루는 인체 조직은 반드시 무균 상태여야 하는데, 포르말린은 어느 정도는 그 기준을 만족시켜주고 있다. 하지만 우리는 포르말린의 농도가 짙을 경우 발암 물질로 작용할 수 있다는 사실도 알고 있다. 실제로 여러 나라에서 포르말린의 안전성을 정밀 조사하고 있으며, 2007년 유럽 연합이 포르말린의 사용 농도를 줄이는 방안을 검토한 뒤로 이 약제의 사용량은 점차 줄어들고 있다. 합법적으로 사용할 수 있는 포르말린의 농도가 더욱 낮아진다면, 해부학계에서 이 용액이 할 수 있는 역할은 사라지게 될 것이다. 이제는 현명한 사람들이 머리를 맞대고 모두 만족할 수 있는 해결 방법을 찾아야 할 때다.

언젠가 발터 티엘이라는, 카리스마와 통찰력이 넘치는 오스트리아 해부학자가 개발한 기술에 관해 전해 듣고는 그 방법이 내가 찾던 해결책일지도 모른다고 생각했던 기억이 난다. 그라츠대학교 해부학과 교수인 티엘은 제2차 세계 대전 당시 현역으로 소집됐을 때 프라하에서 의과대학에 다니고 있었다. 얼굴에 총을 맞는 부상을 입고 육군에서 제대한 티엘은 부상을 극복하고 의과 공부를 재개했다. 전쟁이 끝난 뒤 그는 50년 동안 그라츠대학교 해부학과에서 근무했으며, 우리가 지금 씨름하고 있는 바로 그 문제를 인식하고 그것을 해결하는 데 평생을 바쳤다.

티엘의 목표는 시신의 조직이 손상되지 않으며, 해부학자와 해부학과 학생들이 좀 더 건강한 환경에서 실습할 수 있도록 시신을 보존하는 더 나은 방법을 찾는 것이었다. 그는 지역 정육점에서 파는 소금물에 절인 햄의 상태가 자신이 방부실에서 처리하는 시신의 상태보다 훨씬 좋다는 사실에 주목했다. 소금물에 절인 햄은 원래의 색과 탄력을 그대로 지니고 있었다. 티엘은 식품 산업에서 해부학에 필요한 새로운 기술을 찾을 수도 있으리라 생각했다.

물론 고객이 독성 물질에 중독되면 안 되기 때문에 그 정육업자가 사용하는 화학 물질은 제한적일 수밖에 없었다. 하지만 발터 티엘은 그런 제한을 걱정할 필요가 없었다. 그가 만들 용액은 일반 상점에서 파는 상품이 아니었다. 그래서 티엘은 여러 차례 시행착오를 겪으며 독성이 강하지 않은 조직 고정액을 만드는 힘든 일을 계속해나갔다. 그가 사용한 기본 재료는 물, 알코올, 암모늄, 조직을 고정할 질산 칼륨, 방부제 역할을 할 붕산, 가소성을 높일 에틸렌글리콜, 제균 작용을 할 수 있을 만큼만 사용된 포르말린이었다.

처음에는 지역 정육점에서 사온 소고기로 실험을 시작한 티엘은 실험 규모를 점차 소 한 마리로 확장했다. 그는 원하는 효과를 얻으려면 용액이 그저 사체에 스며드는 것만으로는 부족하고, 오랜 시간 담가 사체의 안과 밖이 용액을 흠뻑 머금어야 한다는 사실을 깨달았다. 한참 동안 용액에 담가둔 조직은 방부도 되면서 색과 가소성이 유지되었고 냉장고에 넣을 필요도 없었다. 무엇보다도 중요한 것은 세균이나 균류 같은 병원체도 서식하지 않는다는 사실이었다. 티엘이 마침내 모든 조직을 해부하는 데 사용할 수 있겠다고 만족한 용액이 만들어지기까지는 30년이 걸렸고, 1000마리가 넘는 소가 실험 재료로 쓰였다. 그가 마지막으로 만든 최상의 액체는 사실상 무균이었고 무색이었으며 냄새도 거의 없었다. 그것은 그가 필요로 했던 모든 것이었고 생산 단가가 상당히 낮은 저렴한 방부제였다.

발터 티엘이 삶의 지침으로 삼았던 좌우명("최고만이 충분히 훌륭하다")과 전염성 강한 그의 낙관주의와 불굴의 정신은 자신이 선택한 분야에서 차이를 만들겠다는 그의 결의 속에 모두 반영되어 있다. 그라츠대학교 해부학과로서는 너무나도 원통하겠지만, 발터 티엘은 자신이 개발한 용액에 특허를 내지 않았다. 그것은 과학의 발전은 누구에게나 열려 있어야 하며 한 학교가 다른 학교를 이용해 이득을 얻거나 이윤을 남기는 일은 적절하지 않다고 믿은 발터 티엘의 관대한 영혼과, 자신이 진행한 공동 연구 결과와 알아낸 내용을 혼자서 간직하지 않고 세상에 발표해야 한다는 확고한 신념을 분명하게 보여주는 증거다. 발터 티엘의 직업 윤리는 우리에게 큰 울림을 준다.

  이 모든 일이 진실이라고 하기에는 너무나도 좋게만 들린다. 하지만 가끔은 처음부터 시작하지 않아도 될 때가 있는 법이다. 타마시아가 정맥으로 신원을 확인하는 방법을 생각해냈을 때처럼, 우리보다 먼저 목표에 도달한 사람이 있어 우리가 해야 할 일은 그저 선임자의 업적을 다듬고 더욱 발전시키는 것뿐일 때가 있는 것이다. 우리가 모두 천재일 필요는 없다. 그저 실용적인 적용자이자 번안자인 것으로 충분하다. 그때 중요한 것은 솔직해야 하고 다른 사람의 생각을 자신의 것인 양 훔치지 않아야 한다는 것이다.

  나는 우리 학과 직원인 로저와 루스를 그라츠대학교 해부학과로 보내 발터 티엘이 개발한 방부 기술을 확인해보고 오라는 임무를 주었다. 두 사람은 티엘의 기술이 지닌 잠재력에 완전히 신이 나서 돌아왔다. 그들은 티엘의 방법으로 시신을 방부하면, 시신이 완벽하게 유연한 데다 오래 보존할 수 있고 영국 해부학과라면 어디서나 맡을 수 있는 지독한 포르말린 냄새도 나지 않으며 박테리아나 곰팡이, 균류도 번식하지 않았다고 했다.

두 사람은 티엘의 방법에서 그 어떤 문제점도 찾을 수 없었다. 이렇게나 많은 장점이 있는데도 티엘의 방법은 포르말린을 사용하는 것보다 비싸지도 않았다. 하지만 한 가지, 아주 사소하고 작은 문제가 있었다. 티엘의 방법을 적용하려면 우리 대학교 시체 보관소의 구조를 완전히 바꾸어야 한다는 것이었다. 그것은 돈이 필요하다는 뜻이었다. 대학교 행정과에서 죽어버렸다고, 혹은 죽어가고 있다고 생각하는 해부학과에 배정해줄 리가 없는 돈 말이다.

그러니까 그 난관은 우리가 티엘의 방법을 확인해보려면 건너야 하는 다리였다. 우리는 대학 학장인 앨런 랭글런즈 경을 설득해 기술 검증에 필요한 연구 개발비 3000파운드를 받았다. 우리는 그 돈으로 우리가 헨리와 플로라라고 부른 남자와 여자 시신 한 구씩을 티엘의 방법으로 방부 처리 해보기로 했다. (어째서 나는 모든 남자 시신에 헨리라는 이름을 붙이는 걸까? 어쩌면 내 영혼의 깊은 곳에 있는 무의식의 세계에는 늘 『그레이 해부학』이 있는지도 모르겠다.) 우리에게 필요한 것은 개인 맞춤 시설이 아니었다. 그저 실험을 해볼 적절한 장비만 하나 있으면 됐다. 텔레비전 앞에 붙어 앉아서 「블루 피터Blue Peter」[25]와 「노인 부대Dad's Army」[26] 전 편을 보고 자란 세대로서 나는 비닐 접착지와 세제 용기, 휴지 심만 있으면 필요한 거의 모든 것을

[25] 1958년 처음 방영한 영국 어린이 텔레비전 프로그램.

[26] 1977년 BBC에서 방영한 코미디 시리즈.

만들어낼 수 있다고 자부한다. 우리가 만들 수 없는 것들은 임시변통으로 해결하거나 구걸하거나 빌려왔다(하지만 절대로 훔치지는 않았다).

우리는 더는 사용되지 않는 동물학과 건물 밖에서 아주 거대한 낡은 어류 탱크를 하나 찾아냈다. 두 시신이 안락하게 나란히 누워 있을 수 있을 정도로 충분히 큰 탱크였다. 탱크에 물을 넣을 수도관과 펌프는 빌려왔다. 오래된 문짝으로 뚜껑을 만들고 아주 기본적인 화학을 이용해 방부액을 만들어갔다. 질산 칼륨을 구입할 때는 우리가 폭탄을 만들려는 게 아니라 시신을 방부할 계획이라는 사실을 알아듣게 설명해야 했다.

방부액 탱크 안으로 먼저 들어갈 사람은 헨리였다. 우리는 먼저 방부액을 헨리의 사타구니 쪽 정맥으로 주입했고 혈액이 뇌를 통해 나올 수 있도록 정수리의 정맥동을 조금 잘랐다. 헨리의 몸에 남아 있던 혈액이 모두 밖으로 나오고 혈관이 방부액으로 채워질 때까지는 한 시간이 조금 안 되게 걸렸다. 우리는 헨리를 방부액 탱크에 넣었고 며칠 뒤에 플로라도 탱크 안으로 들어갔다. 그 둘은 두 달 동안 탱크에 머물렀다. 우리는 매일 그들을 살펴보았고 그들의 모든 표면이 용액에 닿을 수 있도록 몸을 돌려주었다. 썩어가는 곳이 있는지, 부풀어 오르는 곳이 있는지도 살펴보았다. 문제가 될 만한 곳은 보이지 않았다. 그들의 몸을 돌릴 때마다 두 몸이 여전히 탄력 있고 물통에 넣어둔 생선처럼 잡기 힘들 정도로 탱탱하다는 사실도 알 수 있었다. 상황은 정말 고무적이었다.

시간이 지나자 분홍색이던 피부색은 점점 더 옅어졌고 죽은 표피는 떨어져 나갔다. 머리카락과 손톱도 빠졌다. 놀랍게도 피부가 조금 부풀어 올라 주름이 사라지기 시작하자 헨리와 플로라는 조금 더 젊어졌다. 물론 우리가 젊어지는 약을 발견한 것은 아니다. 헨리와 플로라가 흡수하고 있는 약은 너무나도 위험한 데다 두 달 동안 방부액 안에 누워 있는 건 절대로 편하지 않을 것이다. 몇 주가 지났지만 잘못된 곳은 없는 것 같았다. 하지만 우리는 아주 많은 시간을 초조하게 결과를 기다리면서 보내야 했다.

우리는 던디와 테이사이드에 있는 모든 외과 의사에게 편지를 보내 발터 티엘의 시신 보존법을 활용해 다양한 외과 수술을 해보고 효과적인 부분과 그렇지 않은 부분을 평가해줄 의향이 있는지 물었다. 우리 편지를 받은 의사들은 기꺼이 시간을 내주었고 조언을 해주었다. 로저와 루스는 헨리와 플로라의 초기 공헌이 헛되지 않도록, 처음 두 사람을 만날 외과 의사는 되도록 메스를 많이 대지 않는 수술을 하고 가장 마지막에 두 사람을 만날 외과 의사가 가장 많은 절개를 할 수 있도록 군사 작전을 방불케 하는 방식으로 수술 일정을 짰다. 헨리와 플로라를 수술한 외과 의사들은 모두 티엘의 방법으로 처리한 시신은 포르말린으로 방부한 시신보다 훨씬 나으며, 신선하게 얼린 시신과는 모든 장점이 동일하면서도 훨씬 쾌적하게 수술할 수 있었다고 했다. 외과 의사들은 발터 티엘의 방법대로 보존한 시신이 진짜 환자와 다른 점은 차갑다는 것과 맥박이 뛰지 않는 것뿐이라고 했다. 음, 내 앞에 놓인 또 다른 도전인 건가?

시신의 체온을 높일 수 있는 방법은 거의 없었지만, 한 수술에서는 부분적으로라도 맥박이 뛰는 상황을 만들 수 있었다. 동맥계의 한 부분에 순환 펌프를 연결해 용액이 혈액처럼 계속 흐르는 인공 맥박을 조성했다. 그런 뒤에는 출혈이 나게 해 초 단위로 시간을 재면서 환자를 잃기 전에 외과 의사가 출혈을 막는 방법을 찾는 실험도 했다. 이는 환자의 생존과 의학 기술에 즉각적이고도 직접적인 의미가 있는 놀라운 학습 실험으로, 특히 시간이 가장 중요한 급박한 수술 기술을 익히는 데 크게 도움을 주었다. 우리는 인공호흡기를 연결해 시신이 호흡하는 것처럼 흉내 낼 수 있다는 사실도 알았다. 호흡을 하는 시신은 수술 상황을 훨씬 현실적으로 만들어주는데, 내 해부실에서 한 시신이 처음으로 '호흡'하는 걸 보고 조금은 불안했었다는 사실을 시인해야겠다.

프로젝트는 대성공이었다. 우리는 그 무렵에 상당히 쇠약해져 있던 발터 티엘에게 그가 이룩한 엄청난 업적을 우리가 간신히 재현해낼 수 있었다는 내용의 편지를 썼다. 다시 한 번 우리는 이미 존재하는 기술을 다시 개발했다. 오래된 레코드를 듣고 곡조를 뽑아낸 것이다. 나는 대학교 운영위원회에 출석해 실험 결과를 발표했다. 위원회는 실현 가능한 한도 내에서 가능한 한 빨리 포르말린을 사용하는 방식을 티엘의 방식으로 바꿀 계획을 세운다는 데 만장일치로 합의했다. 우리는 절반의 성취는 의미가 없다고 생각했고, 던디대학교 위원회는 영국에서 티엘의 방식을 사용하는 유일한 대학교가 된다는 게 어떤 의미인지 정확히 이해했다. 티엘의 시신 보존 방식은 던디대학교 해부학과를 영국 최고로 만들어줄 수 있었다.

위원회의 결정은 나왔지만 우리 학과와 위원회 사이에는 작은 문제가 있었다. 기존 시설은 너무 작아서 발터 티엘의 방식을 적용하기 힘들었던 것이다. 미래 계획을 실현하기는커녕 당장의 필요도 충족할 수 없었다. 기존의 시설을 개조하는 동안 시신 기증을 받지 않을 수는 없었기에 새로 보관소를 지어야 했다. 그때 감사관이 설전에 가담했다. 그는 던디대학교 시신 처리 시설은 개선이 시급하며 학교에서 계속 해부 실습을 기반으로 하는 해부학과를 운영할 생각이라면 무엇보다도 시설을 개선하고 보강해야 할 필요가 있다고 했다. 어느 정도는 조직적으로 진행된 이런 협공 작전이 조금은 음흉했음을 인정하지만, 어쨌거나 학교는 결정을 내려야 했고 그 덕분에 집단 지성을 발휘할 수 있었다. 던디대학교는 해부 실습을 기반으로 하는 해부학과를 계속 운영해야 할까? 그렇다면 낡은 시체 보관소를 개조하고 다른 대학교처럼 포르말린 사용을 고수해야 하는 걸까, 아니면 목에 슈퍼맨의 가운을 두르고 팬티를 팬티스타킹 위로 끌어 올려 던디대학교 해부학과가 영국에서 주도적인 역할을 할 수 있을 것이 분명한 기회에 과감히 투자를 하려고 날아올라야 하는 걸까? 당연히 나는 위원회가 옳은 결정을 내렸다고 생각한다.

◇

시신을 처리할 수 있는 새로운 건물을 지으려면 200만 파운드라는 엄청난 자금이 필요했다. 대학교에서 그 가운데 절반을 준비하기로 했지만 나머지 절반은 우리가 모아야 했다. 하지만 시체 보관소를 짓는 데 돈을 투자해줄 사람이 있을까? 슈퍼마켓에서 배낭을 들거나 지하철역 앞에서 깡통을 들고 모금하는 것은 전혀 도움이 되지 않을 것이다. 솔직히 말해서 신중하게 계획한 모금 운동이 아니라면 새로운 시체 보관소를 지어야 한다는 호소는 우리가 경쟁해야 하는 여러 기금 마련 운동과 달리 관대하고 자애로운 사람들의 심금을 울리기는 어려울 것만 같았다. 우리는 다시 한 번 창의적으로 생각해야 했고, 그 누구와도 다른 참신한 방법을 찾아야 했다.

나는 나의 좋은 친구이자 자금 모금 경험이 많은 클레어 레키에게 자문을 구했다. 클레어는 이제는 오래 묵혀두었던 호의를 되돌려받을 때가 되었을지도 모르니 지금까지 내가 도움을 준 사람들 목록을 작성해보라고 했다. 과거에 내 지혜를 빌린 사람 가운데 지금 나를 도와줄 수 있는 사람이 누가 있을까? 나는 생각나는 이름을 모두 적어나갔고, 정말로 긴 목록을 작성했다. 그러자 한 사람이 튀어나왔다. 유명한 범죄 소설 작가 발 맥더미드였다.

발과 나는 10년도 더 전에 한 라디오 프로그램에서 만났다. 그때 발은 맨체스터에 있었고 나는 애버딘 스튜디오에 있었는데 방송이 시작되기를 기다리면서 발과 함께 수다를 떨다가 나는 늘 아무에게나 그렇게 하듯이 문득 "그런데 혹시 법의학 자문이 필요하면 언제라도 신경 쓰지 말고 전화해요"라고 말해버렸다. 그 뒤로 발은 정말로 여러 번 내게 전화를 했고, 우리는 따뜻하고도 진심 어린 우정을 나누게 되었다. 나는 여기에 정말 자부심을 느낀다. 거액의 모금을 도와줄 수 있는 충분히 용감하고 충분히 미친 사람이 있다면, 그건 발임이 분명했다.

우리는 머리를 맞대고 계획을 짰고 결국 '시체 보관소 건립을 위한 100만 파운드' 모금 운동 계획을 완성했다. 새로 만들어질 시체 보관소에는 적절한 이름이, 당연히 대중과 대중 매체의 심금을 울릴 멋진 이름이 필요했다. 사이클 선수나 화가는 사이클 전용 경기장이나 갤러리에 자신의 이름을 붙이는 것을 영광으로 생각하겠지만, 시체 보관소에 자신의 이름을 붙이고 싶어 할 사람이 과연 있을까? 그 질문에 대한 답은 바로 우리 눈앞에 있었다. 범죄 소설 작가라면 완벽하게 어울리지 않을까? 대중에게 이 수상쩍은 영예를 차지할 주인공을 직접 뽑을 기회를 준다면 모금 액수도 늘리고 관심도 끌 수 있지 않을까?

발은 너그러운 동료 범죄 소설 작가들을 설득해 우리를 도왔다. 스튜어트 맥브라이드, 제프리 디버, 테스 게릿슨, 리 차일드, 제프 린지, 피터 제임스, 캐시 라이크스, 마크 빌링엄, 할런 코벤 같은 작가가 동참해주었다. 우리는 작가들의 팬이 소액의 기부금을 내고 자신이 좋아하는 작가의 이름을 시체 보관소에 붙일 수 있는 기회를 얻을 온라인 투표 사이트를 개설했다. 이 프로젝트를 진행하는 사람 모두 정말 재미있게 즐겼고, 작가들의 독창성과 관대함에는 한계가 없었다.

제프리 디버는 자신이 그 어떤 작가보다도 시체처럼 보인다는 이유를 대면서 독자들이 자신에게 투표해야 한다고 했다. 나는 그 말에 어떠한 의견도 내지 않았지만 그의 말에 이의를 제기할 수 있는 사람은 없을 것 같다. 재능 있는 음악가이기도 한 디버는 개인 작품을 담은 CD를 모금 활동을 위한 경매에 기부하기도 했다. 우리가 걱정한 것은 단 하나, 리 차일드가 1등을 할 경우 우리 시체 보관소의 이름이 엉뚱하게도 '차일드(어린이) 시체 보관소'가 되리라는 것뿐이었다. 하지만 영락없는 신사였던 리는 만일 자신이 선택되면 자신의 성이 아닌 자신의 소설 속 가장 유명한 주인공의 이름을 붙여 잭 리처 시체 보관소라고 불러달라고 했다. 톰 크루즈와의 인연은 나중에 활용하려고 일단은 간직해두었다.

어마어마하게 창의적인 카로 램지는 동료 범죄 소설 작가들에게서 받은 요리법을 모아 "킬러 요리책"을 만들어 판매하고 그 수익을 전부 기부해주었다. 이해할 수 있는 여러 가지 이유로 그때까지 요리책이 해부학과와 연관된 적은 없었다. 이 책을 광고하는 데는 세심함이 조금 필요했지만, 자신 있게 말하는 바, 책은 정말 많이 팔렸다. 전국에서 킬러 요리책에 실린 요리를 시연하고 시식하는 행사가 열렸고, 2013년에는 이 책이 세계 요리책 시상식 최종 후보에도 올랐다.

차기작에 등장하는 인물을 경매로 낸 작가들도 있었다. 경매 낙찰자는 유명한 범죄 소설 작가의 다음 작품에 무고한 행인으로 등장하거나 바텐더가 될 수 있는 권리를 얻었다. 스튜어트 맥브라이드는 로건 맥레이 시리즈에서 불멸의 장소가 된 애버딘의 여러 곳을 자신이 직접 안내하는 여행 이벤트를 개최하기도 했다. 스튜어트는 조카인 로건을 위해 직접 그림을 그리고 글을 쓴, 세 어린이에 관한 이야기책인 『해골 밥의 전적으로 건전한 여행 The Completely Wholesome Adventures of Skeleton Bob』(마녀들과 아버지 '암울한 리퍼'와 함께 이들이 온갖 말썽에 휘말리는 이야기다)의 판매 수익금도 기부했다. 그가 해골 밥의 이야기를 우리에게 맡기고 그를 대신해 출판할 수 있게 해주었다는 사실에 정말 감동했고 영광스러웠다.

총 18개월 동안 우리는 시체 보관소를 세울 100만 파운드를 모으려고 열심히 노력했다. 해러깃에서 스털링에 이르기까지 온갖 곳에서 열리는 범죄 소설 축제에 나가 홍보했고, 강연과 인터뷰를 했으며 텔레비전과 신문, 잡지에서 우리가 하는 일을 알렸다. 토론회도 개최하고 토론회 패널로도 참석했다. 그리고 마침내 해냈다. 우리는 필요한 자금을 모두 모았고, 비로소 발터 티엘의 방법으로 시체를 방부 처리할 수 있는 시설을 지을 준비를 마쳤다.

우리의 관심은 온통 새로운 시체 보관소를 짓고 시설을 갖추는 데 쏠려 있었기에 모금 운동의 부작용이 나타났을 때는 정말 놀랐다. 던디대학교 해부학과의 기증 관리 담당자 비브는 내가 참여한 행사가 끝날 때마다 자기 몸을 기증하겠다는 사람들의 문의가 너무 많이 온다며 투덜거렸다. 그 사람들은 '시체 보관소 건립을 위한 100만 파운드' 모금 운동에 관한 이야기를 듣기 전까지는 지금도 해부학과에서 수업을 하고 연구를 하려면 시신이 필요하다는 사실을 알지 못했다. 그런 사람들은 던디대학교뿐 아니라 영국 전역에 있는 해부학과로 떼로 몰려가 자기 몸을 기증하겠다며 신체 기증서에 서명했다.

모금 운동이 해부실에 도움을 주겠다는 사람들을 모으게

되리라고는 생각도 못 했지만, 그것이 아주 긍정적이고도 환영할 만한 부산물을 낳은 것은 분명했다. 실제로 모금 운동은 오래전에 끝났는데도 사람들의 관심은 지금까지도 사라지지 않고 있다. 던디와 테이사이드 전역에서 해마다 100명이 넘는 사람들이 여전히 자기 몸을 기증하고 있으며 그 같은 결정으로 우리는 강한 신뢰 관계를 형성했다.

새로운 시설을 만들면서 우리는 금전적인 도움만을 받으려 했지만, 어쩌면 그 외에 다른 도움을 구해야 했는지도 모른다. 어째서 우리는 늘 죽음에 관한 한 대중을 과보호해야 한다고 생각하고 그들이 죽음에 대해 이야기하고 싶어 하지 않는다고 생각하는 걸까? 우리에게 연락을 해준 사람들은 모두 자신의 유해를 처리해야 할 때 매장이나 화장이 아닌 다른 대안도 생각해볼 수 있다는 사실을 알고 안도했다. 그 사람들은 죽음에 관해 이야기하는 것을 조금도 꺼리지 않았고 솔직하게 질문했으며 솔직한 대답을 들어도 조금도 힘들어하지 않았다.

한번은 범죄 소설 작가들과 함께한 기금 마련 만찬에서 큰 갈등을 겪고 있는 여자를 만났다. 그녀는 불치병에 걸렸고 자기 몸을 해부학에 기증하고 싶어 했지만 남편은 펄펄 뛰면서 반대하고 있었다. 그녀는 남편을 화나게 하고 싶지 않았다. 그저 남편이 자신의 소원을 존중해주고 그것을 이룰 수 있게 해주기를 바랐다. 오랫동안 그녀와 이야기하면서 그녀가 괴로워하는 이유는 신체 기증이 그녀에게 얼마나 중요한 일인지를 남편에게 제대로 전하지 못하기 때문임을 알 수 있었다. 그녀의 남편은 우리가 시신을 극도로 모욕하는 일을 할 수도 있다는 생각에 두려워했고 자기에게는 죽은 아내의 품위와 존엄을 지킬 책임이 있다고 믿었다. 그녀는 나에게 우리가 어떤 일을 하며 무엇 때문에 그런 일을 하고 있는지를 설명하는 편지를 보내줄 수 있는지 물었다. 그런 편지를 받는다면 부부 모두 두려움을 조금은 떨치고 대화를 할 수 있을지도 모른다고 했다.

나로서는 정말 쓰기 힘든 편지였고, 편지를 마무리하기까지 아주 오랜 시간이 걸렸지만 편지를 받은 그녀의 반응을 보면 정말로 잘한 일이라는 생각이 든다. 그녀는 이제 남편이 이해한다고 했다. 남편이 여전히 "슬퍼하기는" 하지만 아내의 결정을 존중하게 됐다고 했다. 내 소망은 그녀의 마지막 소원이 이루어져 그녀의 몸이 스코틀랜드 중부의 어느 대학교 해부학과에 잠시 머물렀으면 하는 것, 그리고 그녀의 남편이 그녀의 헌신으로 그녀가 생각했던 것보다 훨씬 오랫동안 아픈 사람과 죽어가는 사람들에게 많은 도움을 줄 학생들의 스승이 되리라는 사실을 알고 조금은 평온해졌으면 하는 것뿐이었다.

기증자들의 몸이 우리 던디대학교로 올 수 있게 돕는 일도, 그들의 마지막 소원이 이루어질 수 있도록 그들을 다른 학교로 보내는 일을 돕는 일도 우리에게는 그들이 '죽어 있는 상태'로

하고자 하는 일을 이룰 수 있게 해준다는 점에서 영광스럽고도 명예로운 일이다. 기증자가 살아 있을 때 어떤 직업을 가지고 어떤 삶을 살았는지, 부자였는지 가난했는지, 키가 컸는지 체중이 많이 나갔는지, 병이 있었는지, 매니큐어를 하고 최신 유행하는 헤어스타일을 하고 다녔는지, 어려서 죽었는지 나이 들어서 죽었는지에 상관없이, 이 놀라운 사람들은 가치를 매길 수 없는 귀중한 교육이라는 공공선을 위해 모두 동일한 결정을 해주었다.

해부학을 가르치는 선생으로서 우리는 기증자들을 대변해 그분들의 뜻을 전하고 그분들이 보여준 삶의 원칙을 옹호하고 그분들의 존엄을 지키는 것이 우리의 의무라고 생각한다. 다행히 택시에 시신이 실린다거나 누군가의 아침 식사에서 손가락이 발견되는 내용을 포함하는 코미디 영화의 시대는 오래전에 끝이 났다. 그것들은 죽은 사람들을 소품으로 묘사하고 무례한 의대생들의 웃음거리로 만들었다. 나는 해부실에서 무례하게 행동하는 것을 절대로 용납하지 않으며 해부학 감사관도 그럴 것이다. 해부학 법을 위반하는 사람은 구류형을 받을 수 있다. 우리의 기증자들이 우리와 학생들이 하는 일에 보내는 엄청난 신뢰와 믿음을 생각해보면 당연한 일이다.

시신을 대중 앞에 전시하는 행위는 이제 더는 교육이라는 이름으로 정당화할 수 없으며, 엽기적인 관음증이라는 평가 외에는 그 어떤 말로도 합리화할 수 없다는 내 생각은 이런 책임감에 기반한다. 교육이라는 이름으로 비싼 입장료를 받고 일반인을 전시실로 불러들여 체스를 두거나 자전거를 타는 모습을 연출한 시신을, 만삭의 임산부 모습을 한 시신을 보여주는 행위는 절대로 교육이 될 수 없다. 그런 식의 돈벌이는 너무나도 혐오스럽다. 나는 그 어떤 상황에서도 상업적으로 이윤을 추구하는 행위는 지지하지 않을 것이다. 우리도 감사관의 허락을 받아 가끔은 유리나 투명 아크릴 수지로 만든 용기에 담은 표본을 입장료 없이 전적으로 교육만을 목적으로 하는 특별 과학 전시회 같은 곳에서 대중에게 공개하기도 한다. 하지만 절대로 흥미만을 목적으로 시신을 전시하는 일은 할 수도 없고 하지도 않을 것이다. 시신을 전시한다면 거기에는 분명히 교육적인 목적이 있어야 한다. 해부학과에서 기금을 모금하는 일이 언제나 어려운 투쟁이 되는 건 그 때문이다.

    해부학을 하는 우리에게 우리가 함께하는 시신은 죽었다거나 죽어가고 있는 것과는 전혀 거리가 멀다. 지지자들이 시신의 생존과 성장에 헌신하고 있는 전 세계 모든 곳에서 우리가 함께하는 시신은 활발하게 살아 숨 쉬고 있다. 특히 던디대학교에서 말이다. 나는 우리 던디대학교 해부학과를 이 세상에서 가장 멋진 교육 및 연구 시설 가운데 한 곳으로 만드는 데 기여하고 있는 우리 기증자, 직원, 학생, 후원자 들이 매우 자랑스럽다. 2013년 우리 해부학과는 사람 해부학과 법의인류학 부문에서 탁월한 고등 교육을 실시한 대학교 학과에 주는 올해의 여왕상을 수상했다. 그리고 이제는 미래를 향해 나아가고 있다. 이 책을 쓸 당시 우리 해부학과는 던디대학교에서 해부학을 가르치기 시작한 지 130년째 되는 2018년을 기념하고, 일반인이 참여하는 프로그램을 진행할 새로운 건물을 증축하기 위한 모금 운동을 준비하고 있었다.

새로 만들기로 한 시체 보관소는 어떻게 되었느냐고? 우리의 새로운 시체 보관소는 2014년에 공식적으로 문을 열었고, 그 누구도 놀라지 않을 이름을 얻었다. 발 맥더미드 시체 보관소라는 이름을 말이다. 그녀가 보여준 엄청난 헌신과 굉장한 추진력, 그녀가 보유한 수많은 독자를 생각해보면 발이 우승할 것이라는 데는 의심의 여지가 없었다. 또한 우리는 정말 많은 기여를 해주었고 -솔직히 말해서 해골 밥은 정말로 엄청난 기여를 했다- 두 번째로 많은 표를 얻은 스튜어트 맥브라이드의 이름을 따 해부실 이름을 지었다.

자신들의 명성과 시간과 노력을 우리를 위해 기꺼이 투자해준 여러 작가에게 감사하며 우리는 방부액을 담은 탱크 아홉 개에 많은 역할을 해준 작가 아홉 명의 이름을 붙이기로 결정했다. 열 번째 탱크는 모금 운동을 하는 동안에는 물론이고 우리가 던디대학교에서 하는 모든 일을 열성적으로 도와준 해부학과 학과장 로저 솜스에게 헌정했다. 로저는 시체 보관소가 완공된 직후에 은퇴했기 때문에 우리는 작별 선물로 열 번째 탱크에 그의 이름을 붙였다. 탱크 위에 붙어 있는 로저의 이름을 볼 때마다 사람들은 탱크 안에 있는 시신이 로저라고 생각한다. 하지만 아니다. 현재 로저는 행복하고 건강하게 은퇴 생활을 즐기고 있다. 하지만 내가 좋아하는 해부학자이자 다정한 친구인 로저는 어느 날 다시 이곳으로 돌아와 학생들을 가르칠 수도 있다. 그가 돌아온다면 분명히 던디대학교 해부학과에서는 그를 따뜻하게 맞이할 것이다. 하지만 그날은 되도록 아주 먼 미래였으면 좋겠다.

던디대학교 시체 보관소에는 탱크가 모두 열한 개 있다. 마침내 때가 되어 던디대학교 시체 보관소로 돌아온 내가 "블랙"이라고 이름 붙여진 탱크 안에서 평화롭게 떠다니는 모습을 생각하면 기분이 좋아진다. 그 모습은 정말로 근사할 것이다!

나오는 말

"죽는다는 건 정말 엄청난 모험일 거야!"

제임스 매슈 배리의
『피터 팬』중에서

인생을 돌아보며

죽음이 나에게 드러낸 여러 얼굴을 살펴본 이 짧은 탐사에서 내가 죽음과 맺은 관계가 편안한 우정임을 독자 여러분이 알 수 있었으면 좋겠다.

나는 죽음학thanatology을 연구하는 학자는 아니지만 내가 걷게 될 길에 무엇이 놓여 있는지 분명하게 이해할 수 있을 정도로는 죽음이 하는 일을 충분히 경험했다고 생각한다. 하지만 그렇다고 하더라도 내 생애 마지막에 내가 하게 될 행동을 확신을 가지고 예측하는 대담함은 절대로 발휘하지 못할 것 같다. 자신에게 올 죽음의 순간과 형태를 자주 깊이 생각하는 사람이 실제로 맞이하는 죽음은, 그 사람이 생각하던 죽음과는 사뭇 다를 것이라고 생각한다. 그렇게 생각하는 이유는 세월이 흘러 우리가 들어갈 땅의 구덩이가 조금 더 가까워질수록 미지의 요소는 늘어만 가기 때문이다. 그 누구도 죽음에서 살아 돌아와 그것이 어떤 모습인지를 알려주지 않았기에, 우리 앞에 놓인 길을 조금 더 수월하게 만들 준비를 하거나 계획을 세울 수는 없다. 확실한 것은 그저 하나, 누구든지 늦든 빠르든 결국에는 죽음을 만난다는 사실뿐이다. 죽음을 향한 길은 어느 정도는 다른 사람과 함께 걸을 수 있다고 해도 결국 어느 순간부터는 홀로 죽음과 동행해야 한다.

이제 더는 살 수 없고 죽어가야 한다는 사실을 느끼는 순간은 사람마다 다를 것이다. 많은 사람에게 죽지 않는다는 것은 단순히 아직은 삶이 끝나지 않았음을 의미한다. 죽음이 우리에게 다가오지 않게 할 방법이 있을까? 어쩌면 죽음은 불멸을 옹호하는 사람들을 어느 정도는 받아들일지도 모르겠다. 죽음과 벌이는 토론에서 충분히 강인한 마음으로 설득력 있게 논리를 펼쳐 나간다면, 우리가 살아야 하는 이유를 납득시키거나 적어도 죽음을 조금은 늦출 수 있을지도 모르겠다. 불치병에 걸려 시한부 인생을 살아가는 사람들이 의사들이 예측한 남은 날을 훌쩍 넘기고 자신들이 정한 마감 시간(크리스마스나 자녀의 결혼식 같은 특별한 행사는 끝내고 죽겠다는)까지 사는 경우가 많이 있다. 예측(결국 추측에 불과할 수 있는)이 갖는 문제는 그것이 자기실현적 예언으로 작동할 수 있다는 점이다. 예측은 우리가 정한 마감 시간 이후로는 싸우려는 의지를 박탈해버리는지도 모른다. 예측이 정해놓은 시간 이후로는 우리가 더는 집중하지 못하고 그저 삶을 버리고 죽어가는 것인지도 모른다. 어쩌면 우리는 이정표에 도달하려고 마지막 남은 힘을 완전히 쏟아부어 모두 소비해버리기에, 예측한 시간에 죽게 되는지도 모른다.

특별한 목표에 집중하는 것보다 거침없이 계속 전진해 들어오는 죽음과 싸울 의지를 불태우는 것도 또 다른 대안이 될 수 있을 것이다. 그런 대안을 택한 대표적인 사람이 1964년 강직성 척추염이라는 끔찍한 만성 염증성 질환을 진단받은 미국 정치 기자 노먼 커즌스다. 커즌스는 회복될 가능성이 500분의 1에 불과하다는 진단을 받았다. 오래전부터 병을 이기는 것은 사람의 감정이라고 믿었던 커즌스는 비타민 C를 다량 복용하기 시작했고 영사기를 들고 호텔로 거처를 옮겼다. 그는 소형 카메라로 사람들의 일상을 몰래 찍은 영상이나 막스 형제가 나오는 슬랩스틱 코미디를 보면서 배가 아플 정도로 마음껏 웃으면 진통제를 먹지 않고도 두 시간 정도는 푹 잘 수 있음을 깨달았다.

호텔로 이사하고 6개월이 지나지 않아 커즌스는 두 발로 걸을 수 있게 되었고 2년 만에 다시 직장에 나가 일할 수 있었다. 진단을 받고 26년이 흐른 뒤에 심장 질환으로 죽은 커즌스는 사실 그보다 36년 전에 심장 마비로 죽을 거라는 진단을 받았었다. 의사들이 곧 죽으리라고 예측했을 때 커즌스는 죽기를 거부했고, 그를 치료한 것은 웃음이었다. 삶을 포기하는 것이 우리의 선택이라면 아무 문제가 없겠지만 커즌스의 이야기는 아직 삶을 포기할 준비가 되지 않은 사람들에게는 교훈이 될 수 있으리라 생각한다.

우리의 수명에 좋은 영향을 미치거나 나쁜 영향을 미치는 요소는 아주 많이 알려져 있다. 건강한 식습관, 운동, 결혼, 여성이라는 성은 조금 더 긴 수명과 관계가 있다. 사실상 수명을 연구한 모든 나라에서 여성은 남성보다 5퍼센트 정도 더 오래 살았다. 그 이유 가운데는 여자에게는 X 염색체가 두 개 있어 한 염색체에 문제가 생겨도 보완할 수 있기 때문이라는 주장도 있다. 괜찮은 생각이기는 하지만 남성이 조금 더 짧게 사는 이유는 테스토스테론의 부작용 때문일 가능성이 훨씬 높다.

한국의 조선 왕조(1392~1910)에서 궁에 살던 환관들은 정소를 제거하지 않은 남자들보다 평균 20년을 더 살았다. 이 자료에서 흥미로운 점은 오직 열네 살 전에 정소를 제거한 환관들만이 20년 정도 더 살았다는 것이다. 사춘기가 시작되어 테스토스테론이 인체에 미치는 영향을 고스란히 받아야 했던 상태로 정소를 제거한 환관에게는 수명 연장 효과가 크지 않았다. 조선 환관의 예는 아주 극단적인 경우로, 남자들이 20년을 더 살겠다고 정소를 제거하는 선택을 한다면 인류의 미래에도 아주 커다란 영향을 미칠 것이 분명하다.

우리는 주나 달, 연과 같은 구성 요소를 기준으로 수명을 측정하는데 위험 요소를 가지고 수명을 측정하는 일은 특히 더 흥미롭다. 우리의 수명에 영향을 미쳐 수명을 늘리거나 줄이는 요소가 있는데, 그 요소들을 어떤 식으로 다루고 선택하느냐에 따라 결과는 달라질 수 있다.

1978년 『사회 위험도 평가: 어느 정도가 충분히 안전한 것인가?Societal Risk Assessment: How Safe is Safe Enough?』라는 책에 실은 글에서 스탠퍼드대학교 로널드 A. 하워드 교수는 죽음 위험도라는 개념을 소개하면서 죽을 확률이 10만분의 1일 때 죽음 위험도는 1마이크로몰트micromort 값을 가진다고 했다. 죽음 위험도라는 개념은 아주 간단하다. 특정 행위의 마이크로몰트 값이 높을수록 위험도도 높아 결국 죽을 가능성이 커진다는 뜻이다. 죽음 위험도는 일상적인 행위와 특별히 위험한 행위 모두에 적용될 수 있으며 즉각적인 일과 축적되는 일 모두에도 적용될 수 있다. 예를 들어 오토바이를 타고 9.5킬로미터를 달리는 경우와 기차를 타고 9500킬로미터를 달리는 행위는 모두 1마이크로몰트로, 이는 기차가 오토바이보다 1000배 더 안전한 교통수단이라는 것을 암시한다. 죽음 위험도는 다양한 활동에 내재되어 있는 위험 정도를 비교해볼 수 있게 하며, 경우에 따라서는 지금 하고자 하는 일이 정말로 목숨을 걸 만큼 가치가 있는 일인지를 거듭 생각해볼 수 있게 한다. 전신 마취를 해야 하는 수술의 마이크로몰트 값은 10 정도이며, 스카이다이빙은 한 번 뛰어내릴 때마다 8마이크로몰트, 마라톤은 한 번 뛸 때마다 7마이크로몰트다. 정말로 위험한 행동을 하면 마이크로몰트 값도 크게 뛴다. 산악 등반인은 한 번 등반할 때마다 4만 마이크로몰트의 죽음 위험도를 감수해야 한다.

즉시 죽음에 이를 수 있는 단일 행위도 있는데, 하워드 교수는 이런 행위를 "급성 위험$^{acute\ risk}$"이라고 했다. 그에 반해 점진적으로 영향을 미쳐 시간이 지나야만 진짜 위험 요소가 되는 행위는 "만성 위험$^{chronic\ risk}$"이라고 한다. 이 범주에서 와인을 0.5리터 마시거나 흡연자와 두 달 동안 살면 1마이크로몰트를 획득한다.

행복한 소식도 있다. 마이크로라이프microlife 점수를 획득하면 짧아진 수명을 다시 회복할 수 있다. 마이크로라이프는 케임브리지대학교 데이비드 스피겔할터 경이 정량화한 단위로, 30분 단위로 연장되거나 줄어든 수명을 측정할 수 있다. 우리는 모두 어떤 활동이 마이크로라이프 점수를 올리거나 내리는지 아는데, 솔직히 말해서 점수를 올리는 행위가 즐거운 경우는 거의 없다. 매일 채소나 과일을 거의 다섯 접시 먹을 경우 남자는 4마이크로라이프를, 여자는 3마이크로라이프를 획득할 수 있다. 그렇다, 이제 다시 생 양배추로 점심을 먹을 때가 된 것이다.

그리고 이제 나는 새로운 위험도 측정 방법을 고안해야 한다고 생각한다. 즐거움을 측정하는 단위인 마이크로머스micromirth 말이다. 우리의 인생을 즐거움과 웃음, 완벽한 허튼소리를 근거로 측정할 수 있다면, 길게 살건 짧게 살건 간에 인생은 훨씬 근사해지리라고 생각한다. 마이크로라이프는 서서히 축적되고 마이크로몰트는 치명적이지만 마이크로머스는 정말로 재미있다. 노먼 커즌스도 내 말에 동의하리라고 생각한다.

◇

그렇다면 내가 죽어가는 순간은, 내 죽음은, 죽음 뒤의 형태는 과연 어떤 모습일까?

'죽음'과 '죽어 있는 상태'에 관해서라면 상당히 느긋하게 생각할 수 있다. 사실상 그 두 상태에 대해 나는 전혀 두려움을 느끼지 않는다. 오히려 나에게 생길 수 있는 일들을 생각하면 전율이 느껴지기도 한다. 평생 나는 내 몸의 결함과 장점을 알고 있었고, 내 몸이 완전히 멈추기 전에 해내야 하는 과제를 내가 어떤 식으로 처리하는지를 정말로 보고 싶다. 하지만 나는 영웅이 아니고, 대부분의 사람들과 마찬가지로 '죽어가는 과정'은 가능한 한 빨리 건너뛰고 싶다. 이상하게도 나는 죽어가는 상태와 죽은 상태를 가르는 문턱이 정말로 흥미롭다고 생각하며, 그 시간을 직접 경험해보고 싶다. 물론 아주 길게는 말고 말이다. 로마의 철학자 세네카는 "현명한 사람은 살 수 있을 만큼이 아니라 살아야 할 만큼만 산다"라고 했다.

내가 젊은 사람들에게 필요한 자원을 소비만 해야 한다면, 그것도 가치 있는 일을 하나도 하지 못하고 그저 사랑하는 사람들에게 짐만 된다면 지나치게 오래 살고 싶지는 않다. 나는 지구상에 존재하는 마지막 순간까지 내 힘으로 움직이고 싶고 삶의 질을 위해서라면 충분히 삶의 양을 희생할 용의가 있다. 나는 훌쩍이면서 나가고 싶지 않다. 문을 세게 닫으면서 나가고 싶다. 나이가 들면 어느 정도 몸이 불편해지는 것은 참을 준비가 되어 있지만 제발 내 마음이 어지럽혀지지는 않기를! 나는 절대로 무신경한 요양소나 요양 병원에서 시들어가지 않을 것이다. 절대로 치매가 내 인생을, 내 이야기를, 내 기억을 앗아가지 못하게 할 것이다. 나는 절대로 아버지처럼은 죽어가지 않을 것이다.

어째서 이 책을 쓰기로 했는지, 왜 하필 지금 쓰기로 했는지를 묻는 사람들이 있다. 그 이유는 내 이야기를 우리 딸들에게 들려주고 싶은 바람이 있었기 때문이다. 그 아이들이 언제나 다른 사람의 목소리가 아닌 내 목소리로 내 이야기를 들을 수 있었으면 했기 때문이다. 탁월한 이야기꾼이셨던 나의 아버지는 내가 자라는 동안 거듭해서 자신의 이야기를 들려주셨다. 최근에 나는 그레이스와 애나가 1997년에 나의 아버지에게 보낸 편지를 찾았다. 아이들은 할아버지에게 크리스마스 선물로 책과 펜을 주었고 자신들이 영원히 간직할 수 있도록 할아버지의 이야기를 적어달라고 부탁했다. 슬프게도 아버지는 이야기를 적어주지 않았고, 아버지의 이야기는 대부분 아버지와 함께 죽어버렸다. 내가 죽으면 아버지의 이야기는 조금 더 죽게 될 것이다. 그래서 나는 베스와 그레이스와 애나에게, 그리고 그다음 세대 아이들에게 이 책을 주고 싶었다. 내가 떠난 뒤에도 그 아이들이 나와 내 삶을 조금은 알 수 있도록 말이다.

남편과 우리 아이들은 내가 마지막으로 의사를 찾아간 것이 20년 전 애나를 임신했을 때라는 사실에 절망한다. 나는 처방약을 먹지 않는다. 물론 건강 검진을 받는다면 혈당과 혈압, 콜레스테롤 같은 문제를 해결하라며 다량의 약을 처방해줄 것이다.

하지만 일단 약을 복용하기 시작하면 죽을 때까지 계속 복용해야 한다.

쉰 번째 생일에 도어 매트 위에 놓여 있는 '대변' 검사 통지서를 봐야 한다는 건 정말로…… 굴욕이다! 물론 나는 예방 의학이 생명을 구한다는 사실을 분명히 알고 있고 많은 사람이 기꺼이 건강 검진을 받는다는 사실도 안다. 하지만 나로서는 지금 당장 아무 징후가 없는데도 의사를 찾아가 굳이 잘못될 수도 있는 부분을 찾는 것에 어떤 의미가 있는지 잘 모르겠다. 나는 내 나이에 맞는 통증과 아픔만을 느낄 뿐이며 의사를 찾아가 6분 동안 수 블랙 씨는 과체중이니 반드시 운동을 해야 한다는 말을 아주 진지한 말투로 들어야 할 필요는 없다고 생각한다. 그래서 나는 남편이 매일 나에게 아스피린 한 알을 주는 것만을 허용했고, 그것으로 충분하다.

우리 할머니는 언제나 나에게 병원에서 멀리 떨어져 있으라고 경고해주셨다. 할머니 경험대로라면 병원에 가는 일은 싸구려 관에 누울 가능성만 높이는 것이다. 나는 진단이나 예후라는 제약이 내 삶을 구속하기를 원치 않으며 질병이나 의학 통계로 나 자신이 정의되는 것도 바라지 않는다. 결국 내 삶의 길이와 죽는 시간을 결정하는 것은 운명이다. 나는 내 죽음을 막을 필요가 없다. 우리는 모두 다른 견해와 기질을 가지고 있으며, 질병과 죽음을 막으려고 어떤 일까지 할 수 있는가는 각자 개인이 결정할 일이다. 내가 내릴 결정은 아마도 어떤 형태가 되었건 결국에는 나를 데려갈 죽음이 실제로 올 때까지 기다리는 것이다. 나는 환자가 되어 죽어가지 않을 테고 죽지 않을 것이다.

    내 인생은 충만했다. 내 인생에는 목표가 있었다. 내 인생은 즐거웠다. 정말로 멋진 사람들을 만난 인생이었다. 내 남편은 가장 친한 친구이고, 우리에게는 아름다운 딸들과 손주들이 있다. 나는 우리 부모님보다 더 오래 살았다. 혹시라도 처음 내가 태어났을 때 받은 우리 세대의 기대 수명이 여전히 유효하다면 나에게는 아직 17년이나 살아갈 날이 남았다. 그리고 솔직하게 하는 말이지만, 지금부터 그때까지의 모든 날을 나는 보너스로 여기며 살아갈 것이다. 물론 나의 마지막 날이 가능한 한 오랜 시간 뒤에 오기를 바라지만, 가장 바라는 것은 삶의 주기가 자연의 순서대로 왔으면 하는 것이다. 다시 말해서 내가 우리 아이들과 손주들보다 더 빨리 죽기를 바라는 것이다. 자식을 잃은 부모는 너무나도 괴롭고 고통스럽다. 나는 그 누구도 그런 고통을 느끼기를 바라지 않는다.

    살아갈 날보다 살아온 날이 더 많으니 이제부터 나는 앞으로 30년 안에 반드시 건너게 될 문턱에 초점을 맞추기 시작했다. 나는 내 문턱을 건너는 일이 전혀 두렵지 않다. 오히려 나는 홀로 죽기를 원한다. 은밀하고 조용하게 내 방식대로, 내 속도대로 죽기를 바란다. 내가 사랑하는 사람들이 괴로울까 봐, 고통스러울까 봐 걱정하는 일로 내 정신을 흐트러뜨리고 싶지는 않다. 나는 만반의 준비를 갖추고 싶다. 그 누구도 나 때문에 힘든 일을 해야 하고 괴로운 문제가 생기는 것은 바라지 않는다. 나는 깔끔하고 단정하게 내 인생을 정리하고 논리적으로 다음 단계로 넘어가고 싶다. 그 누구도 귀찮게 하고 싶지 않다.

나에게 어떤 일이 일어나기를 바라느냐고? 나는 우리 아버지처럼 죽어가고 싶지는 않지만 우리 아버지 같은 죽음을 맞이하고 싶다. 그저 준비가 되었을 때 벽을 보며 떠나고 싶다. 나에게 스스로 목숨을 끊을 수 있는 용기가 있으리라고는 믿지 않는다. 그러니 인내심을 가지고 죽음이 나에게 도착하기를 기다릴 준비를 해야 한다. 구할 수 있다면 죽음을 도와줄 약을 먹겠느냐고? 아마도 특별한 경우라면 그럴 수 있을지도 모른다. 하지만 나에게는 몸을 기증하겠다는 결의에 차 있었던 아서와 같은 용기는 없다. 나는 내가 죽기 전에 사회가 정신을 차리고 자신이 직접 죽음을 계획할 수 있는 권리를 사람들에게 주리라고 굳게 믿는다. 선한 의료진에게 죽음을 맡기고 손을 놓고 있는 대신에 말이다. 나는 자연스럽게 이 세상에서 빠져나가고 싶다. 이식 수술도 심폐 소생술도 정맥 주사도 원하지 않으며 마지막 순간이 왔을 때 다량의 아편도 맞고 싶지 않다. 물론 나는 나 자신을 완전히 속이고 있는 것인지도 모른다. 정말로 극심한 고통이 느껴지면 모르핀을 놓아달라고 고함을 질러댈 수도 있다. 하지만 아마도 그렇지는 않을 것이다. 내가 느끼는 감각도 잃고 싶지 않고 나 자신을 통제하지 못하는 것도 싫다. 나는 언제나 고통을 잘 참았다. 세 아이도 진통제 없이 낳았다. 내가 옳은지는 오직 시간만이 말해줄 것이다. 죽음이 나를 위해 왔을 때는 살아 있는 상태로 약의 방해를 받지 않고 죽음과 허심탄회하게 이야기하고 싶다.

월리 할아버지가 전혀 고통 없이 돌아가셨을 때 그런 죽음은 내가 받아들이기에는 너무 갑작스러운 죽음이라고 생각했다. 나는 자면서 죽고 싶지도 않다. 나는 죽음을 나의 마지막 모험이라고 생각하기 때문에 그 순간을 빼앗기고 싶지 않다. 어쨌거나 내 인생에서 죽음은 단 한 번밖에 경험하지 못할 사건이니까. 나는 죽음을 알아보고 죽음이 다가오는 소리를 듣고, 그것을 보고 만지고 냄새도 맡고 맛도 보고 싶다. 내 모든 감각으로 죽음을 느끼고, 마지막 순간이 되면 사람이 할 수 있는 최대한으로 죽음을 이해하고 싶다. 죽음은 언제나 내 삶을 이끌어온 가장 큰 사건이었으니 내가 죽을 때는 앞자리에 앉지 못해 단 하나라도 놓치는 일은 없기를 바란다.

어쩌면 나는 17세기 스코틀랜드 북동부 크로마티에서 살았고 인버네스에서 왕당파 봉기에 가담했다는 이유로 의회가 반역자로 선포한 박식가이자 작가, 번역가인 토머스 어커트처럼 죽는 행운을 누릴지도 모른다. 나중에 어커트는 우스터 전투에서 왕당파에 가담해 싸운 죄로 런던 탑과 윈저에 갇히기는 했지만 그 어떤 끔찍한 형벌도 받지 않았다. 어커트는 정말로 엉뚱한 괴짜였다. 그는 자신의 109대 할머니가 골풀 숲에서 모세를 발견한 여인인 테르무트이고, 97대 할머니는 시바의 여왕이라고 했다. 올리버 크롬웰이 풀어주자 어커트는 유럽 대륙으로 떠났다. 훗날 찰스 2세가 복위되었다는 소식을 듣고 웃다가 죽었다고 한다. 마이크로몰트가 마이크로머스와 만나 멋진 작품을 만들어낸 것이다!

    물론 내가 그런 행운을 누릴 것 같지는 않다. 애석하게도. 하지만 한 가지 예언은 할 수 있다. 나는 75세 전에 죽을 것 같다. 사인은 심장과 관계가 있을 테고 월요일 오전 11시에 심근경색이 최고조가 되어 분명히 수요일 정오에 내 자리를 예약하게 될 것이다.

    한 번도 죽어본 적이 없으니 내가 어떻게 죽을 것인가는 정말로 알 수가 없다. 하지만 분명히 그렇게 어려울 리는 없다. 아주 터무니없는 방법으로 자신의 죽음을 초래한 사람이 수상의 영광을 얻는 우스꽝스러운 다윈상을 받은 몇몇 사람을 제외하면 나보다 먼저 살았던 사람 모두 충분히 죽음을 잘 관리한 것 같으니까. 나는 죽음을 두고 예행연습을 해볼 수도 없고 죽어본 사람에게 조언을 받을 수도 없다. 그러니 사실 죽음을 놓고 걱정해봐야 아무 소용이 없다. 하지만 혼자 있진 않을 것이다. 다른 사람이 있건 없건 간에 죽음은 나와 함께할 것이다. 죽음은 그 누구보다도 경험이 많을 테니 내가 해야 할 일을 제대로 가르쳐주리라고 확신한다.

나의 죽음은 영구 전신 마취에 굴복하는 일과 비슷하지 않을까 생각해본다. 모든 것이 깜깜해지고 더는 아무것도 알지 못하는 것, 그것이 죽음이 아닐까? 죽음 너머에 있는 것이 어둠뿐이라면 어쨌거나 아무것도 기억하지 못할 텐데, 그건 정말 너무나도 애석한 일이다. 하지만 그것이 전부인지도 모른다. 죽음은 긴 이야기에 마지막 온점을 찍는 것이 전부인, 허무한 순간일 수도 있다.

그래도 나에게는 죽어 있는 순간을 위해 명백하게 세워둔 계획이 있다. 나는 내 몸이 전적으로 해부학 연구와 교육에 쓰이기를 희망한다. 따라서 스코틀랜드에 있는 해부학과 한 곳에 내 몸을 기증할 것이다. 내가 선택할 수 있다면 의사나 치과의사가 아닌 과학도들이 내 몸을 해부했으면 한다. 의사는 피하고 싶고, 치과에 가는 걸 좋아하는 사람은 없으니까. 안 그런가? 해부학과 학생에게 다음 번 헨리에타가 되어주는 일이야말로 내 인생 주기를 완벽하게 마무리하는 행위일 것이다. 지금은 장기 기증 카드를 가지고 다니지만, 나에게 오래 살 수 있는 시간이 주어진다면 예순다섯 번째 생일에는 해부학 실습에 신체를 기증한다는 서류에 서명할 것이다. 그때는 오래 학대받은 내 장기가 살아 있는 사람에게 유용하게 쓰일 가능성은 상당히 희박해질 테니까.

나의 남편 톰은 여기에 동의하지 않는다. 그는 내가 해부되기를 원치 않는다. 자신도 해부학자이지만 상당히 구식인 남편은 경건하고 조용한 장례식을 치른 뒤에 내가 아이들이 원할 때면 찾아올 수 있는 장소에 묻히기를 바란다. 내가 먼저 떠난다면 아마도 톰은 자신이 원하는 대로 할 것이다. 나는 결코 그에게 고통을 줄 만한 일을 강요하고 싶지 않다. 하지만 그가 먼저 떠난다면 톰의 소망을 세심하게 이뤄주고 내 소망도 분명하고 정갈하게 이루어낼 것이다.

가장 바라는 상황은 내 해부실에서 해부되는 것이지만 나를 처리하는 과정이 우리 직원들에게는 쉽지 않을 수도 있음을 받아들여야 할 것 같다. 물론 그들은 전문가이니 어쩌면 완벽하게 괜찮을 수도 있다. 더구나 내 소원이라고 한다면 잘해낼 수 있을지도 모른다. 하지만 굳이 그들에게 힘든 일을 부탁하고 싶지는 않다. 그래도 나는 발터 티엘의 방식대로 처리되고 싶다. 현재 영국에서 티엘의 방식을 적용할 수 있는 학교는 던디대학교뿐이다. 포르말린으로 처리되는 건 별로 매력이 없고 절대로 신선한 상태로 얼려지고 싶지는 않다. 티엘의 방식대로 처리되어 팔다리가 자유롭게 움직이는 것이 좋다(어쩌면 지금보다 더 잘 움직일 수도 있다). 내 주름이 매끄럽게 펴지는 것도 좋다. 죽어가는 것에 관한 모든 헛소리를 들은 뒤에 방부액 탱크를 채운 차갑고 어두운 물속에서 서너 달 푹 쉬면서 휴식을 취하는 것도 좋다. 나는 내 몸에 기이한 부분이 있어 해부학과 학생들이 투덜댈 것인지, 나에게 헨리가 그랬던 것처럼 누군가에게 나도 훌륭한 스승이 될 수 있을지 궁금하다.

해부 수업이 모두 끝나면 내 시신은 침연(물에 끓여 부드러운 조직과 지방을 뼈에서 분리하는 작업) 과정을 거쳐 뼈만 남기고 싶다. 지방과 장기만으로는 우리 아이들이 뿌릴 재가 많이 나오지는 않겠지만, 그것들은 화장되면 좋겠다. 뼈에 관해서라면 다른 계획이 있다. 내 뼈는 상자에 담겨 던디대학교 수업 교재로 쓰이기를 바란다. 나는 다쳤거나 아팠던 모든 이력을 완벽하게 남겨 학생들이 내 몸의 병력과 특징을 식별할 수 있게 해줄 것이다. 내 뼈를 다시 맞춰 해부실이나 법의인류학 연구실에 걸어두어 내 몸이 그 기능을 완전히 끝낸 뒤에도 학생들을 가르칠 수 있다면 그것도 행복할 것이다. 뼈는 유통 기한이 아주 기니까 학생들이 좋아하건 싫어하건 나는 수세기 동안 그들 곁에 남아 있을 수 있을 것이다.

내가 목표를 달성한다면, 나는 결코 진정으로 죽지 않을 것이다. 내가 그랬던 것처럼 해부학을 배우는 사람들 마음에서, 해부학의 논리와 아름다움을 사랑하게 된 사람들 마음에서 살아갈 테니까. 이것은 우리 자신의 영역에서 우리가 그토록 성취하고 싶은 불멸을 얻을 수 있는 방법이다. 물론 그것이 가능하다고 믿더라도, 나에게는 육체를 가진 존재로 영원히 살아가고 싶다는 소망은 없다.

완전한 죽음은 없다고 믿는 쪽을 선택하는 사람들도 있다. 많은 사람이 자신들의 영혼은, 정신은, 정체성을 이루는 본질은 육신이 소멸한 뒤에도 지상이나 자신이 개념화한 천국에서 어떤 형태로든 살아남는다고 확신한다. 다른 사람의 모습으로 다시 환생한다고 믿는 사람들도 있다. 심지어 과학이 발달하면 다시 살아나 예전의 삶을 그대로 살아갈 수 있으리라고 믿고 극저온 냉동 상태로 잠들어 있는 사람들도 있다. 그 가운데 어떤 것도 나에게 어울리는 죽음은 아니다.

죽음 뒤에 삶이 있을까? 알 수 없는 일이다. 유령 같은 존재가 있을까? 미신을 믿었던 우리 할머니는 있다고 하시겠지만 삶의 상당 시간을 죽은 사람들 곁에서 보낸 나로서는 죽은 사람이 나를 해친 적도, 불쾌하게 한 적도 거의 없다는 사실만을 분명하게 말할 수 있을 뿐이다. 죽은 사람은 제멋대로 굴지도 않는다. 일반적으로 그들은 아주 정중하고 예의 바르다. 시체 보관소에서 살아난 사람도 없고 내 꿈에 나타나 나를 괴롭힌 사람도 없다. 대체로 죽은 사람이 살아 있는 사람보다 훨씬 덜 귀찮다. 죽어가는 과정, 죽음, 죽어 있는 상태가 정말로 어떤지를 알 수 있는 방법은 단 한 가지, 직접 경험해보는 것뿐이며, 우리는 결국 경험하게 될 것이다. 내가 바라는 것이 하나 있다면, 때가 되면 내가 준비되어 있었으면 하는 것뿐이다. 엄청난 여행을 떠날 짐을 모두 챙

겨두었기를 바랄 뿐이다.

나의 천국은 어떻게 생겼을까? 천사니 하프니 하는 건 없애버리자. 그런 건 정말 짜증이 날 테니까. 나의 천국은 평화롭고 조용하고 기억으로 가득 찬 따뜻한 곳일 게 분명하다.

그렇다면 나의 지옥은? 변호사와 파란 전선과 쥐가 가득한 곳이겠지.

감사의 말

살아온 날을 돌이켜보면 정말 소중했던 사람을 잃을 위험은 늘 있었고 나도 모르게 무례한 일을 저지르기도 했다. 그렇기 때문에 나는 언제나 나와 함께 인생이라는 버스를 타고 달려준 소중한 동반자 모두에게 감사하고 싶다. 누군가는 한두 정거장 지나면 내리지만 그 먼 길을 모두 함께 와준 사람들도 있다. 그리고 우리가 함께한 장거리 자동차 여행도 있다. 장거리 여행을 함께해준 당신, 그 이름을 굳이 말할 필요는 없을 것 같다. 분명히 내가 자기 이야기를 하고 있다는 걸 알 테니까. 나에게 자신이 어떤 의미인지를 분명히 알고 있을 테니까. 늘 내 옆을 지켜주는 당신의 우정과 지혜와 다정함을 내가 얼마나 소중하게 느끼는지를 잘 알고 있을 테니까.

　　내가 잊은 것이 있거나 당신의 기억과 많이 다른 이야기를 했다면 용서해주길 바란다. 이 책에 우리의 추억이 나오지 않았다면 그건 다른 사람들과 나누기에는 너무나도 사적인 이야기라고 생각했거나 그 이야기들을 다룰 공간이 충분하지 않았기 때문이다. 실패는 전적으로 내 책임이다.

　　내 삶이 굴러가는 동안에 이 책이 절판되는 시간이 올 테지만, 나는 나에게 끝없는 인내심을 발휘해주고 용기를 주고 늘 솔직하게 지지해준 사람들에게 감사를 전하고 싶다.

　　그중에서도 마이클 올콕은 성자 같은 인내심을 보여주었다. 그는 20년도 더 전에 내 두서없는 이야기에 처음으로 귀를 기울여주었고 마침내 인쇄된 형태를 보게 되었다. 그를 찾아내다니, 나는 정말 운이 좋았다. 나는 마이클이 정말 좋다.

　　대단히 힘든 일을 맡아 섬세하고 우아하게 처리해준 캐럴라인 노스 매킬배니에게는 적절하게 감사할 수 있는 말이 전혀 없다. 그녀는 그 사실을 누구보다도 잘 알 것이다.

　　수재나 웨이드슨은 강연 한 번 듣고 아마추어 작가와 계약을 맺는 과도한 용감함을 발휘했다. 이 책을 쓰는 모험을 하는 내내 수재나는 가장 많은 영감을 불어넣어 주었고, 나를 편안하게 안심시켜주었으며, 굳건하게 이끌어주었다. 수재나가 없었다면 이 책은 결실을 맺지 못했을 것이다. 우리 가족이 이 이야기들을 들을 수 있게 된 것은 모두 수재나 덕분이다. 그녀는 정말 대단한 사람이다.

홍보 디렉터 팻시 어윈, 제작 책임자 제럴딘 엘리슨, 내지 디자이너 필 로드, 표지 디자이너 리처드 셰일러에게 진심으로 고맙다는 말을 전한다.

마지막으로 이 책의 표지에 실린 신원 미상의 남자에게 경의를 표하고 싶다. 그는 리처드의 엄청난 예술적 재능이 만들어낸 작품이기 때문에 이름이 없다. 하지만 그도 살아날 수 있다. 아주 조금은 말이다. 골반 밑부분 오목한 곳의 꺾인 각도, 위 골반문의 형태, 엉치뼈의 폭에 대한 익상부의 상대적 크기, 두덩뼈의 삼각형 형태, 큰궁둥패임의 형태로 보아 그는 남성임이 분명하다. S1과 S2가 합쳐져 있고 엉덩뼈 능선 골단이 있는 것으로 보아 스물다섯 살은 넘었다. 그러나 허리뼈 복부 가장자리 부근에 관절 공간 협착이 없고 갈비연골에 석회침착이 없는 것으로 보아 서른다섯 살은 넘지 않은 것 같다.

잘난 척은 이렇게 하는 거다!

옮긴이의 말

생후 첫 번째 기억은 한 삶의 분위기를 결정한다는 이야기를 들은 적이 있다. 나의 가장 강렬한 어릴 적 기억은 아마도 죽음일 것이다. 다섯 살 때, 외할아버지가 돌아가셨다. 우리 집에서 함께 사셨던 외할아버지는 오빠가 유치원에서 돌아올 때면 늘 나를 데리고 마중을 나가셨다. 오빠의 유치원 가방을 어깨에 멘 채 오빠의 목덜미 옷깃을 잡고 긴 기찻길을 걸어가던 외할아버지의 뒷모습이 기억난다. 그 당시 오빠는 일곱 살이었고 나는 네 살이었는데 얌전하게 따라오는 나와 달리, 오빠는 늘 어디론가 달려가려 했기에 할아버지는 언제나 오빠의 손이나 옷깃을 잡고 걸으셨다. 또 다른 일화로 내가 무언가를 가지러 외할아버지의 방에 들어갔다가 "소정아, 이리 와봐라"라고 말씀하시는 할아버지에게 "싫어!"라고 소리치고는 할아버지의 손을 툭 치고 나왔던 일이 있었고, 또 한번은 거실에서 텔레비전을 보고 있는데 엄마가 갑자기 울면서 다가와 텔레비전을 껐고, 나는 쫓겨나듯 집에서 나가야 했던 일이 있었다. 텔레비전을 보여주지 않는 엄마가 야속해서 정말 몹시도 서럽게 울던 그날, 외할아버지가 돌아가셨다. 그렇게 내 삶의 처음을 함께한 할아버지는 어느 날 갑자기 나의 삶에서 사라져버렸다. 내가 처음 맞은 죽음이자 두 번째로 강렬한 기억으로 남은 죽음이었다(가장 강렬하게 기억되는 죽음은 스물일곱에 찾아온 외할머니의 죽음이다).

우디 앨런은 "죽음은 두렵지 않지만 죽음이 일어나는 순간에 그 자리에 있고 싶지는 않다"라고 했다. 사람들은 죽음을 두려워한다. 죽음 자체를 두려워하지 않더라도 죽음의 형태를 두려워한다. 그러나 살아 있는 생명체라면 누구나 피해갈 수 없는 유일한 경험을 하지 않을 도리는 없다. 피할 수 없다면 최대한 순하고 평온하게 죽음을 맞고 싶다는 소망은 아마도 누구에게나 있을 것이다.

하지만 세상에는 너무나도 갑작스럽고 당혹스러운 죽음이 많다. 얼마 전 내가 매일 지나가는 길과 직선으로 교차해 100미터쯤 올라간 길에서 사고가 있었다. 달리던 화물차 두 대가 살짝 부딪친 경미한 사고였지만, 그 가운데 한 대가 멈추지 못하고 중앙선을 넘어 5층 건물을 들이받았고, 사고 충격으로 큰불이 났다. 사고가 난 순간 근처에 있었던 아들 친구들이 곧바로 영상을 찍어 그 시간에 나와 함께 집에 있던 아들에게 전송했고, 간간이 폭발음이 들리는 그 영상을 보면서 우리는 사상자가 없기를 바랐다. 하지만 잠시 뒤, 인터넷으로 확인한 뉴스에서 사망자 소식을 접했다. 정말로 너무나도 갑작스럽고 황망한 죽음이었다. 고인도, 유족도 서로가 그런 식으로 이별하게 될 줄은 정말로 몰랐을 것이다.

황망한 사건은 사건 당사자에게도, 사건을 접한 타인에게도 회복할 시간을 주지 않고 끊임없이 일어난다. 갑자기 무너져 내린 다리에, 건물에 깔려 사라진 목숨들. 그저 일하러 갔을 뿐인데 납치되고 피살되는 사람들. 군사 훈련을 하다가, 수학여행을 가다가 어처구니없이 수몰된 젊은 목숨들. 그저 우연히 버스를 탔을 뿐인데 별안간 사랑하는 가족과 이별하게 된 사람들. 두렵고 무서운 죽음은 몹시도 다양한 우연을 가장하며 우리를 찾아온다.

예상치도 못했던 사건에 가족을 잃은 사람들은 그 상실만으로도 견디기가 힘들 텐데, 이 세상에는 그조차도 제대로 슬퍼하지 못하고 남겨진 과제를 평생 떠안은 채 살아가야 하는 사람들도 있다. 바로 실종자 가족이다. 사랑하는 사람이 홀연히 사라져버린 뒤에 남겨진 사람들은 가족이 무사히 돌아오기 전까지는, 혹은 가족의 시신이라도 확인하기 전까지는 단 하루도 평온한 삶을 살아갈 수 없다. 사랑하는 사람이 이 세상 어딘가에서 비참한 삶을 견디고 있지는 않은지 알기 전까지는 한시도 평온해질 수가 없는 것이다.

가족을 잃은 사람들은 정부에, 경찰에, 국과수에 의지할 수밖에 없다. 무연고 시신이 발견됐다면 그 시신이 우리 아이인지, 나의 부모인지, 형제·자매인지를 밝혀줄 수 있는 건 국가 기관밖에 없으며, 저자 수 블랙은 우리를 위해 그런 일을 수행하는 해부학자이자 법의인류학자다. 물론 수 블랙이 활동하는 곳은 영국이며, 그가 소개하는 제도와 절차는 모두 영국 것이다. 한국 사정은 정확히는 알지 못하지만 인터넷으로 찾아본 바로는 특별한 사건, 사고와 관계없는 무연고 시신은 신원 파악보다는 장례 절차를 더 중요하게 여기는 것 같았다. 그러한 시신은 나중에라도 고인의 신원을 파악할 수 있게 DNA를 보관하고 고인의 특징을 자세히 기록해두면 좋겠다. 지금도 어딘가에서 가족을 찾아 헤매고 있을 사람들을 위해 국가가 최선을 다해주었으면 하는 바람이다.

번역하는 내내 죽음을 바라보는 수 블랙의 시선이 나의 시선과 매우 비슷해서 놀랐고, 또 위로를 받았다. 언제나 죽음을 다루는, 그렇기에 삶을 더욱 강렬하게 느끼면서 매 순간을 살아갈 법의인류학자가 들려주는 삶과 죽음의 경계를 오가는 이야기들은, 실제로 그 경계에 살고 있는 우리에게 울림을 주는 바가 크다. 고백하건대 지금까지 번역한 책 가운데 정말 강렬하고, 놀랍고, 아름다웠던 책을 서너 작품만 꼽으라면, 나는 분명히 『남아 있는 모든 것』을 그 가운데 하나로 고를 것이다. 멋진 책의 역자로 필자를 선정해준 풍월당과 여러 도움을 준 정주영, 정희정 편집자에게 감사의 말을 전한다. 수 블랙처럼 열정적으로 살지는 못했어도 남은 날들을 즐겁고 행복하게, 때론 슬픔과 분노를 느끼기도 하며 기억에 남는 시간들로 채우고 싶다. 독자 여러분도 그러하기를 간절히 소망해본다.

2021년 여름에,
김소정

사진 출처

로즈마키 남자 얼굴 복원도(185쪽)와 발모어 남자(261쪽) - 크리스 린 박사
발모어 남자의 옷(305쪽) - 잔 비커 박사
코소보에서 찍은 수의 사진(351쪽) - 데이비드 그로스
삽화(475쪽) - 제버디 헬름
수의 초상화(505쪽) - 재니스 에이킨
그 밖에 다른 사진들 - 수의 소장품

남아 있는 모든 것

초판 1쇄 펴냄	2021년 10월 10일
초판 2쇄 펴냄	2022년 7월 10일

지은이	수 블랙
옮긴이	김소정

펴낸곳	풍월당
출판등록	2017년 2월 28일 제2017-000089호
주소	[06018] 서울시 강남구 도산대로53길 39, 4층
전화	02-512-1466
팩스	02-540-2208
홈페이지	www.pungwoldang.kr

만든사람들

기획	최원호
편집	정희정
디자인	위앤드 (정승현)

ISBN 979-11-89346-26-3 03840

이 책의 내용을 이용하려면 반드시 저작권자와 풍월당의 동의를 받아야 합니다.

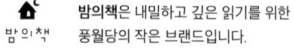
밤의책은 내밀하고 깊은 읽기를 위한
풍월당의 작은 브랜드입니다.